Elogios para

El Millonario Automático

"¡*El Millonario Automático* es un triunfo automático! David Bach realmente se preocupa por uno: en cada página, puedes oír cómo te anima a que aprendas a manejar tu bienestar financiero. No importa lo que seas ni lo que ganes, puedes beneficiarte de este programa fácil de aplicar. Hazlo ahora. ¡Tú y tus seres queridos se merecen un montón de dinero!"   —Ken Blanchard, coautor de *The One Minute Manager*®

"¡*El Millonario Automático* te da, paso a paso, todo lo que necesitas para asegurar tu futuro financiero! Cuando lo haces al estilo de David Bach es imposible fracasar".
—Jean Chatzky, editora financiera del programa *Today* en NBC

"La belleza de la orientación financiera directa y sin rodeos de David Bach reside en lo sencilla que es. Si para ti es importante ser autosuficiente, entonces este libro te resultará indispensable".   —Bill O'Reilly, presentador de Fox News Channel y autor de
The O'Reilly Factor y *The No Spin Zone*

"¡Por fin, un libro que te ayuda a dejar de sudar cuando piensas en tu dinero! *El Millonario Automático* es una lectura rápida y fácil que te impulsa a tomar acción. David Bach es el entrenador de dinero en quien hay que confiar a lo largo de los años para encontrar una motivación financiera".
—Richard Carlson, autor de *Don't Sweat the Small Stuff*

"*El Millonario Automático* prueba que no hay que ganar mucho dinero ni tener un plan financiero complicado para comenzar. Tú puedes comenzar a encaminarte hacia tu sueño financiero prácticamente hoy mismo, en cuestión de horas, con sólo un secreto que cambiará tu vida: ¡págate a ti mismo primero y hazlo automáticamente! Tan importante como eso es que este libro te muestra cómo simplificar y automatizar toda tu vida financiera".   —Harry S. Dent, Jr., estratega de inversiones y
autor de *The Roaring 2000s*

"*El Millonario Automático* es, para decirlo sencillamente... ¡un gran libro! Puedes leerlo en cuestión de horas y poner en acción de inmediato un plan poderoso, fácil y totalmente AUTOMÁTICO para hacerte millonario".
—Robert G. Allen, coautor de *The One Minute Millionaire*

David Bach

Lucha por tu dinero

David Bach es el autor de siete bestsellers conse-
cutivos del *New York Times*. Hay más de cinco
millones de ejemplares de sus libros impresos
que han sido traducidos a más de quince idiomas.
Al español se han traducido *El Millonario Automático, El Millonario Automático Dueño de Casa,
Las Mujeres Inteligentes Acaban Ricas, y Finanzas
familiares: Cómo conseguir seguridad financiera y
alcanzar sus sueños.* Para leer selecciones de cualquiera de sus libros, por favor visita su página
web www.finishrich.com.

También de David Bach

En español

El Millonario Automático

El Millonario Automático Dueño de Casa

Finanzas familiares: Cómo conseguir seguridad financiera y alcanzar sus sueños

Las Mujeres Inteligentes Acaban Ricas

En inglés

Smart Women Finish Rich

Smart Couples Finish Rich

The Finish Rich Workbook

The Finish Rich Dictionary

The Automatic Millionaire

The Automatic Millionaire Workbook

Start Late, Finish Rich

The Automatic Millionaire Homeowner

Go Green, Live Rich

LUCHA

POR TU

DINERO

LUCHA
POR TU
DINERO

Evita que te estafen y
ahorra una fortuna

DAVID BACH

Vintage Español
Una división de Random House, Inc.
Nueva York

A mi hijo, Jack Bach:

eres lo mejor que me ha pasado en la vida.

¡Te quiero más que a "todo el universo"!

Contenido

LUCHA POR TU DINERO A-Z

¿Sientes que te están estafando…

… cada vez que abres la cartera, pagas una factura, lees tu correo electrónico o te vas de viaje? ¡No estás solo!

¿Qué pasaría si te dijera que hay cosas sencillas que puedes hacer AHORA MISMO para pagar menos en casi todo, y que si dedicas sólo unas horas podrías recortar tus gastos entre un 10 y un 20 por ciento este año?

¿Qué pasaría si te dijera que utilizando este libro y dedicando unas horas de tu tiempo a aprender cómo las grandes corporaciones se aprovechan (legalmente) de ti, podrías devolver cientos, si no miles de dólares a tus bolsillos?

¿Qué pasaría si te dijera que puedes evitar ser víctima de otro mal negocio, timo o estafa?

¿Me prestarías atención entonces?

Pasa unas horas conmigo y utiliza las herramientas de este libro como guía. Deja que comparta contigo los secretos que las grandes corporaciones no quieren que sepas. LUCHA POR TU DINERO y comprueba lo rápido que empiezas a conservar más de tu tan merecido salario.

¿Estás preparado? Pues pasa la página. Comencemos.

—David Bach

LUCHA

POR TU

DINERO

Introducción

¿Por qué luchar por tu dinero?

Tienes entre tus manos un libro que puede cambiar tu manera de pensar acerca del dinero y también tu manera de manejarlo a partir de este día y durante el resto de tu vida.

Ésta es una declaración importante porque casi todo lo que haces cada día de tu vida tiene relación con el dinero. Piensa al respecto. ¿Cuáles son las probabilidades de que pases las siguientes veinticuatro horas sin gastar dinero? ¿Cuáles son las probabilidades de que pases otros cinco minutos así?

Y no creas que porque no has sacado tu cartera o no has contado algunos dólares para algo, no has gastado. ¿Están encendidas las luces mientras lees esto? ¿Hay un teléfono celular en tu bolsillo? ¿Eres propietario o alquilas el lugar donde vives? ¿Estás cubierto por algún seguro de cualquier tipo?

Eso pensé. Sólo con estar sentado allí, gastas dinero. Y la desagradable verdad es que, aunque no te percates de ello, gastas demasiado.

Todo lo que haces a diario que implica dinero es una batalla

La gran verdad acerca del dinero es que, con el fin de conservarlo y hacerlo crecer, tienes que luchar por él. Durante años, he dicho que no importa cuánto dinero ganes; es lo que conservas lo que determina si serás libre en términos financieros. Sin embargo, cada año es más difícil conservar nuestro dinero. Esto se debe a que las empresas con las cuales nos relacionamos cada día, en cada aspecto de nuestras vidas, se esfuerzan todo lo posible por apoderarse de cuanto dinero nuestro puedan.

Tanto si te das cuenta de ello como si no, todos participamos en una batalla interminable con corporaciones e instituciones económicas gigantescas cuyo único objetivo es separarnos de nuestros dólares ganados con mucho esfuerzo.

Ésta es una batalla que nosotros los consumidores estamos perdiendo porque aquéllas están mejor equipadas para tomar nuestro dinero que nosotros para conservarlo.

Si pierdes la batalla, pierdes la guerra

Piensa al respecto. Ahora vivimos en un mundo donde incluso las que alguna vez fueron instituciones respetables, como los bancos y las casas de corretaje, las compañías de seguros y los hospitales, ya no parecen tener escrúpulos en cuanto a su manera de lograr la tarea de separarnos de nuestro dinero. Y si tú les permites hacerlo, a fin de cuentas esto representará una gran diferencia en tu manera de vivir.

Si pagas sólo un 10 o un 20 por ciento adicional por los productos y servicios que utilizas todos los días, tendrás que trabajar entre diez y veinte años adicionales antes de poder jubilarte. O, dicho de otra manera, si permites que te cobren entre un 10 y un 20 por ciento adicional por las cosas que compras, en efecto inviertes uno o dos meses por año de trabajo no remunerado para las empresas que te roban. *Y, créeme, hasta que no luches por tu dinero, pagarás de sobra casi por cualquier cosa que compres.*

Mi esperanza es que este libro transforme tu vida y te proporcione las herramientas para LUCHAR POR TU DINERO y GANAR.

El mundo ha cambiado en términos financieros

No tengo idea de cuándo leerás este libro en realidad, pero mientras yo estoy sentado aquí y lo escribo en octubre del año 2008, el mundo atraviesa por una tremenda agitación financiera. En una sola semana de este mes, el mercado de valores de Estados Unidos cayó más de 18 por ciento; es decir, el peor descenso en la historia, mientras, al mismo tiempo, los precios de los bienes raíces en muchas ciudades a lo largo del país disminuyeron 20 por ciento o más desde su apogeo en los años 2005 y 2006. Mientras nuestro gobierno lucha por definir los detalles de un rescate bancario equivalente a un billón de dólares, y coordinar sus esfuerzos con otros gobiernos alrededor del mundo para romper el peor estancamiento crediticio desde los años treinta, la gente común no puede evitar preocuparse acerca de las nuevas crisis que el mañana pueda traer.

El hecho es que esta agitación ya nos ha golpeado a ti y a mí en nuestros hogares, en nuestros bolsillos y en nuestras cuentas bancarias. Lo más probable es que hoy tengas menos dinero del que tuviste algunos años atrás. Si eres propietario de una casa, es probable que su valor sea menor al de algunos años atrás. También existe la posibilidad que no poseas más cosas de las que solías tener y, por otra parte, que tengas menos opciones para pagar esa deuda que nunca antes en tu vida.

También es posible que tus ingresos por tu trabajo o tu negocio sean menos seguros de lo que han sido en años, quizás en décadas.

No es sorprendente que el Conference Board haya reportado en octubre de 2008 que la confianza del consumidor ha descendido a su nivel más bajo desde que comenzaron a medirla en 1967.

El objetivo de todo esto no es deprimirte, sino sólo ser realistas acerca de lo que sucede. Y tanto si nos gusta como si no, sucede.

Avanza en la guerra por tu dinero

Dado que el dinero fácil ya no es tan fácil, las empresas luchan por conservar su productividad y continuar su crecimiento. Los desafíos que enfrentan son inmensos. En una época en la cual todo el mundo se encuentra estresado en términos financieros y tiene una confianza equivalente a cero, las empresas no pueden sólo elevar sus precios. En lugar de ello, tienen que ser creativas; tienen que descubrir cómo obtener más dinero de ti y de mí sin que nos demos cuenta.

En un esfuerzo por resolver este problema, las empresas han invertido miles y miles de millones de dólares en desarrollar maneras de "quitarnos" nuestro dinero. Las técnicas que han desarrollado incluyen tarifas ocultas, reglas ambiguas, promesas confusas y, ocasionalmente, fraudes descarados. Para algunas personas, esto es injusto. Para otras es irritante. Yo lo llamo guerra.

¿Cómo te ayudaré a contraatacar?

Durante la mayor parte de las últimas décadas me he dedicado a ayudar a la gente a vivir mejor al ser más inteligente con su dinero. Este libro es el décimo que he publicado en los últimos diez años. Los nueve anteriores estaban enfocados en cómo vivir y acabar rico. Quizás hayas leído uno o más de ellos. En la actualidad existen más de siete millones de mis libros FinishRich impresos a nivel mundial.

La mayoría de la gente me conoce por mi consejo de "tomar acción" acerca del dinero. Dado que digo las cosas como son, de manera fácil y factible, millones de personas han utilizado mis libros para transformar sus vidas por completo. Si tú eres uno de esos individuos a quienes he ayudado, gracias por darme la oportunidad de inspirarte de nuevo. Si ésta es nuestra primera ocasión juntos, entonces permíteme decir: "Bienvenido y gracias por invitarme a ser tu asesor financiero".

Mi vida está dedicada por completo a la misión de ayudar a la gente a vivir una vida grandiosa. Una vida con significado y esperanza. He invertido mucho tiempo y energía en enseñar a millones de personas cómo ser más inteligentes con su dinero por una simple razón: creo con todo mi corazón que el hecho de actuar de manera positiva para organizar tu vida financiera es la mejor y más rápida manera de alcanzar la gran vida que deseas y mereces. Arregla tus problemas con el dinero y te resultará mucho más fácil vivir tu vida de una forma más poderosa y plena de propósito.

El conocimiento financiero es poder

Para nosotros como consumidores, esta era de incertidumbre financiera global es particularmente desafiante. Con el fin de sobrevivir en estos tiempos tan complicados, las empresas que nos venden bienes y servicios han lanzado una nueva guerra por nuestra riqueza. La batalla para separarnos de nuestro dinero, ganado con tanto esfuerzo, ha durado ya bastante tiempo, pero ahora ha ascendido a un nuevo nivel; las empresas se han vuelto más engañosas y desalmadas que nunca, pues no sólo nos quitan cantidades menores, sino que ahora nos arrebatan dólares hasta la muerte.

Lo que esto significa es que tienes que ser más inteligente con tu dinero y tomar tus finanzas con más seriedad que nunca. La ignorancia financiera es ahora un lujo que ninguno de nosotros puede darse. Y no sólo me refiero a que conozcas mejor el mercado de valores o el mercado inmobiliario; me refiero a ser más inteligente en tu manera de gastar tu dinero cada día en cada uno de los productos y servicios que utilizas.

Las empresas necesitan tu dinero, pero tú lo necesitas más

Nunca antes las empresas habían sido tan eficientes para apoderarse de nosotros en términos financieros, sin que en realidad nos demos cuenta de ello.

Esto es lo que quiero decir:

Aceptas la invitación de tu empresa de tarjetas de crédito de omitir uno de tus pagos sin penalización, sin darte cuenta de que dicha empresa te impondrá un cargo financiero por el saldo no pagado.

Contratas un servicio telefónico local básico por $13 al mes, sin darte cuenta de que una larga lista de cargos (por servicios que nunca te informaron o no se molestaron en explicarte) inflará tu factura mensual real a casi el doble de lo que te prometieron.

Compras una extensión de garantía para un nuevo aparato, sin darte cuenta de que en realidad no existe oportunidad alguna de que lo utilices lo bastante como para justificar dicho costo.

Accedes a pagar $12 adicionales por día por concepto de seguro de tu auto alquilado, sin darte cuenta de que ya estás cubierto por tu empresa de tarjeta de crédito.

Dices "¡Claro!" al amable vendedor en la tienda departamental, que te urge a "ahorrar 10 por ciento ahora mismo" en la ropa que has comprado al tramitar una tarjeta de crédito del establecimiento, sin darte cuenta de que los intereses son del 29 por ciento y ni siquiera discutes una disminución de la tasa.

Confiado, firmas la línea punteada cuando el despacho de contadores ofrece entregarte un adelanto inmediato y "conveniente" de tus reembolsos de impuestos, sin darte cuenta de que las tarifas por servicio y los intereses que te cobrarán equivalen a 500 por ciento o más por concepto de intereses anuales.

Compras un auto nuevo y agradeces al vendedor por conseguirte un financiamiento a pesar de haberte informado que tu historial crediticio es pobre, sin darte cuenta de que te ha mentido acerca de tus registros de crédito y que con facilidad pudiste obtener un préstamo bancario miles de dólares más barato.

Ellos se apoderan de nuestro dinero — y nosotros ahora trabajamos para ellos

En el pasado, cuando los tiempos eran buenos, era más fácil restarle importancia a este tipo de asuntos, decirnos a nosotros mismos que así es el mundo y que no hay nada que podamos hacer al respecto. Estábamos ocupados y llenos de dinero en efectivo, de manera que no prestamos atención a gran parte de este asunto. Pero los tiempos han cambiado. *Y la verdad es que ser atracados nunca está bien.*

Si no peleamos la batalla y no nos protegemos de las empresas que nos roban con tarifas mañosas y sistemas absurdos, terminamos por trabajar para ellas. ¿Qué sucede cuando te ves obligado a gastar más de lo debido en todas las cosas por las cuales debes pagar? Bueno, no sólo obtienes mucho menos por tu dinero, sino que terminas por trabajar más duro y más horas para sólo sobrevivir.

He aquí algunos hechos a considerar mientras reflexionas acerca de lo duro que tienes que trabajar para mantener la cabeza fuera del agua en estos días.

- Al promover las transacciones con tarjetas de crédito y al permitir retiros superiores al límite en los cajeros automáticos, la industria banquera nos roba de los bolsillos alrededor de $10 mil millones al año en tarifas por sobregiro, de acuerdo con el Center for Responsible Lending.

- En el año 2008, mientras alrededor de 25 por ciento de la población (cerca de 72 millones de personas en total) retrasó o no utilizó servicios médicos porque no podía pagar las cuentas, las veinte compañías aseguradoras más grandes registraron utilidades totales que exceden los $17 mil millones. (El año anterior, el director general de CIGNA Corp., la quinta compañía de seguros más grande, obtuvo ganancias *personales* de más de $24 millones).

- Al jugar con las fechas límite de pago y al engañar a los clientes para que rompan las reglas de manera inadvertida, la industria de las tarjetas de crédito es capaz de golpearnos con decenas de miles de millones de dólares en tarifas de penalización; más de $23 mil millones sólo en el año 2007.

- En el año 2008, las principales aerolíneas golpearon a los viajeros con más de $1.000 millones por cargos sin precedentes por equipaje registrado, alimentos durante el vuelo y una variedad de servicios adicionales que solían proporcionar de manera gratuita.

- Las empresas que ofrecen préstamos (esos sitios con letreros de neón que dicen "dinero en efectivo, aquí") declaran que ayudan a los trabajadores asalariados en apuros; la realidad es que les extraen $4,2 mil millones al año con tarifas predatorias y cobran tasas de interés anuales de 400 por ciento y más.

- Entre el final de 2001 y el verano de 2008, a medida que el precio de la gasolina se incrementó de sólo alrededor de $1 a casi $5 el galón, las utilidades de la industria de combustibles sumaron un total de más de *mediobillón de dólares.* ExxonMobil ganó $40,6 mil millones, "las utilidades más altas jamás registradas por empresa alguna", de acuerdo con el *New York Times,* y se espera que sus utilidades en el 2008 sean aún más altas.

- Los fabricantes tientan a los consumidores a comprar sus productos al ofrecer reembolsos con un valor cercano a $8 mil millones, pero hacen tan complicado el proceso de recuperar los reembolsos que un 80 por ciento de ellos nunca son redimidos.

- Una apendicectomía típica que incluye dos días de hospitalización en una habitación semiprivada, le cuesta al hospital alrededor de $5.000; sin embargo, éste le cobrará $10.000 a la empresa aseguradora. Si no estás asegurado, te enviará una factura por $35.000.

No sólo las empresas te atrapan, ¡también los tramposos!

Lo que quizás es más asombroso acerca de este tipo de robos es que todos son perfectamente legales. Agrega a los criminales engañosos que nos bombardean con ofertas tentadoras por telefónica, por correo electrónico o incluso en la forma de un auto estacionado junto al camino con un letrero de "se vende" adosado al parabrisas, y tu cabeza comienza a girar.

De acuerdo con la Federal Trade Commission, la cual intenta mantener bajo control este tipo de situaciones, casi uno de cada siete adultos estadounidenses, es decir, más de tres millones de nosotros, es víctima de un engaño o fraude cada año. Lo que esto significa es que, a menos que seas cuidadoso al extremo, casi es una certeza que serás defraudado al menos en una ocasión durante la siguiente década.

El costo de todo lo anterior es fenomenal. Los fraudes del telemercadeo nos cuestan un estimado de $40 mil millones al año, que son sólo una pequeña fracción del problema total.

Lucha por tu dinero, investiga por tu dinero

El hecho de que estés leyendo este libro ahora mismo me indica que en verdad tienes esperanzas y crees que puedes obtener mejores resultados financieros. Mi misión con este libro es proporcionarte el conocimiento, las herramientas y los pasos de acción que necesitas para convertirte en abogado de tus derechos financieros. La meta de *Lucha por tu dinero* es que seas inteligente y estés a cargo de tu dinero, de manera que otras personas no puedan separarte de aquello por lo cual has trabajado con tanto empeño.

El primer paso en este proceso es reconocer que, a pesar de que existe un problema, también existe una solución y tienes el poder de hacer algo al respecto. El desafío de impedir que te roben no es desesperanzador. De hecho, es ESPERANZADOR.

Tú mereces tener el control sobre tu dinero.

¿Por qué ceder el control a alguna corporación poderosa a la cual no le importas como persona? Tú sabes que eres inteligente. Todo lo que necesitas son las herramientas adecuadas.

Mientras lees este libro, quizá notes que existen algunas reglas generales que aplican a casi cada uno de los asuntos financieros o de consumo que cubrimos, desde comprar un automóvil usado en eBay hasta pagar tus víveres con una tarjeta de débito. La mayoría son sólo dictados del sentido común. El truco es no sólo conocerlas, sino vivirlas. Si puedes hacerlo, nunca tendrás que preocuparte porque te roben de nuevo.

Las reglas de *Lucha por tu dinero*

- **No hay tal cosa como un almuerzo gratis.** Si la oferta suena demasiado buena para ser verdad, es probable que así sea.

- **Calcula el costo total.** El precio anunciado no necesariamente es lo que en verdad cuesta un producto. Asegúrate de saber qué es lo que cubre el precio anunciado, qué es lo que no cubre y cuánto dinero tendrás que pagar por las cosas que necesitarás y que no están incluidas.

- **No aceptes la palabra de nadie como garantía.** Las garantías y las promesas no significan nada a menos que estén por escrito.

- **Haz tu tarea.** Compara precios, edúcate acerca del producto y, a menos que sepas con quién haces negocios, estúdialos bien antes de enviarles una orden de pago o firmar un contrato.

- **Sé cuidadoso con lo que firmas.** Lee *todos* los documentos, incluso las letras pequeñas, y asegúrate de comprenderlos bien.

- **Resístete a los intentos de presionarte o intimidarte.** No todos los vendedores que emplean técnicas agresivas de ventas son deshonestos, pero los honestos no suelen hacerlo. Cuando te exhorten a "¡Actuar ahora!", se trata de una señal segura de que eso no es lo que debes hacer. Cuando te indiquen que no le digas a nadie acerca de esa "oportunidad muy especial", en definitiva debes hacerlo, en especial a una persona que tenga una insignia policial.

- **Si crees que has sido víctima de un fraude, repórtalo a las autoridades apropiadas.** Como expresó un oficial de la National Consumers League en una entrevista con el periodista del consumidor Bob Sullivan: "La queja es al buen consumidor lo que el voto es al buen ciudadano. Si no hay quejas, no hay ímpetu para el cambio legislativo y las autoridades desconocen lo que sucede. Si usted sólo se queja con amigos pero no reporta nada… entonces nadie con la facultad de hacer algo sabrá lo que le ha sucedido".

- **No existe tal cosa como un precio establecido.** Con la mayoría de los servicios y muchos de los bienes de consumo (automóviles, televisión por cable, membresías en gimnasios), no todo el mundo paga el mismo precio. Todo depende de cuándo te inscribiste, los incentivos que te ofrecieron y tu pericia para negociar. Como consumidor, tú tienes más poder del que imaginas.

- **Con frecuencia, los paquetes no son buenos negocios.** Pueden sonar grandiosos, pero por lo regular requieren que compres algo que en realidad no deseas ni necesitas.

- **El dinero te da el control, así que aférrate a él tanto como puedas.** Es más fácil revertir un cobro injusto que intentar obtener un reembolso una vez que lo has pagado. Por tanto, no accedas a los cargos automáticos; en lugar de ello, utiliza una tarjeta de crédito. De igual manera, divide los pagos al personal que realiza reparaciones y a los contratistas, y evita los contratos de servicio a largo plazo.

- **Protege tu identidad.** Sólo debes compartir tu información personal, como la tarjeta de crédito y los números de cuenta bancarios, con vendedores y empresas que conozcas y en los cuales confíes. Nunca por correo electrónico.

Rico o pobre. Las probabilidades están en tu contra hasta que contraataques

Tal vez pienses que este libro fue programado para coincidir con la crisis económica actual. La verdad es que no fue así. Había pensado en escribirlo desde enero de 2004, cuando me presenté en *The Oprah Winfrey Show* para el lanzamiento de mi quinto libro, *El Millonario Automático*. Ese programa inspiró a millones de personas, como lo hace siempre, y *El Millonario Automático* se convirtió en el libro de negocios con las ventas más altas del año. La experiencia que viví al grabar el programa de Oprah aquel día transformó mi vida. Me abrió aún más los ojos a todos los desafíos financieros que diez millones de estadounidenses enfrentan día a día.

Varias parejas con graves problemas financieros se presentaron conmigo en el programa. Mi trabajo era diagnosticar la naturaleza de sus problemas y crear un plan para resolverlos; es decir, hacer lo que conocemos como renovación monetaria. En los siguientes años realicé media docena de programas

similares con Oprah y docenas de renovaciones monetarias en otros programas televisivos.

Hacer estas renovaciones monetarias me insertó en un mundo que era
tan revelador como conmovedor. Cuando era asesor financiero y vice-
presidente *senior* de Morgan Stanley, que es lo que hice antes de comenzar a
escribir libros, nunca tuve clientes con una deuda de entre $50.000 y $125.000
en tarjetas de crédito. Nunca trabajé con personas que hubieran adquirido
préstamos que les costaran 900 por ciento al año. Ni siquiera sabía que exis-
tía ese tipo de productos DESHONESTOS.

Nunca conocí a alguien que pagara 35 por ciento más por un auto, que
luego lo financiara a 15 por ciento, que fuera convencido de comprar una
póliza de seguros para afianzar la deuda y después tramitara otro préstamo,
también a 15 por ciento, para pagar la póliza de seguros.

Nunca conocí a alguien que acudiera a lo que se suponía ser una agencia
de reparación de crédito sólo para que le robaran su dinero y le destruyeran
por completo su historial crediticio. Nunca conocí a alguien que comprara
una casa sin tener dinero y con una hipoteca ajustable con una tasa de alrededor de 10 por ciento que cambiaba cada mes, además de una penalización
de 10 por ciento por pronto pago, lo cual significa que le costó decenas de
miles de dólares salir de ese negocio terrible para conseguir uno mejor.

En palabras sencillas, hasta que me presenté en *Oprah* aquel día y conocí a
un grupo de personas "reales" con vidas reales de desesperación financiera
cotidiana, yo no había estado expuesto a lo que muchos de nosotros nos enfrentamos a diario en lo que se refiere a nuestro dinero, donde hasta diez
millones de estadounidenses somos estafados TODOS LOS DÍAS por empresas, bancos y corredores que operan DE MANERA LEGAL.

Al hacer esas renovaciones monetarias, abrí los ojos a los numerosos obstáculos que la persona promedio debe combatir cada día con el fin de sobrevivir en términos financieros. Así determiné que intentaría hacer algo para
ayudar.

No te mereces que te estafen

Creo que debes tener una oportunidad de luchar para evitar que te roben,
incluso si esos "despojos" son legales. Tanto si eres rico como si vives quincena tras quincena, tú no mereces que te roben, ¡NUNCA!

Pero con el fin de ser capaz de protegerte de manera efectiva, debes tener
la mentalidad, la actitud y el plan de acción de un GUERRERO. ¿Cómo lo-
gras todo lo anterior? Este libro será tu guía.

Cómo utilizar este libro

El núcleo y el alma (y la mayoría de las páginas) de *Lucha por tu dinero* consisten en una guía para protegerte de los despojos financieros. Esta guía está dividida en seis secciones, cada una de las cuales se refiere a un área básica de la vida financiera (automóviles, bancos, crédito, etc.). Dentro de esas secciones, encontrarás cierto número de apartados dedicados a temas específicos de consumo, como compra de autos o paquetes de viajes, que te indican cómo llegar a una negociación conveniente, con qué debes tener cuidado y dónde puedes solicitar ayuda si las cosas resultan mal. Al final del libro hemos incluido un conjunto de herramientas útiles lleno de cartas de ejemplo; es decir, las herramientas específicas que necesitarás para convertirte en tu propio abogado del consumidor.*

Elegimos los temas porque sentimos que representan las áreas más críticas para la mayoría de la gente. De hecho, algunos de ellos pueden parecerte no tan relevantes *en este momento*. Quizá seas soltero y el tema del divorcio no te interese. Si ése es el caso, sólo sáltate esa sección. (No obstante, si conoces a alguien que se encuentre en proceso de divorcio, tal vez debas leerlo; podrías terminar por ahorrarle a tu amigo algunas angustias innecesarias, por no mencionar un montón de dinero).

A diferencia de mis libros previos, los cuales fueron escritos para leerse de corrido, éste puede leerse de principio a fin o puede ser consultado cuándo y dónde convenga más a tus necesidades particulares. Por ello, revisa la lista de temas y ve directo hacia lo que es más importante para ti en este momento. Tomar acción con base en una idea de un solo capítulo te ahorrará de diez a veinte veces el costo de este libro. Por ejemplo:

- Evita pagar el seguro por el financiamiento del auto, que sólo le conviene a la agencia distribuidora, y ahorra $7.500.

- No alquiles un auto en el aeropuerto (toma un taxi hasta una agencia cercana), y ahorra $300 en una semana.

- Utiliza una tarjeta de crédito, no de débito, y los cargos fraudulentos te costarán $0 en lugar de $500.

- Incrementa tu línea de crédito (puedes hacerlo tú mismo) y ahorra $95.040 en intereses en una hipoteca a treinta años.

---

* También hemos incluido un glosario con los nombres en español de las instituciones y las organizaciones que aparecen en este libro (ver página 465).

- Reserva todos tus boletos de avión a la vez y ahorra hasta $275 por boleto.

- Reduce las primas de tu seguro de vida *a la mitad* con una sola llamada telefónica.

Es más, evitarás grandes robos como:

- Tarjetas de crédito médicas que le convienen al hospital y se aprovechan de ti con altas tasas de interés que no puedes renegociar.

- Renovaciones tramposas de tu plan de telefonía celular.

- Tarjetas de débito sobre tu plan de ahorro para el retiro que facilitan la pérdida de tu riqueza.

- Tarjetas bancarias de regalo cuyas tarifas y fechas de vencimiento demeritan su valor.

- Préstamos con reembolso anticipado cuyas tarifas y cargos financieros suman una sorprendente tasa de interés de 150 por ciento.

En resumen, este libro es para que lo utilices de cualquier manera que necesites. Espero que se convierta en una guía a la cual acudas una y otra vez, según se presente la necesidad.

Únete a nuestro movimiento de consumidores inteligentes y poderosos

Mi meta con este libro es crear un movimiento de consumidores inteligentes y poderosos que LUCHEN POR SU DINERO. Con el paso de los años, he recibido miles y miles de cartas y mensajes por correo electrónico de lectores como tú que han utilizado mis libros para transformar sus vidas. Esos mensajes me han inspirado a mí, y lo más importante, a incontables lectores como tú, a continuar en la lucha por vivir y acabar ricos.

Espero que este libro te inspire a tomar acción. Quiero saber lo que te ha sucedido y cómo has contraatacado. Ésta es la primera edición de un libro que planeamos actualizar de manera continua en el futuro; si omitimos algún tema crucial que te gustaría que apareciera, permítenos saberlo. Queremos tus sugerencias y contribuciones.

Por favor envíame un mensaje en inglés por correo electrónico a **success@ finishrich.com** y visita nuestra página web en **www.finishrich.com**. Transformamos el sitio de FinishRich en una comunidad activa donde los consumidores sagaces como tú puedan compartir lo que han hecho para luchar por su dinero.

Tendremos historias tuyas y de otras personas que puedes revisar para obtener más ideas, así como recursos específicos de lo que ha funcionado (o no).

Juntos formaremos un equipo que LUCHA y, al final, ¡GANA!

Tu amigo y asesor,
David Bach

¡Lleva tu lucha al siguiente nivel!

He aquí una oferta especial para todos mis lectores.

Visita mi página web en inglés www.finishrich.com/ffymdownload para acceder durante siete días a la versión de prueba gratuita del nuevo programa de acción *Lucha por tu dinero*. Conéctate hoy y prueba este plan de batalla para vivir una vida sin deudas.

¡Disfruta!

Comprar un auto nuevo

E l letargo económico ha afectado la venta de autos, pero los estadounidenses aún compran alrededor de 14 millones de autos, *minivans*, furgonetas y camionetas *pickup* nuevos cada año. Y en casi cada una de esas transacciones, nos roban. La National Automobile Dealers Association reporta que sus miembros en realidad pierden más o menos $30 por cada auto nuevo que venden, pero eso no significa que nos acercamos a una oferta justa. Lo anterior se debe a que el dinero que los distribuidores pierden en los autos, lo compensan de sobra al golpearnos con asombrosos cargos financieros y servicios agregados sobrevaluados como extensiones de garantías, películas anticorrosivas y selladores de pintura. Sólo las extensiones de garantías producen $5 mil millones por año, *tres cuartas partes de las cuales son utilidades.*

El hecho es que, incluso sin los trucos y los engaños, comprar un auto casi siempre es una mala inversión. Si eres afecto a la novedad y a la última tecnología, tiene mucho más sentido, desde un punto de vista financiero, elegir un vehículo usado, de uno o dos años de antigüedad y de bajo kilometraje. Lo anterior se debe a que los autos nuevos tienen el rango más alto de depreciación durante el primer año después de salir del lote del distribuidor; por lo regular pierden entre 25 y 30 por ciento de su valor. Los consumidores que sí son expertos permiten que alguien más absorba esa pérdida y compran autos casi nuevos, que por lo general aún conservan la garantía del fabricante y han sufrido un desgaste relativamente menor, por menos de 70 centavos de dólar.

Entonces, una vez más, el sentido común económico nunca se ha visto muy atrapado por la lujuria de un auto nuevo. Quizá no deberíamos comprarlos, pero lo hacemos. Y, si vamos a hacerlo, deberíamos hacerlo bien.

Cómo luchar por tu dinero

Existen alrededor de 21.000 distribuidores de autos nuevos en Estados Unidos. Ellos constituyen el canal exclusivo a través del cual se distribuyen los autos; por tanto, si compras un auto, es probable que sea a través de alguno de ellos.

Como grupo, los distribuidores de autos tienen una reputación dudosa. Quizá esto no sea del todo justo, pero es comprensible. No fue hace mucho tiempo cuando se realizaban prácticas como "rodarlo"; es decir, animar a los posibles clientes a llevarse un auto a casa de un día para otro, sólo para amenazarlos a la mañana siguiente con arrestarlos por robo si no pagaban de inmediato, y esto se llevaba a cabo con más frecuencia de la que a nadie le gustaría admitir.

Este tipo de trampas sorprendentes ha sido eliminado casi en su totalidad, pero aún pensamos que los vendedores de autos son temibles y tenemos buenas razones. La mayoría de ellos trabaja por comisión y muchos tienen la creencia de que, una vez que un consumidor entra a la sala de exhibición, es su trabajo hacer lo que sea necesario para asegurarse de que él o ella no se marchen sin firmar un contrato de venta.

Por tanto, si has decidido comprar un auto nuevo, debes comprender adónde te metes; el trato típico no es un amigable oasis, sino un vicioso campo de batalla.

He aquí algunos SÍ y NO fundamentales.

Concéntrate en el precio

En un esfuerzo por maximizar sus ganancias, los distribuidores de autos intentan manipular cada variable involucrada en el proceso de compra de un auto, desde el costo del financiamiento hasta el precio de los tapetes. En este ambiente tan cruel, la mejor manera de proteger tu dinero es enfocarte en un solo número: el precio de compra del auto.

Esto puede parecerte obvio, pero lo único acerca de lo cual los distribuidores de autos no quieren hablar es del precio. Lo anterior se debe a que, una vez que se comprometen con un precio, les resulta mucho más difícil enredarte para que aceptes sus servicios agregados que les producirán más dinero (como el financiamiento de distribuidor) sin que el costo adicional sea evidente. Por tanto, en lugar de darte una respuesta directa cuando tú preguntas cuánto cuesta un auto en particular, el distribuidor te preguntará el monto del pago mensual que buscas. Dile que no buscas un pago mensual; tú buscas un auto. Si él no menciona un precio, acude a otro distribuidor.

Conoce el precio real, no el falso precio a menudeo sugerido por el fabricante

Con el fin de conseguir el mejor acuerdo posible, necesitas informarte de antemano acerca de lo que el distribuidor pagó por el auto que te interesa, el costo de todos los accesorios que deseas, el tipo de incentivos y reembolsos que el fabricante ofrece a los distribuidores y cuánto sobreprecio permiten las condiciones actuales del mercado. Son esas cantidades, y no el precio a menudeo sugerido por el fabricante que encontrarás en la etiqueta del parabrisas, las que pueden servirte como base para tus negociaciones. Dicha información está disponible en línea en fuentes como Cars.com, Consumer Reports (**www.consumerreports.org**), Edmunds.com y Kelley Blue Book (**www.kbb.com**).

Ten en cuenta que el precio de factura de un auto no es el costo verdadero del distribuidor dado que por lo general incluye lo que se conoce como restricción; ésta es una tarifa (por lo regular entre 2 y 4 por ciento del precio sugerido por el fabricante) que la mayoría de los fabricantes de autos pagan a sus distribuidores cada vez que venden un auto. Además de ello, con frecuencia existen incentivos de fabricante a distribuidor, en especial hacia el final del año del modelo, que pueden disminuir aún más el costo del distribuidor.

Esto es lo que hace posible que los distribuidores hagan lo que esperan que consideres una oferta que no puedes rechazar. Si ellos sienten que no pueden abusar de ti, a veces te llevarán aparte, te felicitarán por tus habilidades de negociación y te ofrecerán el auto por "un dólar más sobre el precio de fábrica". Con el fin de demostrarte su sinceridad, incluso pueden mostrarte una copia de la factura.

Todo está muy bien pero, en definitiva, ésta es una oferta que puedes y debes rechazar dado que el precio de la factura en realidad es un constructo artificial. Lo que tú deseas es un acuerdo cercano al costo *real* del distribuidor, lo cual, como resultado de todos esos reembolsos y descuentos, puede ser cientos de dólares menor al precio de fábrica.

Lo que en realidad cuesta un VW Jetta modelo 2009

Precio sugerido por el fabricante:	$19.090
Precio de fábrica:	$18.445
Precio real del distribuidor:	$18.063

Cientos de dólares parecen ser una utilidad razonable para un distribuidor, pero incluso en un auto de $20.000 es en realidad un margen estrecho; es decir, no más de unos cuantos puntos porcentuales. Ésta es la razón por la cual, como ya veremos, la mayoría de los distribuidores intentan exprimir tantas ganancias como puedan en términos de servicio, financiamiento, accesorios opcionales y extensiones de garantías. Esto se debe a que no pueden lograr una utilidad decente por la venta del auto en sí misma.

Recuerda que puedes obtener toda la información en línea. Es probable que el distribuidor hable con franqueza una vez que le informes que *sabes* cuánto dinero obtendrá en términos de incentivos del fabricante.

Solicita revisar los documentos del distribuidor

Una manera sencilla de medir la confiabilidad del distribuidor es evaluar su transparencia financiera. Los distribuidores responsables te permitirán ver los documentos que muestran el costo real para ellos del auto que tú deseas y te comentarán cualquier reembolso, descuento e incentivos del fabricante que puedan aplicar. Dado que tú puedes obtener toda esa información en línea, el hecho de comparar tus cantidades con las de ellos es una manera grandiosa de asegurarte que haces negocios con una empresa honesta. Si los vendedores pretenden enredarte con palabrerías acerca de por qué tus números no aplican o si se niegan a revelar sus cantidades, no te molestes en discutir con ellos. Sal de allí cuanto antes.

Pide prestado a un banco, no a un distribuidor de autos

Más de una cuarta parte de las utilidades de un distribuidor de autos proviene de lo que ellos llaman F&S; es decir, financiamiento y seguros. De hecho, esta parte del negocio es tan lucrativa que muchos distribuidores dependen de ella para subsanar las utilidades a las cuales renuncian cuando se ven obligados a ofrecer a los clientes un buen acuerdo sobre el precio de compra.

Desde el punto de vista financiero, lo que los distribuidores de autos hacen con frecuencia para incrementar sus márgenes es decirles a los clientes con buen historial crediticio que no califican para financiamientos de interés bajo y, por tanto, tendrán que aceptar términos de préstamo más costosos. El término técnico para esta estrategia es mentir.

Esto es justo lo que le sucedió a Tom Costibile de Union Grove, Wisconsin. Después de acordar un precio razonable por el auto que Tom quería, el vendedor se alejó para conversar con su gerente acerca del financiamiento. "Al rato regresó y nos dijo a mi esposa y a mí que nuestro límite de crédito era muy, muy bajo, pero que podía conseguirnos un préstamo con una tasa de interés de veinticinco por ciento".

Acertadamente, Tom y su esposa salieron del establecimiento y se fueron a casa a hacer lo que debieron hacer antes de comenzar a buscar autos para comprar: revisaron sus límites de crédito. "Entré a Internet y ordené mi historial crediticio", dice Tom. "Los distribuidores habían bajado 120 puntos a nuestro límite".

He aquí una regla invariable: si no planeas pagar en efectivo por un auto nuevo, debes obtener un préstamo para auto de un banco o de una unión de crédito, no de un distribuidor de autos. Da por hecho que cualquier tasa de interés que el distribuidor de autos te asigne será más alta y, con frecuencia, mucho más alta que la que puedas conseguir en una institución financiera fiable.

Es verdad que a menudo los distribuidores anuncian préstamos para autos a muy bajas tasas de interés (a veces con 0 por ciento de interés) como parte de un incentivo de ventas por parte del fabricante. El truco es que esos préstamos por lo regular están garantizados sólo a aquellos clientes con las más altas calificaciones crediticias y bajo términos muy limitados.

Comienza a pagar ahora

Una oferta igualmente confusa es el engaño de "cero pagos durante un año". Seamos claros en esto. Todo lo que hace es diferir tus pagos del auto por un año. Esto podría parecer atractivo, pero dos cosas suceden durante ese año: el interés se acumula sobre tu préstamo y el auto se deprecia. Como resultado, para cuando comienzas a pagar tu deuda, la cantidad que debes se habrá incrementado en cientos o miles de dólares y es probable que tu auto haya perdido entre 20 y 30 por ciento de su valor.

De hecho, podrías terminar por deber más por tu auto de lo que vale el vehículo en sí mismo. En los círculos financieros, esto se conoce como estar "atrapado" en una deuda, lo cual puede ser tan incómodo como peligroso. La razón es que el seguro de tu auto sólo cubrirá el valor real del vehículo, de manera que, si tu auto es robado o destruido en un accidente, tu pago de seguro no será suficiente para pagar tu préstamo. Además, tendrás que continuar pagando por un auto que ya no tienes.

Tampoco les compres un seguro

Si les permites hacerse cargo del financiamiento, los distribuidores también intentarán venderte el seguro "para pagar el préstamo del auto si mueres". Éste es otro negocio grandioso para ellos y terrible para ti. En cierta ocasión, realicé una renovación monetaria en *The Oprah Winfrey Show* con una pareja que accedió a pagar $7.500 por una póliza que cubría su préstamo de auto con un valor de $50.000. Para empeorar la situación, ellos no tenían los $7.500, ¡así que permitieron que el distribuidor se los financiara! ¡Esto es un robo! Incluso si eres fumador, puedes obtener un seguro de vida de $50.000 por diez años y por no mucho más de $100 al año.

El robo del seguro del préstamo para auto

Lo que podrías pagar:	$7.500
Lo que deberías pagar:	$0
Tú ahorras:	**$7.500**

En resumen: un distribuidor de autos no puede obligarte a contratar un seguro que pague el préstamo del auto si mueres. Si intenta obligarte a contratarlo, entonces sal de la distribuidora de autos y acude a una distribuidora con ética que no haga este tipo de trampas.

No ofrezcas tu auto viejo a cambio

Es cierto que es más conveniente permitir que el distribuidor acepte a cambio tu auto viejo que venderlo por separado, pero esa conveniencia tiene un precio alto.

No te equivoques: el hecho de ofrecer tu auto viejo a cambio es otra variable que el distribuidor puede utilizar y utilizará para manipularte con el fin de incrementar sus ganancias y robarte. En pocas palabras, él bajará el precio de tu auto viejo para compensar el buen precio que te ofreció en tu compra. Los distribuidores se salen con la suya porque, con el fin de la transacción en la mira, la mayoría de los compradores de autos no objetarán.

Ésta es la razón por la cual los vendedores insisten a menudo en llevarse tu auto viejo a evaluar. El hecho de llevarse el vehículo que te transportará a casa no sólo te dificultará salir del establecimiento, sino que coloca en la mesa el asunto del valor de tu auto viejo, lo cual le quita atención al precio del auto que quieres comprar.

Por tanto, no ofrezcas tu auto viejo a cambio. Véndelo en privado a otro distribuidor. Lo más probable es que una venta por separado te produzca más dinero por tu auto que lo que el distribuidor te ofrecerá en un acuerdo de intercambio.

De lo que debes cuidarte

Caer en la fantasía

Los fabricantes de autos invierten miles de millones de dólares al año en publicidad diseñada para convencernos de que, al cambiar de auto, cambiamos quienes somos. Esto es verdad, hasta cierto punto. El hecho de comprar un costoso quemador de combustible puede transformar a una persona rica en pobre en muy poco tiempo. Eso es todo. Conducir una camioneta fastuosa a la práctica de fútbol no te convierte en un as del balón ni eres menos mamá o papá que si conduces una *minivan*. Saltar a un 4x4 para ir de urgencia a comprar pañales en la noche no eliminará las manchas de tu camisa.

Por tanto, no caigas en la fantasía de que comprar un vehículo en particular cambiará quién eres o, incluso, cómo te perciben los demás. Elige el tipo de auto que comprarás con base en lo que necesitas y en cuánto dinero te costará operarlo; lo cual significa calcular no sólo el precio de compra, sino la economía del combustible, el mantenimiento, los costos de los seguros, la depreciación, el valor de reventa y los cargos financieros, si existen. Todo lo demás es sólo una excusa para gastar más de lo que necesitas. Edmunds.com cuenta con una fabulosa calculadora de "costo total" que sopesa todos los factores fundamentales y te informa cuánto puede *en realidad* costarte un modelo en particular durante tus primeros cinco años de propiedad.

Poseer un Jetta 2009*

Pago mensual del auto:	$394
Costo total de propiedad por mes:	$698

*Basado en un préstamo para auto a sesenta meses para un Volkswagen Jetta sedán en la calculadora de "costo total de propiedad" de Edmunds.com durante cinco años.

Distribuidores que regatean

De acuerdo con la mayoría de las encuestas, lo que la gente odia más que el hecho de comprar un auto es regatear el precio. Esto quizá se deba a que la mayoría de nosotros no somos muy buenos al regatear y la mayoría de los vendedores de autos son profesionales en eso.

Solía suceder que no tenías opción. La única manera de comprar un auto con inteligencia era entrar al establecimiento armado con muchos datos acerca de precios de fábrica, retenciones del fabricante y valores residuales (cuánto valdrá el auto después de algunos años), por no mencionar un estómago fuerte y una actitud firme.

Por suerte, ya no es así. Un número cada vez mayor de distribuidores de autos nuevos siguen una política de no regateo y de precio establecido. Saturn hizo de esta perspectiva la base de su marca y todos sus autos se venden de esa manera. Lo mismo ocurre en CarMax. Es mejor conocida como una supertienda de autos usados de últimos modelos, pero también vende algunos autos nuevos, todos bajo una política de no regateo. Otras cadenas de distribuidores, como Fitzgerald´s Auto Mall, aplican esta política a todas las marcas que representan.

En gran medida, podemos agradecer al Internet por ello. Los sitios electrónicos como Autos.com, Cars.com, Carsdirect (**www.carsdirect.com**), InvoiceDealers (**www.invoicedealers.com**), Edmunds.com, MyRide.com y Yahoo!Autos (**autos.yahoo.com/**) hicieron posibles las comparaciones y la elección del distribuidor menos costoso sin tener que trasladarnos a ningún sitio o discutir con nadie.

Y si piensas que hacer una investigación en línea es demasiado complicado, puedes delegar el proceso. Muchas uniones de crédito y grupos no lucrativos de consumidores ofrecen el servicio de realizar toda la investigación y las comparaciones por ti. Algunas, como la American Automobile Association´s Car Buying Service (**www.aaa.com**) son gratuitas para sus miembros; otras, como Consumers' Checkbook´s CarBargains (**www.checkbook.org**), cobran una tarifa. Todo lo que tienes que hacer es especificar el fabricante, el modelo, el color y los accesorios que deseas. Ellos hacen el resto, tanto ponerte en contacto con un distribuidor recomendado dispuesto a ofrecerte un precio prenegociado (por lo regular menor al precio sugerido del fabricante) u obtener cierto número de distribuidores que propongan ofertas entre sí y proporcionarte opciones entre las cuales puedas elegir.

El punto es que ya no necesitas regatear para obtener un buen precio por un auto nuevo. Entonces, ¿para qué molestarte? Permite que los profesionales se encarguen de ello por ti. Y evita a los distribuidores que intenten obligarte a hacerlo tú mismo.

Accesorios que no solicitaste y que no necesitas

Con unos márgenes más estrechos, los distribuidores de autos buscan utilidades dondequiera que puedan encontrarlas. Una gran fuente es el equipo opcional. Los incrementos de precio, desde los tapetes hasta los sistemas contra robos, son fenomenales. Sólo hay un problema en lo que se refiere al distribuidor: que las opciones son opcionales. No existe garantía alguna de que los compradores de autos las ordenen por sí mismos.

Con el fin de eliminar esta incertidumbre y maximizar sus ganancias, muchos distribuidores instalan accesorios en casi todos los autos del lote y después insisten en que los aceptes y pagues por ellos, sin importar si en realidad los quieres o los necesitas. La teoría es que, al elegir entre un auto con un montón de accesorios indeseados y ningún auto, la mayoría de los consumidores aceptarán el auto con los accesorios.

Los distribuidores también intentarán explotarte con la presión de adquirir aditamentos innecesarios como protección de pintura y recubrimientos. El material anticorrosivo es un engaño típico. A pesar de que la mayoría de los automóviles nuevos ya cuentan con una garantía por corrosión de seis años/100.000 millas, muchos distribuidores intentarán venderte un tratamiento anticorrosión de $800 que a ellos les cuesta $40. Lo mismo sucede con cosas como el sellador de pintura y el protector de vestiduras. (Lo que el distribuidor hará por tus vestiduras por $300, tú puedes hacerlo por ti mismo con una lata de Scotchgard™ de $10).

¿Es necesaria esta opción?

Costo del "Paquete de protección de vestiduras" del distribuidor:	$300
Costo de una lata de ScotchgardTM:	$10
Tú ahorras:	**$290**

Por fortuna, existe una manera sencilla de enfrentar este tipo de cosas. Para citar la vieja frase antidrogas: "¡Sólo di que no!".

Extensiones de garantía

Uno de los aditamentos más innecesarios que un distribuidor intentará venderte es una extensión de garantía. Ya mencioné antes que las extensiones de garantía son fuentes de negocios enormes para los distribuidores de autos (más de $5 mil millones en utilidades por año). A los vendedores de autos les gusta decir que dichas garantías proporcionan "paz mental". Esto es verdad sólo si el hecho de que te roben te hace sentir paz en lugar de ira.

El hecho es que los autos están mejor fabricados y duran más tiempo que antes, y esto se refleja en que ahora vienen con garantías de fabricación cada vez más generosas. Sin embargo, más compradores de autos nuevos que nunca antes (más de un tercio en nuestros días, comparado con sólo uno de cada cinco a finales de los años noventa) ceden a la presión de comprar contratos de servicio extendido. Ceder a la presión es el término apropiado debido a que el precio de estos planes es, en promedio, $1.000, mientras los costos totales de reparación que absorben son, por lo general, de sólo $250 más o menos.

El precio de los contratos de servicio extendido es, en promedio, $1.000, mientras los costos totales de reparación que absorben son, por lo regular, de sólo $250 más o menos.

La garantía extendida típica en realidad no es una garantía. Es una póliza privada de seguro. En esencia, tú apuestas a que tu resplandeciente auto nuevo sufrirá una falla de costo catastrófico dentro de un periodo específico; por lo regular, en los dos o tres años posteriores al vencimiento de la garantía de fábrica. Si crees que tu auto no es lo bastante fiable para que ésta sea una buena apuesta, no deberías comprarlo.

Qué hacer si algo sale mal

Si compraste un auto de un distribuidor autorizado y no estás satisfecho con algún aspecto de la transacción, lo mejor que puedes hacer es discutir el asunto con el director general de la agencia distribuidora. Por lo general una carta breve, clara y cordial donde señales tus preocupaciones dará resultado. (Encontrarás una carta de ejemplo que puedes utilizar como modelo en la página 435 del conjunto de herramientas de *Lucha por tu dinero*). Evita hacer amenazas o insultar a la gente. Quizá de momento te sientas mejor, pero NUNCA será útil para el caso. Lo más probable es que desmotives a la gente y que no esté tan dispuesta a ayudarte.

En términos generales, las primeras semanas o meses después de comprar un auto nuevo es el mejor tiempo para hacer llegar tus quejas al distribuidor. Los distribuidores no quieren ser señalados en las encuestas de satisfacción del cliente de las empresas automotrices, así que tienden a hacerse cargo de las quejas de inmediato.

Si tu carta al director general no provoca una respuesta satisfactoria, escribe una carta similar para el dueño de la distribuidora y señala que no pudiste resolver el problema en un nivel inferior. Puedes averiguar quién es el dueño y dónde se encuentra en la página web de la distribuidora, o llama a la sala de exhibición y pregúntale a la recepcionista. Si el dueño es una empresa, contacta a su presidente. Las corporaciones como AutoNation y Car-Max han dispuesto contactos de servicio al cliente en sus oficinas generales, aunque afirman que la mayoría de los problemas son resueltos por el director general de la distribuidora en cuestión.

Si el dueño no es amable y estás convencido de que tu insatisfacción es legítima, debes informar a la empresa automotriz a través del número telefónico de atención al cliente o a la dirección de correo electrónico que encontrarás en su página web.

En este punto, si tu queja no ha sido atendida, entonces quizá sea momento de involucrar al gobierno o a un abogado. Si el problema implica fraude o prácticas ilegales por parte del distribuidor o del fabricante de autos, debes quejarte con la Federal Trade Comission (**www.ftc.gov**) así como con la oficina general del fiscal estatal (la mayoría tiene una división de protección al consumidor).

También puedes contactar a la oficina local del Better Business Bureau (**www.bbb.org**) y quizás a algún medio noticioso, como el periodista del consumidor en tu estación televisiva local (sus datos de contacto estarán en la página web de la estación). Los distribuidores de autos odian cuando un grupo de reporteros entra a su sala de exhibición y quiere saber por qué engañan a sus clientes.

Si tu queja es que tu auto nuevo es una porquería (o un "limón", lo cual significa que tiene un problema mecánico recurrente sin solución) quizá aplique la ley Lemon de tu estado.

Conoce la ley Lemon. ¡Puede ahorrarte una fortuna!

Cuando salí de la escuela en 1990 y comencé a trabajar en bienes raíces comerciales, necesitaba un auto agradable para transportar a los clientes. Por tanto, a pesar de que apenas podía pagarlo, acudí a un respetado distribuidor local y compré un Volkswagen Passat nuevecito. Por desgracia, el auto resultó ser un "limón". En el transcurso de un año había ingresado al departamento de servicio media docena de veces y muchas de las reparaciones no estaban cubiertas por la garantía. Entonces, alguien me contó acerca de la ley Lemon en California; es decir, una legislación que protege a los compradores de autos nuevos si su vehículo tiene un problema que numerosos viajes al taller no pueden resolver. La ley define este tipo de auto como "limón" y solicita que el fabricante lo arregle (y cubra los costos) o lo sustituya.

Armado con este conocimiento, escribí una detallada carta al propietario de la distribuidora donde compré mi Passat y le dije, en términos directos, que ya no estaba dispuesto a aceptar los problemas de mi auto y que esperaba que lo arreglara de una vez por todas o que me diera uno nuevo. Pocos días después, el gerente del departamento de servicio de la distribuidora me llamó en persona para ofrecerme su compromiso de que arreglaría mi auto sin cargo para mí y que, hasta que no estuviera arreglado por completo, me proporcionaría otro auto (nuevo en la distribuidora), también sin costo.

Al final, les tomó SEIS SEMANAS arreglar mi auto. El costo total fue de más de $11.000; una gran suma si consideramos que el auto costó sólo $17.000 pero, desde luego, ellos la pagaron y no yo.

Por qué contamos con leyes Lemon

Costo para arreglar mi auto nuevo:	$11.000
Costo para mí:	$0

Ésta es la razón por la cual tenemos leyes Lemon y por qué debes conocerlas. A pesar de que los detalles varían de un estado a otro, todos los estados tienen una. Como la de California, todas solicitan al fabricante que "haga lo correcto" en el caso de que un auto nuevo que te hayan vendido resulte ser un "limón". Existe una página web útil llamada Lemon Law America (**www. lemonlawamerica.com**) que enlista los estatutos de cada estado así como los abogados locales especializados en casos de leyes Lemon. Consulta la carta de queja de ejemplo para la ley Lemon de autos nuevos en la página 435 de nuestro conjunto de herramientas.

Pasos de acción para luchar por tu dinero

☐ Si no vas a pagar en efectivo por un auto, conoce tu historial crediticio antes de solicitar un crédito. Visita **www.annualcreditreport.com**.

☐ Entra a Internet y revisa los recursos numerosos e invaluables para compradores de autos. Utilízalos para comparar, para determinar los costos de los distribuidores y también para calcular el precio real de tu auto viejo.

☐ Enfócate en el costo total de propiedad, no sólo en el pago mensual.

☐ Evita entregar tu auto viejo a cambio. Véndelo por separado a otro distribuidor.

☐ ¡Sólo di que no a las extensiones de garantía!

Comprar un auto usado

No hay duda alguna en que, si necesitas un vehículo, tiene mucho más sentido comprar un auto usado de modelo reciente, bien conservado, que uno nuevo. ¿Por qué? Porque si tiene menos de tres años de antigüedad, es probable que un buen auto usado cuente con todos los accesorios de última generación, por no mencionar la garantía original del fabricante. Y gracias a la depreciación masiva que sufren casi todos los autos nuevos al instante en el que sus dueños los sacan de la sala de exhibición, por lo general puedes conseguir un buen auto usado a un precio entre 20 y 50 por ciento menor al del auto nuevo.

El problema es que tratar con los vendedores y vendedoras de autos usados puede ser una pesadilla. No todos son deshonestos pero todos *están* allí para sacar tanto de ti como puedan. Si eso significa venderte un auto que en realidad no te gusta por más dinero que el que puedes pagar, eso es justo lo que intentarán hacer.

También son muy buenos para ello. Los estadounidenses compraron 41,4 millones de autos usados en el 2007; dos terceras partes de ellos de distribuidores (en vez de las negociaciones entre particulares). Y a diferencia de los distribuidores de autos nuevos, los vendedores de autos usados ganan más dinero por los autos que venden; es decir, un promedio de ganancias de alrededor de $300 por vehículo, lo cual suma un total de $8,3 mil millones. (La mayoría de los distribuidores de autos nuevos obtiene su dinero por servicio, financiamiento, opciones y extensiones de garantía; en realidad, pierden un poco de dinero en la venta del auto en sí misma).

Desde luego que no hay nada de malo en una pequeña ganancia, siempre y cuando te asegures de que no sea a tus expensas.

Cómo luchar por tu dinero

En aquellos malos tiempos cuando los grandes fabricantes de autos creían en la obsolescencia planeada, los odómetros de los automóviles sólo ascendían hasta 99.999 millas, y por una buena razón. Hasta bien entrados los años ochenta, la verdad es que los autos no eran fabricados para durar. Comenzaban a mostrar su edad alrededor de las 50.000 millas y estaban listos para el deshuesadero mucho antes de llegar a las 100.000 millas.

En la actualidad, los odómetros llegan hasta las 999.999 millas. Quizás esto sea un tanto optimista, pero el hecho es que, fácilmente, los autos más modernos te darán 200.000 millas o más. De hecho, de acuerdo con el grupo de análisis de la industria R. L. Polk en el 2007 el vehículo promedio para pasajeros en las calles tenía 9,2 años de antigüedad. Lo cual significa que un auto de tres *años* de antigüedad con 36.000 millas apenas ha gastado menos de un tercio de su vida útil, y quizá mucho menos.

Ésta es la razón por la cual esta estadística es importante para ti: a pesar de que un auto usado todavía cuenta con 70 por ciento de su vida útil, su precio tiende a ser mucho menor al 70 por ciento de su costo cuando era nuevo. Lo más probable es que puedas comprar un auto así por sólo 60 por ciento de su precio original, y a veces hasta 50 por ciento.

Los autos más viejos pueden ser las mayores gangas. A un auto de cinco años de antigüedad con 60.000 millas es probable que le queden otras 100.000 millas de buen funcionamiento; sin embargo, puede costarte la cuarta parte de su valor cuando era nuevo.

Por eso digo que, por lo general, los autos usados son una compra mucho más conveniente que los autos nuevos.

He aquí cómo maximizar tus oportunidades de obtener un gran trato.

Recuerda: se les llama "vendedores" por una razón

No es accidental que los vendedores de autos tengan una reputación tan cuestionable. "¿Sabes cuál es nuestro lema?", me preguntó uno de ellos cierto día. "Si no haces trampa, no estás esforzándote". Más tarde, aclaró que sólo era una broma, pero no estoy seguro de eso. Desde luego, en comparación con todos los vendedores de "vieja escuela" como éste, hay muchos otros que se consideran "especialistas en transporte" o "consultores". Pero, sin importar cómo le llames a la persona que te vende el auto, lo que es seguro es que él o ella han sido entrenados para venderte el auto. En particular, ellos conocen todo tipo de trucos psicológicos para mantenerte fuera de balance, para hacerte sentir culpable por no confiar en ellos y para distraerte de los asuntos en los cuales debes concentrarte.

Por ejemplo, lo último que ellos quieren que sepas es cuánto cuesta en realidad el auto que te presionan a comprar. Por tanto, ellos nunca hablan acerca del precio real, sino sólo de los pagos mensuales. ("Sólo son $200 al mes. Usted puede pagar eso, ¿no es así?" *Bueno, no si es durante 200 meses*). Y nunca admitirán que no tienen el tipo de auto que buscas. (Como me dijo un vendedor en cierta ocasión: "Si le digo al cliente que tengo cierto vehículo aunque no lo tenga, aún tengo 50 por ciento de probabilidades de cerrar una venta. Si le digo que no lo tengo, mi probabilidad es de 0"). O si dices que necesitas discutir un trato potencial con tu cónyuge, padre o amigo (lo cual es un acto inteligente cada vez que realices una compra mayor), ellos harán un gesto de impaciencia que sugiere que tú debes ser una especie de tonto. Incluso pueden fingir que han perdido las llaves de tu auto para impedir que salgas del lote.

También les gusta presumir que venden más autos a la semana que los que la mayoría de la gente compra en su vida entera, y utilizan este hecho para intentar intimidarte y que juegues su juego. Pero, ¿sabes una cosa? No tienes que caer en sus tretas. Investiga un poco antes de comenzar a buscar para que al menos tengas una idea general de lo que deseas y cuánto dinero es probable que te cueste. Habla con amigos y colegas; revisa los sitios electrónicos de venta de autos más importantes como Edmunds.com y Kelley Blue Book (**www.kbb.com**), y averigua lo que tienen que decir los abogados del consumidor fiables, como Consumer Reports (**www.consumerreports .org**) y la American Automobile Association (**www.aaa.com**). Y no aceptes ningún abuso. Recuerda que los distribuidores de autos usados te necesitan más de lo que tú los necesitas a ellos. Si no te gusta cómo te atienden en determinado lote, agradéceles su tiempo y márchate de allí.

Revisa la historia: averigua el número de identificación vehicular (VIN, por sus siglas en inglés) y verifícalo

¿Cómo puedes saber que un vendedor de autos usados miente?

Sus labios se mueven.

Ya en serio, cuando estás en busca de un auto usado, no hay razón alguna para que tomes como cierta cualquier cosa que el vendedor te diga. En lugar de preguntarte si en verdad ese bello Toyota que te ha fascinado sólo tuvo un dueño previo y nunca tuvo un accidente, puedes ordenar un reporte de historia del vehículo que te lo informe con seguridad.

Una gran cualidad de los autos es que llevamos registros de ellos. Miles y miles de millones de registros. Cada vez que llevas tu auto a una verificación de contaminantes, tienes un accidente, registras un reclamo de seguro o transfieres la propiedad, un registro se archiva en alguna parte.

Durante mucho tiempo, este hecho no nos hacía ningún bien a los consumidores ordinarios como tú y como yo porque esos registros estaban repartidos por todas partes: en las oficinas de la empresa aseguradora, en los centros de servicio automotriz y en las oficinas del Departamento de Vehículos de Motor en cincuenta estados distintos. Pero ahora, las instituciones como Carfax (**www.carfax.com**) y Experian AutoCheck (**www.autocheck .com**) mantienen una vasta base de datos que contiene miles de millones de registros automotrices de miles de fuentes gubernamentales y privadas. Por una cuota de $20 a $25, ellos tomarán el número de identificación vehicular y te enviarán un reporte por correo electrónico en el cual te informarán todo lo que necesitas saber acerca del pasado de ese auto en particular, incluso todos los dueños que ha tenido, si ha sido robado o ha tenido accidentes, cómo resultaron sus verificaciones de contaminantes, si su odómetro ha sido alterado y cuándo fue entregado al distribuidor (es decir, una fracción de información que podría representar una ventaja para ti al momento de la negociación si resulta que el auto ha permanecido en el lote durante varios meses).

Veinticinco dólares pueden parecerte mucho dinero, pero confía en mí: si consideramos lo eficientes que son los vendedores de autos usados para hacer trucos de manera que los vehículos parezcan "como nuevos", vale la pena. Comprar un auto usado sin revisar su historia es buscarte problemas. El precio de esta verificación es menor a un tanque de gasolina. Haz la inversión. Te complacerá haberla hecho.

Busca autos con certificación (CPO, por sus siglas en inglés)

A pesar de que un reporte de historia del vehículo puede revelar mucho acerca del pasado de un auto, no dice nada acerca de su posible futuro. Ésa es la razón por la cual nunca debes comprar un auto usado sin garantía. Las mejores garantías son aquellas que vienen con autos que han sido inspeccionados y garantizados personalmente por un distribuidor fiable. En la mayoría de los casos, el fabricante emite la etiqueta de certificación (CPO) para un auto en buenas condiciones y con bajo millaje, pero algunas cadenas nacionales de distribuidores de autos usados, como CarMax, también realizan impresionantes programas de certificación. (Ésta es una de las razones por las cuales no siempre es buena idea comprar un auto de un particular. Quizás obtengas un buen precio, pero en definitiva no obtendrás una garantía).

La mayoría de los autos usados certificados tienden a ser de marcas de gran prestigio, como Mercedes, Lexus y BMW, cuya confiabilidad a largo plazo se refleja en el hecho de que sus garantías originales de fabricación por lo general son más amplias que las garantías comunes por tres años o 36.000 millas. Sin embargo, existe un número cada vez mayor de marcas más accesibles, como Chevy y Ford, que certifican sus autos usados.

Los autos usados certificados pueden costar hasta $2.500 más que los autos usados no certificados y menos deseables; no obstante, con frecuencia vale la pena pagar el costo adicional dado que tienden a ser los autos más limpios, mejor conservados y de aspecto más nuevo que puedas encontrar.

Considera las marcas comunes y los autos de imitación

Quizá te parezca extraño, pero a veces un auto puede ser demasiado fiable. Si revisas el Kelley Blue Book (**www.kbb.com**), que es una de las referencias regulares en cuanto a precios de autos usados, verás que las marcas con los valores más altos de reventa (BMW, Honda, Scion, Mini y Volkswagen) se encuentran entre las más fiables. Eso no debería sorprendernos. La confiabilidad es uno de los factores más importantes a considerar cuando compras un auto; de hecho, esperarías que los más fiables fueran aquellos con demanda más alta y, por tanto, los más caros.

Si el dinero no es problema, lo cierto es que debes comprar uno de esos autos pero, desde luego, el dinero siempre es un problema, lo cual significa que necesitas pensar si el dinero adicional que tienes que pagar por esa confiabilidad adicional en verdad lo vale. De hecho, tal vez no sea así.

¿Por qué? Porque existen autos un poco menos fiables que se venden por *mucho menos* dinero, lo cual equivale a decir que, a pesar de que son un poco menos fiables que un BMW o un Mini, su valor es mayor. Las marcas comunes como Chevrolet, Ford, Nissan y Mazda, todas las cuales fabrican vehículos de razonable confiabilidad, en realidad pueden ser las opciones más inteligentes para los compradores de autos usados porque sus vehículos se deprecian con mayor rapidez que sus contrapartes más fiables y, por tanto, se venden a precios inferiores en los lotes de autos usados.

Lo mismo sucede con algunas marcas estadounidenses como Cadillac, Buick y Lincoln. No es recomendable comprarlos nuevos porque su valor cae como roca al instante en que salen del lote del distribuidor. Pero, justo por la misma razón, tienden a ser buenas compras cuando están usados. No sólo vienen con amplias garantías del fabricante, buenas calificaciones de confiabilidad y una red nacional de distribuidores que ofrece excelente atención al cliente, sino que, dada esa horrible depreciación, el precio de los modelos usados tiende a ser bastante razonable.

Y no omitas los autos de imitación. En esencia, los autos de imitación son autos idénticos y construidos en la misma línea de ensamblaje, pero vendidos bajo distintos nombres por diferentes fabricantes. Por ejemplo, el Pontiac Vibe es imitación del Toyota Matrix. Puede ser idéntico en todo al Matrix, excepto en el nombre, pero el nombre es justo lo que vale en términos de depreciación. Y dado que los Pontiac se deprecian más rápido que los Toyota, un Vibe usado es más conveniente que un Matrix usado. De igual manera, un Chrysler Crossfire usado, que fue construido con la misma estructura y en la misma fábrica que el viejo Mercedes SLK, puede ser mucho más conveniente que un SLK usado.

Que vengan los autos de imitación*

Costo de un Toyota Matrix con tres años de antigüedad:	$15.015
Costo de un Pontiac Vibe con tres años de antigüedad:	$14.230
Tú ahorras:	**$785**

*Basado en el valor sugerido a menudeo en el Kelley Blue Book del Toyota Matrix Sport Wagon y el Pontiac Vibe Sport Wagon modelo 2006, ambos con 45.000 millas.

Busca ofertas en línea

A pesar de que los mejores autos usados pueden ser los certificados que encuentras en las principales agencias distribuidoras, los cazadores serios de gangas prefieren comprar sus autos con el dueño anterior en tratos directos. En gran medida, esto se debe a que ya no tienes que revisar la sección de clasificados del periódico dominical de tu localidad para averiguar quién vende qué. En estos días, lo único que tienes que hacer es encender tu computadora y navegar en la red.

Dada la enorme popularidad de los sitios de anuncios clasificados en línea como Craigslist (**www.craigslist.org**) y los sitios de subastas en línea como el gigante eBay Motors (**www.ebaymotors.com**), no es sorprendente que Internet figure en más de un cuarto de las ventas totales de autos usados. Craigslist anuncia alrededor de tres millones de autos usados cada mes. Por su parte, eBay recibe a once millones de visitantes al mes y vende alrededor de $18 mil millones en autos y productos relacionados por año.

Existen múltiples razones para la popularidad de estos sitios, pero las principales son precio y selección. Al ser todos iguales, los autos usados que venden los propietarios tienden a ser más baratos que aquellos que se venden en agencias. La naturaleza de Internet significa que no estás restringido a buscar anuncios de autos usados que sólo están disponibles en tu ciudad.

Puedes consultar anuncios de autos en cualquier parte del país (Craigslist cuenta con listados separados de 450 ciudades), lo cual significa que puedes decidir cuán lejos estás dispuesto a viajar para recoger un auto o cuánto dinero estás dispuesto a pagar para que te lo envíen.

Ésta es una gran ventaja. Quizá sea difícil conseguir un Toyota Prius en Dallas o en Houston, pero tal vez sea más fácil conseguirlo en Austin, que no está demasiado lejos. La capacidad de tomar en consideración los autos de otros mercados puede facilitar el proceso de localizar el auto que deseas.

Ten en mente que cuando compras de individuos particulares es probable que no obtengas una garantía. Dicho lo anterior, eBay Motors cuenta con una "sala de exhibición" en línea de autos usados certificados que ofrece miles de vehículos.

Desde luego, las agencias de autos usados también se anuncian por Internet. Además, existen numerosos sitios electrónicos de referencia, como Autos .com, AutoNation (**www.autonation.com**), AutoTrader.com, Cars.com, Cars Direct (**www.carsdirect.com**). Edmunds.com, InvoiceDealers (**www.invoice dealers.com**), que pueden contactarte con un distribuidor local de autos usados que tenga el tipo de auto que buscas. Sin embargo, es poco probable que te ofrezcan el tipo de ofertas que puedes encontrar en Craigslist y en eBay.

También puedes lograr buenas negociaciones con especialistas

En general, debes evitar a los vendedores independientes de autos usados; es decir, los sujetos que tienen pequeños lotes llenos de autos viejos. Las agencias franquiciadas de distribuidores tienden a apoderarse de los mejores autos. Éstas tienen la preferencia por los autos a cambio con los distribuidores de autos nuevos y, por tanto, le dejan a los vendedores independientes pura chatarra. Sin embargo, existe una excepción a esta regla: los vendedores independientes de autos usados que se especializan en un tipo particular de auto, por lo regular una marca extranjera de gran prestigio.

Me refiero a los vendedores independientes que venden y dan servicio sólo a BMW, Mercedes, Saabs u otros autos similares. Por lo general, estos sujetos conocen a sus autos por dentro y por fuera, ofrecen una buena variedad de su marca y con frecuencia ofrecen garantías. Lo más importante es que en primer lugar son admiradores de la marca y en segundo lugar son vendedores, lo cual significa que es mucho más divertido tratar con ellos. También tienden a comprar su inventario de clientes reincidentes fanáticos que prestan mucha atención a sus autos; por tanto, los vehículos que venden compiten con aquellos que venden las agencias distribuidoras franquiciadas; excepto que por lo regular son menos costosos.

Mi amigo Allan, por ejemplo, compró un viejo Mercedes convertible de un gran distribuidor de Mercedes en el sur de California por alrededor de $28.000 varios años atrás. Algunos meses después, vio un Mercedes del mismo año y modelo en un pequeño lote especializado por sólo $22.500. ¡Y el auto más barato estaba en mejores condiciones!

No te olvides de las empresas de alquiler

A las empresas de alquiler les gusta deshacerse de los autos antes de que el millaje sea demasiado alto; por lo regular antes de que el odómetro llegue a las 20.000 millas. Esto puede suceder pronto en un auto de alquiler, de manera que estas empresas por lo regular venden vehículos que no tienen mucho más de un año de antigüedad y a veces ni siquiera eso.

Casi todas las empresas principales tienen departamentos de ventas que ofrecen sus autos usados al público y todas cuentan con sitios electrónicos que proporcionan detalladas descripciones de los vehículos disponibles. Entre las más populares se incluyen:

- Avis (**www.avisnj.com/sales.htm**)
- Budget (**www.budgetcarsales.com**)
- Dollar (**www.dollarcarsales.com**)
- Enterprise (**www.enterprisecarsales.com**)
- Hertz (**www.heretzcarsales.com**)
- Thrifty (**www.thriftycarsales.com**)

Quizá pienses que es mala idea comprar un auto que ha sido conducido por personas que no lo poseen. Sin embargo, en la actualidad los autos de alquiler se encuentran entre los vehículos mejor conservados en las calles. Son revisados por profesionales cada vez que son devueltos y son sometidos a servicio con regularidad religiosa.

Como resultado, las empresas que alquilan autos por lo general ofrecen sólidas garantías sobre los vehículos usados que venden. Y esto además de las garantías originales de fábrica, a las cuales, dada la condición que suelen tener estos autos, por lo regular les restan varios años y decenas de miles de millas para expirar.

A veces, las empresas que alquilan autos cobran un poco más por sus vehículos que la mayoría de los distribuidores de autos usados, pero dado el excelente mantenimiento que les dan, sus vehículos por lo general lo valen. Además, la mayoría de las empresas tiene una política de ventas contraria al regateo, lo cual puede hacer que el proceso de venta sea mucho menos doloroso. Y algunos de los tratos son bastante buenos. Por ejemplo, al tiempo que escribo esto, Enterprise ofrece un Jetta sedán modelo 2007 con 32.000 millas por $15.499, $316 menos que el precio del Kelley Blue Book.

De lo que debes cuidarte

Existen muchas trampas en la venta de autos usados, que van desde las ofertas engañosas (donde te seduce un anuncio que promete la proverbial "crema" para que, cuando llegues, te digan que acaban de venderla) hasta vender vehículos robados. La mayoría de ellas no son difíciles de detectar, si sabes lo que debes observar. He aquí las principales señales de alerta que debes evitar.

Autos con bajo millaje sospechoso

Los fraudes con los odómetros solían ser los engaños más frecuentes que enfrentaban los compradores de autos usados.

Todavía lo son.

Los fabricantes de autos pensaron que, al digitalizar los equipos regulares de los odómetros, los vendedores deshonestos no podrían volver a lograr que un viejo caballo de guerra luciera más joven y fresco al retroceder el odómetro. Se equivocaron. Los odómetros digitales han resultado ser tan susceptibles a las trampas como los viejos odómetros mecánicos, y los vendedores de autos sin escrúpulos no tienen reparo alguno en aprovechar las ventajas de este hecho.

Las estadísticas son sorprendentes. El odómetro de uno de cada diez autos usados que se venden en la actualidad ha sido retrasado. De acuerdo con las cifras del gobierno de Estados Unidos, esta práctica ilegal les cuesta más de *$1.000 millones* a los compradores de autos al año en precios inflados.

Para asegurarte de no ser una de las víctimas, sé escéptico cuando te encuentres con una "crema" con millaje bajo que te parezca inusual. Ten en mente que el auto promedio recorre unas 12.000 millas por año; por tanto, si buscas un convertible de tres años de antigüedad y su odómetro señala sólo 18.000 millas, sé escéptico. ¿En verdad perteneció a una ancianita de Pasadena que sólo lo utilizaba los domingos? Revisa las llantas. Si el odómetro muestra menos de 20.000 millas, el auto debe tener las llantas originales.

(Si la condición de las cuatro llantas no coincide o no son de una marca de prestigio, sabrás que algo anda mal). Observa el acelerador y el freno. No deberían estar muy desgastados si el auto en verdad es un "especial de bajo millaje".

Números de identificación vehicular (VIN) que no coinciden o que faltan

Desde principios de los años ochenta, todo vehículo de motor fabricado o importado a Estados Unidos está obligado a tener un número de identificación vehicular de diecisiete dígitos impreso en una pequeña placa metálica que está sujeta a varios lugares del auto, incluso el tablero junto al parabrisas, el poste de la portezuela del conductor, el aislamiento contra incendios, el motor y el chasis.

El número de identificación vehicular (VIN) es un identificador único tan importante para tu auto como tu número de Seguro Social lo es para ti. Si falta el VIN de tu auto o parece haber sido alterado de cualquier manera, ésa es una señal segura de que hay algo sospechoso en el vehículo; lo más probable es que se trate de un auto robado o reconstruido. Sea cual sea el caso, no querrás ser parte de ello.

Entonces, antes de comprar un auto usado, asegúrate de que todos los números VIN se encuentren donde deben estar, que todos coincidan por completo y que ninguno de ellos se haya desprendido o que haya sido empleado para malos propósitos.

Autos que se venden "como están"

Por ley federal, los vendedores de autos usados deben adherir lo que se conoce como una etiqueta de "Guía del comprador" al parabrisas de cada auto que venden. Esta etiqueta tiene recuadros que indican si el auto se vende con una garantía o "como está" (lo cual significa que el comprador está dispuesto a aceptar el vehículo en cualesquier condiciones que se encuentre). Sin importar el buen aspecto que el auto tenga, si el recuadro de "como está" está marcado, aléjate. No querrás comprarlo.

Como norma, nunca deberás comprar un auto usado que no cuente con una garantía de al menos treinta a noventa días que te proteja contra cualquier problema mecánico no evidente que el auto pueda presentar. Recuerda la ley de Murphy: "Si algo puede salir mal, así será". No fue escrita con los autos usados en mente, pero bien pudo ser así.

Y que no te convenza un vendedor si te dice que no te preocupes porque el recuadro de "como está" esté marcado, que el distribuidor se hará cargo si surge cualquier problema.

Sin importar lo que prometa el vendedor, "como está" significa que estás solo en esto. Cuando compras un auto "como está", antes de que te entreguen las llaves, ellos te pedirán que firmes un documento en el cual reconoces de manera específica que eso es justo lo que has hecho; es decir, que has renunciado a todas las garantías, verbales o de cualquier otro tipo. En otras palabras, asumes toda la responsabilidad por arreglar cualquier cosa que esté mal con el auto, y no debes esperar que nadie acuda en tu ayuda si el auto resulta ser un "limón".

"Los autos de Katrina". Todos están "húmedos"

Alrededor de 10 por ciento de los autos y camiones de Louisiana y Mississippi, es decir 571.000 vehículos en total, fueron arruinados por el huracán Katrina en agosto de 2005. Un mes después, el huracán Rita dañó decenas de miles más. Muchos de esos llamados "autos de Katrina" fueron destruidos, pero muchos otros no lo fueron. En lugar de ello, fueron limpiados y ofrecidos a la venta, en algunos casos por vendedores sin escrúpulos que ocultaron su pasado.

Lo mismo sucede cada año después de la temporada de huracanes. La única variable es la escala del problema. En cualquier año hay decenas de miles de autos dañados a causa de las inundaciones que son ofrecidos a incautos compradores en todo el país. Quizá tengan buen aspecto y tal vez funcionen bien, pero literalmente sólo son problemas a la espera de presentarse. Como dijo un experto en seguridad automotriz al *Washington Post*: "Todos los componentes electrónicos se encuentran en alto riesgo. Es inevitable que se corroan. Los frenos fallarán, los motores fallarán de manera intermitente en el tránsito y las bolsas de aire no se inflarán en una colisión".

Por suerte, estos "autos de Katrina" tienen señales que los delatan. Debes prestar atención si un auto usado que has considerado tiene corrosión inferior o un olor mohoso, o si existe alguna evidencia (como placas de Louisiana o Mississippi) de que ha estado en el área afectada durante un huracán. Mira debajo de la alfombra, tanto en la cajuela como el compartimiento de pasajeros, para ver si hay cualquier signo de humedad estancada u hongos. También revisa debajo del cofre para ver si hay un anillo alrededor del compartimiento del motor. Una línea de agua marcada por corrosión, lodo o salitre es una indicación segura de que el motor estuvo sumergido en agua en algún momento.

El auto en el estacionamiento de Wal-Mart con el letrero de SE VENDE en la ventanilla

Los vemos todo el tiempo: autos estacionados al lado de la calle o en el estacionamiento de un centro comercial con esos letreros rojos y blancos de SE VENDE pegados a las ventanillas laterales o traseras. Por lo general, los vendedores dicen que es su auto personal y que sólo desean hacer una venta rápida en efectivo, de persona a persona, sin intermediarios ni papeleo. A veces son legítimos por completo, pero muchos de estos vendedores son lo que se conoce como "coyotes"; es decir, vendedores de autos usados ilegales y sin licencia que operan en las aceras en lugar de trabajar en un lote legítimo. La mayoría de los autos que venden los coyotes son vehículos rescatados de la destrucción o que han reprobado las inspecciones. Algunos son robados; por tanto, ten cuidado con las ventas callejeras sin importar lo atractivo que sea el precio.

Qué hacer si algo sale mal

Muchas de las trampas que los vendedores deshonestos de autos usados intentan hacer no son sólo injustas, sino que van en contra de la ley. Los fraudes como las ofertas engañosas, la modificación de odómetros y el lavado de títulos (donde un auto muy dañado es registrado en otro estado y con otro título que no refleja su verdadera condición) son crímenes. Así que si crees que has sido víctima de este tipo de fraudes, anímate: la ley está de tu lado.

Pero antes de llamar a la policía, hay algunas acciones menos drásticas que puedes intentar *si crees* que hay algo extraño en el auto usado que acabas de comprar.

En la mayoría de los casos, lo primero que debes hacer es confrontar al vendedor e intentar resolver el problema de manera directa. Si se trata de una cadena grande como AutoNation y CarMax o una agencia distribuidora franquiciada conectada con alguno de los grandes fabricantes de autos, es probable que cuenten con un departamento de servicio al cliente que hará su mayor esfuerzo para resolver el problema. Si se trata de un distribuidor independiente, debes acudir al vendedor o a su supervisor.

Lo importante es mantener la calma y expresar tu queja por escrito, junto con lo que te gustaría que ellos hicieran al respecto.

Como es obvio, no esperes que se sientan felices de verte. De hecho, la mayoría de los vendedores de autos usados correrán hacia el otro lado cuando vean que un ex comprador disgustado se presenta en su lote. Puede ser increíblemente frustrante. De hecho, no puedo pensar en una situación más irritante que ser ignorado por el mismo sujeto que fingió ser tu mejor amigo cuando intentó venderte un vehículo apenas unos días o semanas atrás. Sin embargo, a pesar de que puede hacerte sentir mejor, la manera más conveniente de obtener resultados no es gritarle todas las groserías del diccionario ni amenazarlo con pedir que lo arresten. Lo que harás es enviar una carta clara y concisa a su jefe o al dueño de la distribuidora en la cual expliques tu queja, sugieras una posible solución y expreses, con toda educación, que esperas que no sea necesario emprender alguna acción legal.

Es probable que esto produzca resultados. Si no es así, es momento de acudir a las autoridades y/o contratar a un abogado. Además de contactar a la división de protección al consumidor de la oficina del fiscal general de tu estado, también deberás quejarte con el Better Business Bureau (**www.bbb.org**). Y piensa en llamar al periodista de asuntos del consumidor en tu estación de televisión local o en tu periódico local. Los periodistas de asuntos del consumidor adoran exhibir los fraudes relacionados con autos usados. (Por otra parte, no les interesan en absoluto las disputas de "él dijo/ella dijo" entre compradores y vendedores, de manera que, si tu problema en realidad no es un vendedor cuya práctica es el engaño a sus clientes, ni te molestes).

Si tienes problemas con un auto usado que compraste en una transacción privada (tanto si lo encontraste en un anuncio de periódico como en Craigslist), tienes menos opciones. Si el vendedor se niega a hacer algo respecto de tu queja o incluso a responder a tu carta, no es mucho lo que puedes hacer excepto contratar a un abogado y demandarlo. Éste es uno de los beneficios de hacer tratos con un distribuidor.

Sin embargo, existe un tipo de transacción privada de autos usados en el cual los compradores cuentan con protección: los vehículos vendidos a través de eBay. Bajo su Política de protección de compra de vehículos, eBay reembolsará a sus clientes hasta $50.000 si un auto que compraron a través del sitio resulta ser robado, estar dañado o no cumplir con lo anunciado.

▶ Pasos de acción para luchar por tu dinero

☐ Comienza por emplear sitios como Edmunds.com y el Kelley Blue Book (**www.kbb.com**) para investigar valores de autos, sus precios, marcas y modelos. ¡Investiga antes de lanzarte!

☐ Antes de comprar un auto usado, revisa su historia en **www.carfax.com** o **www.autocheck.com**.

☐ Siempre haz que un mecánico independiente realice un diagnóstico minucioso del auto antes de comprarlo.

☐ Busca certificaciones (CPO) cuando le compres a un distribuidor.

☐ Busca ofertas en línea, en sitios como **www.craigslist.com** y **www .ebaymotors.com**.

☐ ¡No olvides las ventas de autos usados de las empresas que alquilan autos! Visita sus páginas individuales para conocer su inventario.

Leasing de autos

¿**Q**uieres hacer feliz a un distribuidor de autos? Entra a su sala de exhibición y dile que estás interesado en un *leasing* (alquiler con opción a compra). Los distribuidores adoran a los clientes de *leasing*.

Existe una buena razón para ello. El *leasing* puede ser tan complicado y confuso que engañar a los clientes es facilísimo. De hecho, es tan fácil jugar con los números que los distribuidores de autos ganan, en promedio, el doble de utilidades por un *leasing* que por una venta convencional.

Dado que casi 25 por ciento de los autos nuevos (y más de 85 por ciento de algunos modelos de lujo) son arrendados en lugar de comprados, estamos hablando de mucho dinero, alrededor de $10 mil millones por año en utilidades adicionales, de acuerdo con algunos estimados. Esto no significa que el *leasing* siempre sea un robo. Existen situaciones en las cuales tiene sentido arrendar en lugar de comprar. De hecho, yo he realizado *leasings* exitosos. El truco es reconocer cuándo te encuentras en la situación adecuada y cuándo no.

¡Atención!

Los distribuidores de autos obtienen hasta el doble de ganancias por un *leasing* que por una venta convencional.

Cómo luchar por tu dinero

El *leasing* de autos puede sonar más sencillo de lo que es en realidad. Cuando arriendas, lo que haces es obtener derecho a utilizar un auto durante un periodo establecido (por lo regular entre dos a cinco años), durante los cuales accedes a pagar el costo de la depreciación de dicho auto. Digamos que arriendas un Honda de $25.000 durante tres años. Dado que un Honda por lo regular se deprecia 40 por ciento en tres años, el auto valdrá sólo alrededor de $15.000 cuando termine el plazo del *leasing*. Entonces, por el derecho de utilizar ese Honda durante esos tres años, tienes que compensar a la empresa arrendadora por la disminución de $10.000 de su valor.*

En teoría, podrías entregar $10.000 en efectivo al inicio del *leasing* y terminar con el asunto. Algunas personas lo hacen así, a pesar de que desafía uno de los principios fundamentales de la mayoría de los *leasings* de autos, que es minimizar tus costos inmediatos. Pero la mayoría de la gente que contrata un *leasing* ofrece poco o nada en efectivo para cubrir la depreciación. En lugar de ello, esta gente cubre el costo de la depreciación en pagos mensuales, más intereses.

Ésta es la razón por la cual los pagos del *leasing* por lo general son mucho menores que los pagos por préstamos para autos. Con un préstamo para auto, tú pagas el precio de compra del auto; es decir, su valor total. Con un *leasing*, sólo pagas una parte de su valor, que a menudo es menor a la mitad. Desde luego, una vez que has pagado un préstamo para auto, ya eres dueño del auto por completo. Cuando termina un *leasing*, tú no posees nada. Es verdad que por lo general puedes comprar un auto al finalizar el *leasing* si pagas el precio depreciado, conocido en la jerga como valor residual. Pero, a menos que la empresa haya calculado mal, lo cual hacen a veces, por lo general es mucho más barato tramitar un préstamo para auto y comprar el vehículo nuevo que arrendar un auto durante varios años y después comprarlo. Lo anterior se debe a que a menudo las tasas de interés sobre préstamos de auto son más bajas que las de los *leasings*.

Entonces, ¿cuál es el mejor acuerdo: pagar mucho menos cada mes pero tener que entregar el auto al final del *leasing* o pagar más, pero poder conser-

---

*A pesar de haber negociado el *leasing* con un distribuidor de autos, en realidad le arriendas el auto a una empresa arrendadora. Lo que sucede es que, una vez que tú y el distribuidor acuerdan los términos, el distribuidor vende el auto a una empresa arrendadora, la cual te lo arrienda a ti.

var el auto? De hecho, no existe una respuesta única para todos. Depende de una amplia variedad de factores: cómo conduces, dónde conduces, cuánto se deprecia el auto, el tipo de intereses que debes pagar, etc.

Los distribuidores de autos siempre te dicen lo conveniente que es el *leasing*. Ellos harán énfasis en los pagos mensuales más bajos y en los bajos costos directos, "la conveniencia" de deshacerte del auto al finalizar el *leasing* y, sobre todo, la capacidad de colocarte detrás del volante de un auto más elegante del que podrías pagar de otra manera.

Ellos jugarán a ganar y mucho de lo que te digan puede ser verdad, pero mantén la guardia en alto. Hay muchas cosas más que no te dicen, y por un buen motivo.

Cuándo el *leasing* tiene sentido... y cuándo no

El *leasing* es atractivo para muchas personas porque parece ser menos caro que comprar un auto nuevo. Como veremos en breve, esto puede ser confuso. Sin embargo, no hay duda alguna de que el *leasing* puede colocarte detrás del volante (al menos durante un tiempo) de un auto mucho mejor del que quizá puedas comprar. Sin embargo, en realidad no debes considerar esta opción a menos que coincidas con la mayoría de las siguientes categorías, si no es que con todas.

1. **Necesitas tener un auto nuevo cada dos o tres años.** El *leasing* no tiene sentido si en realidad no te importa tener un auto nuevo. El hecho es que, cuando arriendas, pagas continuamente los precios de los autos nuevos sin poder ser dueño de ellos; por tanto, si bien podrías conducir un aceptable auto usado, ¿para qué molestarte?

2. **Por lo general conduces menos de 15.000 millas al año.** Dado que el valor de un auto usado se relaciona de manera directa con cuántas millas ha recorrido, la mayoría de los *leasings* limitan el número de millas que puedes agregarle al auto. Tú puedes elegir el límite (por lo general 10.000, 12.000 o 15.000 millas por año) y mientras más alto sea, más caro será el *leasing*. Si superas cualquiera que sea el límite que hayas elegido, tienes que pagar una rígida penalización que por lo general varía entre 15 y 25 centavos por milla. De acuerdo con un estudio de CNW Marketing Research, más de la tercera parte de la gente que arrienda autos excede su límite anual; el excedente común es de alrededor de 25.000 millas por año. Quizá no te parezca mucho, pero, en el transcurso de un *leasing* de tres años, el exceso de millas puede costarte alrededor de $2.000 en tarifas de penalización. Y si so-

brepasas el límite por mucho, puede terminar por costarte tanto que quizá te convendría más comprarle el auto a la arrendadora por el valor residual y revenderlo.

3. **Eres bueno para mantener tu auto en buenas condiciones.** Deberás pensar dos veces el *leasing* si te gusta modificar o adecuar tu auto o, por el contrario, si no eres muy bueno para cuidarlo. Se espera que devuelvas el auto *casi en condiciones de sala de exhibición* cuando termine el plazo del *leasing*. Raspa una llanta con la acera y eso te costará cientos de dólares, quizá miles, según el tipo de llantas que tengas. Sufre cualquier abolladura, raspadura, cuarteadura de parabrisas o desgaste de alfombras, cualquier cosa que se te ocurra, y te cobrarán por desgaste "excesivo". Y, créeme, te cobrarán el valor total. A menudo, este tipo de tarifas son absurdas. De acuerdo con CNW, las valuaciones de desgaste fueron, en promedio, de $1.700 en el año 2006.

> Las valuaciones de desgaste fueron, en promedio, de $1.700 en el año 2006.

Con lo anterior en mente, antes de devolver un auto arrendado debes fotografiarlo de arriba abajo para probar que fue devuelto en buenas condiciones. El distribuidor no lo hará cuando le devuelvas el auto. Ellos evalúan después las condiciones del auto y te envían una factura o deducen los cargos correspondientes de tu depósito, si dejaste alguno.

4. **Eres propietario de un negocio o eres un profesional independiente y utilizas el auto para trabajar.** Si eres propietario de un negocio o eres un profesional independiente que utiliza el auto para trabajar, el costo total del *leasing* debe ser deducible de impuestos. Para algunas personas que pertenezcan al rango del 355, esto puede reducir el costo real del *leasing* en más de una tercera parte, lo cual convierte a este sistema en un mejor acuerdo que la compra. Las personas asalariadas a veces pueden deducir gastos de automóvil (en términos básicos, 58,5 centavos de dólar por cada milla que conducen relacionada con negocios), pero por lo general no pueden amortizar el costo de *leasing* de un auto.

5. **Tu empleo es seguro y no anticipas ningún cambio de estilo de vida que pudiera afectar el tipo de auto que necesitas.** Un *leasing* de auto es un contrato y las empresas arrendadoras pueden ser brutales para hacerlos obligatorios. El hecho de que tus circunstancias cambien (que hayas perdido el empleo, que hayas tenido trillizos o que hayas sido convocado por la Guardia Nacional) no les importa.

La mayoría de las empresas de *leasing* no te permitirán devolver un auto antes de tiempo sin pagar altas penalizaciones que con frecuencia equivalen a los pagos restantes del *leasing* total. De hecho, una vez que has firmado un contrato de *leasing* de auto, es casi imposible escapar de él a menos que te declares en bancarrota. Por tanto, ni pienses en arrendar un auto a menos que tengas seguridad absoluta en que será el vehículo adecuado para ti durante el plazo completo del *leasing* y de que serás capaz de cubrir todos tus pagos.

Cómo obtener un buen trato: enfócate en el costo total

Así que has considerado todos estos factores y crees que el *leasing* puede tener sentido para ti. Ahora es cuando comienza el verdadero trabajo. No hay duda alguna de que, comparado con financiar la compra de un auto con un préstamo, el *leasing* por lo general ofrece pagos mensuales y costos inmediatos más bajos. Como ya mencioné, el distribuidor de autos insistirá en este punto una y otra vez. El asunto es que ésa no es toda la historia y, con el fin de asegurarte de obtener un buen trato, necesitas conocer toda la historia.

En definitiva es agradable tener pagos mensuales y costos inmediatos bajos, pero lo que en realidad importa es el costo total del *leasing*; es decir, cuántos de estos bajos pagos mensuales tendrás que hacer, cuáles son las otras tarifas en las cuales podrías incurrir y cuál será la suma final de todo ello.

Existen muchas variables básicas que afectan el costo total de un *leasing*. Pueden parecer complicadas pero, si no permites que la terminología te abrume, en realidad son muy fáciles de comprender.

En primer lugar está el valor real del auto, que se conoce como el "costo capitalizado". Después está el plazo del *leasing* (cuántos años durará), el límite de millaje y el valor residual, que es cuánto dice la empresa que valdrá el auto cuando expire el *leasing*. La diferencia entre el costo capitalizado y el valor residual es la depreciación, que es el costo básico que tú y el arrendador tendrán que pagar. También existen los costos inmediatos, que por lo general incluyen el pago del primer mes, un depósito de seguridad reembolsable, tarifas de registro y otros cargos. Al final hay un concepto llamado "factor monetario", el cual determina cuánto interés deberás pagar sobre la depreciación.

Como es obvio, mientras menor sea la depreciación, menos costoso será tu *leasing*. Lo que complica las cosas es que existe muchas maneras distintas de reducir la cifra de la depreciación. Una manera es bajar el costo capitalizado, lo cual puedes lograr al regatear con el distribuidor o al acordar realizar un pago en efectivo (conocido en los círculos de *leasing* como "reducción de costo capitalizado"). Por lo general, cuando negocias un *leasing*, un vendedor te exhortará a entregar algunos miles de dólares en efectivo con la idea de proponerte que tus pagos mensuales sean menores. No te dejes convencer. Claro que tus pagos mensuales serán menores, pero perderás una buena cantidad de dinero, y si sucede que pagas el costo total del auto en los primeros meses de tu *leasing*, no lo recuperarás.

Una mejor manera de reducir la depreciación es incrementar el valor residual, lo cual puedes lograr al negociar con el distribuidor, al acordar un límite menor de millaje o al elegir un auto reconocido por conservar su valor (un Lexus o Honda, digamos, en comparación con un Cadillac o un Kia). También podrías reducir el plazo del *leasing* dado que, mientras más corto sea, más joven será el auto cuando el contrato expire y menos se habrá depreciado.

También puedes reducir el costo de un *leasing* si intentas obtener el factor monetario más bajo posible. Esto puede ser difícil dado que los distribuidores no están obligados a revelar este número, pero si les dices que no firmarás un contrato de *leasing* sin saber cuál es el factor monetario, la mayoría te lo dirá. Si tu distribuidor se niega, márchate de allí.

Un sistema sencillo para desenmascarar el viejo juego de triles

Dado que existen muchas partes móviles, muchos distribuidores de autos convierten la negociación de *leasing* en una especie de juego de triles en el cual intentan distraerte con conversaciones sobre bajos pagos mensuales mientras ocultan el costo capitalizado, omiten algunos miles de millas del límite anual y agregan algunos meses adicionales al plazo y, al final, te sorprenden con un montón de tarifas administrativas únicas, no negociables, y cargos adicionales.

No es imposible derrotar al distribuidor con su propio juego, pero hace falta verdadera disciplina y enfoque. Por suerte, existe una manera mucho más sencilla de asegurarte de obtener un buen trato en un *leasing* de auto. Todo lo que necesitas es decidir cuatro cosas por adelantado: el modelo de auto que te gustaría, el monto del pago inmediato que estás dispuesto a hacer (si es que lo hay), el periodo que te gustaría que durara el *leasing* y el límite de millaje con el cual crees que puedes vivir.

Con estas cuatro variables definidas en mente, no necesitas preocuparte más acerca de los demás factores complicados que intervienen en el cálculo del costo total del *leasing*. Unos buenos sitios para investigar lo que es razonable pagar son:

- Automotive.com

- Carsdirect.com

- Edmunds.com

- InvoiceDealers.com

- LeaseCompare.com

- Yahoo!Autos (**autos.yahoo.com**)

Entonces sólo entra a Internet o comienza a llamar por teléfono a las agencias distribuidoras locales.

Pídeles a los distribuidores que cumplan con tus cuatro especificaciones ("Busco un *leasing* de tres años de un Honda Accord LX, no más de $2.500 de pago inmediato y con 12.000 millas por año"). Después, pregúntales cuál es el mejor pago mensual que pueden ofrecerte.

Cuando inicias el proceso de *leasing* desde esta perspectiva, no importa cuáles sean las otras cantidades y cómo llegue a ellas el distribuidor. Dado que tú ya has especificado cuánto dinero en efectivo pagarás de inmediato y cuántos pagos mensuales harás, sólo hay una cosa que necesitas saber con el fin de calcular el costo total del *leasing*: el monto del pago mensual.

Una vez que conoces el pago mensual, sólo multiplícalo por el número de meses de tu contrato de *leasing* y después suma tu pago inmediato. Lotería: ¡tienes tu costo total!

Este sistema también te facilitará descubrir cuál distribuidor te ofrece el mejor acuerdo. Cuando juegas con todos estos factores, es probable que todo acuerdo que te ofrezcan esté estructurado de distinta manera y termines por comparar manzanas con naranjas. Con esta perspectiva simplificada, siempre serán manzanas con manzanas dado que la única variable que compararás es el precio mensual.

Si todo esto te parece muy complicado o consume mucho de tu tiempo, existen servicios que se harán cargo de todos los cálculos e investigación por ti. Algunos de ellos, como 1ClickAutoBrokers.com, cobran una tarifa; otros, como Auto Leasing Direct (**www.autoleasingdirect.info**) y LeaseByNet.com, incluyen sus compensaciones en el acuerdo que logran conformar para ti. Todas estas empresas declaran que pueden obtener tratos tan convenientes para ti que, incluso con sus honorarios, tú sales ganando. El asunto es que estos servicios tienden a especializarse en automóviles de lujo, así que si buscas un Chevy o un Volkswagen, quizá no te sean muy útiles.

Protégete con un seguro

Cuando arriendas un auto, eres responsable de devolverlo a la empresa de *leasing* en buenas condiciones al final del *leasing*. Entonces, ¿qué sucede si el auto es pérdida total o es robado? En la mayoría de los contratos regulares de *leasing*, tendrías que pagar a la empresa los pagos mensuales restantes además del valor residual del auto. Quizá pienses que tu seguro de auto se hará cargo del asunto, pero la mayoría de las pólizas pagarán sólo el valor actual del auto, y éste puede ser mucho menor a lo que tú le debes a la empresa. (Ten en mente que al instante de sacar el auto arrendado del lote, su valor disminuyó hasta un 20 ó 30 por ciento). En un auto de $25.000 robado o con pérdida total al principio del *leasing*, la diferencia entre lo que tu aseguradora pagará y lo que tú deberás a la empresa arrendadora puede ascender a $7.000. Y créeme, ellos esperarán que les pagues.

Para protegerte contra esta posibilidad, puedes obtener lo que se conoce como seguro por diferencia, el cual paga la diferencia entre lo que debes y lo que tu seguro de auto pagará. Algunos contratos de *leasing* los incluyen de manera automática. Si el tuyo no lo incluye, pide a tu compañía aseguradora una cobertura por diferencia. La prima no debe costarte más de $100 por año. (Advertencia: no se la compres al distribuidor pues intentará cobrarte varias veces esa cantidad).

De lo que debes cuidarte

Declaraciones de que siempre es más barato arrendar

Un vendedor que te diga que el *leasing* siempre es más barato no es un vendedor en quien puedas o debas confiar. En lo que se refiere al *leasing*, no existe un "siempre". Si es probable que entregues un auto a cambio antes de que un préstamo esté cubierto, quizá el *leasing* sea un mejor acuerdo para ti que la compra. Pero si por lo general sueles conservar un auto mucho tiempo después de hacer el pago final (o si pagaste en efectivo por él desde el principio) es probable que la compra te salga más barata. Como demostró un estudio reciente de *Consumer Reports*, en el primer o segundo año, el *leasing* por lo regular te cuesta menos; a partir del tercer año, la balanza comienza a inclinarse a favor de la compra.

Promesas de que puedes cambiar tu viejo auto arrendado por uno nuevo

Los vendedores ansiosos por cerrar un trato a veces te dirán que, si te aburres de tu auto antes de que termine el plazo del *leasing*, ellos estarán felices de liberarte del auto original y ofrecerte uno nuevo. No les creas. Es cierto que estarán felices de ayudarte, pero sólo porque tú les das la oportunidad de extraerte más dinero. De hecho, no existe tal cosa como sustituir el auto viejo por uno nuevo. Lo que en realidad sucede es que el distribuidor te pedirá que le devuelvas el auto antes de tiempo y te cobrará el costo de las tarifas por terminación previa, penalizaciones y depreciación no pagada en tu nuevo *leasing*. El distribuidor también podría embolsarse tu depósito de seguridad en el proceso.

> En el primer o segundo año, el *leasing* por lo regular te cuesta menos; a partir del tercer año, la balanza comienza a cambiar a favor de la compra.

Confusión con las tasas de interés

A los distribuidores de autos les encanta hablar acerca del factor monetario como si se tratara de una tasa de interés. "Le daremos una tasa de 4,6 en este *leasing*", te dirá un distribuidor. "Intente conseguir un préstamo de auto por esa tasa". De hecho, la cifra de 4,6 que el vendedor menciona no es una tasa de interés anual de 4,6 por ciento. Es una abreviación del factor monetario, que en este caso es 0.0046. Para convertir el factor monetario en una tasa de interés anual, multiplícalo por 2.400. Entonces, al multiplicar un factor monetario de 0.0046 por 2.400, obtienes una tasa de interés de 11,04 por ciento, que no es un buen acuerdo en absoluto.

El manejo de las cifras

Después de invertir horas en avanzar y retroceder con el distribuidor, por fin has llegado a un acuerdo en los términos de tu *leasing*. En este punto, él desaparece a una sala trasera para redactar el contrato. Entonces tú gastas veinte minutos en retorcerte los dedos y en preguntarte qué sucede. Cuando por fin reaparece, te presenta el contrato de *leasing*. Tú lo miras y notas que el pago mensual es $30 más alto de lo que debía ser. "Cuando usted y yo negociábamos el asunto, cometimos un pequeño error en los cálculos", te dice. "No hay problema". No le creas. Para empezar, en un *leasing* por treinta y seis meses, este "pequeño error" te costará más de $1.000. Además, es probable que no se trate de un error, sino del resultado de que él ha manejado las cifras; por ejemplo, que ha intentado ocultar una ganancia adicional al anotar un costo capitalizado $1.000 más alto del que habían acordado.

A pesar de que los contratos de *leasing* de autos son formatos largos y complicados, llenos de letras diminutas y docenas de cifras, revisa cada una antes de firmarlo. Confirma que las cuotas administrativas, el pago inmediato, el costo capitalizado, el límite de millas, el costo residual, el pago mensual y el plazo sean justo lo que acordaste. Algunos distribuidores redactarán todo bien, pero después escribirán que el *leasing* será por treinta y nueve meses en lugar de los treinta y seis que debían ser, con la esperanza de que tú no lo notes hasta que sea demasiado tarde y te veas obligado a hacer tres pagos mensuales adicionales. Algunos intentarán disminuir el límite de millas.

Asume lo peor y revisa con cuidado el contrato de *leasing*. Si no estás seguro acerca de cualquier detalle, ¡NO LO FIRMES! Una vez que obtengan tu firma, estarás atrapado y no habrá manera de retroceder.

Accesorios innecesarios

Los vendedores de autos son vendedores de autos y, tanto en la venta como en el *leasing*, intentarán engañarte para que pagues accesorios innecesarios sobrevaluados como extensiones de garantía, anticorrosivos, selladores de pintura y cosas por el estilo. Algunos incluso pueden sugerir que las empresas arrendadoras te obligan a comprar algunas de estas "protecciones". Que no te convenzan. Si un vendedor utiliza esta frase, busca otro distribuidor.

De hecho, estos accesorios son innecesarios en un auto que compras y mucho más innecesarios en un auto que arriendas. Recuerda: el auto que arriendas es nuevo y, dado que nunca debes arrendar un auto durante un periodo mayor al cubierto por la garantía del fabricante, estarás protegido durante el periodo total del *leasing*. Por tanto, una extensión de garantía es una pérdida total de dinero y lo mismo sucede con los demás accesorios.

En cierta ocasión, un vendedor me miró a los ojos y me sugirió una protección anticorrosiva para un auto que arrendé en California. Le dije: "Es una broma, ¿cierto? Un convertible en California... ¿de verdad cree que necesito un anticorrosivo?". Él replicó: "Tengo que preguntarlo".

Qué hacer si algo sale mal

Varias leyes federales y estatales solicitan que los distribuidores y las empresas de *leasing* revelen sus términos y condiciones para *leasing* de autos, incluso el costo capitalizado, el valor residual, el cargo financiero (es decir, el monto en dólares por el interés que pagarás, NO el factor monetario o la tasa de interés utilizados para calcular dicho monto), así como asuntos como los cargos por desgaste y las penalizaciones por terminación previa. Si has sido víctima de prácticas fraudulentas o injustas, puedes contraatacar al contactar a la agencia de protección al consumidor de tu estado o a la oficina del fiscal general. También puedes quejarte ante la Federal Trade Commission (**www.ftc.gov**) y al Federal Reserve Board, cuyo trabajo es hacer cumplir el Acta del consumidor de *leasing*, la cual regula la mayoría de los *leasings* a consumidores.

Puedes llamar al número telefónico gratuito del centro de respuesta de la Federal Trade Commission: (877) FTC-HELP (877-382-4357) o escribir a:

> **Federal Trade Commission**
> Consumer Response Center—204
> 600 Pennsylvania Ave., NW
> Washington, DC 20580

Puedes llamar al número telefónico gratuito del centro de ayuda de la Federal Reserve´s Consumer Help: (888) 851-1920 o escribir una queja en línea a **www.federalreserveconsumerhelp.gov**.

También puedes escribir a la FED a:

> **Federal Reserve Consumer Help**
> P.O. Box 1200
> Minneapolis, MN 55480

Si tienes problemas con el auto en sí mismo (y no con el proceso de *leasing*), cuentas con las mismas protecciones de la ley Lemon que una persona que compra un vehículo nuevo. Para más detalles, consulta la sección "Comprar un auto nuevo".

Una manera segura y legal de salir de un *leasing* de auto

Como ya mencioné, una vez que firmas un contrato de *leasing*, estás atrapado. Si intentas entregar el auto antes de tiempo, ellos te cobrarán costosas penalizaciones y, si no cumples con los pagos, ellos arruinarán tu historial crediticio. Entonces, ¿qué debes hacer si pierdes tu empleo o tienes hijos o, de cualquier manera, experimentas cambios en tu vida que te obligan a salir con desesperación del *leasing* de tu auto? La respuesta puede ser transferir tu *leasing* a otra persona.

Por una tarifa que por lo regular equivale a varios cientos de dólares, sitios electrónicos como Swapalease.com y LeaseTrader.com ponen en contacto a personas que intentan salir de un *leasing* con personas que buscan entrar en uno. Aceptar la transferencia de un *leasing* puede ser un buen acuerdo dado que todos los costos inmediatos ya han sido cubiertos, junto con una porción de la depreciación.

> **Aceptar la transferencia de un *leasing* puede ser un buen acuerdo dado que todos los costos inmediatos ya han sido cubiertos, junto con una porción de la depreciación.**

Una vez que se ha establecido el contacto, el sitio verifica el crédito del comprador y se encarga del papeleo para transferir el auto. En este punto, tú quedas libre. A pesar de que a veces tienes que ofrecer varias concesiones financieras para convencer a un comprador de aceptar tu *leasing*, casi siempre te saldrá mucho más barato que pagar esas tarifas de penalización por entrega previa.

Pasos de acción para luchar por tu dinero

☐ Asegúrate de que el *leasing* es la decisión correcta para ti (por lo general no lo es).

☐ Enfócate en los cuatro factores que conforman el costo total para obtener el mejor acuerdo en términos financieros.

☐ Haz tu tarea antes de intentar negociar el *leasing* de un auto nuevo. Utiliza sitios electrónicos como CarBuyingTips.com y Edmunds.com, los cuales ofrecen abundante información y herramientas de investigación.

☐ Acepta el *leasing* de alguien más con el mejor acuerdo.

Alquiler de autos

El problema con el aquiler de un auto no es que las tarifas sean muy altas. De hecho, con frecuencia son razonables según el estado y la ciudad donde alquiles. Sin embargo, las empresas de alquiler de autos tienen la misma actitud hacia la maximización de utilidades que las líneas aéreas. Con una intensa competencia que les dificulta elevar sus precios básicos, ellas intentan vaciar tu bolsillo al cobrarte todo tipo de tarifas y cargos especiales, muchos de los cuales son por productos o servicios que quizá no necesites. Esto les representa miles de millones de dólares en ganancias adicionales y eleva entre 20 y 60 por ciento el precio que terminas por pagar sobre las tarifas básicas anunciadas.

Entonces, el truco para alquilar un auto es asegurarte de que obtienes sólo lo que quieres y necesitas, en contraposición a lo que la empresa de alquiler de autos intentará venderte.

► Cómo luchar por tu dinero

El negocio de alquiler de autos es grande. Existe media docena de compañías importantes que operan ocho marcas nacionales: Alamo, Avis, Budget, Dollar, Enterprise, Hertz, National y Thrifty. Juntas producen más de $20 mil millones al año.

Es probable que tengas una historia de horror acerca de que fuiste maltratado por una u otra de ellas. Yo sé que tengo varias, pero, de acuerdo con una encuesta elaborada en el año 2007 por el Consumer Reports National Research Center, todas ofrecen más o menos el mismo nivel de servicio, así que no es necesario que te vuelvas loco para decidir a cuál compañía debes alquilerle. Sólo acude a la que te ofrezca los mejores precios.

He aquí cómo puedes asegurarte de obtener un buen acuerdo.

¡Investiga y negocia!

Gracias a Internet es fácil obtener cotizaciones de cualquiera de las empresas principales y buscar las más bajas. Los sitios electrónicos comparativos como **www.kayak.com**, **www.hotwire.com** y **www.sidestep.com**, junto con los sitios de viajes como Expedia (**www.expedia.com**), Orbitz (**www.orbitz.com**) y Travelocity (**www.travelocity.com**) pueden ofrecerte tarifas competitivas para cualquier modelo de auto, en cualquier fecha y ubicación. Una vez con ellas en mano, puedes contactar a las empresas de alquiler de manera directa, tanto a través de sus sitios electrónicos como por teléfono, y averiguar si pueden ofrecerte algo mejor. Con frecuencia podrán hacerlo y lo harán.

También, y esto es muy importante, cuando llames directo a la empresa de alquiler, te recomiendo tener abierta su página web y frente a ti porque es muy posible que exista un precio más bajo que el que te coticen. Esto me ha sucedido media docena de veces. Dicho lo anterior, ésta es la razón por la cual también necesitas estar listo para negociar. A veces, la persona con quien hablas por teléfono puede disminuir el precio en línea aunque se trate de la misma empresa. Y ahora, para hacerlo aún más enloquecedor, cuando llegas en persona al mostrador de alquiler, pregunta: "¿Cómo puedo obtener un mejor precio?" para ver si puedes lograr que lo disminuyan un poco más.

En términos básicos, por lo que se refiere a alquilar un auto, no existe un "precio fijo". Lo que te coticen no es lo que tienes que aceptar.

En términos básicos, por lo que se refiere a alquilar un auto, no existe un "precio fijo". Lo que te coticen no es lo que tienes que aceptar.

Y no restrinjas tu búsqueda a las marcas más importantes. Existen numerosas empresas más pequeñas de alquiler de autos (como ACE, Advantage, Fox, Triangle, incluso U-Haul) que quizá no sean conocidas a nivel nacional, pero alquilan el mismo tipo de autos último modelo y de bajo millaje que las principales. Puedes obtener información de tarifas y hacer reservaciones a través de sitios electrónicos como Car-rental Express (**www.carrentalexpress.com**) o CarRentals.com (**www.carrentals.com**).

Por último, reserva con anticipación para obtener los mejores precios porque siempre puedes cancelar sin penalización, ya que por lo general no estás obligado a hacer una reservación con tarjeta de crédito.

Alquila los fines de semana, si tienes esa flexibilidad

Puedes ahorrar mucho si alquilas durante un fin de semana. Por lo general, los fines de semana representan muy baja actividad para las empresas de alquiler de autos dado que la mayor parte de su demanda proviene de gente de negocios que realiza la mayoría de sus viajes entre semana. Por tanto, en un esfuerzo por generar tránsito, éstas disminuyen sus precios de manera drástica los sábados y los domingos. Y en verdad es drástica. Hace poco, en Enterprise, el mismo auto compacto que te costaría $78.59 durante la semana, se rentaba por sólo $29.89 por día en sábado o domingo. Así que, si tienes esa flexibilidad, ahorra y alquila durante el fin de semana.

Lee el contrato

Es probable que el momento en el cual eliges el auto sea cuando algo pueda marchar mal. En definitiva, debes tomarte unos minutos para leer el contrato antes de firmarlo. Con tantas agencias de alquiler que ahora ofrecen "clubes de oro" que te permiten sólo abordar tu auto y marcharte, es demasiado fácil obviar algo importante. El contrato puede tener marcada la opción de seguro, porque eso es lo que aparece en tu perfil, cuando de hecho no lo necesitas. Peor aún, el auto que te llevas puede tener daños, raspones o abolladuras por los que podrían cobrarte. Así que, antes de salir de allí a toda velocidad, revisa el auto por completo y asegúrate de que se encuentra en las mismas condiciones descritas en el contrato. Cualquier daño necesita incluirse en el contrato. También asegúrate de que el millaje escrito coincida con el odómetro y de que el tanque de gasolina esté lleno.

Asegúrate de saber qué es lo que en verdad pagas

La tarifa básica diaria o semanal que pagarás por un auto alquilado sólo es una parte del precio total que pagarás al final. Existe todo tipo de costos adicionales por considerar. Algunos son obligatorios, como:

- Tarifas por concesión de aeropuerto
- Cargos municipales especiales
- Impuestos sobre el consumo y la venta

Otros son opcionales, como:

- Primas de seguros

- Cargos por reabastecimiento de combustible

- Equipo especial, como aparatos GPS, asientos para bebé y radios satelitales

Cuando sumas todo lo anterior, estos cargos adicionales pueden terminar
por duplicar el costo de tu alquiler, así que pregunta por ellos con anticipación y asegúrate de que todos los cargos adicionales aplicables se incluyan en
tu cotización. No temas preguntar con amabilidad: "¿No puede agregar un
GPS o el asiento para bebé, etc., sin costo?". A menudo, el gerente del lote de
alquiler de autos puede hacerlo. Por lo general, yo obtengo algunos servicios
adicionales "gratuitos" con sólo preguntar con amabilidad. Justo la semana
pasada obtuve un auto mejor del que había solicitado y un asiento para bebé
"gratis", lo cual me ahorró $75 en mi alquiler.

Elimina los accesorios opcionales

Si alquilas un Ford Taurus en el aeropuerto O´Hare de Chicago:	
Tu costo total aproximado por día, sin accesorios:	$120.94
Tu costo por día con GPS, radio satelital y asiento para bebé:	$153.68
Elimina los accesorios y en el curso de una semana ahorras:	**$230.00**

Que no te avergüence solicitar descuentos

¿Perteneces a la American Automobile Association? ¿A AARP? ¿A Costco o a
Sam´s Club? Si es así, es probable que puedas obtener un descuento de entre
5 y 25 por ciento sobre el precio de tu alquiler. La mayoría de las empresas
principales de alquiler de autos ofrecen descuentos a miembros de ciertas
organizaciones, a empleados de ciertas compañías, a clientes de ciertas corporaciones, incluso a personas que asisten a ciertas convenciones y exposi-
ciones comerciales. En cierta época, fui miembro de un gimnasio que
proporcionaba tarjetas de descuento de Hertz a sus clientes. Existen muchos
de estos acuerdos y siempre puedes ganar puntos a tu favor si preguntas si
cualquiera de tus afiliaciones personales o profesionales califican para un
descuento.

Además de estos descuentos grupales, las empresas de alquiler también
ofrecen cupones de descuento en los sitios electrónicos de viajes, en revistas
turísticas y en las áreas de cajas de los grandes almacenes minoristas como

Sólo miembros

Ahorra 25 por ciento con tu credencial de Costco en National, Alamo y Avis; o 20 por ciento en Hertz y Budget.

Ahorra 20 por ciento con tu credencial de miembro de AAA en autos de clase *premium* en Hertz o 15 por ciento en clases desde económica hasta mayor.

Costco, así que mantén los ojos abiertos. También puedes visitar sitios electrónicos de descuento al consumidor como **www.rentalcarmomma.com** y **www.rentalcodes.com** para lograr algunos ahorros considerables. Por último, SIEMPRE pregunta en el mostrador: "¿Tienen alguna oferta especial? ¿Hay algo que pueda hacer para obtener un mejor precio o un mejor acuerdo el día de hoy?".

¡Alquilar en el aeropuerto puede costarte 25 por ciento más!

De acuerdo con un estudio realizado en el año 2005, alquilar un auto en cualquiera de los aeropuertos principales puede costarte 25 por ciento más en tu factura total. No hay duda de que es lo más conveniente cuando llegas por avión, pero casi siempre es más caro alquilar un auto en el aeropuerto que en una agencia de la localidad. Esto se debe a que la mayoría de los aeropuertos y los gobiernos locales que los regulan les imponen una variedad de impuestos y tarifas especiales por alquiler de autos. La idea básica es que los clientes que son embaucados por lo regular no son residentes locales; así que, ¿a quién le importa si no les gusta? El aeropuerto intercontinental George Bush de Houston tenía los cargos más sorprendentes y sus impuestos incrementaban el costo de alquiler en más de 66 por ciento.

Entonces, si vas a aquilar por más de un día o dos es probable que valga la pena que omitas el gran centro de alquiler de autos en el aeropuerto y, en cambio, te organices para recoger tu auto en la agencia de la localidad, cerca de donde te hospedes. En años recientes, las principales empresas de alquiler de autos han abierto miles de nuevas sucursales en sitios ajenos al aeropuerto, así que no te será difícil localizar alguna.

Veinte minutos para ahorrar

Alquilar un Chevy Impala a Avis en el aeropuerto de Minneapolis/St. Paul:	$132,36 por día
Alquilar un Chevy Impala a Avis en la sucursal de Maplewood, MN (trayecto de 20 minutos en taxi):	$70,13 por día
Incluso con el costo del taxi, el cual será de unos de $50 de ida y otros $50 vuelta, si alquilas un auto por una semana, ahorras:	**¡$300!**

Revisa tu cobertura de seguros antes de alquilar un auto

La mayor y más productiva parte del negocio de alquiler de autos es el seguro sobre alquiler. Casi la tercera parte de todos los clientes que alquilan autos lo contratan y pagan hasta $40 al día por una cobertura que la mayoría de ellos no necesita. Esto es grandioso para las empresas que alquilan autos dado que la mayor parte de los cargos que cobran son puras utilidades, pero por lo general es un robo muy costoso para ti (si ya tienes la cobertura).

Revisemos las condiciones básicas de las complicadas políticas de cobertura de seguros y veamos si en realidad las necesitas. Las pólizas básicas ofrecidas por las agencias de alquiler de autos incluyen la renuncia a daño por colisión (Collision Damage Waiver-CDW), la renuncia a daño por pérdida (Loss Damage Waiver-LDW), la protección de responsabilidad suplementaria (Supplemental Liability Protection), el seguro contra accidentes personales (Personal Accident Insurance-PAI) y la cobertura para efectos personales (Personal Effects Coverage-PEC). En teoría, todo lo anterior es muy razonable. En la práctica, es totalmente innecesario.

Renuncia a daños por colisión (Collision Damage Waiver-CDW)

Ésta en realidad ni siquiera es una póliza de seguro. En lugar de ello, es un contrato legal que te libera de la responsabilidad por cualquier daño por colisión que el auto pueda sufrir mientras lo alquilas. Es bueno contar con esta protección, pero, si sucede que eres propietario de un auto, es probable que ya cuentes con ella. La razón es que la mayoría de las pólizas de seguros para autos cubren no sólo los accidentes que ocurran mientras conduces tu propio auto, sino también aquellos que ocurran mientras conduces otros vehículos. Entre ellos se incluyen los autos alquilados.

Renuncia a daños por pérdida (Loss Damage Waiver-LDW)

La única protección que deberías considerar es la renuncia a daño por pérdida (Loss Damage Waiver-LDW), la cual te protege de tener que reembolsar a la empresa de alquiler el ingreso que pierde mientras el auto está en el taller mecánico. Sólo hay ocho estados en los cuales las pólizas regulares de seguros para autos cubren este daño por pérdida, así que si no vives en Alaska, Connecticut, Louisiana, Minnesota, Nueva York, Dakota del Norte, Rhode Island o Texas, quizá debas considerar la idea de aceptar esta protección.

Protección de responsabilidad suplementaria (Supplemental Liability Protection)

La cobertura de protección por responsabilidad suplementaria proporciona una protección adicional de responsabilidad si alguien hace un reclamo en tu contra mientras conduces un auto alquilado; por ejemplo, si tienes un accidente y el otro conductor demanda en tu contra por heridas propias y daños a su vehículo que excedan los límites regulares de tu póliza. Una vez más, existe un fuerte posibilidad de que ya cuentes con esta cobertura en tu propia póliza de seguro de tu auto.

Seguro contra accidentes personales (Personal Accident Insurance-PAI)

El seguro contra accidentes personales te cubrirá a ti y a tus pasajeros por daños causados mientras conduces un auto alquilado. Si ya cuentas con un seguro médico o una cobertura médica suficiente dentro de la póliza de seguro de tu auto, es probable que no lo necesites.

Cobertura para efectos personales (Personal Effects Coverage-PEC)

La cobertura para efectos personales protege artículos y propiedades personales si resultan dañados. Si cuentas con un seguro de propietario de vivienda o de arrendatario, es probable que ya tengas esta cobertura.

¿No tienes auto? ¡Aún puedes estar cubierto!

Si no tienes auto y, por tanto, no tienes seguro de auto, aún puedes estar cubierto por tu tarjeta de crédito. Muchas empresas de tarjetas de crédito pro-

Herramientas

Evita los seguros innecesarios al alquilar un auto y te ahorrarás alrededor de $32 al día.

porcionan un seguro para autos alquilados a los clientes que utilizan dicha tarjeta al alquilar, PERO no lo asumas. Llama a tu empresa de tarjetas de crédito para asegurarte de que calificas, antes de rechazar la cobertura a través de la agencia de alquiler de autos. Es importante que sepas que la mayoría de las empresas de tarjetas de crédito sólo ofrecen seguros por treinta días; entonces, si alquilas a largo plazo, deberás devolver el auto el día treinta y luego alquilar otro distinto con el fin de asegurar una cobertura continua. Algunas tarjetas de crédito definen determinados autos que no aseguran, así que una vez más necesitas conocer las especificaciones de lo que cubre tu tarjeta de crédito. Realiza esa llamada telefónica.

Existe una excepción a todo esto: si alquilas un auto fuera del país. La mayoría de las pólizas de seguro para autos estadounidenses no necesariamente cubren accidentes que ocurran en otro país.

Antes de alquilar un auto, revisa tus pólizas de seguros existentes y averigua con tu empresa de tarjetas de crédito si existe alguna razón para que contrates una cobertura adicional con la agencia de alquiler de autos. Lo más probable es que no sea así. (Y una vez que hayas dicho que no, revisa de nuevo tu contrato. Muchos agentes de alquiler de autos marcarán en automático el recuadro de "Sí" para el seguro, incluso después de haberles dicho que no lo deseas).

¡Llénalo!

El consejo más importante que puedo darte ahora acerca de los precios de la gasolina que han llegado a los cielos es que te asegures de que tu auto tenga la cantidad de gasolina que la empresa de alquiler de autos dice que tiene. Si ellos dicen que el auto está lleno y en realidad tiene un cuarto de tanque menos, ése es un golpe financiero rápido de $10 a $20, según la capacidad del tanque del auto. Regresa al mostrador e infórmales de inmediato, no te alejes asumiendo que podrás arreglar el asunto cuando regreses. También, como ya sabes, la mayoría de las agencias de alquiler de autos te solicitan devolver el auto con el tanque lleno de gasolina. Si no lo haces, ellos lo llenarán y te lo cobrarán sin falta. De hecho, ¡estas empresas promueven este "servicio" como un beneficio! Pero terminarás por pagar de $7 a $14 adicionales a lo que pagarías si tú mismo compraras la gasolina. Y con precios cercanos a los $4 por galón mientras escribo esto, ¿no pagamos suficiente por la gasolina tal como está? La cuota de rellenado casi siempre está anunciada en el área de recepción porque es una gran ganancia para las empresas de alquiler de autos y también porque es un tema delicado con los clientes. Así que cuando te alejes del lote de alquiler de autos, fíjate dónde está la gasolinera más cercana y después, cuando regreses, llena el tanque antes de devolver el auto. Si tienes un vuelo temprano por la mañana y temes no contar con tiempo suficiente para hacer una parada y rellenar el tanque, hazlo la noche anterior.

Ahorros que tú mismo haces

Lo que pagarías si permitieras que Budget llenara el tanque de gasolina de un Toyota Camry:	$82
Lo que pagarías si lo llenaras tú mismo:	$68
Tú ahorras:	**$14**

Al devolver el auto

He aquí otro momento en el cual algo puede salir mal: cuando devuelves el auto. Por lo regular tienes prisa, quizá para abordar tu avión, y te entregan la factura. Ahora es el momento de detectar cualquier error en ella así que tómate un momento para revisarla por completo. Asegúrate de que te cobren lo apropiado por gasolina y por millaje.

Hace poco devolví un auto, ¡y la mujer miró el millaje y anotó que conduje 12.000 millas! Yo comencé a reír porque eso no era posible. Ni siquiera lo había rodado 500 millas. El contrato estaba mal. Incluso ella reconoció al instante que aquello no era posible. Por fortuna para mí, no tuve que discutir al respecto.

De lo que debes cuidarte

Aumentos no deseados

Es curioso cómo cambian los tiempos. Antes, los clientes avezados siempre reservaban un auto un poco menor al que en realidad deseaban. La idea era que, dado que la mayoría de las agencias de alquiler contaban con más autos intermedios y grandes que compactos y subcompactos, era probable que terminaran por obtener un aumento gratuito a un modelo más grande. Ahora, sin embargo, con los altísimos precios de gasolina, la situación es a la inversa. La mayoría de los clientes quiere autos económicos, no sedanes grandes ni camionetas. Dado que por lo regular no son suficientes, cada vez es más común que los clientes sean presionados a aceptar autos más grandes en contra de su voluntad.

Eso es justo lo que me sucedió hace poco en Nueva York. Como recién escribí un libro acerca del ambiente llamado *Go Green, Live Rich,* es importante para mí conducir un automóvil híbrido porque es mejor para el ambiente y me ayuda a ahorrar dinero en gasolina. No quiero conducir una camioneta que devore gasolina. Entonces, hace poco alquilé un Toyota Prius de Hertz. Debido a su gran demanda, en Nueva York es muy difícil conseguir un Prius, así que reservé el mío con casi dos semanas de anticipación. Cuando me presenté a recoger mi auto, ellos me dijeron que me harían un enorme favor y me darían un aumento sin cargo adicional a una lujosa SUV. Por lo general, el alquiler de la SUV sería casi $50 más por día por lo que yo debía estar encantado. Sin embargo, no lo estaba; de hecho, estaba bastante molesto. Había reservado el híbrido dos semanas atrás y quería ese auto específico, no una SUV. Insistí en que localizaran un Prius donde fuera y lo enviaran a la sucursal donde yo estaba. Después de alrededor de 15 minutos de búsqueda, encontraron un auto y lo enviaron a la sucursal donde yo esperaba. Me hubiera costado el doble llevarme la SUV sólo por concepto de gasolina.

> **En Hertz pagarás $7 más por alquilar un Toyota Prius que por una Ford Explorer. ¡Pero obtienes más del doble de millaje por la gasolina!**

Dada la preponderancia de autos grandes y las SUV´s en sus flotas es probable que a las empresas de alquiler de autos les tome varios años cambiar la balanza hacia los vehículos más "verdes" de manera notable. Mientras tanto, que no te sorprenda si una empresa intenta darte un "aumento" a un auto menos eficiente, en términos de combustible, del que tú reservaste. No te dejes convencer. Si insistes, ellos cumplirán, si pueden. Por otra parte, quizá quieras aprovechar el hecho de que algunas empresas ahora cobran menos por algunos grandes consumidores de combustible que por un auto menor y más eficiente. Ésta es una situación en la cual puedes obtener un mejor acuerdo; sólo recuerda que esos consumidores de gasolina no son convenientes para el planeta.

El periodo de gracia desapareció

Las empresas de alquiler de autos no solían ser tan estrictas con las reglas. Si tu auto debía estar de regreso al mediodía del martes y tú no llegabas sino hasta la 1:30 p.m., por lo regular hacían la vista gorda y no te hacían un cargo adicional. Ahora, si te tardas más de treinta minutos después de la hora de entrega, que no te sorprenda si te cobran todo un día adicional.

Lo que es aún más molesto es que las empresas han comenzado a aplicar reglas en letras pequeñas acerca de los horarios. Dado que algunas tasas de descuento se basan en la hora a la cual recoges el auto, si tu vuelo se retrasa la empresa de alquiler tiene derecho de cancelar tu descuento y cobrarte más. Era raro que antes hicieran algo así, pero, ya que la industria entera intenta exprimir tantas utilidades como sea posible, si les das una excusa para retirarte un descuento es probable que lo hagan.

Así que antes de alquilar, investiga si serás sujeto a alguna penalización si tu vuelo llega con retraso o si tienes que cancelar la reservación. Si no te agrada la respuesta que recibes, cámbiate a otra empresa.

Opciones innecesarias

Además de los seguros, la fuente principal de ingresos adicionales para las empresas de alquiler de autos son opciones con muy alta promoción y muy costosas, como combustible prepagado, aparatos de GPS y radios por satélite. A pesar de que los aparatos de GPS, los transmisores EZPass, las radios satelitales y las unidades de entretenimiento para los asientos traseros son agradables, pueden aumentar hasta en 20 por ciento el costo de un alquiler de auto.

Alamo, una de las menores entre las ocho principales empresas de alquiler de autos, ganó $30 millones adicionales por aparatos GPS sólo en el año 2007, y eso fue cuando esa tendencia apenas comenzaba. Como ya comenté antes, con frecuencia obtengo esas opciones adicionales de manera gratuita con sólo solicitarlas de manera amable. Así que intenta solicitarlas. No te hará daño.

La opción del combustible prepagado es quizá el más engañoso de los trucos. Las empresas de alquiler de autos solían cobrar dos o tres veces el costo de la gasolina, pero ahora, con lo altos que están los precios, ya no pueden salirse con la suya en ello, así que han ideado una nueva manera de robar. Lo que la mayoría hace ahora es ofrecer venderte un tanque lleno de gasolina al principio del periodo de alquiler por un precio apenas menor que lo que te costaría en una gasolinera. El truco es que, una vez que has comprado la gasolina, es tuya tanto si la usas como si no. No hay reembolsos, ni siquiera si devuelves el auto con el tanque casi lleno. Por tanto, a menos que sepas que vas a conducir más de las 300 o 400 millas que te gastarías para vaciar un tanque de gasolina moderno, no aceptes la opción del combustible prepagado.

Si viajas con un niño, piensa en traer tu propio asiento de seguridad. La mayoría de las líneas aéreas no te cobran por registrar un asiento para niños, aunque vale la pena que te asegures de ello de antemano. Las empresas de alquiler de autos cobran hasta $12 adicionales al día por proporcionártelas.

Ve directo a los ahorros

Costo de alquiler semanal de un GPS:	$59.75
Costo de comprar un mapa:	$2.95
Tú ahorras:	**$56.80**

Qué hacer si algo sale mal

En caso de que tengas problemas con una empresa de alquiler de autos, el mejor curso de acción es hablar con el gerente en la agencia de alquiler de autos donde hayas hecho el trato. Él o ella tendrán el poder para resolver el problema lo más pronto posible (mientras te encuentras allí). En mi experiencia, estos gerentes tienen demasiado trabajo y están sometidos a mucho estrés; además, la mayoría de la gente está furiosa cuando interactúa con ellos, así que, si intentas un poco de cortesía, tienes más probabilidades de avanzar con mayor rapidez. Si no obtienes progresos con tu problema o no puedes resolverlo allí mismo, entonces contacta a la empresa de manera directa con una explicación del problema. Todas las empresas principales tienen departamentos de servicio al cliente. Puedes encontrar la información de contacto necesaria en la página web de la empresa.

Si lo anterior no funciona y utilizaste una agencia de viajes o algún servicio de reservaciones, contáctalos para pedirles que intercedan por ti. Y no dudes en quejarte ante el Better Business Bureau (**www.bbb.org**) y la Federal Trade Commission (**www.ftc.gov**).

También, si eres miembro de AAA o de AARP, esas organizaciones actuarán para ayudarte si no puedes resolver el problema a través de otros medios.

Pasos de acción para luchar por tu dinero

☐ Investiga en línea. Entre mis sitios electrónicos favoritos se incluyen:
www.kayak.com
www.sidestep.com
www.orbitz.com
www.carrentals.com
www.hotwire.com
www.expedia
www.travelocity
www.carrentalexpress.com

☐ ¡Obtén tus descuentos! ¿Eres miembro de AARP, AAA, Costco o Sam´s Club? ¡Aprovecha los beneficios! Y revisa los sitios de descuento para clientes, como: **www.rentalcodes.com** o **www.rentalcarmomma.com**.

☐ Si te es posible, no alquiles en un aeropuerto.

☐ Averigua contra qué estás asegurado de manera que no compres una cobertura que no necesitas.

☐ Lee tu contrato e inspecciona las condiciones del auto *antes* de sacarlo del lote.

☐ Llena el tanque de gasolina antes de devolver el auto si no prepagaste el combustible.

Reparaciones de auto

En el capítulo relacionado con la compra de un auto nuevo te conté la historia de cuando compré un auto nuevo con problemas mecánicos tan terribles que tuve que amenazar al distribuidor con la ley Lemon de California. Si compraste un auto hace poco tiempo y tienes problemas con él, regresa a la página 25 y lee esa sección ahora mismo.

Las reparaciones de autos pueden ser un desastre financiero. Una y otra vez, cuando hago renovaciones monetarias para otras personas, descubro que un problema del auto fue lo que les provocó deudas. Con frecuencia la historia comienza cuando alguien lleva su auto al taller creyendo que se trata de un pequeño problema, sólo para enterarse de que en realidad se trata de un problema mucho más grande que le costará miles de dólares. El desafío es que la mayoría de nosotros sabe poco o nada acerca de cómo arreglar un automóvil; por tanto, en realidad es difícil saber si el consejo que recibimos es honesto.

Casi todo el mundo tiene una historia acerca de un mecánico deshonesto que intentó robarle. Recuerdo que mi amigo Allan me dijo que, hace algunos años, llevó su auto al departamento de servicio en una gran distribuidora de California y le dijeron que, a menos que gastara $3.300 en un nuevo sistema, en definitiva reprobaría la prueba de contaminantes y podría arruinar su motor. Estuvo a punto de caer en estas tácticas de terror, pero al último minuto decidió someter su auto a revisión en otro taller. Como era de esperarse, todo lo que necesitaba era un ajuste menor que le costó menos de $75. Aprobó el examen de contaminantes y utilizó su auto sin complicaciones durante otros cinco años.

Yo viví una situación similar relacionada con los frenos de mi auto. Cada vez que llevaba mi auto al servicio, me decían que necesitaba nuevos frenos y una alineación a un costo de $1.500 o más. Por fin, revisé el manual del usuario y descubrí que no había necesidad alguna de cambiar los frenos con tanta frecuencia. Llevé mi auto con otro mecánico, quien me dijo que los mismos frenos que el distribuidor había señalado como cortos y peligrosos estaban en perfecto estado.

Robos como éstos pueden hacer que las reparaciones de nuestros automóviles nos cuesten una fortuna si no supervisamos a nuestros mecánicos y si no luchamos por nuestro dinero.

No todos los mecánicos de autos son deshonestos, pero como grupo no gozan de una buena reputación. Los talleres mecánicos ocupan los primeros lugares entre las diez industrias que reciben más quejas en el Better Business Bureau y algunos expertos declaran que hasta una *tercera* parte de las reparaciones de autos son fraudulentas, lo cual significa un costo anual a los consumidores de alrededor de $30 mil millones.

Encontrar un buen mecánico siempre ha sido un desafío, pero en estos días es aún más difícil y más importante que nunca. Los autos se han vuelto tan sofisticados a nivel tecnológico que prácticamente hacen falta estudios en ciencias computacionales para comprender qué es lo que sucede debajo de la tapa del cofre. Olvídate de intentar descubrir lo que causa ese extraño ruido. Necesitas un taller de reparaciones en el cual puedas confiar. Por suerte, *existen* algunos y encontrarlos no es tan difícil como podrías pensar.

> **Algunos expertos declaran que hasta una *tercera* parte de las reparaciones de autos son fraudulentas, lo cual significa un costo anual a los consumidores de alrededor de $30 mil millones.**

Cómo luchar por tu dinero

Haz tu tarea

En términos básicos, existen dos maneras de encontrar un buen mecánico: prueba y error o investigación a la antigua. La primera puede ser costosa y dolorosa, mientras la segunda sólo requiere un poco de tiempo y esfuerzo.

Entonces, enfoquémonos en la investigación. En general, lo mejor es empezar por las recomendaciones. Esto significa solicitar sugerencias a tus amigos, familiares y compañeros de trabajo. Gracias a Internet, no tienes que detenerte allí. Los servicios en línea como Angie´s list (**www.angieslist.com**) y Consumers´Checkbook (**www.consumerscheckbook.org**) califican todo tipo de negocios de servicios, incluso talleres de reparación de autos, con base en reportes enviados por miles de consumidores alrededor del país. Estos servicios no son gratuitos (las tarifas varían entre $25 y $50 por año), pero la orientación que proporcionan los valen.

Una vez que hayas obtenido algunas recomendaciones de buenos talleres, necesitas verificar si en verdad son tan buenos como se presume. Una de las mejores maneras de hacerlo es revisar si la gente que trabaja en ese sitio cumple con las normas del National Institute for Automotive Service Excellence (ASE), una organización no lucrativa que examina y certifica los talleres mecánicos en especialidades que cubren desde la reparación de motores hasta calefacción y aire acondicionado.

Los talleres que emplean al menos a un mecánico certificado por la ASE por lo general muestran una etiqueta de la ASE en una ventana. Desde luego, todo esto significa que hay al menos un mecánico en el sitio que aprobó al menos un examen de la ASE. No significa que él será quien trabaje con tu auto. Lo que tú deseas es un taller donde la *mayoría* de los mecánicos estén certificados por la ASE y donde al menos algunos tengan certificados de Técnicos Master de la ASE, lo cual significa que han aprobado los exámenes en las ocho especialidades automotrices. La ASE otorga lo que llama el "Sello azul de excelencia" a los talleres donde al menos 75 por ciento de su personal de servicio cuenta con un certificado de la ASE. (Para encontrar un taller Sello Azul cerca de ti, utiliza el localizador de Sello Azul de la ASE en línea: **http://locator.ase.com/blue/**).

También es buena idea asegurarte de que un taller que tengas en consideración esté avalado por la American Automobile Association. Los talleres que aprueban una estricta inspección de la AAA cuentan al menos con un Técnico Master de la AAA en su nómina, y el hecho de merecer una calificación de satisfacción del cliente de 90 por ciento o más les permite mostrar el símbolo azul y rojo de la AAA de "reparación de autos aprobada".

No esperes hasta el último minuto

No hay nada peor que estar conduciendo con el escape arrojando humo negro, en búsqueda frenética de un centro de servicio de apariencia decente que esté (1) abierto y (2) sea capaz de descubrir y corregir lo que está mal. Debes establecer una relación con un buen taller de reparaciones *antes* de tener una necesidad desesperada por sus servicios. Por ello, comienza a buscar ahora, mientras tu auto está libre de problemas.

Elige al taller adecuado para el trabajo adecuado

En resumen, existen tres tipos de establecimientos para reparación de autos entre los cuales puedes elegir: distribuidoras, cadenas nacionales como Sears, Midas o Jiffy Lube, y talleres independientes. ¿Cuál es mejor? Bueno, de hecho, todos lo son... por distintas razones.

Antes, llevar tu auto a servicio o a reparación en una distribuidora casi siempre era un robo dado que los precios de éstas por lo general eran mucho más elevados que los de los talleres independientes. Eso ya no es verdad. Como las ventas de autos nuevos ya no producen mucho dinero en términos de utilidades, el negocio del servicio ha adquirido una importancia increíble para la mayoría de los distribuidores. Por lo que éstos se han hecho más competitivos con sus tarifas en taller y con frecuencia ofrecen precios especiales para cambios de aceite, trabajos en los frenos y similares.

Sin embargo, esto no significa que debas llevar tu auto al distribuidor cada vez que necesite trabajos de servicio o reparación. Lo cierto es que siempre debes procurar que todo trabajo cubierto por la garantía del fabricante sea realizado por el distribuidor. Si el dinero no es problema —y cuando el trabajo está cubierto por la garantía, no lo es— no necesitas preocuparte por si el trabajo o las refacciones son más baratas en algún otro lado. Lo único que importa es el hecho de que los distribuidores tienden a contar con el equipo más actualizado para tu auto en particular y es probable que sus mecánicos hayan recibido la capacitación más reciente para repararlo.

Para la mayoría de los trabajos de rutina —es decir, cosas como un cambio de escape, sustitución de baterías o lavado del sistema de refrigeración— no necesariamente requieres un Técnico Master certificado por la ASE. Según la naturaleza del trabajo, una de las grandes cadenas nacionales puede realizarlo a menos costo que un distribuidor, siempre y cuando no sea nada fuera de lo ordinario en los detalles. Sólo es importante que no te dejes convencer de permitirles hacer más que un trabajo básico y, en definitiva, no algo que esté fuera de su especialidad principal.

Un buen mecánico independiente puede valer su peso en oro. Puede cobrarte más que las cadenas, pero vale la pena pagar un poco más con el fin de contar con alguien en quien confías para encargarse del mantenimiento rutinario. Ten en cuenta que la ley federal te otorga el derecho de darle servicio a tu vehículo dondequiera que gustes sin afectar tu garantía. La única restricción es que, dado que los autos son cada vez más sofisticados, es más difícil que los talleres independientes cuenten con la tecnología y los equipos más avanzados. Por tanto, quizá sea más conveniente dejar las reparaciones complicadas a los distribuidores, en especial cuando implican sistemas que son únicos para la marca de tu auto.

Sigue los consejos del fabricante, no del taller

Muchos mecánicos, incluso aquellos que trabajan para una distribuidora, te dirán que ignores el manual del usuario y, en cambio, aceptes sus consejos en cuanto a la frecuencia del cambio de aceite y la realización de otro tipo de rutinas de mantenimiento. Con sorprendente frecuencia, sus consejos implican que les lleves el auto más a menudo de lo que indica el manual o programar procedimientos, como el lavado de motor o de la transmisión, que el manual no menciona (¡como cambiar los frenos cada 15.000 millas!). Esto casi siempre es una estafa. Recuerda: tu manual de usuario fue escrito por la misma empresa que fabricó tu auto y respalda tu garantía, así que confía en lo que dice.

Siempre solicita una cotización detallada y pídela por escrito

Tanto si llevas tu auto a una reparación importante como si se trata de un servicio de rutina, un buen mecánico deberá poder decirte de antemano cuánto costará. También deberá estar dispuesto a informártelo por escrito. Como dice el dicho: las cotizaciones verbales no valen el papel en el cual no están escritas.

Nunca permitas que nadie trabaje en tu auto sin haber obtenido antes una cotización por escrito que especifique con exactitud cuánto es probable que cuesten las refacciones y la mano de obra que se requieren. La cotización también deberá aclarar que el taller no está autorizado para realizar ningún trabajo adicional sin tu aprobación. (Ésta es la razón por la cual tenemos teléfonos; por tanto, el taller puede llamarte si descubre algún problema no anticipado una vez que han comenzado a trabajar en tu vehículo). Cualquier taller que no te entregue un formato de autorización de reparación para que lo firmes antes de dejar tu auto allí, no es un taller en el cual debas confiar.

Busca una segunda opinión

Si tu mecánico te dice que tu auto necesita una cirugía mayor, haz lo mismo que harías si recibieras un diagnóstico de igual seriedad por parte de tu médico: busca una segunda opinión. No es sólo que tu mecánico pueda tener un interés retorcido al persuadirte de que es necesario un trabajo mayor; también es porque todo el mundo comete errores, incluso los buenos mecánicos.

Si tu mecánico es honesto, no le importará que lleves tu auto a un centro de diagnóstico para que lo revisen. Sólo informa a la gente del segundo taller que estás interesado en un diagnóstico; si esa gente concluye que tu auto sí necesita trabajo, se realizará en otra parte. Una vez que aclares lo anterior, estos mecánicos no tendrán razón alguna para recomendar reparaciones innecesarias.

De lo que debes cuidarte

Los viejos trucos para atraer clientes

Los periódicos y los volantes locales están llenos de anuncios de talleres que ofrecen todo tipo de ofertas: cambios de aceite por $19,99, inspecciones gratuitas de frenos, afinaciones especiales a $95. La idea, desde luego, es atraerte a sus puertas y tu auto a sus rampas. Una vez allí, un mecánico deshonesto, como por arte de magia, descubrirá todo tipo de problemas que debes atender de inmediato. Antes de que te des cuenta, tu afinación de $95 se habrá convertido en un trabajo de válvulas de $800.

No permitas que te abrumen. Si el taller se empeña en venderte cualquier servicio adicional a aquel que te atrajo en primer lugar, dile que aprecias sus consejos, pero que prefieres que el trabajo adicional lo realice tu mecánico regular (incluso si no tienes uno). Después, sal de allí.

Sé cauteloso con esas inspecciones de frenos "gratuitas". Nadie que yo conozca ha recibido una inspección "gratuita" que no haya resultado en que el mecánico le informe que necesita nuevos frenos, rotores y calibres.

Los mecánicos que lo hacen todo son sospechosos

Los mecánicos deshonestos se aprovechan de la ignorancia y de la ansiedad. Ellos saben que la mayoría de nosotros no comprendemos cómo funcionan nuestros autos y toman ventaja de ello al describir todo tipo de imágenes perversas sobre lo que ocurriría si no ordenamos una limpieza de transmisión o el cambio de la banda DE INMEDIATO.

De hecho, los peores estafadores intentan *causar* problemas o, al menos, la apariencia de un problema. No es raro que los vendedores en las gasolineras derramen gasolina debajo de un vehículo en un intento por convencer al dueño de que su auto tiene una gotera. Peor aún, algunos perforan las mangueras o cortan las bandas, razón por la cual nunca debes permitir que un mecánico a quien no conoces se asome a tu cofre sin que tú lo observes por encima de su hombro.

Y no pienses que este tipo de cosas sucede sólo en talleres independientes de mala reputación. Fue este tipo de "sobreventa" lo que obligó a Sears a pagar $46 millones por compensaciones después de ser demandado por clientes a quienes se les vendieron reparaciones y servicios innecesarios en los años noventa.

Cambios inexistentes

Otra manera deshonesta de los talleres de reparación de abusar de nosotros es insistir en que necesitamos sustituir alguna parte del auto que se supone que está descompuesta; digamos, la bomba de agua, cuando en realidad funciona bien. Entonces, ellos no hacen nada, excepto cobrarnos la nueva bomba de agua inexistente y la inexistente mano de obra para instalarla, asumiendo que nunca lo sabremos.

Existe una manera de impedir que nos engañen así. Cada vez que accedas a la sustitución de una pieza, dile al mecánico que esperas que te entregue la pieza dañada cuando termine. (De hecho, algunos estados tienen leyes que obligan a los talleres a hacerlo). Claro está que un mecánico honesto no tendrá problema alguno con esta solicitud.

Precios que parecen inusualmente altos

En estos días, todos los precios de reparaciones parecen altos, pero si lo que el taller pretende cobrarte te parece astronómico, tómate el tiempo para llamar por teléfono a otros talleres e investigar lo que ellos cobrarían por el mismo trabajo. Un buen taller de reparaciones puede ser más costoso que el taller promedio, pero si los precios de tu mecánico son 20 ó 30 por ciento más altos que los del resto, algo puede estar mal. Pregúntale a tu mecánico por qué sus precios están fuera de lo normal. Si la respuesta no es convincente, busca otro mecánico.

Confusión por impuestos

Los talleres perezosos o faltos de escrúpulos (que con frecuencia significan lo mismo) pueden intentar cobrarte un impuesto sobre venta por el monto

Un "error" que puede costarte

Impuestos que debes pagar por mano de obra: 0 por ciento

total de tu factura de reparación. De hecho, se supone que tú sólo debes pagar impuestos por las piezas que compraste para la reparación y no por el costo de la mano de obra que fue realizada. Por tanto, revisa con cuidado tu factura. Un impuesto de 5 por ciento sobre venta mal aplicado a un trabajo grande que incluyó $1.000 por mano de obra representa $50 no merecidos que salen de tu bolsillo y entran en el del dueño del taller.

Qué hacer si algo sale mal

Si crees que has sido víctima de un engaño en la reparación de tu auto, hay mucho que puedes y debes hacer.

Si el trabajo fue realizado en una distribuidora de autos nuevos, debes comenzar por ascender en la escala de mando. Primero, lleva tu queja a la atención del gerente de servicio, después al director general, al dueño de la distribuidora y, por fin, a la empresa automotriz propietaria de esa franquicia.

El proceso es similar si tu problema es con un taller perteneciente a una cadena, como Midas o Sears. Si el taller local no atiende tu queja, contacta al departamento de servicio al cliente en sus oficinas nacionales. Puedes encontrar los números telefónicos y las direcciones electrónicas necesarias en la página web de la cadena.

Si no funciona nada de lo anterior, o si tu problema es con un taller independiente, reporta el taller a la oficina general del fiscal estatal y a la agencia local de protección al consumidor. Algunos estados cuentan con departamentos que se especializan en combatir los fraudes en reparaciones de autos. Por ejemplo, California tiene un Bureau of Automotive Repair (**www.bar. ca.gov**) que investiga quejas e intenta mediar soluciones. Para averiguar si tu estado tiene una agencia similar, contacta al departamento de transporte correspondiente.

También debes enviar una queja al Better Business Bureau (**www.bbb. org**) y, si eres miembro, a tu rama local de AAA. Incluso si no eres miembro, debes contactar a la AAA si los talleres muestran algunos de sus letreros de "reparación de autos de la AAA". Si tu queja es lo bastante seria, el taller podría perder su sello de aprobación.

Pasos de acción para luchar por tu dinero

☐ Busca un mecánico experto en quien puedas confiar antes de que tu auto se descomponga. Obtén recomendaciones de amigos o vecinos, o suscríbete a un servicio como **www.angieslist.com** o **www.consumers checkbook.org**. Busca la certificación de ASE y la aprobación de AAA.

☐ Haz que todas las reparaciones cubiertas por tu garantía las realice el distribuidor donde compraste tu auto.

☐ Siempre solicita un estimado detallado por escrito antes de que se realice cualquier trabajo.

☐ Para reparaciones mayores, ¡solicita una segunda opinión!

☐ Asegúrate de que no te cobren impuestos por mano de obra.

Cuentas bancarias

Lo primero que necesitas saber al tratar con bancos es que son negocios, *grandes* negocios. Existen más sucursales bancarias en Estados Unidos que cines o centros comerciales; es decir, más de 91.000 en el conteo más reciente. En general, existen más de 8.400 bancos distintos con más de $10 billones en activos y más de $1 billón en capital.

Bajo cualquier punto de vista, la industria bancaria es un componente crucial de nuestra economía y, de acuerdo con lo que ahora aprendemos de la crisis bancaria del año 2008, la cual avanza mientras escribo esto, necesitamos que nuestros bancos estén a salvo y sean fuertes. Cabe aclarar que, no obstante lo anterior, no es tu trabajo encargarte de que tu banco sea rico. Por desgracia, si manejas tus chequeras y tus cuentas de ahorros como la mayoría de la gente, es probable que, sin saberlo, hagas más rico a tu banco a costa tuya.

Antes, los bancos eran lugares donde tú guardabas tus ahorros y pedías dinero prestado. De hecho, durante la mayor parte del siglo xx los bancos eran adecuados para eso. Lo anterior se debe a que el Acta Glass-Steagall de la era de la Depresión les impedía participar en el negocio de las inversiones o los seguros. Sin embargo, en 1999 el Congreso revocó dicha ley y ahora los bancos son verdaderas firmas financieras de servicio completo que ofrecen todo, desde cuentas de ahorros y corrientes hasta tarjetas de crédito, préstamos sobre hipotecas, servicios de corretaje, asesoría financiera y banca de inversión.

A pesar de que los bancos solían generar sus ganancias con hipotecas y otros préstamos, en la actualidad una creciente proporción de sus utilidades proviene de lograr que sus clientes utilicen sus productos y servicios lo más posible. Este ofrecimiento de amplios servicios financieros puede ser muy conveniente pero, si no eres cuidadoso, también puede resultarte muy caro.

¿Es en verdad gratuita la emisión gratuita de cheques? ¡Probablemente no!

Entre el año 2000 y el 2006, el monto total de cargos que los bancos estadounidenses recabaron de clientes de cuentas corrientes y de ahorros ascendió de $24 mil millones a $36 mil millones; es decir, un sorprendente incremento de 50 por ciento en sólo seis años. Y los números han continuado en crecimiento constante desde entonces. Como resultado, ahora los bancos obtienen alrededor de una cuarta parte de sus utilidades totales de lo que los profesionales llaman ingresos no gravables; es decir, principalmente de las tarifas. Existen tarifas de servicios, tarifas de mantenimiento, tarifas por uso de cajeros automáticos, tarifas por cambio de cheques, tarifas por sobregiro, tarifas por protección contra sobregiro, tarifas por interrupción de pagos, tarifas por cuentas sin actividad... sobre lo que se te ocurra, el banco cobrará una tarifa. Algunos bancos incluso te cobran por hablar con un cajero.

Por lo regular, las tarifas por penalización y servicios te cuestan más de $300 por año.

¿Conoces el viejo dicho "no hay tal cosa como un almuerzo gratis"? Bueno, en lo que se refiere a los bancos, no hay tal cosa como la emisión gratuita de cheques. Quizá no te cobren por cada cheque individual que emitas, pero lo que sea que cueste ese cheque al banco, puedes estar seguro de que se compensa de sobra por ello a través de tarifas de penalización y servicios que por lo regular exceden los $300 por año, de acuerdo con Bankrate.com.

Entonces, cuando decides cuál banco elegir, necesitas pensar no sólo el tipo de tasas de interés que ofrecen pagar por tus depósitos, sino también el tipo de tarifas que intentarán cobrarte.

Desde luego, obtener información acerca de las tarifas no siempre es fácil. En el 2008, por solicitud de Carolyn Maloney, miembro del Congreso de Nueva York, el Federal Government Accountability Office (GAO, por sus siglas en inglés) envió a sus empleados a 185 bancos distintos como clientes para averiguar lo que pudieran acerca de los términos de las cuentas y cuánto les cobrarían por sobregiros, cheques devueltos, órdenes de pago suspendidas y otras operaciones. A pesar de que la ley federal obliga a los bancos a informar a los clientes sobre estos asuntos, los investigadores de el GAO no pudieron obtener respuestas completas en más de 20 por ciento de las sucursales que visitaron.

Como lo expresó la representante Maloney: "No necesitas comprar un auto antes de saber cuántas millas por galón puede darte; no tienes que comprar una casa sin antes averiguar cuáles serán los impuestos que deberás pagar. ¿Por qué los clientes de los bancos son obligados a aceptar a ciegas los términos y condiciones de una cuenta bancaria?".

Cómo luchar por tu dinero

La buena noticia en cuanto a tratar con los bancos es que la gran mayoría de ellos siguen las reglas. La mala noticia es que resulta difícil descubrir cuáles son las reglas. Entonces, lo más importante que debes saber acerca del manejo de tus cuentas bancarias es que tienes que estar listo, dispuesto y capaz para formular muchas preguntas. Si no obtienes respuestas claras, no debes dudar en llevar tus negocios a otra parte.

Nunca obtendrás lo mejor de un banco si no es el banco adecuado para ti, así que, sin importar si buscas dónde abrir tu primera cuenta o si la has tenido en el mismo banco durante muchos años, considera *todas* tus opciones: instituciones en línea, uniones de crédito, asociaciones de ahorro y préstamo (también conocidas como *thrifts*), pequeños bancos locales o grandes asociaciones nacionales.

Analiza con atención lo que necesitas, lo que tu banco ofrece y lo que eso te cuesta. Revisa tus estados de cuenta mensuales. ¿Cuánto dinero tienes en tus cuentas? ¿Cuánto es lo que ganas?

Quién te ofrece las mejores tasas de interés es sólo el primer punto de comparación. Sólo porque una cuenta te paga una tasa competitiva no significa que sea un buen acuerdo. ¿La cuenta incluye una tarjeta de crédito gratuita, te cobra por los cheques o requiere un saldo mínimo? ¿Puedes verificar saldos, transferir fondos, pagar cuentas o realizar otras operaciones por teléfono o en línea? ¿Qué tipo de tarifas te cobran por cheques rebotados, sobregiros o por utilizar el cajero automático de otro banco, y cuál es la frecuencia de dichos cobros?

Investiga. Compara una amplia variedad de cuentas corrientes, de ahorros y de mercado de dinero a través de sitios electrónicos como **www.Bakrate.com** y Yahoo! Finance. Sólo entonces tendrás una idea de si alguien cuida de ti o si sólo toma tu dinero.

He aquí algunos consejos básicos para tener en mente cuando selecciones y utilices un banco.

Elegir un banco: nacional vs. local

De los 84.000 distintos bancos en Estados Unidos, sólo alrededor de 20 fracasaron en el 2007 y 2008. Sin embargo, existe la preocupación de que más o menos otros 100 puedan desaparecer a finales del 2009. De hecho, mientras escribo esto, se dice que la Federal Deposit Insurance Corp., la cual asegura a los depositantes contra fracasos bancarios, cuenta con una "lista precautoria" de 117 instituciones consideradas como particularmente riesgosas. Pero dado que no revelará ninguno de los nombres (por temor a causar pánico entre los depositantes), nadie puede saber cuál banco será el siguiente en cerrar sus puertas o en ser comprado por un competidor más grande.

Entonces, ¿cómo elegir un banco? Mi recomendación personal es que acudas a alguno de los bancos nacionales más grandes, es decir, instituciones como Bank of America, Citibank, HSBC, JP Morgan Chase o Wells Fargo. En tiempos de incertidumbre económica, creo que tiene más sentido estar con uno de los mayores bancos del país que estar con un banco local.

Busca rendimientos más altos y tarifas más bajas en línea

La banca en línea está de moda. De acuerdo con Forrester Research, 41 millones de hogares realizan operaciones bancarias en línea, cifra que se espera que se duplique en el 2011 y por buenas razones.

De acuerdo con un estudio realizado en el 2007 por Bankrate.com, la tarifa por servicio promedio cobrada por un banco en línea es casi la cuarta parte de lo que cobra un banco tradicional; es decir, sólo $2,91 comparados con los $11,72 que cobran los bancos de ladrillo y cemento. Al mismo tiempo, los bancos en línea pagan tasas de interés que son más de ocho veces más altas que las que obtienes de los bancos de ladrillo y cemento; es decir, un rendimiento promedio de 2,7 por ciento en línea contra sólo 0,32 por ciento en el mundo real. La mayoría de los bancos en línea de la más alta calificación ofrecen sus servicios por Internet de manera exclusiva. Entre los mejores se encuentran E*Trade Bank (**us.etrade.com//e/t/banking**), EverBank (**www.everbank.com**) y ING Direct (**http://home.ingdirect.com**).

Dicho lo anterior, también puedes realizar operaciones bancarias en línea con la mayoría de los bancos nacionales más importantes. Sus tasas pueden no ser tan altas como las ofrecidas por los bancos por Internet, pero son cercanas y, además de buenas tasas, obtienes la conveniencia y la estabilidad de una institución importante de ladrillo y cemento. Bank of America (**www.bankofamerica.com**), Citibank (**www.citibank.com**) y HSBC (**www.hsbcdirect.com**) reciben muchos elogios por sus extensiones en línea; en especial porque ofrecen más servicios que sus contrapartes que sólo tienen bancos en línea, como redes extensivas de cajeros automáticos y herramientas de planeación financiera.

Cerciórate de que tus depósitos estén asegurados

Como ya mencioné antes, a pesar de la reciente crisis económica, los fracasos bancarios aún son sucesos relativamente raros. Pero, como vimos con Indy-Mac y Washington Mutual en el verano de 2008, sí suceden. Por suerte, el gobierno proporciona a los depositantes una red de seguridad. Se llama Federal Deposit Insurance Corporation (FDIC, por sus siglas en inglés) y asegura depósitos por un valor de $4,2 billones en 8.451 bancos y asociaciones de ahorros. Asegúrate de que el tuyo sea uno de ellos. Puedes averiguarlo si llamas al número telefónico gratuito de la FDIC (877) 275-3342 o si entras a la página web de "EDIE the estimator" de la FDIC en **www.fdic.gov/edie/**. EDIE significa Electronic Deposit Insurance Estimator y puede ayudarte a averiguar cuál de tus cuentas bancarias está cubierta por el seguro de la FDIC y el monto de dicha cobertura.

Como parte de los 700 mil millones del paquete de rescate económico que aprobó en octubre de 2008, el Congreso incrementó el monto de cobertura que proporciona la FDIC. Al menos hasta el final de 2009 (y más, si el Congreso actúa para extender el incremento), el seguro de la FDIC cubrirá todos los depósitos en bancos no asegurados, incluso cuentas corrientes y de ahorros, cuentas de mercado de dinero y certificados de depósito (CD, por sus siglas en inglés) hasta un máximo de $250.000 por depositante en cada banco. Lo mismo sucede con ciertas cuentas de jubilación como las IRA.

Casi es definitivo que ésta no será la última vez que las reglas cambien. Puedes mantenerte informado sobre los cambios futuros si visitas la página web de la FDIC en **www.myFDICinsurance.gov**.

Ten en mente que la FDIC *no* asegura el dinero invertido en acciones, bonos, fondos mutuos, pólizas de seguros de vida, pensiones o bonos municipales, incluso si adquiriste estos productos en un banco asegurado.

También ten en cuenta que en agosto de 2008, la FDIC sólo contaba con $45 mil millones en su fondo de seguro al depósito; es decir, sólo un poco más del 1 por ciento de esos $4,2 billones en depósitos que se supone que debe proteger. Se estima que la FDIC necesitará otros $150 mil millones para poder rescatar los fracasos bancarios que los expertos anticipan.

Dos trucos simples para impedir el sobregiro

Lo primero es vincular tu cuenta corriente a una cuenta de ahorros o de tarjeta de crédito que tengas con el mismo banco. De esta manera, si por accidente sobregiras tu cuenta corriente, el banco puede retirar dinero automáticamente de las otras cuentas para cubrir la diferencia. Podrías incurrir en una tarifa de transferencia que puede costar desde $5 (que es lo que cobra Chase) y hasta $29 (de acuerdo con Bankrate.com, éste es el promedio de la industria); sin embargo, es probable que sea menor a una tarifa por sobregiro, que puede ser de $45 o más. En cualquier caso, te ahorrarás la vergüenza y el daño a tu historial crediticio que representa un cheque rebotado.

Si no tienes otras cuentas que puedas vincular a tu chequera, emplea este viejo truco de contabilidad: registra un cheque a tu nombre por $1.000, pero nunca lo escribas ni lo cobres. Así como adelantas tu reloj para no llegar con retraso a tus citas, este truco te hará pensar que cuentas con $1.000 menos en tu cuenta de lo que en realidad tienes, lo cual hace menos probable que incurras en un sobregiro.

De lo que debes cuidarte

Existen muchas cosas de las cuales deben cuidarse los clientes bancarios, pero los mayores fraudes implican tarifas, políticas del banco sobre depósitos y seres humanos comunes y corrientes que esperan robarte. He aquí seis de las más sorprendentes.

Tarifas inesperadas por sobregiro

Es probable que la trampa más grande que te ponga tu banco sea la penalización por sobregiro que te aplica cuando no tienes suficiente dinero en tu cuenta para cubrir un cheque que has elaborado o una deuda electrónica que has autorizado. Y bien que compensan con ello. Sólo en el 2007, los bancos estadounidenses ganaron un estimado de $17,5 mil millones por tarifas de sobregiro, de acuerdo con el Center for Responsible Lending, un grupo defensor del consumidor.

Para empezar, estas tarifas por sobregiro son caras y su rango abarca desde un promedio de $22 en uniones de crédito hasta $35 en algunos bancos mayores y *thrifts*. En un esfuerzo por generar tantos ingresos de este tipo como sea posible, los bancos deliberadamente intentan engañarte para que sobregires tu saldo.

Antes, los bancos nunca te hubieran permitido hacer un retiro de cajero automático o una compra a crédito si no tenías suficiente dinero en tu cuenta para cubrirlos. Ahora, por rutina los bancos aprueban este tipo de transacciones, a menudo sin avisarte que has gastado más de lo que tienes; como resultado, te cobrarán una tarifa por sobregiro.

¿No es injusto? ¿Ves ahora por qué tenemos que luchar por nuestro dinero?

Muchos bancos realizan un engaño semejante con los anticuados cheques de papel. Envuelven a los clientes de cuentas corrientes con programas de protección contra sobregiros de "cortesía" sin su conocimiento, de manera que aquellos cheques que hubieran rebotado, ahora son pagados, pero con una tarifa de penalización. Y si eso no te parece lo bastante tramposo, además de la penalización por sobregiro inicial, algunos bancos también te cobran una tarifa diaria por cada día que tu cuenta permanece sobregirada.

Los bancos declaran que hacen este tipo de cosas para evitarles problemas y vergüenzas a sus clientes. Grandioso; yo estoy a favor del servicio, pero seamos realistas: esto también se relaciona con las ganancias. Los bancos amasan enormes cantidades de dinero al engañar a los clientes para que sobregiren sus cuentas y después cobrarles por ello.

Existe una manera segurísima de evitar que te cobren una tarifa por sobregiro: mantén una atención constante y cuidadosa sobre cuánto dinero tienes en el banco y NUNCA escribas un cheque ni autorices un cargo que no puedas cubrir. Si sobregiras tu cuenta, deposita suficiente dinero en ella tan pronto puedas para cubrir la diferencia y cualquier tarifa o cargo diario que tu banco haya asignado. Esto no eliminará el daño inicial, pero te ayudará a evitar sobregiros y tarifas adicionales.

Políticas de procesamiento de cheques que te conducen al sobregiro

Los bancos no sólo te engañan para que sobregires tus cuentas sin percatarte de ello, sino que también tienen políticas de procesamiento de cheques que parecen diseñadas de manera deliberada para maximizar el número de cheques sin fondos por los cuales pueden cobrarte. Una vez más, ellos aseguran que lo hacen para "proteger" a sus clientes, pero como señalan la Consumer Federation of America y otros grupos de supervisión, lo que en realidad sucede al final es que el banco se queda con una mayor parte de nuestro dinero.

Así es como funciona este robo.

Cuando varios de tus cheques llegan al banco el mismo día, el banco no los procesa en el orden en que los emitiste o incluso en el orden en que llegaron. Lo que la mayoría de los bancos principales hace es procesarlos por tamaño; es decir, comienzan con la cantidad más grande de dólares hasta la más pequeña.

Digamos que tienes $100 en tu cuenta corriente y elaboras dos cheques, uno por $30 y el otro por $40. Luego, al día siguiente, tienes una emergencia y emites un cheque por $75, el cual pretendes cubrir con un depósito que esperas hacer. En el peor de los casos, tú piensas que pueden devolverte el cheque de $75, pero que los otros dos cheques no tendrán problemas. Te equivocas.

Si los tres cheques llegan al banco el mismo día, el banco podría cubrir primero el de $75 y dejarte sólo con un saldo de $25, lo cual no es suficiente para cubrir ninguno de los otros dos. Entonces, a pesar de que emitiste primero los dos cheques, el banco podría devolverlos y adjudicarse el derecho de cobrarte por dos cheques rechazados (hasta $35 por cada uno) en lugar de sólo uno.

Activa alertas por correo electrónico o por mensaje telefónico de texto si el saldo de tu cuenta rebasa un determinado límite inferior.

Los bancos alegan que lo hacen para dar prioridad a los cheques más grandes de sus clientes, los cuales tienden a ser para pagar transacciones importantes, como pagos de hipotecas. Como dijo un vocero de la American Bankers Association a *USA Today*: "Su pago de hipoteca es el último cheque que querrían que fuera devuelto. Existen severas penalizaciones y vergüenzas".

No creo que sólo sea coincidencia que esta política les permita cobrar más tarifas.

Entonces, es muy importante que supervises los saldos de tus cuentas. La mayoría de los bancos te permite hacerlo tanto en línea como vía telefónica, así como a través de los cajeros automáticos. (Si el tuyo no te lo permite, cambia a uno que sí lo haga). Algunos bancos también permiten a sus clientes activar alertas por correo electrónico o por mensajes telefónicos de texto a sus teléfonos celulares que les informen si el saldo de sus cuentas rebasa un determinado límite inferior.

Pero no dependas por completo de tu computadora. Registra todos los cheques y las transacciones electrónicas cuando los realices y, sin importar lo aburrido que te resulte, concilia tu chequera con tus estados de cuenta mensuales. Revisa esos estados de cuenta con cuidado y notifica a tu banco de inmediato si detectas una transacción que no autorizaste.

Los días "flotantes" desaparecidos

Antes solía pasar hasta una semana para que un cheque fuera cobrado. Ya no es así. Ahora, los bancos sacan el dinero de tus cuentas en un plazo de veinticuatro a cuarenta y ocho horas. Esto se debe a una ley de 2003 llamada Check Clearing for the 21st Century Act que permite a los bancos y a los comercios procesar cheques de forma electrónica en lugar de tener que enviarlos físicamente a través del país.

Esto es grandioso para los bancos, pero puede ser un asesinato para los clientes sujetos al dinero en efectivo, quienes solíamos contar con que teníamos cuatro o cinco días "flotantes" que nos daban un respiro al pagar las cuentas.

Para evitar que te atrapen y que te cobren alguna de esas exageradas penalizaciones por sobregiro, observa con atención el saldo de tu cuenta. Y no asumas que cuentas con un día o dos para hacer un depósito que cubra un cheque que emitiste ayer.

Como verás en un momento, los depósitos no son acreditados con tanta velocidad como se cobran los cheques. Por tanto, no elabores un cheque a menos que estés seguro que ya cuentas con suficiente dinero en tu cuenta para cubrirlo.

> No asumas que cuentas con un día o dos para hacer un depósito que cubra un cheque que emitiste ayer.

Tarifas innecesarias de cajero automático (que le producen al banco casi $5 mil millones en ganancias)

Casi todos los bancos que cuentan con cajeros automáticos cobran una tarifa (de entre $1.50 y $3) a los usuarios que son clientes de algún otro banco. Algunos bancos grandes, como Bank of America, los hacen ir y venir pues les cobran a sus clientes por retirar su propio dinero a través del cajero de otro banco. (Si tienes tu cuenta en Bank of America, pero haces un retiro en, digamos, un cajero automático de Chase, la transacción te costará $5: $3 a Chase por utilizar uno de sus cajeros y $2 a Bank of America por *no* utilizar uno de los suyos).

En total, los bancos estadounidenses recaudaron $4,4 mil millones en tarifas por uso de cajeros automáticos en el 2007. Eso es mucho dinero por una comodidad menor.

Los bancos declaran que en realidad pierden dinero en muchos de los cajeros automáticos porque la mayoría de los usuarios son sus propios clientes, quienes no pagan nada por ese privilegio. Es verdad que no sólo las máquinas de los cajeros automáticos son caras (cuestan entre 9.000 y 15.000 cada una), sino que los bancos también tienen que pagar una cuota de intercambio por cada transacción de clientes ajenos que se envía a través de la red de cajeros automáticos.

La buena noticia es que esas tarifas son fáciles de evitar o, al menos, de reducir. Al reverso de tu tarjeta de cajero automático busca el logo que indica a cuál red de cajeros automáticos pertenece tu banco. La siguiente vez que no puedas encontrar un cajero automático de tu banco, busca una máquina que ostente el mismo logo de red. Si utilizas un cajero automático de la red, quizá no tengas que pagar ninguna tarifa y, si lo haces, al menos tu banco no te cobrará una tarifa por transacciones fuera de la red.

Tal vez debas pensar también en cambiar tu dinero a un banco o unión de crédito local que participe en una red que no te imponga tarifas de ningún tipo cuando utilices el cajero automático de otro banco. Entre esas redes libres de cargos se encuentran Allpoint, Co-op Financial, Credit Union 24 y Star, cada una de las cuales cuenta con cientos de miles de cajeros automáticos a nivel nacional. O puedes abrir una cuenta en uno de los cada vez más numerosos bancos, tanto en línea como fuera de ella, que reembolsan a sus clientes al menos una porción de las tarifas por uso de cajeros automáticos en las cuales incurren cuando utilizan las máquinas de otros bancos. Eso hago yo y calculo que ahorro al menos $300 por año.

Retención de depósitos. ¡Conoce tus derechos!

Cuando depositas un cheque, se supone que el banco te da acceso a los fondos en un plazo de dos días hábiles. De hecho, la mayoría te permite contar con ese dinero incluso antes. Sin embargo, no tienen que hacerlo. Bajo algunas circunstancias, la ley federal permite a los bancos tomarse una semana o más para acreditar un depósito a tu cuenta. Si tú depositas un cheque de otro estado o un cheque por más de $5.000, el banco debe permitirte disponer de $100 de inmediato, pero puede hacerte esperar de cinco a diez días hábiles antes de liberar la cantidad remanente. Los bancos pueden retener cheques "por un periodo razonable" si tu cuenta se ha sobregirado varias veces, si eres un cliente nuevo o si el banco tiene motivos para creer que el cheque no se cobrará.

Si el banco planea retener tu depósito por más de los dos días usuales, la ley lo obliga a avisarte por cuánto tiempo pretende retenerlo y por qué. Entonces, si es el tercer día hábil desde que depositaste un cheque y la cantidad aún no se ha sumado a tu saldo, no temas preguntar a tu ejecutivo qué es lo que sucede. Habla de manera directa con un gerente de sucursal de tu banco e infórmale que, si no libera la "retención" de tu cheque, te llevarás tu cuenta a otro banco.

El hecho es que, si eres un buen cliente y, en especial, si has metido dinero al banco, no existe razón alguna para que retengan cualquier depósito que realices. Su única razón para hacerlo es porque les genera ganancias.

Solicitudes de información de tu cuenta

He aquí una idea temible: cualquier persona que conozca tu número de cuenta corriente y tu número confidencial puede robarte. Esto es porque esta información es todo lo que se necesita para crear un cheque falso o lo que se conoce como "orden de retiro", que el banco pagará a pesar de que no contenga la firma del cuentacorrentista.

Lo que hace a esta situación especialmente temible es que cada cheque que elaboras contiene esa información. Son esas largas series de dígitos computarizados impresos en la parte inferior. Éste es un gran motivo por el cual es más arriesgado utilizar los anticuados cheques de papel que las transferencias electrónicas. Como lo explica un alto oficial de la Reserva Federal: "El papel pasa por muchas manos, y cada persona que recibe un cheque tiene la capacidad de cometer un fraude".

Esto no significa que debas renunciar a elaborar cheques a mano, pero cuida a quién se los entregas. Y ten *mucho* cuidado al dar la información de tu cuenta a quien sea.

Una de las más populares estafas bancarias es que te convenzan de hacer justo eso. Así es como funciona: un sujeto te llama para decirte que te has ganado un premio o que eres candidato para recibir una tarjeta de crédito con un límite más alto. Al final del discurso de ventas, el sujeto agrega que, con el fin de calificar para lo que sea que te ofrece, necesita conocer los números que aparecen en la parte inferior de tus cheques. Si eres lo bastante tonto como para darle esa información, él y sus cómplices la utilizarán para enviar a tu banco una orden de retiro, que se supone que tú autorizaste, para transferir fondos, por lo regular *muchos* fondos, a una cuenta suya. Quizá no te enteres de que todo esto ha sucedido hasta que recibas tu siguiente estado de cuenta. En ese punto tal vez sea demasiado tarde para que recuperes parte o el total de tu dinero.

Qué hacer si algo sale mal

Los bancos forman parte del grupo de instituciones más reguladas; por tanto, si tienes un problema con alguno y el hecho de quejarte de manera directa con el departamento de servicio a clientes no te ha proporcionado alivio, es probable que exista alguna agencia federal o de gobierno estatal a la cual le encantaría saberlo. Más adelante incluyo una lista de las agencias apropiadas, pero, antes de que llames o escribas a alguna de ellas, visita su página web para asegurarte de que es la adecuada para tu banco en particular. También asegúrate de que el problema que crees tener *es* un problema verdadero, en contraposición a que no hayas comprendido bien cuáles son las obligaciones que tu banco tiene contigo.

El mayor problema potencial que enfrentan los clientes bancarios es que les cobren un cargo fraudulento. Si descubres que alguna de tus cuentas bancarias reporta cualesquiera pagos no autorizados, transferencias electrónicas u otros cargos (incluso tarifas por penalización o servicios que desconoces), debes notificar de inmediato al banco. ¿Te cobraron una cantidad errónea por una transacción de débito? ¿Hay un error en un depósito directo? ¿Detectas algún retiro de cajero automático o transferencia bancaria que no autorizaste?

Según la naturaleza del problema, tienes entre treinta días y un año para reportarlo. Si tu banco cometió un error al procesar un cheque (digamos que pagó un monto equivocado), cuentas con treinta días desde que descubriste el error para notificárselo. Si descubres una transacción electrónica no autorizada, por lo general cuentas con sesenta días. Si el problema es el endoso fraudulento de un cheque, por lo regular las leyes estatales te conceden hasta un año para quejarte.

Lo más probable es que, dado que te han quitado el dinero que has ganado con tanto esfuerzo, no te tardes tanto tiempo en presentar una queja. Es posible que tu instinto te impulse a levantar el teléfono o enviar un mensaje por correo electrónico de inmediato. Eso está bien, pero considera que tendrás que ser capaz de probar que actuaste antes de la fecha límite establecida. Entonces, además de llamar o enviar un mensaje por correo electrónico, siempre escribe una carta que describa tu queja y mándala por correo certificado. (Podrás encontrar la dirección postal correcta si revisas tu estado de cuenta o la página web del banco, debajo de "servicio al cliente").

Según la naturaleza de tu queja, el banco deberá iniciar y completar una investigación dentro de un plazo específico. Si no te complace la velocidad o la naturaleza de esta respuesta, o tienes cualquier otro conflicto con tu banco, lleva tu queja a la agencia gubernamental apropiada.

Para problemas relacionados con bancos nacionales (bancos con "national" en el nombre o con las iniciales N.A. después de él), debes contactar al Comptroller of the Currency (**www.occ.treas.gov**).

Office of the Comptroller of the Currency
Customer Assistance Group
1301 McKinney Street, Suite 3450
Houston, TX 77010
(800) 613-6743
customer.assistance@occ.treas.gov

Para problemas relacionados con bancos estatales que sean miembros del Sistema de la Reserva Federal, debes contactar al departamento de asistencia al cliente de la Reserva Federal (**www.FederalReserveConsumerHelp.gov**).

Federal Reserve Consumer Help
P.O. Box 1200
Minneapolis, MN 55480
(888) 851.1920
ConsumerHelp@FederalReserve.gov

Para problemas relacionados con bancos estatales que no son miembros del Sistema de la Reserva Federal, debes contactar a la FDIC (**www.fdic.gov**). La mayoría de las quejas son mejor atendidas a través de la Electronic Customer Assistance Form, disponible en línea en **www4.dic.gov/STARSMAIL/ index.asp**.

Federal Deposit Insurance Corporation
Consumer Response Center
2345 Grand Boulevard Center, Suite 100
Kansas City, MO 64108
(877) 275-3342
consumeralerts@fdic.gov

Para problemas relacionados con uniones de crédito federales (aquellas que incluyen "federal" en su nombre), debes contactar a la National Credit Union Administration (**www.ncua.gov**).

National Credit Union Administration
Consumer Assistance Center
1775 Dike Street
Alexandria, VA 22314-3428
(800) 755-1030
consumerassistance@ncua.gov

Para problemas relacionados con uniones de crédito estatales, debes contactar a la agencia reguladora de tu estado. Una lista completa está disponible en la página web de la National Credit Union en **www.ncua.gov**. (Haz clic en "Resources for Consumers", después en "Consumer Complaint Center" y luego en "My complaint concerns a state-chartered credit union").

Para problemas relacionados con asociaciones de ahorro federales y algunas estatales, debes contactar a la Office of Thrift Supervision (**www.ots.treas.gov**).

Office of Thrift Supervisión
Consumer Inquiries
1700 G Street NW, 6th Floor
Washington, DC 20552
(800) 842.6929
consumer.complaint@ots.treas.gov

Para problemas relacionados con el procesamiento electrónico de un cheque (también conocido como conversión de cheque electrónico), debes contactar a la Federal Trade Commission, tanto a través de una llamada al número electrónico gratuito del Consumer Response Center, (877) 382-4357, a través de su formato de queja en línea en **www.FTCComplaintAssistant.gov** o escríbeles a:

Federal Trade Commission
Consumer Response Center
600 Pennsylvania Ave., NW
Washington, DC 20580

Para quejas acerca de posibles fraudes con cheques o intentos de engaño de cualquier tipo, contacta a la fuerza legal local así como a la oficina general del fiscal de tu estado y la oficina local del FBI. También debes presentar una queja ante el National Fraud Information Center de la National Consumer League. Puedes contactarlos en línea en **www.fraud.org** o puedes llamarlos sin costo al teléfono (800) 876-7060.

Pasos de acción para luchar por tu dinero

☐ Investiga y cambia de banco si es necesario. Compara una amplia variedad de cuentas corrientes, de ahorros y de mercado de dinero, y asegúrate de comparar también las tarifas. Una gran página web para ello es **www.Bankrate.com**.

☐ Lee la letra pequeña antes de seleccionar una cuenta.

☐ Elige un banco nacional que ofrezca cuentas de ahorro en línea, con el fin de obtener los más altos rendimientos y las tarifas más bajas.

☐ Asegúrate de que tus depósitos estén asegurados. Visita **www.fdic.gov/ edie**.

Tarjetas de débito

Sin importar cuánto los estadounidenses amamos nuestras tarjetas de crédito, tal parece que amamos aún más nuestras tarjetas de débito. En el año 2006, utilizamos tarjetas de débito, las cuales hacen retiros de una fuente existente de fondos como una cuenta corriente, con una frecuencia 20 por ciento mayor que las tarjetas de crédito; es decir, 26 billón de veces en total. Y los números se han incrementado de manera estable y continua. Las compras con tarjeta de débito ahora suman un total de $1.000 millones al año, lo cual equivale a dos terceras partes del volumen de todas las transacciones de Visa y a la mitad del volumen en dólares de Visa.

En particular, las tarjetas de débito son populares entre personas jóvenes de 18 a 25 años de edad, quienes las usan en lugar del efectivo, incluso para compras menores. (Alrededor de 60 por ciento de las transacciones con tarjeta de débito son por menos de $25). Es fácil saber la razón. Las tarjetas de débito son fáciles de usar, muy convenientes y pueden impedir que superemos límites de crédito.

Pero las tarjetas de débito no son tan buen negocio como la mayoría de la gente parece creer. Por una parte, no ofrecen el mismo nivel de protección contra fraudes y mal servicio que ofrecen las tarjetas de crédito. Por otra parte, si no eres cuidadoso con ellas, pueden terminar por costarte mucho dinero.

Quizá pensemos que las tarjetas de débito son "gratuitas" en comparación con las tarjeta de crédito, las cuales cobran intereses y tarifas por retardos, pero considera esta sorprendente estadística: de acuerdo con cálculos realizados por Consumer Reports, ¡una tarifa típica por sobregiro en una compra con tarjeta de débito se traduce en una tasa de interés anual que excede *1.000 por ciento!*

De acuerdo con el Center for Responsible Lending, en promedio, ¡la típica transacción con tarjeta de débito que produce una tarifa por sobregiro de $34 es por una compra de $20! Imagina que ahora pagaste $54 por un artículo que vale $20. Con tarifas por sobregiro como éstas, una tarjeta de débito puede convertirse de pronto en una tarjeta de crédito de alto costo si no eres cuidadoso.

Los bancos ganan mucho dinero con las tarjetas de débito. Sólo las tarifas por sobregiro que generan les producen cerca de $9 mil millones al año.

Lo que en realidad hace tan populares a las tarjetas de débito es el hecho de que los bancos las promueven de manera muy agresiva y ofrecen todo tipo de programas de recompensas e incentivos para motivarte a utilizarlas, como sugirió Wachovia Bank en una promoción de correo directo: "Para TODAS tus compras cotidianas". La razón por la cual los bancos hacen esto es muy simple: ganan mucho dinero con las tarjetas de débito. Sólo las tarifas por sobregiro que generan les producen cerca de $9 mil millones al año.

Cómo luchar por tu dinero

Existen dos maneras básicas de utilizar una tarjeta de débito. Puedes teclear un número confidencial, como lo haces con una tarjeta de cajero automático, o puedes hacer lo que se conoce como una transacción "fuera de línea" que implica que firmes un pagaré. De cualquier manera, la transacción recibe el mismo trato; es decir, es un retiro de efectivo de tu cuenta corriente.

La diferencia más obvia para ti es que, cuando tomas la ruta de tu número confidencial, el dinero es deducido de tu cuenta casi de inmediato, mientras las transacciones fuera de línea por lo general tardan más o menos un día en afectar tu cuenta. Esto tal vez no te importe tanto pero, tanto si tecleas un número confidencial como si firmas un pagaré, haces una gran diferencia para los tipos que están detrás del mostrador, y con ello me refiero al vendedor con el cual cierras la transacción y al banco cuya tarjeta de débito utilizas. Esto es porque las tarifas por procesamiento que el banco cobra a los comerciantes son hasta siete veces más altas para las compras fuera de línea que para las transacciones basadas en tu número confidencial.

Conoce la política de responsabilidad de tu tarjeta de débito

Muchos bancos anuncian que ofrecen tarjetas de débito con "responsabilidad cero". Esto significa que si un cargo no autorizado se registra en tu tarjeta y la transacción está firmada, tú no eres responsable por la compra fraudulenta; es decir, muy semejante a utilizar una tarjeta de crédito. Sin embargo, es muy importante comprender que, en la mayoría de los casos, esta política de cero responsabilidad aplica sólo en transacciones firmadas cuando utilizas una tarjeta de débito con el logo de Visa o Mastercard.

Lo anterior significa que si se realiza una compra no autorizada con tu tarjeta de débito y con tu número de identificación personal (PIN, por sus siglas en inglés), en la mayoría de los casos la política de cero responsabilidad no aplicará. Más aún, la política de cero responsabilidad para tarjetas de débito es sólo eso: una política, no una ley federal.

En contraste con las tarjetas de crédito, la política de responsabilidad cero para tarjetas de débito es sólo eso: una política, no una ley federal.

En última instancia, entonces, la responsabilidad por transacciones fraudulentas está sujeta a la revisión del banco que emitió la tarjeta. Pueden pasar meses para que tu queja de fraude sea confirmada y recuperes tu dinero. Como señala el U.S. Public Interest Research Group: "Cuando una tarjeta de crédito es utilizada de manera fraudulenta, tú sólo discutes si le debes dinero al banco". En contraste, cuando reportas un fraude con tarjeta de débito, lo que intentas es que el banco te devuelva dinero que ya te ha sido robado.

Pierde tu PIN, pierde tu dinero

Dado que por lo general las transacciones con PIN de tarjeta de débito (procesadas a través de transferencias electrónicas de fondos) no cuentan con la misma protección que las transacciones basadas en la firma (procesadas a través de la red de Visa/Mastercard), desearás hacer todo lo posible por resguardar ese PIN. Si la información de tu tarjeta de débito es robada junto con tu PIN y no notificas a tu banco de inmediato, toda tu cuenta bancaria puede desaparecer.

A diferencia de las transacciones con tarjeta de crédito, las cuales están reguladas por la Truth in Lending Act (Regulación Z), las transacciones con tarjeta de débito son reguladas por la Electronic Funds Transfer Act (Regulación E). De acuerdo con la Regulación E, con el fin de limitar tu responsabilidad debes reportar el uso sospechoso de la tarjeta de débito para transacciones basadas en el PIN a tu banco en el transcurso de dos días hábiles, lo cual sólo puede costarte hasta $50. Los reportes de pérdida después de dos días incrementarán tu responsabilidad a $500.

Eso no es todo. Si reportas el uso no autorizado de tu tarjeta de débito después de sesenta días a partir del momento en el cual recibiste tu estado de cuenta, el banco no está obligado a reembolsarte nada. De hecho, incluso puedes ser responsable por el sobregiro a la línea de crédito que te hayan extendido. Es posible que tu banco cuente con una política de protección mayor a la exigida por la ley; averigua para asegurarte de conocer cuál es la tuya.

Que no te dejen colgado

Costo para ti por un cargo fraudulento de débito:	hasta $500
Costo para ti por un cargo fraudulento de crédito:	$0

En resumen, usa tu tarjeta de crédito en lugar de la de débito para compras mayores y estarás protegido.

El robo de la información de tu tarjeta de débito es más fácil de lo que crees

Tu tarjeta de débito física no necesita ser robada de tu cartera o perdida en el estacionamiento del centro comercial para que tu información se encuentre comprometida. El año pasado, el *Wall Street Journal* publicó un artículo acerca de un fraude a tarjetas de débito que cada vez es más común. En este fraude, los criminales adhieren "coladeras" a las terminales electrónicas para tarjetas en tiendas de comestibles, gasolineras e incluso en bancos. Al no detectarlas los clientes, estas coladeras copian los números de la tarjeta de débito, con todo y el PIN, que son tecleados en ellas. Una vez que el criminal retira la coladera, la información es vendida o utilizada para crear tarjetas de débito falsas. (De hecho, este fenómeno ocurre tanto con tarjetas de débito como con tarjetas de crédito. Sin embargo, los ladrones prefieren robar información de tarjetas de débito dado que las de crédito están más supervisadas por los bancos).

Por tanto, revisa que el cajero automático o la terminal electrónica no tenga alteraciones, lo cual podría indicar que está presente un artefacto de colado. Tampoco utilices cajeros automáticos sin logotipo bancario, como los que encuentras en los quioscos o en las gasolineras.

Permanece atento a personas que parezcan merodear demasiado cerca de los cajeros automáticos o incluso a cámaras escondidas cuando digites tu PIN. Utiliza tu mano como escudo para cubrir los números que digites en el tablero.

Revisa en línea tu estado de cuenta bancario todos los días

¿Te parece exagerado? Créeme, no lo es. Mientras revisas tu correo electrónico todos los días, tómate dos minutos para entrar a la página web de tu banco (en una computadora segura, desde luego) y solicita tu estado de cuenta actualizado.

Revisa tus transacciones recientes y asegúrate de que todas sean legítimas. Si detectas algo sospechoso, llama a tu banco de inmediato. No esperes a que llegue tu estado de cuenta impreso por correo. Para entonces podría ser demasiado tarde.

Que tu tarjeta de débito no salga de tu vista

Asegúrate de que todas tus transacciones de débito se realicen sin que tu tarjeta salga de tu vista. Una vez que apartas la mirada de ella, cualquiera que la tenga en su poder tiene la oportunidad de robar su información.

Revisa tu historial crediticio con regularidad

Si sospechas que la información de tu tarjeta de débito está comprometida, repórtalo a los burós de crédito de inmediato. Ordena una copia de tu historial crediticio y revísala con regularidad.

Como menciono en la sección de crédito de este libro, visita AnnualCreditReport.com, donde puedes obtener un reporte de tu historial crediticio sin costo cada 12 meses de cada una de las tres empresas nacionales de reporte de crédito de consumidores, de acuerdo con la Fair and Accurate Credit Transactions Act.

Ten cuidado con los bloqueos

Cuando utilizas una tarjeta de débito para cualquier transacción que quizá no se complete durante un tiempo, como, digamos, alquilar un auto o reservar una habitación de hotel, es probable que la empresa calcule lo que cree que te costará y después haga que tu banco imponga una suspensión temporal a tu cuenta por esa cantidad. Esto se conoce como bloqueo y lo que hace es negarte el acceso a tu dinero hasta que la transacción se complete o se levante el bloqueo. Las empresas hacen lo mismo con las transacciones con tarjetas de crédito, pero con éstas la suspensión sólo aplica en una parte de tu crédito disponible. Una suspensión a una tarjeta de débito bloquea dinero en efectivo, lo cual puede llevarte a sobregirar tu cuenta sin intención.

Esto puede sucederte incluso cuando compras gasolina. Cuando insertas la tarjeta en la bomba, la gasolinera por lo regular creará dos transacciones: la primera para solicitar aprobación de tu banco por una cantidad estimada (digamos, $50), la cual es bloqueada, y la segunda por los cargos reales cuando terminas. Por desgracia, el bloqueo inicial de $50 no siempre es retirado de inmediato. En algunos casos, pueden pasar varios días antes de que lo retiren. Mientras tanto, tú en efecto tienes $50 menos en tu cuenta de los que crees. Puede suceder lo mismo en un hotel cuando te piden una tarjeta para "incidentes". Averigua cuánto dinero de tu tarjeta estará en suspensión (pueden ser cientos de dólares).

> Una suspensión a una tarjeta de débito puede llevarte a sobregirar tu cuenta sin intención.

La manera de evitar este problema es proponerte utilizar tu tarjeta de débito sólo para transacciones inmediatas y pequeñas. Como señaló un experto en *Consumer Reports:* "Las tarjetas de débito pueden ser adecuadas para comprar una taza de café, pero no tan buenas para alquilar autos o para pagar facturas de hoteles, donde una suspensión puede bloquear cientos de dólares".

De lo que debes cuidarte

Sobregiros accidentales y las enormes tarifas que generan

Antes solía suceder que, si no contabas con suficiente dinero en tu cuenta para cubrir un retiro de cajero automático o para hacer una compra con tarjeta de débito, la práctica bancaria regular era negar la transacción. En la actualidad, ocurre lo opuesto. Ahora, los bancos aprueban por rutina este tipo de transacciones, a menudo sin avisarte de que has gastado más de lo que tienes y, como resultado, te cobrarán una tarifa por sobregiro que puede llegar hasta los $40.

Dado que las disposiciones como el "bloqueo" pueden llevar a los incautos usuarios de tarjetas de débito a sobreestimar la cantidad de dinero en efectivo con el que cuentan en un momento determinado, no es sorprendente que sucedan esos inesperados y desapercibidos sobregiros todo el tiempo. De hecho, en parte por eso es que las tarjetas de débito son tan convenientes para los bancos. De acuerdo con el Center for Responsible Lending, casi la mitad de los $1,7 mil millones de tarifas por sobregiro que los bancos recaudaron en el año 2007 fueron resultado de transacciones en cajeros automáticos y pagos con tarjetas de débito.

Estas tarifas por sobregiro no sólo son injustas, sino también demasiado caras. Esto se debe a que en realidad son un cargo financiero por un préstamo a corto plazo para cubrir tu sobregiro. Con esa base, quizá sean uno de los robos más sorprendentes. Como ya mencioné en la introducción de este capítulo, de acuerdo con los cálculos de *Consumer Reports,* ¡una típica tarifa por sobregiro se traduce en una tasa de interés anual que excede *1.000 por ciento!*

Una tarjeta de débito que no solicitaste

Cuando tu tarjeta de cajero automático expira, la mayoría de los bancos la remplazará por una tarjeta de débito sin siquiera preguntarte si deseas una. Dados todos los riesgos relacionados con las tarjetas de débito, no debe darte vergüenza devolverla. El banco te entregará una simple tarjeta de cajero automático si eso es lo que prefieres.

Qué hacer si algo sale mal

Contacta a tu banco de inmediato si pierdes o te roban tu tarjeta de débito, o si detectas un fraude. Después supervisa el proceso de cerca.

Que lo incluyan por escrito en tu expediente y dale seguimiento

Una vez más, tal como has aprendido en las secciones anteriores, comienza por llamar de manera directa a tu banco y de inmediato continúa el proceso con una queja por escrito al mismo. Cuando hagas tu llamada, asegúrate de solicitar que se agregue esa nota a tu expediente y también infórmales que pretendes darle seguimiento con una carta dirigida al banco con el fin de establecer un procedimiento por escrito de tu queja. Averigua el nombre del director del banco durante esa llamada y dirige tu carta a esa persona. No olvides anotar el nombre o el número de empleado del ejecutivo que atienda tu llamada telefónica. (Muchas de esas líneas telefónicas de atención al cliente cuentan con grabadoras para registrar la conversación, así que tu solicitud de esa información también podría incluirse en tu expediente). Vuelve a llamar al día siguiente para confirmar que la nota ya forma parte de tu expediente. Si no lo está, solicita que tu queja sea registrada de nuevo y llama otra vez para confirmar que la cuenta ha sido cerrada, está protegida o acreditada, etc. (según lo requiera tu situación).

¡Ella luchó por su dinero!

He aquí una historia precautoria que escuché de una mujer de 53 años llamada Jill, de Tacoma, Washington.

Justo después de Navidad, hace algunos años, Jill descubrió que alguien utilizaba su tarjeta de débito para realizar compras en línea. Primero, encontró un cargo por $9.75 por algunos cosméticos, después un pago electrónico por $269 a Western Union. De inmediato, Jill informó al banco que ella no había autorizado esos cargos y solicitó la cancelación de la tarjeta.

Varios días después, ella detectó otros $150 en cargos no autorizados; cuando llamó al departamento de fraudes del banco para reportarlos, se enteró de que su tarjeta de débito no había sido cancelada como le prometieron. Peor aún, el banco le dijo que no impediría el pago de esos nuevos cargos. En lugar de ello, Jill tendría que esperar los resultados de una investigación antes de obtener un reembolso. Después de incontables llamadas telefónicas, por fin pudo hablar con un supervisor, quien estuvo dispuesto a reembolsarle una porción de su dinero, pero a Jill aún le faltaban $360. Le tomó diez días más conseguir un reembolso por la cantidad total.

"Mi mejor consejo es que tomen esto con seriedad y que sean persistentes", dice Jill. "La única razón por la cual recuperé mi dinero es que no me di por vencida. No permití que me hicieran a un lado sólo porque tenían más reclamos que empleados. Ellos colocan la carga de las pruebas en el cliente y no sienten culpa alguna por congelar fondos en disputa. Yo tuve suerte. A diferencia de muchas personas, aún contaba con suficiente dinero, de manera que esta situación no representó un problema real para mí. Sin embargo, imagino que una persona menos segura puede ser colocada en un verdadero conflicto financiero por cuestiones como éstas".

Jill tiene razón. Por ley, incluso si reportas un fraude de débito a su debido tiempo, los bancos pueden esperar dos semanas o incluso más para reembolsar los fondos a tu cuenta. Por tanto, prepárate para convertirte en una verdadera molestia para tu banco.

Si crees que un banco u otra institución financiera ha fracasado en cumplir sus responsabilidades contigo, dirige una queja a la agencia federal que tenga jurisdicción sobre ésta. Encontrarás una lista completa que cubre todo tipo de bancos en la página 87, en la sección "Cuentas bancarias". También debes enviar una queja a la Federal Trade Commission a través de su página web **www.FTCComplaintAssistant.gov**, a través de una llamada sin costo al número 877-FTC-HELP (877-382-4357) o por carta a:

Federal Trade Commission
Consumer Response Center
600 Pennsylvania Ave., NW
Washington, DC 20580

Pasos de acción para luchar por tu dinero

☐ Llama a tu banco para averiguar cuál es su política específica de responsabilidad para tarjetas de débito.

☐ Conoce tu saldo antes de utilizar tu tarjeta de débito para evitar tarifas excesivas por sobregiro.

☐ Resguarda siempre tu PIN.

☐ Nunca utilices tu tarjeta de débito en una terminal con signos de alteración física o en un cajero automático sin logotipos del banco.

☐ Revisa tu estado de cuenta bancario en línea todos los días.

☐ *Utiliza tu tarjeta de débito sólo para transacciones pequeñas e inmediatas.*

Tarjetas de crédito

Hace algunos años, me presenté en "Debt Diet" ("Dieta de deudas"), una serie de programas de televisión con Oprah Winfrey en la cual asesoramos a Estados Unidos para salir de las deudas. Los programas presentaban a tres parejas que luchaban por transformar sus finanzas. La pareja que asesoré, Dan y Sally Eggleston, había pasado de una placentera existencia de clase media a una pesadilla financiera en sólo dos años, principalmente como resultado de abusar de sus tarjeta de crédito cuando Dan renunció a su empleo como profesor para volver a estudiar. Cuando los conocí, tenían una docena de tarjetas de crédito y una deuda que ascendía a los $72.000. Sobre sus hombros pesaba una carga de tasas de interés de 29 por ciento y tenían que pagar $500 al mes sólo por tarifas de retraso y penalizaciones por superar sus límites de crédito.

En resumen, se ahogaban.

Lo triste del caso es que existen millones de personas en la misma situación que los Eggleston. Mientras escribo esto en el verano de 2008, alrededor de 53 millones de hogares estadounidenses tienen una deuda de casi *$1 billón* con tarjetas de crédito. El promedio es $18.000 por familia, pero la realidad es que la deuda no está repartida en partes iguales para todos. De acuerdo con una encuesta realizada por CardTrak.com, mientras la deuda del hogar mediano es de sólo $67.000, casi 7 millones de familias deben más de $25.000 cada una, y no es sorprendente que el número de tarjetahabientes que no pueden realizar ni siquiera los pagos mínimos alcance niveles históricos.

Por suerte para Dan y Sally, pude ayudarlos a desarrollar un plan para recuperarse, pero no fue fácil ni rápido. Salir de las deudas casi nunca es fácil ni rápido. Puede tomar décadas, a menos que cuentes con un plan inteligente y sepas cómo LUCHAR POR TU DINERO.

Por desgracia para la mayoría de nosotros, las empresas de tarjetas de crédito son expertas en motivarnos a contraer deudas y mantenernos atrapados en ellas durante tanto tiempo como sea posible. De hecho, mantenerte endeudado durante tanto tiempo como sea posible es su manera de ganar dinero.

Y me refiero a MUCHO dinero, la mayoría del cual proviene de las tasas de interés que pagamos por nuestros saldos vencidos y las tarifas injustas por penalización a las cuales nos sujetan de manera tramposa. Sólo en el año 2007, esos cargos por intereses sumaron $116 mil millones y las tarifas agregaron $23 mil millones más a los cofres de la industria.

Cómo luchar por tu dinero

El hecho es que cuando las usas con responsabilidad, las tarjetas de crédito son un buen negocio. Te liberan de tener que pagarlo todo en efectivo, lo cual puede ser muy conveniente. También te permiten pedir dinero prestado libre de intereses, *si* pagas la cuenta antes de que termine el periodo de gracia. Pero seamos honestos: la mayoría de la gente no lo hace.

Para ser inteligente con tus tarjetas de crédito, he aquí lo que necesitas saber y hacer.

Elige la tarjeta adecuada para ti

Existen miles de tarjetas de crédito distintas a elegir en estos días: tarjetas con baja tasa de interés, tarjetas de recompensas, tarjetas de transferencia de fondos, tarjetas de líneas aéreas, tarjetas para estudiantes, tarjetas prepagadas, tarjetas de negocios, tarjetas con reembolso de efectivo... la lista sigue y sigue. ¿Eres fanático de los Raiders de Oakland? Puedes obtener una tarjeta de crédito de los Raiders de Oakland. ¿Te gusta la música country? Puedes obtener una tarjeta de Reba McEntire o de Alan Jackson. Incluso puedes tramitar una del Campeonato mundial de lucha libre con la fotografía de Hulk Hogan.

Pero, ¿es la tarjeta adecuada para ti? ¿A cuánto asciende la cuota anual? ¿Cuál es la tasa de interés? ¿Quién emite la tarjeta de crédito? ¿Qué sucede si pagas con retraso? ¿A cuánto asciende la penalización? ¿El contrato incluye la temible cláusula de incumplimiento universal? (Ahondaré sobre este tema más adelante).

Necesitas responder a este tipo de preguntas ANTES de firmar un contrato con cualquier tarjeta de crédito.

Algunas tarjetas proporcionan a los usuarios complicados servicios de asistencia, pero los cargos por membresía anual suman cientos y a veces miles de dólares. ¿Son tan importantes esos servicios para ti? Otras tarjetas no tienen cargo por anualidad si pagas tu saldo completo cada mes. ¿Planeas tener saldos pendientes? Entonces necesitas una tarjeta que te ofrezca la tasa de interés más baja posible.

Existen dos maneras sencillas de detectar con precisión aquellas opciones entre las cuales puedes elegir. Primero, conserva todo el correo basura que recibas este mes. Te prometo que habrá una docena de ofrecimientos de tarjetas de crédito en ese montón y quizá más. Sólo extiéndelos sobre la mesa de la cocina, uno al lado del otro, y compáralos.

La otra manera es investigar en línea. Los sitios electrónicos como Bankrate.com, cardratings.com, creditcards.com, lowcards.com y lowermybills.com ofrecen excelentes comparaciones de tasas de interés y características de las tarjetas. También, el Federal Reserve Board revisa los planes de las tarjetas de crédito cada seis meses y publica un reporte interactivo que facilita el proceso de realizar comparaciones. Puedes encontrarlo en línea en la dirección **www.federalreserve.gov/Pubs/survey.htm**.

Lee la letra pequeña

Realicé un programa especial de televisión algunos años atrás donde hice pedazos un contrato de tarjeta de crédito y señalé todos los trucos legales con los que juegan las empresas de tarjetas de crédito. Tuve que hacerlo pedazos porque la letra pequeña era demasiado pequeña. Pero estos contratos no sólo son difíciles de leer, también son difíciles de comprender. De igual manera, tú necesitas leerlos y hacer tu mejor esfuerzo para comprender lo que dicen. Al menos, estudia el recuadro que explica los términos básicos del contrato, entre los cuales se incluyen:

- Las tasas porcentuales anuales (*annual percentage rates,* APR, por sus siglas en inglés) que te cobrarán si tienes saldos pendientes de pago, si transfieres un saldo o si solicitas un adelanto en efectivo.

- El pago mínimo requerido y en cuánto tiempo puedes pagar el saldo total antes de que te cobren algún cargo financiero (conocido como "periodo de gracia").

- El método utilizado para calcular tu saldo máximo si no pagas la deuda completa.

- Tu límite de crédito y si la empresa puede modificarlo sin notificártelo.

- Cuál es la tarifa de penalización si excedes tu límite de crédito.

- La anualidad, si existe.

- Cuándo vencen tus pagos y cuándo se consideran retrasados.

- Cuál es la tarifa de penalización por pagos retrasados y si el hecho de pagar con retraso provoca un incremento en tu tasa de interés.

- Si el contrato incluye una cláusula de incumplimiento universal (la cual permite que la empresa de tarjetas de crédito te multe con tarifas o con un incremento en tu tasa de interés si pagas con retraso las facturas de otras empresas).

Utilizar una tarjeta de crédito sin conocer los términos de tu cuenta es peligroso. Puede costarte cientos de dólares al año, si no es que miles. Para asegurarte de que no te roben, tienes que prestar atención; tienes que LUCHAR.

Solicita una tasa más baja

Sólo porque una empresa de tarjetas de crédito te asigne una tasa de interés alta no significa que debas aceptarla. Esto es aún más cierto si cuentas con un crédito decente, un expediente de pagos a tiempo y no has excedido tus límites de crédito.

Esto es lo que debes hacer: primero, asegúrate de conocer la tasa que pagas en la actualidad y el tipo de tasas que ofrecen otros bancos (puedes lograrlo si revisas tu último estado de cuenta de tarjeta de crédito y después visitas en línea un sitio como Bankrate.com, el cual publica listas comprensibles del tipo de interés que cobran casi todas las empresas de tarjetas de crédito a nivel nacional). A continuación, averigua el número telefónico de servicio a clientes en tu estado de cuenta, llama a tu empresa de tarjetas de crédito y pide hablar con un supervisor. No intentes negociar una tasa más baja con la primera persona que responda a tu llamada. Por lo general, las personas que responden el teléfono no cuentan con la autoridad para aprobar cambios, de manera que perderías tu tiempo.

Cuando ya estés en contacto con el supervisor, dile que un banco de la competencia te ofrece una tasa de interés mucho más baja que la que pagas en la actualidad y que, a menos que pueda igualar o mejorar la tasa de su competidor, pretendes transferir tu saldo con ese competidor. No seas impreciso: dile al supervisor el nombre del otro banco y la tasa de interés real que ofrece. Es probable que el supervisor acceda a disminuir tu tasa en ese instante. Esto es muy posible si tu tasa de interés es, digamos, de 25 por ciento y el promedio general al momento de tu llamada sea de 12 por ciento. De acuerdo con el *Wall Street Journal,* más de 75 por ciento de las personas que llaman a sus empresas de tarjetas de crédito para solicitar una tasa más baja, tienen éxito en la primera llamada. Si tú no eres tan afortunado, no te des por vencido. Sólo vuelve a llamar y habla con otra persona.

> **Más de 75 por ciento de las personas que llaman a sus empresas de tarjetas de crédito para solicitar una tasa más baja tienen éxito en la primera llamada.**

Ten presente que con frecuencia existen varios niveles de supervisores. Los departamentos que atienden este tipo de llamadas cuentan con un promedio de dos a cinco niveles de autoridad. Por tanto, si el supervisor con quien hablaste la primera vez no te ofrece lo que quieres, solicita hablar con el gerente de ese supervisor. Y si no te agrada lo que esa persona te diga, pide hablar con su supervisor.

Una cosa más: asegúrate de anotar los nombres de todas las personas con quienes hables. Si te dicen que la política de la empresa les prohíbe informar sus apellidos, solicita su número de identificación. De esta manera, no sólo podrás llevar un registro de los distintos supervisores y gerentes con quienes tuviste que hablar, sino que la gente de servicio a clientes tendrá cuidado de no ofenderte. En términos generales, siempre y cuando seas educado y razonable, es probable que ellos hagan su mejor esfuerzo por satisfacer tu solicitud porque, en última instancia, quieren conservarte como cliente.

Si ellos no acceden a negociar, solicita que cancelen tu cuenta

Si no cooperan contigo, diles que quieres cancelar tu cuenta. Con frecuencia, esto conducirá a la persona que tomó tu llamada a transferirte a un nuevo departamento cuya labor sea convencer a los clientes como tú de no cancelar sus tarjetas de crédito. Es probable que te pregunten por qué deseas cancelar tu cuenta, momento en el cual puedes explicar que es por la alta tasa de interés que te cobran. Su negativa a disminuirla no te ofrece otra opción que transferir tu saldo a un competidor.

Una y otra vez, esta perspectiva de "cancelar mi cuenta" logra que los tarjetahabientes obtengan una tasa de interés más baja. (Si no funciona, entonces deberás transferir tu saldo a un competidor que ofrezca mejores tasas).

Una vez que has disminuido tu tasa de interés, ten en mente que nada impedirá que vuelvas a llamar y solicites OTRA disminución. De hecho, te recomiendo anotar un recordatorio en tu agenda para llamar a la empresa de tarjetas de crédito noventa días después de haber obtenido una disminución en tu tasa de interés para averiguar si pueden disminuirla aún más. Con frecuencia lo harán, en especial si has realizado tus pagos a tiempo.

No te des por vencido. Me he encontrado en situaciones en las cuales me ha tomado hasta nueve llamadas para lograr la disminución de una tasa de interés. Créeme, vale la pena el esfuerzo. En total, esas nueve llamadas me tomaron dos horas repartidas entre varias semanas y el resultado fue un ahorro de miles de dólares en pagos con intereses menores, sólo en el primer año.

No mezcles compras, transferencias de saldos y adelantos de dinero en efectivo

Si tienes saldos pendientes y utilizas tus tarjetas para varias transacciones distintas, como compras y adelantos de dinero en efectivo y transferencias de saldos, es probable que te cobren diferentes tasas de interés. Por lo regular, la tasa por transferencia de saldos es la más baja, la tasa por compras es media y la tasa por adelantos de dinero en efectivo se encuentra en alguna parte de la estratosfera. El sentido común te indicará que primero deberás intentar pagar la porción del saldo que corresponda a la tasa de interés más alta. El sentido común está en lo correcto, pero, según hemos visto, a los bancos no les gusta que los clientes actúen con inteligencia; por tanto, harán que sea difícil, si no imposible, que lo logres.

Digamos que el saldo total en tu tarjeta de crédito es de $5.000. De ésos, $1.500 son por compras, cuya tasa de interés es de 11,9 por ciento; $1.000 por adelantos de dinero en efectivo, con una dolorosa tasa de interés de 19,99 por ciento; y los restantes $2.500 son el resultado de una transferencia de saldo que realizaste porque te ofrecieron una tasa especial promocional de sólo 4,99 por ciento. Ahora, si pudieras pagarle a la empresa sólo $1.000, es probable que desees que sean aplicados a ese adelanto de dinero en efectivo cuya tasa es tan alta.

Por desgracia, eso no es lo que el banco hará. En términos generales, cuando realizas el pago parcial de un saldo con diferentes tasas de interés, el banco aplicará tu pago no a la porción con la tasa más alta sino a la porción con la tasa *más baja;* en este caso, a los $2.500 que debes por la transferencia de saldo. Una vez que hayas realizado el pago, comenzarán a aplicar los pagos subsecuentes al saldo con la siguiente tasa de interés; es decir, tu saldo por compras. Sólo entonces, una vez que ese saldo esté cubierto, comenzarán a permitir que te liberes del saldo del adelanto de dinero en efectivo; es decir, el de la tasa de interés más alta. Esto es muy conveniente para ellos y muy malo para ti.

La Reserva Federal ha propuesto una norma que limite esta práctica y, al momento en el cual leas esto, es probable que ya haya sido implementada. Si no es así, sólo hay dos cosas que puedes hacer para proteger tu dinero: pagar tu saldo completo o, si esto no es posible, adopta la política de utilizar tarjetas de crédito por separado para compras, adelantos de dinero en efectivo y transferencias de saldos. De esta manera, eres tú quien puede decidir el destino de tus pagos mensuales y no el banco.

Rechaza las solicitudes preaprobadas

Las empresas de tarjetas de crédito envían alrededor de seis mil millones de solicitudes de este tipo por año. Las más peligrosas son las ofertas preaprobadas o preseleccionadas, en las cuales los emisores de tarjetas de crédito ya han revisado tu historial crediticio por adelantado. No sólo representan una tentación peligrosa sino que, si caen en las manos equivocadas, pueden exponerte al riesgo de robo de identidad. Por fortuna, existe una manera sencilla de impedir que las empresas de tarjetas de crédito te envíen este tipo de ofertas. Las principales compañías de reportes de crédito cuentan con un servicio llamado OptOutPrescreen, el cual te permite bloquear la recepción de ofrecimientos de crédito o seguros que tú no solicitaste. Puedes hacerlo de manera permanente o sólo durante cinco años. Para obtener más detalles, llama al número telefónico gratuito 888-5-OPTOUT (888-567-8688) o visita **www.optoutprescreen.com**.

De lo que debes cuidarte

La trampa del pago mínimo

El secreto sucio de la industria moderna de las tarjetas de crédito es que los bancos no quieren que pagues tu saldo completo. Sus ganancias ascienden si sólo realizas los "pagos mínimos" y son lo bastante inteligentes para saber que, si disminuyen lo bastante dichos pagos mínimos (por lo regular entre 2 y 4 por ciento de tu saldo total), tú no dejarás de gastar y ellos pueden hacer una fortuna contigo.

No es sorprendente que ellos no quieran que tú comprendas lo anterior. Ellos no quieren que sepas que si tienes una deuda de $10.000 a una tasa de interés de 18 por ciento (lo cual es típico en los usuarios de tarjetas de crédito que no pagan sus saldos completos cada mes) y sólo realizas pagos mínimos de $200 al mes, te tomará *casi 32 años* salir de la deuda y, antes de que lo logres, habrás pagado cerca de $15.000 en cargos por intereses. Y asumimos que no gastas un solo centavo más con la tarjeta, nunca te cobran por pagos retrasados, nunca te cobran una tarifa anual por servicio y tu tasa de interés nunca aumenta.

Lo que sucede cuando realizas pagos mínimos a un saldo de $10.000

Tasa de interés	Tiempo para liquidar el saldo total	Cargos totales por intereses
8%	18 años, 5 meses	$3.558
10%	20 años, 1 mes	$4.888
12%	22 años, 1 mes	$6.513
18%	31 años, 10 meses	$14.615
20%	37 años, 8 meses	$19.466
30%	50 años, 1 mes	$150.250

El viejo truco

Los emisores de tarjetas de crédito pueden cambiar los términos de tu cuenta para elevar tu tasa de interés, disminuir tu límite de crédito y acortar tus fechas límite de pago cada vez que lo deseen y sin una razón en particular. En términos generales, el banco debe notificarte todos los cambios al menos con 15 días de anticipación y darte la oportunidad de no aceptar las nuevas reglas si no estás de acuerdo con ellas. (Si tu respuesta es negativa, ellos pueden cancelar tu cuenta pero tendrías que pagar tu saldo bajo los términos anteriores).

De manera deliberada, los bancos diseñan estas notificaciones para que parezcan correo basura y la mayoría de la gente las desecha sin abrirlas.

Sin embargo, no esperes que la notificación sea tan clara. De manera deliberada, los bancos diseñan estas notificaciones para que parezcan correo basura y la mayoría de la gente las desecha sin abrirlas.

El problema es que desechar o ignorar las notificaciones significa que has aceptado los nuevos términos. Tienes que tomar acciones para rechazar los nuevos términos, como llamar por teléfono o enviar una carta al banco.

Existe una situación en la cual la empresa de tarjetas de crédito no necesita notificarte un cargo: cuando un incremento en las tasas de interés es el resultado de lo que se considera *automático* de tu parte; en otras palabras, cuando excedes tu límite de crédito o haces un pago retrasado. La mayoría de los contratos de tarjetas de crédito otorgan al emisor el derecho de aplicarte una penalización mucho mayor por violar cualquiera de sus reglas, y esas tasas por penalización pueden ser brutales. Algunas alcanzan hasta 35 por ciento.

Dado que los bancos tienen derecho a imponer este tipo de incrementos sin avisártelo, siempre debes analizar tus estados de cuenta en detalle, incluso si crees que no has hecho nada malo. Un incremento en la tasa de interés puede no ser anunciado en una hoja de papel por separado. Puede estar oculto en alguna parte de tu estado de cuenta.

Facturación de doble ciclo

Si pagas parte de tu factura antes de la fecha límite y dejas pendiente una parte de tu saldo, no asumas que sólo te cobrarán intereses por la parte del saldo que no has pagado. Cuando tienes un saldo pendiente, el banco cancela el periodo normal de gracia con el cual cuentas para pagar un cargo sin generar intereses. Por el contrario, el banco calcula tus intereses con base en tu saldo promedio diario por el mes completo.

Esto ya es bastante inconveniente, pero más de una tercera parte de los bancos que emiten tarjetas de crédito en Estados Unidos hacen algo aún peor. Ellos practican lo que se conoce como facturación de doble ciclo, en la cual los cargos por intereses se basan en tu saldo promedio diario por los dos ciclos de facturación *pasados*. Si siempre tienes un saldo pendiente que no varía mucho de un mes a otro, éste puede no ser un gran problema; pero si por lo regular pagas tu saldo completo y sólo tienes saldos pendientes de manera ocasional, la facturación de doble ciclo puede equivaler a un gran robo dado que puede resultar en que te cobren intereses por saldos que tú ya pagaste a tiempo.

Así es como funciona: digamos que realizas compras por $5.000 con tu tarjeta de crédito en enero y, cuando recibes la factura en febrero, de inmediato pagas el saldo total. Si asumimos que no debes nada de facturaciones anteriores, tu cargo por interés será cero dado que pagaste todos tus cargos de enero antes de que expirara tu periodo de gracia. En febrero realizas compras por $1.000 con tu tarjeta de crédito, pero cuando llega la factura en marzo, tú sólo pagas una parte de ese saldo. Al calcular cuánto dinero tendrías que pagar por concepto de intereses por tus compras en febrero, un banco que practica la facturación de ciclo doble basará sus cálculos no sólo en tu saldo promedio diario de febrero sino en tu saldo promedio diario de febrero y de enero. Y dado que tu saldo promedio diario en enero fue más alto que el de febrero, tus cargos por concepto de intereses serán mayores, a pesar de que pagaste a tiempo tu saldo total correspondiente a enero.

No es sorprendente que el Congreso considere una legislación para impedir esta práctica. Mientras tanto, revisa las letras pequeñas en tu contrato de tarjeta de crédito. Lee el recuadro que dice "Método para calcular el saldo por compras". Si dice: "Saldo promedio diario de doble ciclo (incluso compras nuevas)", te han robado y debes cambiar a otra tarjeta de crédito.

Sé cuidadoso con las transferencias de saldos

A las empresas de tarjetas de crédito les encanta enviarte cheques especiales que puedes utilizar para liquidar saldos de otras tarjetas y transferir la deuda a su tarjeta, por lo regular a una tasa más baja de lo normal y, en ocasiones, hasta a 0 por ciento de intereses. A veces esto puede resultarte conveniente, pero la mayoría de las veces no es así.

La tasa de interés puede ser más baja, pero oculta en las letras pequeñas con frecuencia encontrarás una tarifa por transferencia de saldo que por lo regular corresponde a 3 por ciento del saldo total. Quizá no te parezca mucho, pero ese 3 por ciento en realidad equivale a una tasa de 6 a 9 por ciento de interés anual, dado que la mayor parte de estas ofertas especiales de transferencia de saldos, y las bajas tasas de interés que las acompañan, duran sólo de cuatro a seis meses. Cuando te percatas de ello, estas ofertas especiales pierden todo su atractivo.

Por tanto, antes de aprovechar cualquier oferta especial de transferencia de saldos, asegúrate de leer las letras pequeñas y de revisar los términos. ¿Cuánto tiempo durará la tasa de interés promocional? ¿De cuánto es la tarifa por la transferencia de saldo? Y ten en mente que, si olvidas la fecha límite por sólo un día y por sólo un pago, la oferta especial será sustituida por una tasa estratosférica de penalización que puede aplicarse de manera retroactiva al monto total de tu transferencia, ¡incluso si ya has pagado la mayor parte del saldo!

Incumplimiento universal: la cláusula final para atraparte

Escondida en la mayoría de los contratos de tarjetas de crédito se encuentra una provisión que otorga a la empresa de tarjetas de crédito el derecho de incrementar tu tasa de interés si te retrasas más de treinta días en pagar cualquier factura que le debas a *cualquier* proveedor, incluso una cuenta telefónica o de servicios que no esté relacionada con tu tarjeta de crédito. Esta práctica se conoce como incumplimiento universal. Después de las audiencias del Congreso en el 2007, Citibank y Chase, los dos emisores más grandes de tarjetas de crédito, anunciaron que interrumpirían esta práctica, pero, de acuerdo con Bankrate.com, casi el 40 por ciento de los emisores de tarjetas de crédito aún aplica esta provisión a los clientes, incluso si no registran retrasos en el pago de sus tarjetas de crédito.

De todos los juegos que juegan las empresas de tarjetas de crédito, éste podría ser el más injusto. Por lo general, una cláusula de incumplimiento universal establece que un acreedor se reserva el derecho de penalizarte con un incremento en tu tasa de interés si te retrasas en pagar a cualquier otro acreedor. Los acreedores justifican esta práctica porque, en teoría, si te has retrasado en tus otras deudas, significas un mayor riesgo crediticio para ellos.

De acuerdo con un estudio realizado por el grupo educativo y defensor no lucrativo Consumer Action, las tres causas principales del incumplimiento universal son un descenso en la calificación crediticia, el pago tardío de tu hipoteca y el pago tardío de tu préstamo para auto. ¿Cómo lo sabe tu empresa de tarjetas de crédito? Quizá no te des cuenta de ello, pero tus acreedores tienen el derecho de revisar con frecuencia tu expediente crediticio. Entonces, una empresa de tarjetas de crédito con cláusula de incumplimiento universal te observará siempre y esperará.

Digamos que tu tarjeta Visa tiene una cláusula de incumplimiento universal. Cualquier pago retrasado en tu factura de servicios, en tu hipoteca o en tu cuenta de Macy´s, actúa como un disparador del incumplimiento universal, lo cual autoriza al banco que emitió tu tarjeta Visa a duplicar o incluso triplicar tu tasa de interés de un día para otro. Tu calificación crediticia, tan importante como es, también se verá afectada.

Y eso no es ni la mitad de todo. Bajo la cláusula de incumplimiento universal, tus tasas de interés también pueden verse incrementadas por exceder tu límite de crédito, por rebotar un cheque, por deber demasiado, por tener demasiado crédito, por obtener una nueva tarjeta de crédito, por solicitar un préstamo para auto y por solicitar una hipoteca para vivienda.

En términos básicos, existen sólo dos maneras de protegerte contra la

> Bajo la cláusula de incumplimiento universal, tus tasas de interés también pueden verse incrementadas por exceder tu límite de crédito, por rebotar un cheque, por deber demasiado, por tener demasiado crédito, por obtener una nueva tarjeta de crédito, por solicitar un préstamo para auto y por solicitar una hipoteca para vivienda.

cláusula de incumplimiento universal: no utilices tarjetas que la contengan o, si no tienes otra opción, asegúrate de pagar todas tus cuentas a tiempo (lo cual, en estos días, en realidad significa pagarlas todas varios días antes de la fecha límite).

Para asegurarte de que no te tomen por sorpresa, revisa los contratos actuales de tus tarjetas de crédito para averiguar si alguno de ellos contiene una cláusula de incumplimiento universal. Si las letras pequeñas te confunden (¡bienvenido al club!), llama a tu empresa de tarjetas de crédito y pregunta cuáles circunstancias específicas pueden afectar tu tasa de interés. Si resulta que tus tarjetas incluyen esa cláusula, debes considerar la posibilidad de transferir tus saldos a una tarjeta que no la incluya. Pero no te precipites a cancelarlas todas porque eso podría tener un efecto negativo en tu calificación crediticia.

Fechas límite confusas

La manera más rápida de lograr que tu tasa de interés se dispare a los cielos como un cohete es pagar tu factura con retraso. No es necesario decir que a los bancos les encanta cuando lo haces porque eso les genera ganancias. Como resultado, hacen todo lo que pueden para que se te dificulte pagar a tiempo. Cuando pagas tus impuestos, todo lo que el IRS pide es que deposites tu pago en el correo dentro de la fecha límite. Visa y MasterCard no son tan accesibles. Si envías tu pago por correo, necesita *llegar* al banco antes de la fecha límite; no es suficiente que el sello de correos indique que lo enviaste antes de dicha fecha. Para empeorar las cosas, muchos emisores de tarjetas de crédito tienen una hora de cierre diaria, que con frecuencia son las tres de la tarde, en horario regular del Este, después de la cual no acreditarán tu pago ese día. Y muchos no procesan pagos realizados en días feriados o en fines de semana, sino hasta el siguiente día hábil.

En términos ideales, debes pagar tu factura el mismo día que la recibes o, al menos, cuatro o cinco días antes de la fecha límite.

Por tanto, lee con atención el contrato de tu tarjeta de crédito y asegúrate de saber cuál es la hora de cierre. En términos ideales, debes pagar tu factura el mismo día que la recibes o, al menos, cuatro o cinco días antes de la fecha límite.

Si tienes dificultades para pagar en la fecha límite porque no coincide con el día en el cual recibes tu salario, llama a tu empresa de tarjetas de crédito y pregunta si pueden cambiar tu fecha límite de manera que coincida con tu pago de nómina. Con el fin de eliminar el riesgo de que lo olvides, considera establecer un sistema automático de pagos de tus facturas de tarjetas de crédito. También puedes contratar un servicio gratuito de alertas por teléfono o correo electrónico que te recuerde pagar tu factura a tiempo.

Qué hacer si algo sale mal

Gracias a la Fair Credit Billing Act, la cual fue presentada por el Congreso en 1986, los usuarios de tarjetas de crédito cuentan con protección plena en lo que se refiere a compras fraudulentas, mercancía de baja calidad o dañada o mercancía que nunca fue entregada. Así es como funciona.

Cargos no autorizados

Todo el mundo sabe que debe reportar de inmediato una tarjeta robada o perdida. La razón es que si reportas la tarjeta antes de que sea utilizada, te deslindas de la responsabilidad por cualquier cargo no autorizado. Pero incluso si no lo haces y un ladrón se lanza a hacer gastos con ella, la ley limita tu responsabilidad a un máximo de $50. Es más, la mayoría de las principales empresas (incluso American Express, MasterCard y Visa) cuentan con políticas de cero responsabilidad que te liberan de cualquier responsabilidad por el uso no autorizado de una tarjeta robada o perdida, sin importar cuándo la reportes.

La mayoría de los emisores cuenta con un número de emergencias gratuito para reportes de robo o extravío las veinticuatro horas del día, al cual puedes llamar cuando tu tarjeta desaparezca. Lo encontrarás en tu estado de cuenta. Es buena idea darle seguimiento a tu llamada con una carta. Incluye en ella tu número de cuenta, la fecha en la cual notaste que te hacía falta tu tarjeta y la fecha en la cual reportaste la pérdida.

Errores de facturación

Si los estados de cuenta de tus tarjetas de crédito incluyen un cargo de un establecimiento que te cobró de sobra, te cobró un producto que nunca recibiste o te envió artículos defectuosos, puedes y debes manifestar tu inconformidad. Después de registrar tu queja por escrito en un lapso de sesenta días, las empresas de tarjetas de crédito están obligadas a investigar el problema y a cancelar cualquier cargo inadecuado.

Para reportar un cargo inadecuado o erróneo, escribe a tu empresa de tarjetas de crédito a las direcciones impresas en tu estado de cuenta debajo de "dudas de facturación", que no es la misma dirección a la cual envías tus pagos. Envía la carta por correo certificado y solicita un acuso de recibo. Ésta es tu prueba de que respondiste dentro del periodo requerido de sesenta días. Incluye tu nombre, dirección, número de cuenta y una descripción del error de facturación, además del monto y la fecha del error. (Encontrarás una carta de ejemplo que puedes utilizar como modelo en la página 436 del conjunto de herramientas *Lucha por tu dinero*). Incluso si un ladrón de identidad cambió la dirección de tu cuenta y tú no recibiste la factura, deberás reportar el cargo erróneo dentro de sesenta días. Procura estar al tanto de tus estados de cuenta y contacta a tu empresa de tarjetas de crédito si no los recibes a tiempo.

Mientras te encuentres en proceso de aclarar un error, no tienes que pagar el monto en disputa ni ningún otro cargo financiero que genere, y tu empresa de tarjetas de crédito no podrá reportar la falta de pago a un buró de crédito como delito. (Desde luego, una disputa no te libera de la obligación de pagar el resto de tu saldo en tarjetas de crédito). La empresa de tarjetas de crédito deberá reconocer tu queja por escrito en un plazo de treinta días después de recibir tu carta y deberá resolver la disputa dentro de dos ciclos de facturación; en ningún caso en más de noventa días. Cuando todo haya sido dicho y hecho, deberá emitir un crédito permanente contra el cargo en disputa o explicarte por escrito por qué fue rechazada tu queja.

Productos o servicios deficientes

Una de las ventajas de utilizar tarjetas de crédito es que, si no estás satisfecho con la calidad del producto o servicio que compraste con ellas, puedes suspender los pagos. Antes de hacerlo, debes hacer un esfuerzo de buena voluntad para resolver el problema con el vendedor. Sólo puedes invocar este derecho si lo que compraste costó más de $50 o si el establecimiento se encuentra en un perímetro de 100 millas a partir de tu domicilio. Estas limitaciones no aplican si tu emisor de tarjeta de crédito también es el establecimiento que te vendió los bienes en disputa (por ejemplo, si compraste un artículo en una tienda departamental con la tarjeta de crédito de la misma tienda) o si realizaste la compra como respuesta a una oferta que el vendedor te haya enviado.

Si tú y el establecimiento son incapaces de resolver el problema con relativa rapidez, debes escribir a tu empresa de tarjetas de crédito para informarle que deseas suspender un pago, pero *sólo* hazlo si tienes una queja válida contra el establecimiento. El simple hecho de cambiar de opinión respecto de una compra no es suficiente. Como sucede con un cargo en disputa, una vez que informas a la empresa de tarjetas de crédito que deseas suspender un pago, ésta no puede reportar el monto como delictivo hasta que la disputa se haya resuelto o una corte emita una demanda en tu contra.

Atención deficiente del emisor de la tarjeta de crédito

Si tu empresa de tarjetas de crédito es el problema en sí misma, resulta evidente que primero debes intentar resolver el asunto con su departamento de atención a clientes; pero si ellos no pueden o no están dispuestos a ayudarte, existen numerosas agencias externas a las cuales puedes acudir, incluso el Better Business Bureau (**www.bbb.org**) y, si eres adulto mayor, la AARP (**www.aarp.org**). También debes contactar a la agencia gubernamental apropiada de la siguiente lista. Si tu caso es extraordinario, quizá debas quejarte ante tu congresista local. (Puedes encontrar su información de contacto en línea: **www.congress.org/congressorg/home** y entrar tu código postal).

Para problemas relacionados con tarjetas de crédito emitidas por bancos nacionales (bancos con "national" en el nombre o con las iniciales N.A. después de él), debes contactar al Comptroller of the Currency (**www.occ.treas .gov**).

> **Office of the Comptroller of the Currency**
> Customer Assistance Group
> 1301 McKinney Street, Suite 3450
> Houston, TX 77010
> (800) 613-6743
> **customer.assistance@occ.treas.gov**

Para problemas relacionados con tarjetas de crédito emitidas por bancos estatales que sean miembros del Sistema de la Reserva Federal, debes contactar al departamento de Asistencia al Cliente de la Reserva Federal (**www .FederalReserveConsumerHelp.gov**).

> **Federal Reserve Consumer Help**
> P.O. Box 1200
> Minneapolis, MN 55480
> (888) 851.1920
> **ConsumerHelp@FederalReserve.gov**

Para problemas relacionados con tarjetas de crédito emitidas por bancos estatales que no son miembros del Sistema de la Reserva Federal, debes contactar a la FDIC (**www.fdic.gov**). La mayoría de las quejas son mejor atendidas a través de la Electronic Customer Assistance Form, disponible en línea en **www4.dic.gov/STARSMAIL/index.asp**.

Federal Deposit Insurance Corporation
Consumer Response Center
2345 Grand Boulevard Center, Suite 100
Kansas City, MO 64108
(877) 275-3342
consumeralerts@fdic.gov

Para problemas relacionados con tarjetas de crédito emitidas por uniones de crédito federales (aquellas que incluyen "federal" en su nombre), debes contactar a la National Credit Union Administration (**www.ncua.gov**).

National Credit Union Administration
Consumer Assistance Center
1775 Dike Street
Alexandria, VA 22314-3428
(800) 755-1030
consumerassistance@ncua.gov

Para problemas relacionados con tarjetas de crédito emitidas por asociaciones federales de ahorro y préstamo, y bancos federales de ahorro, debes contactar a la Office of Thrift Supervisión federal (**www.ots.treas.gov**).

Office of Thrift Supervisión
Consumer Inquiries
1700 G Street NW, 6th Floor
Washington, DC 20552
(800) 842.6929
consumer.complaint@ots.treas.gov

Para problemas relacionados con tarjetas de crédito emitidas por compañías financieras o tiendas, debes contactar a la Federal Trade Commission (**www.ftc.gov**):
Puedes llamar al número telefónico gratuito del centro de respuesta de la Federal Trade Commission:

Federal Trade Commission
Consumer Response Center—204
600 Pennsylvania Ave., NW
Washington, DC 20580
(877) FTC-HELP (877-382-4357)

Pasos de acción para luchar por tu dinero

☐ Investiga en línea las mejores tasas de interés para tarjetas de crédito.

☐ Conoce tus fechas límite de pago. Establece un programa de pago automático para evitar pagar con retraso e incurrir en tarifas de penalización.

☐ Nunca pagues sólo el monto mínimo.

☐ Analiza tus estados de cuenta para detectar cualquier incremento tramposo en tus tasas de interés y tarifas inesperadas.

☐ Renegocia tus tasas de interés.

☐ No aceptes una tarjeta de crédito con cláusula de incumplimiento universal o facturación de doble ciclo.

¡Gratis! Mi regalo para ti

En *The Finish Rich Workbook* incluí un capítulo detallado acerca de las deudas con tarjetas de crédito. Si crees que necesitas ayuda, visita mi página web **www.finishrich.com** para bajar este capítulo sin costo.

Calificaciones crediticias

Estos días, las personas son medidas y examinadas de muchas maneras, pero de todas las calificaciones que se te aplican, es probable que ninguna, ni tu coeficiente intelectual, tus créditos académicos o tu nivel de colesterol, tenga un impacto tan inmediato en tu manera de vivir como tu calificación crediticias. Esta cifra de tres dígitos determina en gran medida si podrás obtener una tarjeta de crédito, un préstamo para auto o una hipoteca, y cuánto interés tendrás que pagar si lo haces. En muchos estados incluso puede afectar tus tarifas de seguros y tu capacidad para obtener un empleo o alquilar un departamento. Y después de la crisis hipotecaria de 2008, con los mercados de crédito más estrechos y los acreedores más cautelosos, tu calificación crediticia es más importante que nunca.

Entonces, necesitas conocer tu calificación crediticia ahora mismo y, si no es demasiado buena, necesitas saber qué puedes hacer para mejorarla. La buena noticia es que no importa cuán irresponsable o desafortunado hayas sido, siempre puedes corregirla. La mala noticia es que no existe un arreglo rápido o una solución mágica. Por desgracia, esto no impide que decenas de miles de personas desesperadas paguen millones de dólares cada año a despachos fraudulentos que ofrecen "reparaciones de crédito" y declaran que pueden mejorar la calificación crediticia de cualquiera, sin importar lo desastroso que sea su historial crediticio.

Cómo luchar por tu dinero

Lo más importante que puedes hacer para ayudar a tu calificación crediticia es comprender lo que es. Para comenzar, debes saber que no tienes sólo una calificación crediticia, sino un montón de ellas. Esto es porque los acreedores, las instituciones de crédito y las tres agencias nacionales de reporte de crédito (Equifax, Experian y TransUnion) tienen sus métodos y fórmulas particulares para calcular el tipo de riesgo crediticio que representas. También pueden contar con información distinta acerca de ti.

El sistema de calificación de créditos más utilizado fue desarrollado en 1989 por una empresa llamada Fair Isaac Corp. La idea era ofrecer a los acreedores una manera rápida y sencilla de juzgar la capacidad de crédito de un individuo. Lo que hace Fair Isaac es tomar tu historial crediticio y someterlo a una serie de cálculos complicados. El resultado es un número entre 300 y 850. Ésa es tu calificación FICO. Cualquier número superior a 700 es considerado bueno. Si tu calificación es 750 o más, la mayoría de los acreedores te ofrecerán los mejores acuerdos. Por otra parte, una calificación inferior a 500 significa que tendrás problemas para obtener un préstamo, sin importar cuán alta sea la tasa que estés dispuesto a pagar. En el año 2008, la calificación FICO media en Estados Unidos fue de 723, lo cual significa que la mitad de los estadounidenses obtuvo calificaciones más altas que ese número y la otra mitad obtuvo calificaciones más bajas.

La siguiente tabla es similar a una que encontrarás en la página web de FICO (**www.myfico.com**) y muestra cómo las distintas calificaciones FICO afectarán las tasas sobre hipotecas que los bancos están dispuestos a ofrecerte.

Cómo afectan las calificaciones FICO a tu hipoteca

Calificación	Tasa de interés	Pago mensual
760–850	6,26%	$1.849
700–759	6,48%	$1.893
680–699	6,77%	$1.949
620–659	7,58%	$2.113
580–619	9,45%	$2.512
500–579	10,31%	$2.702

(Basada en una hipoteca de $300.000 a tasa fija durante treinta años, a partir del 22 de julio de 2008.)

Como puedes ver, una diferencia de unas cuantas docenas de puntos en tu calificación crediticia puede significar una diferencia de cientos de dólares en pagos de intereses cada mes, y decenas, si no es que cientos, de miles de dólares durante la vigencia de una hipoteca. Lo mismo sucede con los préstamos para auto y las tasas de interés para tarjetas de crédito.

Lo que pagarás en treinta años por una hipoteca de $300.000

Con una calificación FICO de 760:	$665.640
Con una calificación FICO de 650:	$760.680
Mejora tu calificación crediticia y ahorrarás:	**$95.040**

Aunque FICO es el sistema de calificación crediticia más antiguo y popular, no es el único. Desde el año 2006, Experian, Equifax y TransUnion han introducido su propio sistema de calificación al cual llaman VantageScore. Su particularidad es que sus calificaciones de tres dígitos, que van desde el 501 hasta el 990, se traducen en letras, como las que obtenías en la escuela primaria. A una calificación de 901 a 990 le corresponde una A, una calificación de 801 a 900 vale una B y así hasta una calificación de 501 a 600, lo cual equivale a una F.

Tanto si hablas de FICO como de VantageScore o de cualquier otro sistema, los principales factores que influyen en la determinación de tu calificación crediticia se relacionan con tu manejo general del dinero y, en particular, con tus deudas. Entre ellos se incluyen:

- Tu historia de pagos (si pagas tus cuentas a tiempo, con cuánta frecuencia te retrasas y por cuánto tiempo).

- Tu tasa de utilización (cuánto utilizas de tu crédito disponible. Mientras menos sea, mejor).

- Cuánto dinero debes en la actualidad (mientras menos sea, mejor).

- Si has tramitado un crédito en fechas recientes (lo cual podría disminuir tu calificación).

- Desde cuándo inicia tu historial crediticio (mientras más largo sea tu historial crediticio, mejor será tu calificación).

Al cambiar estos factores, digamos, al pagar una gran porción de tu deuda, puedes cambiar tu calificación crediticia.

He aquí algunos consejos básicos para manejar con efectividad tu calificación crediticia.

Averigua tu calificación

Lo primero que necesitas hacer es averiguar tu calificación. Por ley, los tres grandes burós de crédito deben proporcionar a cada cliente que la solicite una copia gratuita de su reporte de crédito una vez al año. Puedes obtener el tuyo si visitas la página web que patrocinan las tres empresas en conjunto: **www.annualcreditreport.com**. También puedes enviar una solicitud por escrito a Annual Credit Report Request en P.O. Box 105281, Atlanta, GA 30348-5281 o llamar a su número telefónico gratuito: (877) 322-8228.

Como indiqué antes, cada buró de crédito tiene sus propios registros y emite sus propios reportes, de manera que necesitas obtener una copia de lo que cada uno de ellos dice acerca de ti. Pero no solicites los tres reportes al mismo tiempo. En lugar de ello, permite que pase algo de tiempo entre tus solicitudes; por ejemplo, ordena tu reporte de Equifax primero, luego tu reporte de Experian cuatro meses más tarde y, por fin, tu reporte de TransUnion cuatro meses después. Después de otros cuatro meses habrá pasado un año desde que ordenaste tu reporte de Equifax y entonces puedes comenzar de nuevo el proceso. De esta manera podrás revisar gratis tu actividad crediticia a lo largo de todo el año.

> A través de **www.annualcreditreport.com**, puedes revisar *gratis* **tu actividad crediticia a lo largo de todo el año.**

Toma en cuenta que tu reporte de crédito no es tu calificación crediticia. Tu calificación se basa en tus reportes y, por desgracia, a pesar de que la ley te otorga acceso libre a tus reportes, tienes que hacer un pago para conocer la calificación. Puedes comprar tu calificación FICO de Fair Isaac a través de su página web **www.MyFico.com**. El costo es de $38,28 por las calificaciones de los tres burós de crédito, o $15,95 por cada uno. Puedes obtener tu VantageScore por un precio cercano al anterior con Equifax (**www.equifax.com**), Experian (**www.experian.com**) o TransUnion (**www.transunion.com**), o a través de **www.annualcreditreport.com**.

Busca errores, ¡y corrígelos!

Una de las razones más importantes para obtener copias de tus reportes de crédito es que así puedes revisar su exactitud. Después de haber asesorado a miles de personas en el proceso de aumentar y corregir sus calificaciones crediticias, puedo decirte por experiencia personal que es probable que encuentres que contienen información incorrecta acerca de ti o de tu historial crediticio. De hecho, de acuerdo con un estudio realizado en el año 2004 por el U.S. Public Interest Research Group, nada menos que uno de cada cuatro reportes de crédito contiene al menos un error grave, lo bastante serio como para impedir que obtengas un préstamo, una tarjeta de crédito y, en algunos casos, un empleo.

Dada la importancia de lo que está en juego, es vital que revises tus reportes de crédito y hagas que se corrija cualquier error tan pronto como sea posible. Por fortuna, no es muy difícil lograrlo. Bajo la Fair Credit Reporting Act, tanto las agencias de reportes de crédito como los bancos y establecimientos comerciales que les proporcionan datos están obligados a corregir la información inexacta o incompleta en tu reporte cuando se les señale.

Entonces, si encuentras cualquier inexactitud, ¡señálala! Puedes lograrlo si envías una carta a la agencia de crédito por correo certificado en la cual expliques cuál es la información inexacta e incluyas copias de documentos (como estados de cuenta bancarios o estados de cuenta hipotecarios) que verifiquen lo que afirmas, junto con una copia de tu reporte de crédito con la información en disputa encerrada en un círculo. A menos que tu queja sea una frivolidad, por lo general la compañía está obligada a realizar una investigación en el transcurso de treinta días.

En el conjunto de herramientas de *Lucha por tu dinero*, en la página 437, encontrarás una carta de ejemplo que puedes utilizar como modelo. He aquí la información de contacto para las tres empresas nacionales.

Equifax Information Services, LLC
P.O. Box 740256
Atlanta, GA 30374-0256
(800) 685-1111
www.equifax.com

Experian
888-EXPERIAN (888-39737-42)
www.experian.com

Experian solicita a los clientes que han encontrado imprecisiones en sus reportes de crédito que envíen sus quejas en línea. Para más detalles, visita **www.experian.com/disputes/index.html**.

TransUnion Consumer Solutions
P.O. Box 2000
Chester, PA 19022-2000
(800) 916-8800
www.transunion.com

Puedes bajar un formato de queja en **www.transunion.com/corporate/ personal/creditDisputes/mail.page.**

Para elevar tu calificación, paga saldos altos

Existen muchos mitos acerca de acciones que puedes realizar para mejorar tu calificación crediticia. De hecho, en realidad no hay ningún misterio al respecto. En su página web, Fair Isaac explica cómo pondera los diferentes factores que intervienen en el cálculo de tu calificación: tu historial de pagos representa 35 por ciento, la cantidad que debes (en la cual se incluye tanto la cantidad en dólares como tu tasa de utilización) es 30 por ciento, la duración de tu historial crediticio es 15 por ciento, cuántas cuentas nuevas has abierto es 10 por ciento y los tipos de créditos utilizados es 10 por ciento. Si quieres elevar tu calificación, la pregunta es: ¿A cuál de estos factores puedes afectar? ¿Y cuánto tiempo te tomará?

Como es obvio, no es mucho lo que puedes hacer acerca del factor más importante: tu historial de pagos. Es lo que es. Si tienes el hábito de pagar con retraso, la verdad es que deberías esforzarte por mejorarlo, pero incluso si nunca más vuelves a ignorar una fecha límite, harán falta varios años para que esto se refleje en tu calificación crediticia. Como señala la Federal Trade Commission en su página web: "Cuando la información negativa en tu reporte es precisa, sólo el paso del tiempo puede asegurar que desaparezca. Una empresa de reportes de clientes puede reportar la mayor parte de la información negativa exacta durante siete años y una información de bancarrota durante diez años".

Por otra parte, el segundo factor importante, la cantidad que debes, es algo que *sí* puedes cambiar. De hecho, no hay nada que puedas hacer que tenga un impacto más positivo y rápido en tu calificación crediticia que reducir la cantidad que debes.

Cancelar viejas cuentas no ayuda, ¡al contrario!

Uno de los mitos acerca de las calificaciones crediticias es que puedes mejorar tus números al cancelar viejas cuentas de tarjetas de crédito que ya no utilizas. De hecho, lo opuesto es verdadero. Por lo general, el hecho de cancelar viejas cuentas perjudica tu calificación crediticia.

Esto no sólo acorta tu historial crediticio, el cual representa 15 por ciento de tu calificación FICO, sino también puede incrementar tu tasa de utilización de crédito, la cual es un factor aún más importante.

¡Ella luchó por su dinero!

¿Qué sucede si tu crédito es terrible? El hecho es que puedes convertir una calificación crediticia fatal en grandiosa. Sólo hace falta tiempo y disciplina. Conozco a una mujer de Houston, agente inmobiliario y madre de dos hijos llamada Susan, quien se las arregló para elevar su calificación crediticia por 186 puntos (de 582 a 768) en tres años. Lo logró al establecer una meta y apegarse a ella.

El primer paso fue hacer que toda su familia se comprometiera a liberarse de las deudas. "Es importante involucrar a toda la familia o no funcionará bien", dice Susan. "No lo hagas como si fuera una dieta inútil que te hace sentir como si te descuidaras o como si la vida de pronto fuera monótona y aburrida porque, si lo haces así, terminarás por volver a los viejos hábitos".

Una vez que su familia se comprometió con ella, Susan canceló sus tarjetas de crédito y comenzó a liquidar sus saldos, uno por uno. La familia vivió con frugalidad y bajo un presupuesto estricto que eliminaba todo gasto superfluo. Cancelaron el servicio *premium* de televisión por cable y Netflix, y redujeron las vacaciones familiares.

Susan primero pagó las tarjetas de crédito con los saldos menores con el fin de disfrutar algunos éxitos pequeños. Además, se mantuvo atenta a sus deudas con ayuda de una hoja de cálculo computarizada. Cada vez que liquidaba por completo alguna de ellas, sentía una motivación adicional para continuar.

Treinta días después de liquidar cada tarjeta de crédito, Susan revisaba su reporte de crédito y su calificación crediticia para asegurarse de que sus logros hubieran sido reportados con precisión a las agencias de reportes de crédito. Al mismo tiempo, ella tuvo cuidado de no agregar ninguna deuda, de nunca pagar después de la fecha límite y de no abrir nuevas cuentas.

Hoy, su crédito es excelente, pero eso no significa que ella se haya relajado. Su meta actual es ver que su calificación rebase los 800 puntos.

Así es como funciona. Digamos que tienes dos tarjetas de crédito, una Visa y una MasterCard, cada una de ellas con un límite de crédito de $5.000, pero tú sólo utilizas la tarjeta Visa. Si tienes un saldo de $2.500 en tu cuenta de Visa, tu tasa de utilización de crédito será de 25 por ciento dado que tu crédito total disponible para ambas tarjetas es de $10.000. Sin embargo, si cancelas la cuenta de

El hecho de cancelar viejas cuentas perjudica tu calificación crediticia.

MasterCard, tu crédito total disponible disminuirá a $5.000, lo cual elevará tu tasa de utilización de crédito a 50 por ciento y eso perjudicará tu calificación crediticia.

Esto no significa que no debas cancelar algunas cuentas si crees que hacerlo te ayudará a manejar tu crédito de manera más inteligente e impedir que acumules muchas deudas, pero no lo hagas porque creas que esto ayudará a tu calificación crediticia.

Cuidado con las solicitudes

Demasiadas solicitudes relacionadas con el crédito pueden perjudicar tu calificación crediticia. Quizá pienses que no es dañino que un distribuidor de autos o un corredor hipotecario revise tu crédito pero, para las empresas de calificación de crédito, el surgimiento repentino de solicitudes es señal de que podrías estar en riesgo de extralimitarte. Esto puede parecerte tonto, pero, de acuerdo con Fair Isaac, las personas con seis o más solicitudes de reportes de crédito tienen ocho veces más probabilidades de declararse en bancarrota que la gente que no tiene ninguna. Por tanto, no permitas que los comerciantes o las instituciones financieras revisen tu crédito a menos que sea indispensable. (Éste no es el caso cuando tú revisas tu calificación crediticia).

De lo que debes cuidarte

Despachos de reparación de crédito que te prometen "limpiar" tu reporte de crédito

"¡Aumente su calificación crediticia 61 puntos en 30 días!".

"Podemos borrar su crédito negativo, ¡100 por ciento garantizado!".

"¡Podemos eliminar bancarrotas, juicios, embargos y préstamos fallidos de su expediente crediticio para siempre!".

La tentación puede ser difícil de resistir, en especial si tienes problemas serios con tu crédito.

Lástima que sólo sea un engaño. El hecho es que, por lo que se refiere a la reparación del crédito, no existen balas mágicas. Lo cierto es que no existe una manera legal de limpiar la información negativa de un reporte de crédito que sea precisa y oportuna. Tampoco es posible, como algunos de estos despachos prometen, aprovechar la fecha límite de la investigación de treinta días inundando a los burós de crédito con disputas sin fundamento por errores. En cuanto a los sujetos que dicen que pueden crear una identidad crediticia nueva e inmaculada para ti al solicitar un Número de Identificación de Empleado y utilizarlo en lugar de tu número de Seguridad Social, bueno, existe una palabra para ese tipo de cosas (en realidad son dos palabras): fraude criminal.

No existe nada que un despacho de reparación de créditos pueda hacer por ti de manera legal que tú no puedas hacer por ti mismo, y quizá sin costo alguno.

En resumen, no existe nada que un despacho de reparación de créditos pueda hacer por ti de manera legal que tú no puedas hacer por ti mismo, y quizá sin costo alguno.

Steve Baker, oficial de la FTC que encabezó una acción punitiva gubernamental a los engaños de las reparaciones de crédito en el 2007, dijo a *Los Angeles Times:* "Recuerdo a la directora de nuestro buró de protección al consumidor decir, hace algunos años, que ella nunca había visto a un despacho de reparación de crédito que fuera legítimo. Y no creo que lo hayamos visto aún".

Existen tres claves que indican que no debemos confiar en un despacho de reparación de crédito:

- **Garantizan resultados sorprendentes de inmediato.** Los asesores crediticios legítimos no dan garantías y, de hecho, nunca lo hacen antes de conocer tu situación.

- **Solicitan pagos por adelantado.** En realidad esto es ilegal. Bajo las leyes federales y algunas leyes estatales, los despachos de reparación de crédito no están autorizados a aceptar pago alguno hasta no haber realizado los servicios que prometen.

- **Te aconsejan no contactar al buró de crédito de manera directa.** Por lo regular, esto les permite cobrarte por tramitar una solicitud o queja que bien podrías hacer por ti mismo.

Los despachos de reparación de crédito a veces se confunden con los servicios de asesoría de crédito, los cuales por lo general son entidades no lucrativas que ayudan a la gente a idear cómo pagar sus deudas. Si tu situación es tan negativa que estás tentado a probar con un servicio de reparación de crédito, intenta con un asesor de crédito. Resulta triste, pero algunos servicios de asesoría de crédito se han ganado una reputación negativa por cobrar altas tarifas; por tanto, antes de comprometerte con alguno, asegúrate de verificarlo con el Better Business Bureau.

Una de las mejores opciones es un Consumer Credit Counseling Service local afiliado a la National Foundation for Credit Counseling. La NFCC puede referirte a una oficina en tu área. Puedes llamar a su número telefónico gratuito (800) 388-2227 o visitar su página web **www.nfcc.org**.

Asegúrate de que tu reporte de crédito "gratuito" en verdad lo sea y no se trate de una membresía

Si miras televisión, es probable que veas anuncios que ofrecen "un reporte de crédito gratuito". Estos anuncios te llevarán a sitios electrónicos que promueven la importancia de obtener tu reporte de crédito gratuito y revisar tu crédito con regularidad. Pero antes de aceptar cualquier cosa, ¡LEE LA LETRA PEQUEÑA!

Muchas de estas ofertas en realidad no son gratuitas. Por ejemplo, Experian patrocina una página web llamada FreeCreditReport.com, a través de la cual se supone que puedes ordenar un reporte de crédito "sin costo", pero, como señala el sitio (con letras difíciles de leer), hay un truco: "Cuando ordenas tu reporte sin costo aquí, comenzará tu demostración gratuita de membresía de Triple Advantage^SM Credit Monitoring. Si no cancelas tu membresía dentro del periodo de siete días de la demostración, se te cobrarán $14,95 por cada mes que continúes con la membresía". Como ya mencioné, la manera de obtener un verdadero reporte de crédito gratuito es a través de **www.annualcreditreport.com**.

Información no actualizada en tu reporte de crédito

Existe una manera infalible de lograr que se retire la información negativa de tu reporte de crédito con precisión y ésa es la paciencia. Se supone que la mayoría de las notas malas permanecen en tu expediente durante sólo siete años; las excepciones principales son las bancarrotas (que permanecen durante diez años) y las denuncias criminales (que nunca se eliminan).

Dicho lo anterior, no esperes que el buró de crédito limpie tu reporte de manera automática sin que se lo solicites. Cuando revises tu reporte de crédito, presta atención no sólo a los errores, sino a cualquier información negativa que ya debiera haber sido retirada y continúe allí. Si encuentras alguna, elabora un reporte de queja.

Qué hacer si algo sale mal

El proceso de resolución de disputas con las empresas calificadoras de crédito está regulado de manera muy estricta y, a pesar de no ser infalible, cuenta con muchas protecciones para el cliente.

En específico, tienes derecho a disputar cualquier información en tu reporte de crédito que consideres incompleta o inexacta y, a menos que tu queja sea frívola, la agencia de crédito deberá investigarla. Más aún, si resulta que tienes razón, la agencia de crédito deberá corregir o borrar la información errónea en un lapso de treinta días (aunque puede continuar reportando la información que haya verificado y que sea exacta). Además, si tu queja es rechazada por la agencia de crédito, tienes derecho a insistir en que un registro de la disputa se incluya en tu expediente y en todos los reportes futuros. Incluso, puedes pedir a la empresa que envíe una declaración de disputa a cualquier entidad que recibió una copia de tu reporte en el pasado reciente (aunque es probable que tengas que pagar por ello).

Sin embargo, ningún proceso es perfecto y si tienes una queja con cualquiera de las agencias de reporte de crédito, o con un despacho de reparación de crédito, deberás reportarla a la Federal Trade Commission (**www.ftc.gov**), la cual sustenta la Federal Fair Credit Reporting Act. Puedes emplear el formato de queja en la página de la FTC disponible en **www.FTCComplaint Assistant.gov** o puedes contactar al FTC Consumer Response Center en Washington, D.C. El número telefónico gratuito es 877-FTC-HELP (877-382-4357) y la dirección postal es:

Federal Trade Commission
Consumer Response Center
600 Pennsylvania Ave., NW
Washington, DC 20580

Pasos de acción para luchar por tu dinero

☐ Investiga tu calificación crediticia; visita **www.myfico.com**.

☐ Obtén una copia gratuita de tu reporte de crédito en **www.annual creditreport.com**.

☐ Revisa si tu reporte de crédito tiene errores. Reporta cualquier inexactitud de inmediato y dale seguimiento para asegurarte de que haya sido corregida.

☐ Esfuérzate por pagar tus saldos con el fin de elevar tu calificación crediticia.

☐ Ten paciencia *y* persistencia. Establece una meta y sujétate a ella para mejorar tu calificación crediticia.

Préstamos

No hace mucho tiempo recibí una carta de una de mis lectoras en Raleigh, Carolina del Norte, la cual me informó todo lo que necesitaba saber acerca de los préstamos. Alicia tenía sesenta y cuatro años y era dependienta de una tienda de menudeo. Su problema consistía en que se aproximaba la Navidad y no contaba con suficiente dinero en su cuenta corriente para poder comprarles regalos a sus nietos *y* pagar sus facturas de servicios. Entonces hizo lo que hacen más o menos 19 millones de estadounidenses cada año: acudió a uno de esos establecimientos con un letrero en la ventana que decía: ¡OBTÉN DINERO EN EFECTIVO AHORA MISMO! ¡PERSONAS CON CRÉDITO NEGATIVO, BIENVENIDAS! y solicitó un préstamo.

El resultado fue una pesadilla financiera. En un principio, Alicia solicitó $400 que se suponía que debía pagar en dos semanas, pero, cuando llegó la fecha límite, ella no tenía los $460 que ahora debía (por el monto principal más la tarifa por préstamo de $60). Dado que el acreedor no aceptaba pagos parciales, ella no tuvo otra opción que solicitar un nuevo préstamo con una tarifa más alta para pagar el préstamo anterior. Antes de darse cuenta se encontró atrapada en un círculo vicioso. Cada dos viernes, Alicia se levantaba temprano por la mañana, utilizaba el cheque de su salario para liquidar una deuda y de inmediato solicitaba otro préstamo. "Era como un carrusel", me escribió Alicia. "Sentía que me hundía".

Para cuando pudo salir de ese embrollo, se había endeudado con $1.780 para cubrir su deuda de sólo $400.

Los préstamos son un negocio sorprendente. Con más de 25.000 establecimientos alrededor del país, es decir, más que Starbucks y McDonald's combinados, los prestamistas afirman que ayudan a las personas asalariadas en problemas al proporcionarles alrededor de $40 mil millones al año en préstamos a corto plazo. De hecho, estas empresas generan sus utilidades a través de TARIFAS ENLOQUECEDORAS que terminan por atrapar a la gente en un ciclo interminable de adelantos de efectivo por dos semanas que son imposibles de liquidar. Dado que los prestamistas no aceptan pagos por adelantado, los deudores que no pueden pagar la cantidad completa que deben tienen que "aumentar" sus préstamos; cada vez que lo hacen, una tarifa nueva y más alta se suma al total.

Desde luego, lo que los prestamistas llaman tarifa en realidad son cargos exorbitantes por intereses, por lo regular con tasas anuales que llegan hasta 400 por ciento y, a veces, hasta más de 1.000 por ciento. Como resultado, de acuerdo con las cifras compiladas por el Center for Responsible Lending en el año 2006, a pesar de que el solicitante promedio de préstamo pide sólo $325, termina por pagar $793.

Mientras los deudores luchan para mantenerse a flote, los prestamistas se comportan como bandidos. En ese mismo reporte de 2006, el CRL estimó que los prestamistas generaban más de $4,2 mil millones por año a través de tarifas predatorias. Es probable que las cifras de hoy sean aún peores.

El punto central acerca de los préstamos es: DEBES CONOCER LOS HECHOS Y LOS COSTOS. Por tu propio interés financiero, haz cualquier otra cosa que puedas antes de recurrir a esta solución.

Cómo luchar por tu dinero

No hay duda alguna de que los préstamos pueden ser tentadores si necesitas dinero. No importa cuán malo sea tu crédito, siempre y cuando tengas una cuenta corriente y puedas presentar un recibo de nómina que demuestre que recibes un salario regular, un prestamista estará feliz de hacerse cargo de ti.

Lo que hacen es pedirte que elabores un cheque posfechado por la cantidad que deseas solicitar más las tarifas. El prestamista conserva tu cheque hasta tu siguiente pago de nómina, que es cuando deposita tu cheque o tú te presentas con el dinero en efectivo y recuperas tu cheque.

Si no cuentas con el dinero para cubrir ese cheque, al prestamista le complacerá refrendar tu préstamo; es decir, hacerte un nuevo préstamo para pagar el anterior. Desde luego, el nuevo préstamo será mayor a lo que solicitaste en un principio dado que ahora debes no sólo la cantidad original, sino la tarifa que el prestamista te cobró. Eso significa que la tarifa sobre el nuevo préstamo también será más alta.

¿En verdad quieres pagar un interés de 1.564 por ciento?

Por lo regular, los prestamistas cobran alrededor de $17,50 por cada $100 que tú solicitas. En un préstamo a dos semanas, ¡esto equivale a una tasa de interés anual de 426,25 por ciento! Y si crees que eso es mucho, considera que algunos de estos sujetos cobran hasta $30 por un préstamo de $100, ¡lo cual equivale a una tasa de interés anual de 1.564 por ciento!

Cualquier cosa es mejor que esto

Tasa de interés promedio en una tarjeta de crédito:	15%
Tasa de interés promedio en un préstamo:	426%

Digamos que pides prestados $100. Para empezar, elaboras un cheque posfechado a nombre del prestamista por $117,50. Si no puedes cubrir ese cheque cuando vence el préstamo, la única manera de lograr que el prestamista lo rompa es solicitar un nuevo préstamo que cubra los $100 que pediste prestados y los $17,50 de la tarifa que te cobró. Pero el monto del nuevo préstamo no serán $117,50 sino $138,06; es decir, los $117,50 que no pagaste más una *nueva* tarifa de $20,56 por este nuevo préstamo. Ahora elaborarás un cheque posfechado a nombre del prestamista por $138,06. Si no puedes cubrir esta cantidad cuando llegue la fecha de vencimiento, tu tercer préstamo será aún mayor: los $138,06 que ya debes más otra nueva tarifa de $24,16, que resultan en un gran total de $162,22. Para cuando te liberes de este tercer refrendo, deberás más de $191, o casi el doble de lo que solicitaste en un principio. Y la situación sigue y sigue.

Cualquier cosa es mejor que esto

Estos números constituyen un verdadero atraco. Por ello, de acuerdo con la Consumer Federation of America, a partir del año 2008 los préstamos fueron prohibidos por la legislación de una docena de estados, Puerto Rico, las Islas Vírgenes y el Distrito de Columbia. Es por ello que el Congreso respondió a las quejas de que los prestamistas ahora se dirigían hacia soldados jóvenes cuando aprobó una ley en 2006 que impide a cualquier individuo hacer préstamos con tasas de interés superiores a 36 por ciento a cualquier miembro de las fuerzas armadas. Por desgracia, esta práctica aún es legal en todos los demás sitios.

¿Una señal de que algo no está bien?

Número de estados donde los préstamos están prohibidos: 12
Cualquier cosa es mejor que un préstamo.

Como Alicia, la abuela de Raleigh, me escribió: "Esos regalos que compré desaparecieron y la mitad de ellos fueron destruidos, y yo seguía pagando por ellos. En ese momento piensas que no hay otro camino y te sientes desesperado, y los prestamistas lo hacen parecer muy sencillo. Piensas: 'Bueno, puedo hacerlo y puedo pagarlo'. Si estás desesperado, acude a tu familia o a un amigo cercano, o intenta manejar el problema. Habla con tus acreedores para intentar llegar a un acuerdo. O acude a tu iglesia a pedir ayuda".

Alicia tiene razón. Sin importar cuán desesperado te encuentres, existen muchas alternativas antes de solicitar dinero a un prestamista. Para comenzar, pregúntale a tu jefe si puedes solicitar un adelanto de sueldo. Si eres un trabajador fiable, es probable que acepte y ni siquiera te cobre intereses.

Si ésa no es opción, revisa con tu unión de crédito, con tu banco o con tu organización comunitaria para averiguar si ofrecen préstamos a corto plazo con tasas de interés más razonables. También contacta a tus acreedores para solicitar más tiempo para pagar tus facturas o negociar un plan de pagos.

Aprende de Alicia: *cualquier* cosa es mejor que un préstamo. "Sientes que es un arreglo rápido", dice. "Piensas que pagarás sólo lo que pediste prestado, pero sólo es un carrusel interminable. Sientes que nunca podrás salir de allí. La gente puede justificarlo tanto como guste. Para mí fue una terrible experiencia".

Qué hacer si algo sale mal

Si estás atrapado en la puerta giratoria de los préstamos, existen muchos servicios no lucrativos de asesoría sobre créditos que te ofrecerán buenos consejos a un costo muy bajo o sin costo. Algunos incluso pueden brindarte asistencia de emergencia, como ayudarte a pagar las cuentas esenciales. Puedes encontrar una agencia acreditada a nivel nacional en tu área si llamas al número telefónico gratuito de la National Foundation for Credit Counseling: 800-388-2227 o si visitas su página web: **www.debtadvice.org**.

Si crees que fuiste tratado de manera injusta o fuiste víctima de prácticas deshonestas (lo cual es casi seguro con muchos prestamistas), contacta a tu agencia local de protección al consumidor y al departamento de banca de tu estado. También debes quejarte ante la Federal Trade Commission a través de su página web **www.ftc.gov**, con una llamada a su número telefónico gratuito: 877-FTC-HELP (877-382-4357) o enviando una carta a:

Federal Trade Commission
Consumer Response Center
600 Pennsylvania Ave., NW
Washington, DC 20580

También puedes contactar a la Community Financial Services Association of America (**www.cfsa.net**), la asociación comercial para la industria de los préstamos. (Representa a más de 150 empresas, lo cual equivale a cerca de la mitad de los 25.000 establecimientos de préstamos en la nación). La CFSA ha invertido millones de dólares en la promoción del uso responsable de los préstamos y las "mejores prácticas" entre los prestamistas. Desde luego, su misión es promover más negocios para sus miembros, pero la CFSA comprende el valor de las buenas relaciones públicas; por tanto, si tienes un problema con un prestamista, podría resultarte útil para resolverlo. Puedes localizarlos en el número telefónico 704-684-1029 o puedes escribirles a:

Community Financial Services Association of America
515 King Street
Suite 300
Alexandria, VA 22314

Pasos de acción para luchar por tu dinero

☐ Evita a toda costa solicitar un préstamo.

☐ Explora todas las alternativas: habla con tu jefe, tu iglesia, tu unión de crédito, tu banco o tu organización comunitaria no lucrativa que pueda ofrecerte un préstamo a corto plazo con una tasa de interés razonable.

☐ Contacta a tus acreedores para negociar un plan de pagos para tus cuentas más costosas.

☐ Nunca refrendes un préstamo.

☐ Para obtener ayuda si estás endeudado, contacta a una agencia de asesoría al consumidor acreditada a nivel nacional en tu área; visita **www.debtadvice.org**.

Robo de identidad

E n el año 2007, el robo de identidad fue la queja número uno en la Federal Trade Commission *por octavo año consecutivo.* Se trata de una epidemia que afecta a casi 10 millones de estadounidenses que sufren el robo de su identidad cada año a un costo de cerca de $50 mil millones. La buena noticia es que tú no tienes que ser uno de ellos.

El robo de identidad es una pesadilla absoluta para sus víctimas. Tus datos personales (número de Seguro Social, números de tarjetas de crédito y números de cuentas bancarias) pueden ser robados por un ladrón que se hace pasar por ti y utiliza esa información para gastar miles de dólares o más. Y tú puedes no tener idea de que algo está mal hasta que tu solicitud para una hipoteca es rechazada o eres localizado por una agencia de embargos por una deuda de la cual nunca te enteraste.

El daño va más allá del dinero. El robo de identidad puede causar un impacto devastador en tu vida entera, pues destruye tu calificación crediticia y puede tomarte meses o incluso años recuperarte del daño. Este delito es el epítome de la necesidad de aprender a "luchar por tu dinero".

Cómo luchar por tu dinero

Cada año, Javelin Strategy & Research publica su Reporte de encuesta de fraudes de identidad, del cual se dice que es el estudio más extenso y actualizado sobre fraudes de identidad en Estados Unidos. Según revela el reporte del año 2008, contrario a la creencia popular, en los casos donde las víctimas sabían cómo fueron robados sus datos, los métodos de robo de identidad en línea (como el *phishing*, la piratería y el espionaje) sólo representaron 12 por ciento de los casos de fraude. El reporte declara que un sorprendente 79 por ciento de los casos reconocidos de robo de identidad ocurrieron a través de métodos tradicionales cuando un criminal establece contacto directo con la identificación personal del cliente, incluso billeteras robadas o perdidas, chequeras o tarjetas de crédito, "espionaje sobre el hombro" (cuando alguien mira sobre tu hombro en el cajero automático o en la caja) y correo robado de buzones sin llave. Otro 17 por ciento se refiere al "robo amigable", que sucede cuando familiares, amigos o empleados domésticos roban tus datos personales.

Así es como debes protegerte.

Resguarda tu información personal

Te parece muy obvio, ¿no? Pero te sorprendería descubrir con cuánta facilidad la gente es engañada para que revele su información privada a perfectos extraños.

Es probable que ya te hayas enterado de los famosos engaños *phishing*, donde un mensaje fraudulento por correo electrónico te pide resolver un problema con tu cuenta y te dirige a una página web falsa. Bueno, una trampa llamada *vishing* es aún menos sofisticada y de más baja tecnología; no obstante, se ha incrementado de 3 por ciento de los casos de robo de identidad en el 2006 a 40 por ciento en el 2007. Así es como funciona, según se describe en el estudio Javelin antes mencionado. En una versión, tú recibes un mensaje por correo electrónico que aparenta ser de tu banco, como un engaño *phishing* tradicional. En lugar de dirigirte a una página web falsa, se te proporciona un número telefónico para que llames donde se te pide o se te exige que reveles tu información personal. En la segunda variante, te contactan por teléfono, tanto por una persona real como por un mensaje grabado que te solicitan que resuelvas un problema con tu cuenta.

Con frecuencia los *vishers* utilizan VOIP (*Voice Over Internet Protocol*) para llamar de manera automática a los clientes de bancos o tarjetas de crédito con una advertencia de seguridad relacionada con un posible fraude en sus cuentas. A los clientes se les pide llamar al "banco" y, cuando lo hacen, les dicen que revelen sus números de cuenta y otro tipo de información privada.

He aquí el punto más importante: nunca proporciones tu información personal por teléfono a menos que seas tú quien haya realizado la llamada a un número telefónico verificado. No entres a ninguna página web cuando respondas a mensajes por correo electrónico o a mensajes de texto por teléfono celular. No respondas a los mensajes telefónicos automáticos o por correo electrónico en los cuales se te solicite llamar a determinado número telefónico para resolver un asunto con tu cuenta bancaria. En lugar de ello, sólo utiliza direcciones, sitios electrónicos o números telefónicos de contacto que ya hayas verificado que son legítimos.

Además, adquiere el hábito de no dejar tus pertenencias en cualquier parte en tu casa u oficina; en especial, tu billetera, tu chequera o cualquier otra cosa que contenga tu información privada o financiera.

Compra una trituradora de papel y úsala

Quizá pienses que no tienes ningún documento ultrasecreto que valga la pena destruir, pero los estados de cuenta bancarios y de tarjetas de crédito, las facturas de servicios, los cheques cancelados y otros documentos semejantes contienen el tipo de información personal que los ladrones de identidad necesitan. Por eso, antes de desechar ese tipo de documentos, tritúralos. Los ladrones de identidad no tienen reparos en bucear en los basureros y cuentan con el hecho de que la mayoría de la gente piensa que triturar los documentos es una tontería o un acto paranoico. Éste no es un consejo nuevo, pero no mencionarlo sería una grave omisión.

Vacía tu buzón

Es probable que pienses que esos ofrecimientos de tarjetas de crédito que llegan con el correo todo el tiempo son una molestia, pero los ladrones de identidad los adoran porque son fáciles de robar y con frecuencia contienen información personal muy útil. Pide a los bancos que dejen de enviártelos. Equifax, Experian y TransUnion (que proporcionan tu historial crediticio a las empresas emisoras de tarjetas de crédito) han creado un servicio llamado OptOutPrescreen que te permite optar por no recibir ofertas de crédito o seguros que no solicitaste. Puedes hacerlo de manera permanente o sólo durante cinco años. Para conocer más detalles, llama al número telefónico gratuito 888-5-OPTOUT (888-567-8688) o visita su página web **www.optout prescreen.com.**

El punto es que debes hacer todo lo posible por mantener tu información más importante *fuera* de tu buzón. Entonces, además de rechazar las ofertas de crédito no solicitadas, debes aprovechar todas las invitaciones que recibas de tu banco, de tus empresas de tarjetas de crédito y de tus empresas de servicios para comenzar a recibir tus estados de cuenta y facturas en línea en lugar del correo. (Esto no sólo es más seguro sino que es mejor para el ambiente). A su vez, cuando ordenes nuevos cheques, no pidas que te los envíen a tu casa. En lugar de ello, recógelos en el banco.

Cuando te pidan tu número de Seguro Social, sólo di "no"

Tu número de Seguro Social es la llave para todo, así que resguárdalo con sumo cuidado. No lleves tu credencial de Seguro Social en tu billetera y no reveles tu número a empresas que no lo necesiten, como el gimnasio local o la tienda de menudeo. Es apropiado que un nuevo patrón, un banco o una empresa de tarjetas de crédito con quienes abras una nueva cuenta te pidan tu número de Seguro Social. Lo mismo sucede con aquellas empresas que necesitan realizar una revisión de tu crédito, como un proveedor de servicio de telefonía celular. Pero ten presente que la Privacy Act exige a toda agencia gubernamental federal, estatal o local que te pida tu número de Seguro Social que te informe su carácter de autoridad para solicitártelo, si la necesidad de que lo reveles es obligatoria o voluntaria, para qué utilizará esa información y las consecuencias, si existen, de que te rehúses a revelarla.

Todo el mundo parece querer saber tu número de Seguro Social, desde la tienda de alquiler de videos hasta el club social o el dentista.

¿Por qué tantas empresas y organizaciones te piden esos datos privados? Es simple: porque "está en el formato". Pero sólo porque te soliciten esa información no significa que tienes que proporcionarla.

¿Quién tiene derecho a conocerla? Tu patrón, el Department of Motor Vehicles, los departamentos de beneficencia y fiscales y las instituciones que realizan transacciones relacionadas con tus impuestos, como tu banco. Si no estás seguro, la Social Security Administration recomienda que formules las siguientes preguntas a cualquier persona que te solicite tu número de Seguro Social:

- ¿Por qué requiere mi número?

- ¿Cómo se utilizará mi número?

- ¿Qué sucede si me niego a revelar mi número?

- ¿Cuál ley me exige revelar mi número?

Por ejemplo, cuando en el consultorio de mi dentista me pidieron mi número de Seguro Social y yo respondí que no, de todas maneras me limpiaron los dientes y aceptaron que pagara con mi tarjeta de crédito.

¿Cuán accesible es tu número de Seguro Social?

En la actualidad, cualquier persona que conozca tu nombre puede entrar a numerosos sitios electrónicos y acceder a tu número de Seguro Social en cuestión de segundos. ¿No me crees? Revisa la página web NetDetective.com. Por $29, un ladrón de identidad puede usar este sitio para descubrir no sólo tu número de Seguro Social y tu fecha de nacimiento, ¡sino también el nombre de tu patrón, tu salario y el nombre de tu cónyuge! Escalofriante.

Revisa tus estados de cuenta cada semana

Una de las grandes ventajas de la banca en línea es que puedes ingresar a la red y revisar tu cuenta en cualquier momento. Proponte revisar tus estados de cuenta bancarios cada semana para asegurarte de que no existan señales de alerta.

Quizá debas considerar la cancelación de tus estados de cuenta impresos y optar por los estados de cuenta en línea. Es más probable que te roben información personal de tu buzón que por Internet.

Lo mismo sucede con tus estados de cuenta de tarjetas de crédito. De hecho, como ya mencioné antes, quizá debas considerar la cancelación de tus estados de cuenta impresos y optar por los estados de cuenta en línea. Después de todo, es más probable que te roben información personal de tu buzón que por Internet.

Dicho lo anterior, asegúrate de utilizar siempre una computadora segura. El hecho de utilizar una computadora pública, como las que hay en tu biblioteca local, es riesgoso por los programas de registro que los ladrones pueden usar para robar tus contraseñas.

Ten cuidado con las computadoras de conexión inalámbrica

A pesar de que un porcentaje relativamente pequeño de robos de identidad ocurre en línea, es importante que tomes las precauciones necesarias.

Además de tener cuidado con navegar en la red desde computadoras públicas, también debes conocer los riesgos involucrados cuando utilizas una conexión inalámbrica. Wi-Fi y Bluetooth son cada vez más populares y, como resultado, es probable que experimentemos un incremento de piratería inalámbrica.

La conectividad inalámbrica es la plataforma perfecta para que los ladrones obtengan tus datos personales. Si tienes una red inalámbrica en tu casa u oficina, asegúrate de incorporar una contraseña de protección y de encriptar la información importante. Cuando accedas a la red desde computadoras públicas, utiliza un programa de protección personal (*firewall*).

Además, mantén a salvo tu computadora con la actualización regular de tus programas antivirus y antiespionaje. Utiliza contraseñas de manera que nadie pueda entrar a tu computadora, computadora portátil o incluso tu agenda electrónica, y asegúrate de cambiar tus contraseñas con frecuencia.

¡Asegúrate de que de verdad se borre la información borrada!

Hace poco, el *Washington Post* publicó un artículo acerca de los teléfonos celulares; en específico, los "teléfonos inteligentes" como la Palm Treo y la Blackberry, que me abrió los ojos.

De acuerdo con la historia, el hecho de apagar el teléfono para borrar datos personales no los borra exactamente, sino sólo a los señaladores que indican dónde se localizan los datos. Cualquier persona que cuente con los programas adecuados puede recuperar información almacenada en tu teléfono una vez que lo vendes o lo desechas.

Lo que necesitas hacer es contactar al fabricante del aparato para solicitarle instrucciones sobre lo que debes hacer para borrar tus datos por completo. También puedes visitar **www.WirelessRecycling.com** para encontrar instrucciones. Haz clic en "Online Tools/Cell Phone Data Erasers". Y piensa dos veces acerca de la información que almacenas en tu aparato en caso de que lo pierdas o te lo roben.

Exclúyete donde y cuando puedas

Las letras pequeñas te atraparán todo el tiempo. Si llenas una solicitud para una nueva cuenta bancaria como para una tarjeta de crédito o para la lotería, necesitas leer las letras pequeñas con atención para descubrir cómo puedes excluirte, lo cual significa que tu información personal no será compartida.

Puede parecer inocuo proporcionar tu información personal sin obtener una garantía de que no será vendida o compartida pero, cuando esto sucede, tu información entra al dominio público y se convierte en parte de la creciente industria de la información. No existe manera de saber lo que contienen esos expedientes de información, los cuales pronto se harán permanentes.

Intenta lo siguiente: entra a la página web de tu banco. Es probable que si llegas a la parte inferior de la pantalla, veas un vínculo que dice "Privacidad" o "Declaración de privacidad". Haz clic allí y lee la política de privacidad de tu banco. Debe proporcionarte instrucciones para elegir que tu información personal no sea compartida; es decir, que te excluyan. Si es así, protege tu privacidad y exclúyete hoy mismo.

Revisa tu reporte de crédito para detectar cualquier actividad inusual

Una vez que los ladrones de identidad tienen tu número de Seguro Social, fecha de nacimiento y otra información crucial, por lo regular utilizan esos datos para abrir cuentas bancarias y tarjetas de crédito a tu nombre, pero con una dirección postal distinta. Como resultado, tú nunca recibes facturas ni estados de cuenta de esas cuentas, y nunca tienes idea de que existen. Hasta que, desde luego, sea demasiado tarde.

Por suerte, existe una manera sencilla de asegurarte de que nadie utilice tu identidad para abrir cuentas falsas. Los reportes de crédito generados por los tres grandes burós de crédito (Equifax, Experian y TransUnion) enlistan cada banco y cuenta de crédito que existe a tu nombre. Entonces, siempre y cuando revises con regularidad tus reportes de crédito a través de cada uno de los burós de crédito, podrás detectar cualquier cuenta fraudulenta. Ve a la página 125 para aprender cómo revisar tus reportes de crédito a lo largo del año de manera gratuita.

Protección contra robo de identidad y servicios de monitoreo. ¿En verdad funcionan?

Puede parecer una locura monitorear tu reporte de crédito de manera automática al suscribirte a un servicio de monitoreo. Sin embargo, *Consumer Reports* publicó un artículo el año pasado que dice que estos servicios "a menudo están sobreestimados, sobrevendidos y sobrevaluados".

Existen alrededor de 24 millones de clientes que se suscriben al monitoreo de crédito a través de servicios como los que ofrecen Equifax, Experian o TransUnion, y pagan entre $60 y $180 al año por la paz mental que pueden ofrecer. El problema es que muchos servicios de monitoreo de crédito recurren a un solo buró de crédito, no a los tres.

Si vas a comprar uno de estos servicios, asegúrate de que cubra los tres burós de crédito y de que comprendes el tipo de actividad de reporte de crédito que dispararía una alerta y en cuánto tiempo serías notificado, en su caso. Como señala *Consumer Reports,* algunos productos no te dan aviso de alguna actividad repentina en cuentas pasivas, incrementos inesperados en niveles de saldo, cambios en cuentas existentes o la aparición de un registro público negativo.

La siguiente generación de servicios de monitoreo de crédito

Es probable que hayas visto los anuncios de LifeLock (www.lifelock.com), una empresa que promete proporcionar una protección *proactiva* contra el robo de identidad (a diferencia de los servicios de monitoreo, los cuales son más reactivos) al colocar alertas de fraude con los tres principales burós de crédito además de reducir el correo basura y las ofertas de tarjetas de crédito, con una garantía de servicio de $1 millón.

El director general, Todd Davis, publica anuncios de página completa con su número de Seguro Social y también lo anuncia en su página web para probar lo eficiente que es su empresa para impedir el robo de identidad.

Como cliente, terminas por pagar $110 por año por el servicio de Life-Lock, pero, según advierte la Federal Trade Commission, antes de pagar por un producto o servicio que impida el robo de identidad, asegúrate de comprender *con exactitud* qué es lo que pagas. Según se declara en la página web de la FTC (**www.FTC.gov**):

> *Mucha gente encuentra valor y conveniencia en pagar a un agente externo para ayudarle a ejercer sus derechos y proteger su información. Al mismo tiempo, algunos derechos y protecciones que tienes bajo la ley federal o estatal pueden ayudarte a proteger tu identidad y recuperarte del robo de identidad sin costo. El hecho de conocer y comprender tus derechos puede ayudarte a determinar si los productos y servicios comerciales son apropiados para ti y cuáles.*

El punto principal aquí es que obtengas un servicio como el de LifeLock si deseas pagar por la conveniencia, pero recuerda que también puedes obtener la misma protección por ti mismo y de manera gratuita si activas una alerta de fraude en tu expediente de crédito. Para hacerlo, necesitas contactar a los tres burós de crédito principales (Experian, TransUnion y Equifax) de manera directa. También (y esto es importante) necesitarás acordarte de renovar la alerta de fraude cada tres meses. En cuanto a la reducción de las ofertas de tarjetas de crédito y el correo basura (que es la otra parte del servicio de Life Lock), puedes hacerlo por ti mismo con facilidad, como ya mencioné antes, con sólo llamar al número telefónico 888-5-OPTOUT o visitar **www.optoutprescreen.com**.

Considera "congelar" tu expediente de crédito

Una manera de controlar cuánta de tu información personal está disponible a ojos ajenos es solicitar a los tres burós de reporte de crédito que coloquen un "congelamiento de seguridad" a tu expediente crediticio. Esto prohíbe el acceso de cualquier persona a tu historial crediticio a menos que tú lo autorices.

Ésta no necesariamente es la solución más conveniente para protegerte contra fraudes. Cada vez que necesites que tu crédito sea revisado; por ejemplo, si vas a comprar un auto o teléfono celular o incluso si acudes a una entrevista para un empleo, necesitarás eliminar el bloqueo ("descongelar" tu expediente), lo cual puede tomar hasta tres días.

Algunos estados sólo te garantizan que congelarán tu crédito si ya has sido víctima de un robo de identidad. Investiga si tu estado cuenta con una ley de congelación de crédito, incluso lo que cuesta, en la página web Financial PrivacyNow.org.

Según el estado donde vivas, la congelación de tu expediente puede costarte entre $5 y $10. Sin embargo, para las víctimas de robo de identidad es gratis.

Qué hacer si algo sale mal

Al instante de sospechar que puedes ser víctima de robo de identidad, solicita a las agencias de crédito que activen una alerta contra fraudes en tu expediente crediticio. Una alerta de fraude requiere que los acreedores verifiquen tu identidad antes de emitir un crédito a tu nombre. Esto puede entorpecer a los ladrones que intentan utilizar tu nombre para obtener un nuevo crédito, pero no afectará tus cuentas existentes.

Para solicitar una alerta contra fraudes, contacta a una de las tres agencias de crédito enlistadas más adelante. Cualquiera de ellas informará tu solicitud a las otras dos.

Equifax
P.O. Box 740241
Atlanta, GA 30374-0241
(800)525-6285
www.equifax.com

Experian
P.O.Box 9532
Allen, TX 75013
888-EXPERIAN (888-397-3742)
www.experian.com

TransUnion
Fraud Victim Assistance Division
P.O. Box 6790
Fullerton, CA 92834-6790
(800)680-7289
www.transunion.com

Entre otras cosas, activar una alerta contra fraudes te da el derecho a una copia gratuita de tu reporte de crédito. Cuando la recibas, busca referencias de empresas a las cuales nunca has contactado, cuentas que nunca hayas abierto y deudas que no puedas explicar. Si descubres cualquier información errónea, contacta a la agencia de crédito para corregir los errores. (Para obtener más detalles sobre cómo hacerlo, consulta la página 119 en la sección "Calificaciones crediticias").

Tan pronto como te enteres de que alguien ha abierto una cuenta fraudulenta a tu nombre o de que se ha apropiado de tu identidad, llama a la policía local o del sitio donde crees que fue el robo. Obtén una copia del reporte de robo de identidad que resulte de tu queja y sácale muchas copias. Las necesitarás con el fin de demostrar que fuiste víctima de un crimen y que no eres un artista del engaño.

Otra razón por la cual necesitas un reporte policíaco que confirme que has sido víctima de robo de identidad es que el hecho de proporcionar una copia de éste a una agencia de reporte de crédito te hace acreedor de una alerta contra fraudes extendida, la cual dura siete años. Como parte de dicha alerta extendida, obtienes dos reportes de crédito sin costo en el transcurso de doce meses de los tres burós de crédito y automáticamente te excluirán de recibir cualquier tipo de ofertas de créditos preseleccionados durante cinco años (a menos que tú les indiques de manera específica que vuelvan a incluir tu nombre en las listas).

También deberás elaborar un reporte de robo de identidad con la Federal Trade Commission en línea, a través del FTC Complaint Assistant, en **www .FTCComplaintAssistant.gov**, a través del número telefónico para emergencias 877-ID-THEFT (877-438-4338) o escribiendo a:

Identity Theft Clearing House
Federal Trade Commission
600 Pennsylvania Avenue, NW
Washington, DC 20580

Si utilizas el formato de quejas de la FTC, asegúrate de imprimir una copia para tu expediente. La información puede ayudar a la policía con el reporte y será otro documento que te ayudará a limpiar tu nombre.

Cancela todas las cuentas no autorizadas de inmediato

Si descubres que cualquier cuenta de banco, de crédito o de cualquier otro tipo ha sido abierta o alguien ha accedido a ella sin tu permiso, contacta al departamento de fraudes apropiado y solicita que la cuenta se cancele de inmediato. Envía también la solicitud por escrito. Asegúrate de conservar copias; además, envía todas las cartas por correo certificado y solicita acuses de recibo.

También deberás informar a las agencias de reporte de crédito cualquier cuenta fraudulenta que hayas descubierto y solicitar que retiren toda la información relacionada con esas cuentas de tu reporte de crédito. Esto te ayudará a proteger tu calificación crediticia e impedirá que una empresa contrate a un embargador para que vaya detrás de ti.

Además, si sospechas que un ladrón de identidad ha enviado un formulario de cambio de domicilio a la oficina de correos para redirigir tu correspondencia o ha utilizado al correo para cometer fraudes que involucren tu identidad, envía una queja al U.S. Postal Inspection Service en la página web **postalinspectors.uspis.gov/forms/idtheft.aspx**.

Conoce tus derechos

Si eres víctima de robo de identidad, existen ciertos derechos que te corresponden:

- Derecho a documentar y reportar el robo.

- Derechos que implican el trato con las empresas de reporte de crédito.

- Derechos en lo que se refiere a tratar con acreedores, cobradores y establecimientos.

- Derechos sobre la limitación de tus pérdidas.

- Otros derechos federales y estatales.

La página web de la FTC es una fuente maravillosa para este tipo de información y yo te recomiendo que la explores. Obtén detalles completos sobre las especificaciones que conciernen a los derechos de las víctimas así como herramientas para las mismas, incluso:

- Cartas de ejemplo para las empresas de reporte de créditos.

- Cartas de ejemplo para una empresa para disputar cargos.

- Cartas de ejemplo para los representantes de la ley.

Visita la página web **www.ftc.gov** y escribe "Identity Theft Tools for Victims" en el recuadro de búsqueda.

Pasos de acción para luchar por tu dinero

☐ Visita **www.annualcreditreport.com** hoy mismo y comienza a solicitar tu reporte de crédito con regularidad.

☐ Tritura tus documentos y tu correspondencia en lugar de sólo arrojarlos al basurero.

☐ Exclúyete de las ofertas de tarjeta de crédito no solicitadas; visita **www.optoutprescreen.com**.

☐ Revisa tus estados de cuenta bancarios y de tarjetas de crédito al menos una vez por semana.

☐ Utiliza protección de contraseñas y encripta la información importante si tienes acceso inalámbrico a Internet.

☐ No proporciones tu número de Seguro Social, a menos que la ley te obligue a ello.

☐ Visita **www.financialprivacynow.org** para averiguar la ley de congelación de crédito de tu estado.

☐ Visita **www.ftc.gov** y explora los recursos para robo de identidad.

Divorcio

N ada causa más problemas en el matrimonio que las discusiones acerca del dinero. Y lo que es verdadero en el matrimonio también tiende a ser verdadero en el divorcio, Junto con la custodia de los hijos, por lo general el dinero es el problema principal durante el proceso de divorcio.

El hecho es que, sin importar los demás conflictos que te cause, un divorcio hará que tus finanzas se estremezcan. Reflexiona acerca de estas estadísticas: la mujer promedio experimenta un descenso de 45 por ciento en su nivel de vida después de pasar por un divorcio. A pesar de que el hombre promedio experimenta una mejoría de 15 por ciento en su nivel de vida, ese ascenso es sólo temporal. A largo plazo, la información gubernamental de Estados Unidos demuestra que un divorcio reduce la capacidad del hombre promedio de ganarse la vida hasta en 40 por ciento menos en comparación con su contraparte casada.

El punto es que el divorcio puede ser una pesadilla financiera de la cual nadie obtiene ventajas, excepto, quizá, los abogados. Pero no tiene que ser así.

▶ Cómo luchar por tu dinero

Existen muchas trampas financieras en el camino hacia el divorcio y mucha gente, incluso tu distante cónyuge, intentará abusar de ti. Pero tú puedes superarlo si eres inteligente y disciplinado. Lo principal que debes tener en mente es que tu verdadero adversario no es tu cónyuge, sino un costoso sistema que motiva a ambos a enfrentarse a facturas muy elevadas al declararse la guerra entre sí.

He aquí cómo asegurarte de que, en lugar de arruinarte la vida, tu divorcio te libere para que puedas comenzarla de nuevo.

Considera las alternativas a la guerra sin cuartel

Sin importar por qué te divorcias, si en verdad deseas superarlo sin que tu vida se destruya (en términos financieros y en todos los demás), debes hacer todo lo posible por evitar una guerra sin cuartel. Un divorcio problemático que implica abogados y jueces no sólo es desagradable, sino costoso. De acuerdo con Divorce360.com, una página web informativa para personas que viven separaciones matrimoniales, para una pareja de clase media a media alta el divorcio puede costarle entre $53.000 y $180.000. Entonces, si las circunstancias lo permiten (lo cual significa que aún pueden hablar entre ustedes), intenten con todo su empeño llegar al acuerdo de tomar un camino con menos confrontaciones.

Si no tienen hijos ni muchas posesiones, tal vez puedan tramitar un divorcio sin abogados (también llamado divorcio *pro se*) en el cual tú y tu cónyuge definen los términos por ustedes mismos. Por sólo $25 pueden comprar un paquete de divorcio (existen docenas disponibles en línea) que contiene todos los formatos legales necesarios e instrucciones para llenarlos. Con los documentos listos, ustedes los llevan a la corte y se presentan frente a un juez para exponer sus razonamientos. El divorcio concluye cuando el juez firma dichos documentos.

Si no eres del tipo "hágalo usted mismo" o tu situación es un poco más complicada, pero aún es amigable, quizá debas considerar un divorcio amistoso, donde uno de los dos contrata a un abogado para que elabore y presente todos los documentos que ambos necesitarán firmar. Esto no deberá costarte más que unos cientos de dólares y existen muchos abogados (con despachos muy ocupados) que lo harán por sólo $90.

Otra alternativa de divorcio amistoso es la mediación de divorcio. En lugar de que cada uno de ustedes tenga su abogado respectivo como perros y gatos, tú y tu cónyuge toman asiento con un mediador neutral, quien les ayuda con todos los asuntos que necesitan resolver antes de tomar caminos separados. (Puedes encontrar referencias de mediadores de divorcios certificados en la lista de la Association for Conflict Resolution: **www.acrnet.org/ referrals**). El hecho de contar con un mediador no sólo te ayuda a ahorrar dinero por tarifas legales, sino también puede (y por lo regular así es) conducirlos a una mejor comprensión sobre las realidades financieras que ambos enfrentarán como nuevas personas solteras.

Una vez que hayas establecido un curso general, si no eligieron las rutas del *pro se* o del mediador, deberás entrevistar a varios abogados especializados en divorcios o en derecho civil. Asegúrate de sostener una discusión franca acerca de los pagos antes de aceptar ser su cliente. Con el fin de asegurarte de no quedar en la ruina, no temas preguntar sobre los límites superiores de las condiciones de pago y otras estrategias que el abogado pueda utilizar.

Desventajas de la perspectiva de colaboración

En algunos estados, como Nueva York, ahora existe un proceso llamado ley de colaboración en el cual los abogados de ambas partes acuerdan intentar resolver el conflicto a través de estrategias de colaboración en lugar de técnicas de oposición y litigio. A pesar de que esto suena bien, tiene algunas desventajas. Es probable que la más seria sea que, cuando accedes a tomar la ruta de la colaboración, firmas un contrato legal severo en el cual se establece que el abogado con el cual trabajas no podrá representarte en la corte. Si tu cónyuge decide contratar a un nuevo abogado y se retira del proceso de colaboración, tú tendrás que deshacerte de tu abogado y buscar uno nuevo. Puedes involucrarte en este proceso con buenas intenciones y luego, después de invertir meses y decenas de miles de dólares, encontrarte de nuevo en el principio.

Cómo contratar a un abogado de divorcios

Contratar a un abogado de divorcios es como contratar a cualquier otro profesional: necesitas revisar sus credenciales y formular muchas preguntas. He aquí una guía rápida.

Pregunta. Sin duda alguna, la mejor manera de encontrar un gran abogado es recibir una recomendación de alguien que conozcas y que haya vivido un divorcio complicado, pero que tenga una buena opinión acerca de su abogado. Si te enfrentas a un divorcio, piensa en alguien a quien conozcas que se haya divorciado en tu ciudad o pueblo en los últimos años. Quizá no conozcas muy bien a esta persona, pero no temas preguntar. Dile la verdad: "Estoy en proceso de divorcio y recordé que tú también viviste uno hace poco tiempo. ¿Estuviste conforme con tu abogado de divorcio y, si es así, por qué? ¿Te importaría recomendármelo?". Si no conoces a nadie o si a las personas que conoces no les gustaron sus abogados, contacta a las asociaciones de abogados de tu localidad o estado para averiguar si cuentan con programas de recomendación de abogados. Lo que buscas es un profesional que se especialice en divorcios y que conozca a los jueces de tu área.

Programa una consulta. Después de conformar una lista de varios prospectos, llama a sus despachos para programar una consulta. La mayoría de los abogados de divorcios no cobran por una reunión de consulta, pero algunos sí lo hacen. Por tanto, antes de ir, asegúrate de preguntar si hay un costo por la consulta. No hay nada de malo en pagar por una consulta pero deberás saber de antemano lo que cuesta. Por lo regular es la tarifa por hora del abogado, que puede encontrarse entre unos pocos cientos de dólares y hasta $700 por un profesional experimentado.

Formula muchas preguntas. El trabajo que realizará tu abogado de divorcios es demasiado crucial para ti como para que confíes en él a ojos cerrados desde el principio. Que no te avergüence atosigarlo con preguntas. Entre las más importantes se incluyen:

- ¿Durante cuánto tiempo se ha dedicado a la práctica de leyes?

- ¿Siempre se ha especializado en derecho civil o familiar?

- ¿Cuánto cobra? ¿Cómo lo factura y cuándo espera que yo le pague? Cuando todo haya sido dicho y hecho, ¿cuánto cree que me costará?

- ¿Quién más podría trabajar en mi caso con usted y cuál sería su función? ¿Cuáles son las credenciales de esas personas y cuánto cobran por su tiempo?

- ¿Puede darme una idea de cómo funciona el proceso y cuánto tiempo tomará?

- ¿La mayoría de sus casos se resuelve fuera de la corte? ¿Cuál es el porcentaje de los casos que se resuelven en un juicio?

Pregunta qué es lo que el abogado haría si representara a la otra parte. Una de las preguntas más importantes que puedes formularle a un abogado que entrevistes es qué haría si representara a tu cónyuge. ¿Cómo manejaría el caso de tu oponente? ¿De qué te acusaría? ¿Cuánto dinero intentaría sacarte? Esto te proporcionará una perspectiva real del daño potencial que enfrentas, tanto a nivel financiero como emocional.

Asegúrate de comprender cuánto dinero te costará. Que no te avergüence preguntar cuánto dinero te costará todo esto. Un abogado que no está dispuesto a discutir términos financieros de manera clara y directa no es un abogado al cual quieres contratar. Además de averiguar cuánto cobra un abogado y cómo administra su facturación, deberás preguntar su política de retenciones. Una retención es un depósito que pagas por adelantado contra horas facturables futuras. Según la naturaleza de tu caso, una retención puede ascender desde unos pocos miles de dólares hasta $50.000. Sin embargo, casi siempre son negociables. Asegúrate de obtener por escrito lo que sucede si no se utiliza toda la retención, incluso cuándo puedes esperar que te devuelvan la porción de ese dinero que no fue utilizada.

Confía en tus instintos. Tú y tu abogado de divorcio discutirán los detalles más íntimos y dolorosos de tu vida; por tanto, necesitas alguien en quien puedas confiar y con quien te sientas cómodo por completo. Sin importar lo impresionantes que sean sus credenciales, si *cualquier* rasgo en las maneras del abogado te molesta; es decir, si te sientes intimidado o tratado con condescendencia, bórralo de tu lista.

Somételos a prueba. La mayor y más frecuente queja de los clientes acerca de sus abogados de divorcio es que no pueden localizarlos por teléfono. Es muy difícil, si no imposible, probar a un abogado de esta manera. Lo que sí puedes probar es la rapidez con la cual responden a tu primera solicitud de una consulta y cuán profesionales son sus empleados de apoyo. Si un abogado no te responde el mismo día en el cual realizas la llamada inicial, es más que probable que no te responda pronto una vez que lo hayas contratado. Ten en cuenta que es posible que el servicio que recibes mientras ellos intentan captarte como cliente sea el mejor que recibas una vez iniciado el proceso. Entonces, si el servicio es malo de antemano, lo más probable es que empeore en adelante; por tanto, busca a alguien más. También, si descubres durante tu consulta inicial que un abogado está dispuesto a compartir información "privada y no oficial" acerca de sus otros clientes, asume que hará lo mismo con tu información y sal de allí.

Investiga. Te recomiendo que te reúnas con varios abogados (entre tres y cinco) antes de contratar a uno. Necesitas conocer las opciones y saber con quién te sientes más cómodo. Recuerda que trabajarás con esta persona durante al menos un año y, en muchos casos, hasta dos o tres años.

Consulta a un asesor financiero

Un abogado no es el único profesional al cual deberás consultar. También debes pensar en contratar a un asesor financiero con experiencia en asuntos relacionados con divorcios. Cuando te enfrentas a un divorcio es esencial tener una idea clara de las finanzas de tu familia y cuál será su apariencia probable después del divorcio. Entre otras cosas, esto significa solicitar tu reporte de crédito, elaborar una lista de activos, calcular tu valor neto y hacer copias de estados de cuenta bancarios y de inversiones. En particular, si has dejado la contabilidad y el pago de cuentas en manos de tu cónyuge, el hecho de contar con un profesional que te ayude con todo esto significará una enorme ventaja.

Tanto la Association of Divorce Financial Planners (**www.divorceand finance.org**) como el Institute for Divorce Financial Analysts (**www. institutedfa.com**) acreditan especialistas en esta área y pueden proporcionar referencias a través de sus páginas web.

Si prefieres no gastar tu dinero en un asesor financiero, existen muchas organizaciones con páginas web que ofrecen orientación y herramientas para ayudar a los futuros divorciados a tomar control de sus finanzas. Entre los más útiles se encuentran Divorce360.com, DivorceNet (**www .divorcenet,com**) y el Women´s Institute for Financial Education (**www .wife.org**).

Crea un presupuesto

Además de ayudarte a evaluar tu condición financiera actual, una de las cosas más importantes que estos sitios o un asesor financiero pueden hacer por ti es ayudarte a crear un presupuesto para tu nueva vida como persona soltera.

Sin importar los demás detalles, la vida después del divorcio por lo general es más cara que la vida antes de éste. Algunos de los gastos adicionales son

---

¡Ellos lucharon por su dinero!

Janice y Fred son una pareja de Minneapolis en proceso de divorcio. Al principio, acordaron que Janice conservara la casa familiar con un valor de $1 millón con el fin de disminuir el impacto de la separación en su hijo de diez años, Jake. Con la ayuda de un asesor financiero, ellos desarrollaron un presupuesto detallado y en el proceso se dieron cuenta de que, con todos los nuevos gastos que la vida de solteros significaría para cada uno de ellos, Janice no podría cubrir los gastos que representaba vivir en una casa tan costosa.

Como resultado, ambos decidieron vender la casa de inmediato. Esta decisión no sólo les ayudó con su flujo de efectivo, sino que, al vender la casa antes de que el divorcio avanzara, ambos pudieron aprovechar la ventaja de la exclusión sobre ganancias de capital sobre sus respectivos $500.000 que las parejas casadas disfrutan cuando venden una propiedad donde han vivido durante al menos dos años de los cinco previos.

obvios y predecibles (como el costo de nuevos muebles e instalaciones caseras). Pero muchos no lo son. Por ejemplo, está el costo del seguro médico individual para un ex que ya no forma parte del programa de salud de la empresa de su pareja. Si tienes hijos y compartirán la custodia, quizá tengan que comprar un segundo conjunto de juguetes y ropa.

Es durante ese proceso de presupuesto que tú puedes confrontar el estilo de vida que podrás pagar una vez finalizado el divorcio.

Libera tus finanzas

Esto puede parecerte obvio, pero muchas parejas en proceso de divorcio olvidan cuán vinculadas están sus vidas tanto en términos legales como en términos financieros; como resultado, no pueden cortar todos esos lazos que los mantienen unidos.

Un error común es olvidarte de eliminar tu nombre de los documentos relacionados con tu casa si ésta queda bajo el poder de tu cónyuge en el acuerdo. Si tu nombre aún aparece en los documentos, podrías encontrarte atrapado en caso de que tu ex cónyuge no pueda realizar los pagos de la hipoteca. Lo mismo sucede con las cuentas de tarjetas de crédito. Tal vez esto sea injusto, pero las actas de divorcio no son muy importantes para las empresas de tarjetas de crédito ni para los acreedores de hipotecas. Esto no debería sorprendernos. Un acta de divorcio es sólo un acuerdo entre los cónyuges, pero no libera a ninguno de ellos de las obligaciones financieras que puedan tener con otras partes externas.

Las actas de divorcio no son tan importantes para las empresas de tarjetas de crédito ni para los acreedores de hipotecas.

Entonces, asegúrate de cancelar todas las cuentas de crédito conjuntas, incluso la protección contra sobregiro en tu cuenta corriente. Hazlo por escrito, en especial si la manera de gastar de tu cónyuge está fuera de control. Si aún no estás divorciado de manera legal, notifícale a tu cónyuge por escrito tu intención de cancelar dichas cuentas al menos diez días antes de hacerlo. Si tu cónyuge no coopera o si las empresas de tarjetas de crédito involucradas no cancelan la cuenta con base en tu solicitud unilateral, simplemente reporta la tarjeta como perdida o robada. Esto obligará a dichas empresas a cancelar la cuenta.

Al mismo tiempo, asegúrate de establecer un crédito a tu nombre. Esto es más importante para aquellas mujeres que han dejado todos los asuntos bancarios y crediticios en manos de sus esposos, lo cual resulta en que ellas no cuentan con un historial crediticio real propio. Si careces de historial crediticio, por ésta o por cualquier otra razón, actúa pronto para establecer uno: abre una cuenta corriente a tu nombre y solicita una tarjeta de crédito *antes* de que tu divorcio avance.

Presta atención a los activos por jubilación

A pesar de que la mayoría de las personas casadas planea su jubilación en pareja, el hecho es que una de ellas por lo regular tiene un empleo mejor pagado y un ahorro más sustancial que la otra. Por lo general, este desequilibrio no es problema hasta que la pareja se divorcia. Entonces, el cónyuge cuyo nombre aparece en las cuentas del IRA o 401(k) puede insistir en que dichas cuentas le pertenecen sólo a él o ella (por lo regular es él). Pero éste no necesariamente es el caso. Sólo porque el nombre de uno de los cónyuges aparezca en las cuentas de jubilación no significa que el otro cónyuge no tenga derecho a una parte de los montos. La simple justicia (por no mencionar las leyes de propiedad común vigentes en algunos estados) por lo general dictan una división 50–50 de al menos los activos por jubilación que se acumularon durante el transcurso del matrimonio.

Con mucha frecuencia, cuando ambas partes se involucran en los acuerdos, el cónyuge con la posición financiera más débil subestimará la importancia de los ahorros para la jubilación y le dirá al abogado que prefiere un activo que parezca más real (como la casa). No cometas este error. El mantenimiento de los activos reales, como las casas o los automóviles, cuestan dinero; los ahorros para el retiro no. Más aún, si terminan por vender una casa cuyo valor se ha incrementado con el paso de los años, quizá tengan que pagar impuestos por una ganancia de capital; y en lugar de la exclusión de $500.000 que disfrutan las parejas casadas, como persona divorciada sólo recibirías $250.000. Los beneficios para la jubilación, en cambio, aumentan sin causar impuestos.

Y no olvides que, a pesar de estar divorciado, aún eres sujeto de los beneficios de Seguro Social de tu cónyuge. Si tienes 62 años de edad o más, y estuviste casado con tu cónyuge durante al menos diez años, tienes derecho a los beneficios de jubilación basados en sus contribuciones al Seguro Social. Si te has casado de nuevo, puedes decidir si tus beneficios se calcularán sobre la base del Seguro Social de tu anterior o de tu nuevo cónyuge. (Encontrarás detalles en línea en **www.socialsecurity.gov**. Haz clic en "Questions" y luego en "Benefits").

Resguarda tu cheque

Si vas a depender de una pensión para sobrevivir, asegúrate de que entre los acuerdos se incluya la compra de una póliza de seguro de vida para quien provea dichos fondos, por una cantidad lo bastante alta para cubrir el valor de su contribución de por vida. Piensa también en un seguro contra discapacidades.

Del mismo modo, asegúrate de ser el propietario o el beneficiario irrevocable de la póliza. Si no eres ninguna de las dos cosas, tu ex podría dejar de pagar las primas sin que lo sepas. Por tanto, la póliza podría ser cancelada sin que tú te enteres, hasta después de que el proveedor de esos fondos muera y tú tramites un reclamo. En ese momento te informan que la póliza fue cancelada muchos años atrás. Si tú eres el dueño o el beneficiario irrevocable, ellos tienen que informarte de inmediato si hay algún problema con la póliza, como primas que no han sido pagadas.

No te detengas hasta terminar el trabajo

Cuando el divorcio se ha realizado es cuando tu trabajo recién comienza. El proceso de divorcio es agotador en términos físicos, emocionales y financieros. Esto causa que mucha gente se detenga antes de haber terminado el trabajo: no se preocupa por rehacer su testamento, cambiar los nombres de las cuentas, revisar los beneficiarios en las pólizas de seguros de vida y los planes de jubilación o destinar dinero a un plan de retiro como el IRA.

Recuerda que el secreto para sobrevivir a un divorcio en términos financieros es el mismo que la clave para sobrevivir a él a nivel emocional: necesitas dejar de vivir en el pasado y comenzar a concentrarte en el futuro.

Qué hacer si algo sale mal

Las leyes de divorcio varían de un estado a otro, pero en general es relativamente poco lo que puedes hacer si te arrepientes de haber aceptado cualquier (o todos) los incisos en tu acuerdo. Siempre puedes preguntarle a tu ex si está dispuesto a renegociar, pero si la respuesta es no, tus opciones son limitadas.

En muchos estados, si tus circunstancias económicas cambian, puedes solicitar a la corte que modifique las pensiones y otros acuerdos relacionados con los hijos hasta que tu hijo menor cumpla 18 años o termine el bachillerato. Con frecuencia, la manutención conyugal también puede ser reconsiderada. Sin embargo, si de pronto te das cuenta de que debiste vender la casa o dividir los activos de manera distinta, no tendrás mucha suerte. Por lo general, los jueces no revocan acuerdos sobre propiedades a menos que puedas comprobar que el acuerdo fue injusto o que tu ex cometió fraude (como ocultar activos) durante las negociaciones. El simple hecho de cambiar de opinión o de decidir que fue un mal acuerdo no será suficiente.

Si tu divorcio llegó a juicio y estás inconforme con el veredicto que recibiste, por lo general cuentas con sesenta días para apelar. Después de ese periodo, el veredicto será definitivo. Ten en cuenta que en la mayoría de los estados puedes apelar sólo si el juez cometió un error legal o abusó de su discreción. Más aún, si un asunto no fue mencionado en el juicio, por lo general no puedes mencionarlo en una apelación. En cualquier caso, discute tus preocupaciones específicas con un abogado especializado en divorcios y con un analista financiero certificado en divorcios. Y prepárate para pagar porque las apelaciones pueden ser costosas.

Pasos de acción para luchar por tu dinero

☐ Intenta evitar el litigio. Explora alternativas de cooperación como la mediación.

☐ Si debes contratar a un abogado, obtén referencias de alguien que haya vivido un divorcio y entrevista a varios candidatos hasta encontrar a uno que sea el adecuado para ti.

☐ Consulta a un asesor financiero para que te ayude a arreglar las finanzas familiares y para que te muestre el camino correcto hacia el futuro como persona soltera.

☐ Cancela por escrito todas las cuentas conjuntas. No olvides eliminar tu nombre de los documentos si tu cónyuge conservará la casa en el acuerdo.

☐ Establece tu propio crédito.

☐ Revisa tu testamento; actualiza los beneficiarios en las pólizas de seguros y en los planes de jubilación.

Seguros de vida

Como asesor financiero, he revisado cientos de las pólizas de seguros de mis clientes y, en su mayor parte, lo que he visto de primera mano es que la mayoría de la gente y la mayoría de las familias en realidad no tienen una cobertura suficiente. En general, los estadounidenses cuentan con más de $20 billones en cobertura de seguros de vida. Esto puede sonar exagerado, pero en realidad no lo es. De acuerdo con un estudio realizado por LIMRA International, la cantidad media de cobertura de seguro de vida es sólo $130.500 por familia, una suma pequeña cuando consideras que en la mayoría de los casos tus beneficiarios necesitarán ese dinero para cubrir los costos de tu funeral, liquidar la hipoteca y otras deudas, compensar tu ingreso perdido y quizás enviar a los hijos a la universidad. En mi experiencia, la mayoría de la gente ha comprado una póliza de seguros a través de su empleo y, en el mejor de los casos, vale de una a tres veces su ingreso anual; el cual, una vez más, para la "mayoría de la gente" no es suficiente para cubrir gastos durante un periodo extendido si tienen dependientes económicos. Por otra parte, también he visto que muchas personas solteras que no tienen dependientes económicos cuentan con un seguro excesivo. Entonces, la primera clave para los seguros es determinar lo que en realidad necesitas en cuanto a la cantidad y el tipo de seguro. Hablaremos al respecto en un momento y después acerca de cuál es la manera más inteligente de comprarlo.

La mayoría de las personas con dependientes económicos cuenta con seguros insuficientes. La mayoría de las personas sin dependientes económicos cuenta con seguros excesivos.

Cómo luchar por tu dinero

En lo que se refiere al seguro de vida, conocer lo que no necesitas es tan importante como conocer lo que sí necesitas. He aquí algunas guías básicas.

Temporal vs. permanente

En términos básicos, existen dos tipos de seguros de vida. Uno es el seguro temporal, en el cual pagas una prima y, a cambio, recibes determinado monto de protección por un tiempo establecido. Existe también el seguro permanente, en el cual una parte de tu prima paga por tu protección y otra parte es invertida en lo que corresponde a un plan de ahorros no gravable. De acuerdo con las estadísticas más recientes, alrededor de 60 por ciento de las pólizas vendidas en Estados Unidos son permanentes y cerca de 40 por ciento son temporales. La mayor popularidad de las pólizas permanentes no es sorprendente, a pesar de que los defensores del consumidor están de acuerdo en que las pólizas temporales tienen más sentido para la mayoría de la gente. Las pólizas permanentes por lo general cuestan de cinco a diez veces más que las pólizas temporales, lo cual significa que los agentes de seguros ganan más comisiones al venderlas, razón por la cual tu "amigo en el negocio de los seguros" se sentirá complacido de visitarte en tu casa por la noche para hablar al respecto.

Asegúrate de que en verdad lo necesitas

Si eres soltero, el hecho de comprar un seguro de vida tiene sentido sólo si te preocupa pagar tus gastos funerarios y quizá liquidar algunas deudas que, de lo contrario, caerían sobre tus padres o hermanos; por ejemplo, si tuviste una tarjeta de crédito compartida o si alguien comparte la responsabilidad de una deuda contigo. El seguro de vida para los hijos solía ser recomendado como una manera de ahorrar dinero para los estudios universitarios con bases no gravables. Pero eso era antes de que existiera la fácil disponibilidad de nuevas opciones de ahorros para estudios universitarios, como los planes 529 (para obtener más información, consulta "Ahorros para la universidad" en la página 175). Si es probable que tu hijo desarrolle problemas de salud, la compra de una póliza de vida para él ahora lo protegerá contra la posibilidad de que no pueda calificar para una en el futuro. Sin embargo, para la mayoría de la gente no debe ser una prioridad la compra de un seguro para un hijo.

Investiga

Existen tres factores principales a considerar cuando decides a cuál aseguradora le comprarás tu póliza: cuán estable es la empresa, qué tipo de atención presta a sus clientes y cuán baratas son sus tarifas.

Para darte una idea de cuán fuertes son las finanzas de una empresa y si puedes contar con que ésta existirá a largo plazo, revisa algunas de las firmas que califican a las aseguradoras de vida. Las más reconocidas son A.M. Best (**www.ambest.com**), Fitch (**www.fitchratings.com**), Moody´s (**www.moodys.com**), Standard & Poor´s (**www.standardandpoors.com**) y Weiss (**www.weissratings.com**).

En cuanto al servicio, la National Association of Insurance Commissioners mantiene información para el consumidor en línea en **www.naic.org/cis/**, donde puedes revisar el registro de quejas de casi todas las compañías aseguradoras en el país.

Una vez que has satisfecho tu necesidad de información en estos dos sentidos, debes buscar el mejor precio. La manera más eficiente de lograrlo es a través de corredores en línea como Accuquote.com, FindMyInsurance.com y LifeInsure.com. Si prefieres trabajar con un agente, encuentra uno independiente que no esté comprometido con una sola aseguradora.

Compra el monto adecuado

Algunos asesores financieros te dirán que el tamaño de tu póliza de seguro de vida debe ser equivalente a entre cinco y diez veces tu salario anual. De hecho, no existe un cálculo simple que pueda tomar en consideración todas las variables que deben incluirse cuando intentas decidir el tamaño de la póliza que necesitas. El objetivo del seguro de vida es proteger a tu familia contra las dificultades financieras en caso de que mueras; por tanto, necesitas basar el tamaño de tu póliza en una de dos cosas: tus ingresos potenciales si no hubieras muerto o cuánto dinero necesitará tu familia con el fin de mantenerse a flote una vez que tú ya no estés.

La Life and Health Insurance Foundation for Education (LIFE), un grupo educacional sustentado por la industria, cuenta con dos magníficas calculadoras en su página web que pueden ayudarte a comprender: una calculadora de "valor de vida humana" (**www.lifehappens.org/life-insurance/human-life-value**), la cual estima cuánto valen tus ingresos perdidos, y una calculadora de "necesidades de seguro de vida" (**www.lifehappens.org/life-insurance/life-calculator**), la cual estima cuánto dinero es probable que tu familia necesite.

Compra la póliza que sea mejor para ti, no para tu agente

El tipo de seguro de vida que es mejor para ti quizá no sea el mejor para tu agente de seguros; al menos no en lo que se refiere a su comisión. Por tanto, escucha el consejo de tu agente con cierta reserva. En general, el mejor acuerdo para la mayoría de la gente es lo que se conoce como seguro a término nivelado, en el cual se te garantiza que tu prima permanecerá igual durante un periodo que tú seleccionas cuando lo contratas (por lo regular entre cinco y treinta años). Si falleces durante ese periodo, tus beneficiarios reciben el beneficio por muerte. Si sobrevives a la póliza o la cancelas en cualquier momento, nadie recibe nada. La póliza no tiene valor monetario, pero tampoco es muy costosa.

> **El mejor acuerdo para la mayoría de la gente es lo que se conoce como seguro a término nivelado.**

En general, mientras más edad tengas, más caro será el seguro temporal; y mientras más largo sea el término, más caro será. La idea es que elijas un término que cubra un periodo de tu vida en el cual tu familia necesitará una sustitución de tus ingresos si tú mueres; digamos, hasta que tus hijos egresen de la universidad. Cuando expira tu póliza temporal, lo más seguro es que tu edad sea muy avanzada, que tus obligaciones familiares sean menores, si es que aún existen, y que ya no generes un ingreso que necesite ser reemplazado.

La mayoría de los agentes de seguros te hablarán acerca de los beneficios de las pólizas permanentes, las cuales son costosas, pero sí tienen un valor monetario, como una excelente manera para construir un ahorro. (Dado lo costosas que son estas pólizas en comparación con los seguros temporales, desde luego que son convenientes para el ahorro del agente). Existen tres variaciones básicas: vida total, vida universal y vida universal variable. Se llaman permanentes porque se mantienen vigentes siempre y cuando tú pagues las primas.

Vida total: Imagina que pagas un seguro temporal, pero agregas un cargo adicional de 50 por ciento al costo de la prima anual y haces que una parte de ese dinero adicional sea invertido en una cuenta de mercado de dinero, donde puede incrementarse sin causar impuestos y convertirse en un ahorro para tu vejez. Eso es lo que significa vida total. Es una póliza temporal con una canasta con valor monetario adosada a ésta. Los agentes de seguros te dirán lo conveniente que es esa canasta con valor monetario, además de la seguridad y consistencia de las inversiones que realizará la aseguradora con esos fondos. El problema es que el dinero se invierte de manera tan conservadora que el valor monetario de la póliza crece demasiado despacio como para que valga para nada.

Vida universal: Después de décadas de que nos vendieran seguros de vida total, la gente comenzó a despertar y darse cuenta de que no eran el mejor vehículo de jubilación que les habían dicho. Entonces, la industria de los seguros propuso un nuevo ángulo: "En lugar de sólo invertir tu dinero adicional de prima en una cuenta de mercado de dinero", dijo la industria a los clientes potenciales, "lo invertiremos de manera más agresiva y les pagaremos utilidades más altas". Los agentes de seguros vendieron esas pólizas con la promesa de que los asegurados podían ganar hasta un 11 por ciento anual. Te mostraban ilustraciones majestuosas que demostraban que si ganabas 11 por ciento al año, en veinte años tu valor monetario sería enorme. Estas ilustraciones casi siempre eran impresionantes. El problema era que sólo se trataba de ilustraciones, no de garantías. Los seguros de vida universal son excelentes cuando la compañía de seguros invierte bien, pero pueden ser un desastre cuando no lo hace.

Vida universal variable: Si te inclinas hacia la compra de un seguro de vida permanente, lo cual equivale a decir que quieres un seguro de vida que también pueda funcionar como un vehículo para tu jubilacíon, te recomiendo el seguro de vida universal variable. Con este tipo de seguro, obtienes una póliza con valor monetario que te permite controlar cómo se invierte la porción de tu prima destinada al ahorro. Una buena póliza de vida universal variable puede ofrecer más de una docena de distintos fondos mutuos de alta calidad entre los cuales puedes elegir. Si quieres ser conservador, puedes elegir un fondo de bonos. Si deseas ser agresivo, puedes elegir fondos de crecimiento. El punto es que tú eres quien está a cargo. La ventaja principal es que, tal como en el plan 401(k) o en el IRA, el valor monetario de tu póliza puede aumentar sin causar impuestos. Es decir, puedes cambiar de inversiones, comprar o vender fondos según dicten las condiciones del mercado, sin tener que pagar impuestos sobre ninguna utilidad. Desde luego, como en cualquier inversión especulativa, también puedes perder dinero. No existe garantía alguna de que tu valor monetario sólo aumentará.

Los defensores del seguro de vida permanente enfatizan las ventajas de los impuestos y el hecho de que puedes solicitar préstamos con éste como aval. El hecho es que las pólizas permanentes son muy costosas y contienen muchas tarifas ocultas; por ejemplo, un artículo reciente de *Smart Money* expuso a Metropolitan Life por cobrarles a sus asegurados unas tarifas equivalentes al 15 ó 10 por ciento de la prima anual sólo por el privilegio de realizar pagos mensuales (en lugar de realizar un pago anual). Según señala el artículo, los cargos como éstos con frecuencia forman parte integral de los pagos y es probable que tú ni siquiera te percates de ello.

Si compras una póliza permanente, tienes el derecho legal de comprender a detalle los costos y las comisiones. Solicítale a tu agente de seguros que te proporcione por escrito cuál es la comisión sobre tu póliza, incluso si tú no eres quien la paga de manera manifiesta y está cubierta por la compañía de seguros. La realidad es que tú siempre eres quien paga la comisión en costos que están agregados a tu póliza o las multas si cancelas la póliza o dejas de pagarla antes de su vencimiento. En la mayoría de los casos, descubrirás que las primas por el primer año son comisiones para el agente de seguros que te vendió la póliza. No hay nada de malo en el hecho de que el agente se gane la vida, pero tú MERECES conocer la verdad sobre los costos que pagas. Este costo puede impactarte más tarde y puede ayudarte a determinar si la orientación que recibes es imparcial o sólo conviene a sus intereses.

Debes utilizar un seguro permanente como inversión sólo después de maximizar tus contribuciones a los planes 401(k) o IRA.

En concreto: si lo que buscas es un vehículo de inversión, es probable que te convenga más comprar una póliza temporal e invertir el dinero que ahorras en un fondo mutuo sin comisiones. Al menos, debes utilizar el seguro permanente como inversión sólo después de haber maximizado tus contribuciones a los planes 401(k) o IRA.

No olvides los beneficios de tu empresa

Muchos empleadores ofrecen coberturas de vida gratuitas que pueden valer tanto como tu salario anual o más. Entonces, cuando calculas cuántos seguros necesitas, no olvides considerar los beneficios que ofrece tu lugar de trabajo.

También ten en cuenta que algunas empresas permiten que los empleados compren seguros de vida adicionales a través del plan grupal de la empresa. Existen tremendas ventajas en ello; además de que por lo regular no se requiere un examen médico, éste es un gran beneficio para trabajadores con condiciones de salud que podrían causar que la adquisición de un seguro les resultara muy complicada o costosa. Las pólizas grupales ofrecidas a través de tu empleo pueden ser mucho más baratas que si compraras una de manera directa y por lo general pueden pagarse antes de impuestos. Sin embargo, si eres joven y saludable, compara entre la tarifa de la póliza grupal de tu empleo y lo que te costaría una póliza individual. Dado que una póliza grupal cubre por igual tanto a los trabajadores saludables como a los que no lo son, la póliza de tu empresa podría resultar más costosa que una póliza individual para una persona saludable en el mercado abierto.

Asegúrate de que el plan de tu empleo sea "portátil"

El consejo más importante que puedo darte respecto de la póliza de grupo de tu empleador es que te asegures de que dicho plan es portátil. Esto significa que, en caso de que dejes tu empleo, puedas llevarte contigo tu póliza de seguros (y pagarla tú mismo). La ventaja es que no tendrás que ser reevaluado para la póliza y debes poder conservar la tarifa grupal que pagabas, lo cual puede ahorrarte toneladas de dinero.

Busca descuentos en primas

A veces comprar pólizas más amplias puede costarte menos. La mayoría de compañías ofrecen descuentos cuando pasas de ciertas cantidades preestablecidas. Por ejemplo, puede ser que pagues una prima menor por una póliza de $500.000 que por una de $450.000 ya que el descuento empieza a partir de la cantidad más alta.

No te olvides de tu periodo de "prueba"

Cuando compres una póliza de seguro de vida, ten presente que la mayoría de los estados te otorgan el derecho de "prueba"; es decir, un periodo de alrededor de diez días durante los cuales puedes evaluar una póliza de seguros recién emitida y devolverla contra el reembolso total de tu dinero si decides que no es el producto adecuado para ti. Habla con tu regulador estatal de seguros para conocer cuáles son las reglas en tu estado. Encontrarás una lista de reguladores de seguros en cada estado en la página web de la Association of Insurance Commissioners: **www.naic.org/state_web-map.htm.**

No olvides actualizar a tus beneficiarios o nombrar a uno en primer lugar

Cuando tu vida cambia, tu seguro de vida debe cambiar también. Si tienes otro hijo o te casas de nuevo, no olvides actualizar las designaciones de beneficiarios en tus pólizas de seguros de vida. No hay nada de malo en dejar a un ex cónyuge como beneficiario si eso es lo que deseas hacer (o si un juez te lo ordenó como parte del acuerdo de divorcio), pero no lo hagas por omisión.

Y no sólo nombres a un beneficiario primario. También debes agregar un beneficiario secundario o sustituto en caso de que sobrevivas a tu beneficiario primario. Además, no nombres a tu estado como beneficiario porque, si lo haces, el beneficio sobre fallecimiento tendrá que pasar por un proceso

Desde el año 2000, las primas de los seguros de vida temporales han descendido más de 4 por ciento al año. ¡Podrías pagar sólo la mitad de tus primas anuales!

probatorio, lo cual significa que tu heredero no tendrá acceso rápido a tu dinero.

Averigua si tu vieja póliza puede mejorar

Si ya cuentas con un seguro de vida, ahora es tan buen momento como cualquier otro para averiguar si puedes incrementar el beneficio por fallecimiento sin costo adicional. Éste es quizás el consejo MÁS importante que puedo ofrecerte el día de hoy. Mientras escribo esto en el 2008, el costo de un seguro de vida ha disminuido de manera significativa. Desde el año 2000, las primas de los seguros de vida temporales han descendido más de 4 por ciento al año, de acuerdo con el Insurance Information Institute. De hecho, ahora son 50 por ciento más baratas de lo que fueron hace una década. En muchos casos, ahora puedes duplicar tu beneficio por fallecimiento con una nueva póliza justo al mismo precio que pagas actualmente, si damos por hecho que te conservas saludable. ¡Incluso podrías pagar sólo la mitad de tus primas anuales!

Qué hacer si algo sale mal

Si tienes cualquier tipo de problema con alguna compañía de seguros de vida, debes presentar una queja ante el regulador de seguros de tu estado. Puedes hacerlo en línea a través de la página web de la National Association of Insurance Commissioners, la cual proporciona vínculos a cada agencia estatal de seguros que cuente con un sitio en línea para quejas e información de contacto para aquéllas que no lo tengan. Visita **www.naic.org/cis/file ComplaintMap.do**.

Deja de fumar. ¡Vive más y ahorra una fortuna!

Realicé algunas cotizaciones en línea a través de **www.accuquote.com** para una póliza de seguro de vida temporal durante 20 años con una cobertura de $500.000. Para un hombre saludable de 43 años de edad, la cotización más baja para un no fumador fue de $495 por año. Para un hombre que fuma más de una caja al día, el precio más bajo se cuadruplicaba a $2.065 por año. Esto es sorprendente. Por tanto, deja de fumar ahora mismo y te encontrarás en camino a ahorrar dinero en tu seguro de vida.

¡Te ahorras $1.570!

Pasos de acción para luchar por tu dinero

☐ Habla con el departamento de recursos humanos de tu empresa para averiguar cuánto seguro de vida tienes en la actualidad y cuánto te cuesta la prima, si ése es el caso.

☐ Calcula cuánto dinero necesitarán tus dependientes económicos para pagar tus deudas y reemplazar tus ingresos después de que mueras.

☐ Decide si prefieres una póliza temporal o permanente.

☐ Solicita cotizaciones en línea o trabaja con un agente recomendado.

☐ Revisa la calificación de tu proveedor de seguros y el récord de su servicio a clientes.

☐ Nombra a tus beneficiarios y mantén actualizados los nombres.

☐ Si cuentas con una póliza temporal, llama a tu proveedor de seguros para solicitarle una prima más baja que refleje las tarifas menores de la actualidad.

Planificación de bienes

De acuerdo con una encuesta realizada por la AARP, sólo alrededor de 60 por ciento de los estadounidenses en su quinta década de vida cuentan con un testamento. Como resultado, más o menos 1,5 millones de estadounidenses fallecen cada año sin dejar instrucciones legales acerca de lo que debe hacerse con sus propiedades, por no mencionar sus restos. En cambio, lo que estas personas dejan es un legado de problemas y angustias para sus seres amados, junto con un gran cúmulo de facturas legales y fiscales.

A nadie le gusta pensar en esto. Sé que a mí no me agrada, pero, si en tu vida hay cosas y personas que te importan, necesitas realizar una planificación de bienes.

No asumas que no vale la pena ocuparte de tus bienes. La mayoría de la gente cuenta con más activos de los que cree; incluso las casas modestas que en algunos sitios aún valen más de $500.000 y las abundantes empresas que ofrecen tanto seguros de vida gratuitos como contribuciones al plan 401(k) a sus empleados. Por lo general más activos significa más intereses estatales, y con las reglas del IRS sobre impuestos estatales sometidas a todo tipo de cambios, el hecho de no contar con un plan podría costarles cientos de dólares a tus herederos en evaluaciones que con facilidad pudieron evitarse.

De cualquier manera, incluso si tus bienes no valen tanto, ¿en verdad quieres que el gobierno sea quien divida tus posesiones y decida quién se quedará con qué? Eso es lo que sucede cuando mueres intestado, que es el término legal para quien carece de un testamento.

Más aún, una planeación inteligente de bienes puede proteger a tu familia del riesgo y los gastos de las probatorias. En términos generales, cuando alguien muere, tú no tienes la facultad de distribuir sus propiedades, sino hasta que la validez de su testamento ha sido confirmada y cualquier reclamo sobre dichas propiedades ha sido resuelto. El proceso para lograrlo se conoce como probatoria. En esencia, este proceso implica que una autoridad certificada notifica a tus herederos y acreedores que has muerto, realiza un inventario de tus propiedades, paga cualesquiera deudas e impuestos pendientes y luego distribuye lo restante entre tus herederos.

La probatoria es algo que debes evitar, si es posible. Para empezar, abre todos tus asuntos privados al público. Para continuar, incluso si el proceso avanza sin interrupciones, es probable que la probatoria les cueste miles de dólares en tarifas legales a tus herederos; en promedio, entre 4 y 7 por ciento del valor total de tus bienes. Sólo desea que nadie apele el testamento porque, de hacerlo, el cielo es el límite.

La buena noticia es que no es difícil evitar este tipo de miseria. Todo lo que hace falta es un poco de planificación.

Cómo luchar por tu dinero

Mientras escribo esto, en el verano de 2008, las leyes que regulan los impuestos estatales se encuentran en una condición de total fluctuación. Aún sucede que puedes legar tanto como desees a un cónyuge o a una institución registrada de beneficencia sin que éstos tengan que pagar impuestos estatales por ello. Sin embargo, para como se encuentra la ley en este momento, la cantidad libre de impuestos que puedes legar a otra persona está en una montaña rusa. Si mueres en el año 2009, tus herederos no tendrán que pagar impuestos sobre los primeros $3,5 millones de tus bienes. Si mueres en el año 2010, tus herederos no tendrán que pagar impuestos, sin importar cuál sea el valor de tu legado. Pero si mueres en el año 2011, ellos tendrán que pagar impuestos estatales sobre cualquier cantidad que exceda $1 millón.

Existe un sorprendente número de personas de clase media cuyos bienes podrían valer más de $3,5 millones.

Queda claro que esto no tiene sentido y se espera que el Congreso corrija el asunto con nuevas legislaciones para el año 2010, si no es que antes. A pesar de que nunca es buena idea intentar predecir lo que hará el Congreso, una apuesta segura es que los impuestos estatales no desaparecerán pronto. De hecho, la mayoría de los expertos espera que el Congreso los ajuste al nivel del año 2009 o a uno cercano, con los primeros $3,5 millones libres de impuestos y una tasa de interés máxima de 45 por ciento sobre lo que exceda a esa cantidad.

Entonces, ¿esto significa que no necesitas preocuparte por la planificación de bienes si no eres multimillonario?

Por desgracia no es así. Ten en cuenta que, al sumar el valor de una casa, el beneficio por fallecimiento de una póliza de vida de cobertura decente y los fondos de las cuentas de corretaje y de jubilación, todo lo cual es importante cuando calculas el valor de los activos de una persona, existe un número sorprendente de personas de clase media cuyos bienes pueden valer más de $3,5 millones.

De cualquier manera, la planeación de bienes no sólo se refiere al dinero; también se refiere a especificar el tipo de tratamiento médico que recibirás al final de tu vida, a elegir a alguien que tome decisiones acerca de ti y de tus asuntos en caso de que quedes incapacitado y disponer lo que sucederá con tus hijos.

En particular, esto es crucial para las parejas que no están casadas, tanto homosexuales como heterosexuales. Sin los documentos adecuados, tu pareja no tiene derecho alguno en caso de que quedes incapacitado o mueras. La buena noticia es que las parejas que no están casadas pueden disfrutar de casi todas las protecciones disponibles para las parejas casadas, *si* planifican de manera adecuada.

Esto es lo que necesitas considerar.

Reflexiona acerca de establecer un fideicomiso en vida

En términos básicos, un fideicomiso en vida es un documento legal que tiene dos funciones. La primera es transferir la propiedad de cualquiera de tus activos (tu casa, tu auto, tus cuentas de jubilación, cualquier cosa) a un fideicomiso mientras estás vivo. La segunda es designar a una persona que recibirá dichos activos después de tu muerte. Al nombrarte a ti mismo como beneficiario de tu fideicomiso y al nombrar a alguien más como beneficiario secundario, puedes conservar el control sobre tus activos, lo cual significa que, mientras vivas, la transferencia de propiedad no tiene impacto práctico en tu capacidad para disfrutar y administrar tu propiedad.

Si creas un fideicomiso en vida de manera adecuada y lo alimentas con activos nominados bajo su título, los bienes que lo componen no tendrán que pasar por probatorias cuando tú mueras.

La principal ventaja que tiene un fideicomiso en vida en comparación son un simple testamento es que si creas uno de manera adecuada y lo alimentas con activos nominados bajo su título, los bienes que lo componen no tendrán que pasar por probatorias cuando tú mueras. Otra gran ventaja de un fideicomiso es que puede ahorrarles mucho dinero a tus herederos. Si el valor de tus bienes es lo bastante alto como para generar impuestos, un fideicomiso bien redactado puede reducir los impuestos en decenas y hasta en cientos de miles de dólares.

Existen tantos tipos de fideicomisos que me resulta imposible enlistarlos todos. Los siguientes cinco tipos se encuentran entre los más comunes.

Fideicomiso revocable en vida *(revocable living trust):* Éste es uno de los fideicomisos más populares. Está diseñado para proteger activos básicos como tu casa, tu auto y tus cuentas bancarias y de corretaje, y para ayudar a evitar que tus bienes sean sometidos a probatorias. Es muy flexible y puede ser cambiado o cancelado cada vez que así lo decidas a lo largo de tu vida.

Fideicomiso matrimonial y de evitación *(marital and bypass trust):* Con frecuencia conocido como fideicomiso "A/B", éste se utiliza principalmente para reducir los impuestos estatales al permitir que cada cónyuge aproveche por completo la exención de impuestos estatales, lo cual duplica en efecto la cantidad de dinero que puedes legar a tus herederos sin cargos fiscales.

Fideicomiso de propiedad de interés calificado terminable *(qualified terminable interest property trust):* El QTIP (por sus siglas en inglés) es utilizado a menudo por personas acaudaladas que han contraído matrimonio más de una vez. Digamos que tienes un nuevo cónyuge y deseas cubrir sus necesidades, pero tu intención es que, en un momento dado, la fortuna familiar se destine a tus hijos de un matrimonio previo. Un fideicomiso QTIP proporcionará ingresos al cónyuge que te sobreviva durante el resto de su vida y luego entregará los activos a tus hijos (o a quien quiera que elijas nombrar como tu beneficiario final).

Fideicomiso de remanentes para beneficencia *(charitable remainder trust):* Este fideicomiso te permite vivir de los rendimientos de tus bienes incluso después de haberlos donado a la beneficencia (y se presume que ofrece algunas ventajas fiscales en el proceso). Por lo general contratados por familias acaudaladas, estos fideicomisos pueden proporcionar ingresos para ti y tus herederos durante el resto de sus vidas, pero, una vez que todos ustedes hayan muerto, los bienes pasarán a manos de la beneficencia.

Fideicomiso sobre seguro de vida irrevocable *(irrevocable life insurance trust):* Ésta es una excelente manera de proteger el valor real de tu seguro de vida del brutal impacto de los impuestos estatales. Si asignas tu póliza de seguro de vida (temporal o permanente) a un fideicomiso sobre seguro de vida irrevocable, el beneficio por fallecimiento no será considerado parte de tus bienes, lo cual significa que no estará sujeto a los impuestos estatales. La única desventaja es que, una vez que lo establezcas, no podrá ser modificado ni podrás acceder con facilidad al valor monetario de tu póliza (si es que lo tiene).

Sin importar lo que hagas, siempre necesitas un testamento

Incluso si ya adquiriste un fideicomiso muy conveniente, aún necesitas un testamento. Esto es porque es probable que cuentes con algunos bienes (como piezas de arte o antigüedades) que no pudiste incluir en el fideicomiso o que olvidaste registrar a tu nombre. Aún más importante, si tienes hijos menores de edad, también necesitas nombrar un tutor que cuidará de ellos en caso de que tu muerte los deje huérfanos.

También necesitas un poder notarial duradero

Un poder notarial duradero obliga a una persona en quien tú confías a manejar tus finanzas en caso de que quedes incapacitado. (Se le llama "duradero" porque está diseñado para permanecer por fuerza incluso después de que tú ya no seas competente). Por lo general, un abogado preparará uno cuando redacte tu testamento o fideicomiso, pero también existen formatos establecidos que te permiten hacerlo por ti mismo. Otorgarle este tipo de poder a alguien sobre ti puede parecerte un tanto temible, pero la alternativa de otorgarle el poder a un abogado no es agradable. Si eres incapaz de realizar algunas transacciones esenciales, tu familia tendrá que solicitarle a un juez que te declare incompetente y que señale a un guardián que se haga cargo de tus asuntos.

Y necesitas instrucciones relacionadas con el cuidado de la salud

Además de especificar cómo deseas que sean tratados tus activos, necesitas especificar cómo tú deseas ser tratado. Puedes hacerlo con dos documentos que todo adulto debe tener: *instrucciones relacionadas con el cuidado de la salud* (también conocidas como testamento de vida) y *poder notarial sobre el cuidado de la salud*. Las instrucciones establecen el tipo de tratamiento médico que desearás recibir al final de tu vida (por ejemplo, si deseas ser conectado a aparatos si eso es lo necesario para que puedas respirar). El poder notarial señala a una persona para que tome por ti las decisiones relacionadas con el cuidado de tu salud si tú estás incapacitado (por ejemplo, cuándo deben desconectarte, si se presenta el caso).

Estos documentos se presentan en muchas variedades, pero es mejor utilizar formatos estándar que fueron desarrollados de manera específica para coincidir con las leyes de tu estado. Por lo general puedes conseguirlos sin costo en asociaciones legales estatales, en oficinas gubernamentales, en centros proveedores de cuidados para la salud y en agencias que atienden a los adultos mayores. Si lo que tú deseas especificar es más complicado que lo incluido en los formatos estándar, puedes solicitarle a un abogado que redacte una directiva en la cual se expliquen tus deseos precisos con tanto detalle como prefieras.

Si te preguntas cuán necesarios son estos documentos, recuerda el conmovedor (y muy publicitado) caso de Terri Schiavo. Schiavo sólo tenía 26 años cuando sufrió un daño cerebral irreversible y cayó en coma en 1990. Ella pasó los siguientes quince años en lo que los médicos llamaron estado vegetativo persistente. Por desgracia, dado que ella nunca firmó una directiva de cuidados de la salud o un poder notarial, su esposo y sus padres invirtieron los últimos siete de esos años en luchar con amargura por su cuidado, por cuáles hubieran sido los deseos de ella si los hubiera escrito y quién debía tener el derecho de tomar decisiones en su nombre. En última instancia, las cortes aprobaron la solicitud de su esposo de retirar el tubo de alimentación, pero la familia se dividió en el proceso.

Hacerlo tú mismo es mejor que no hacerlo

Como norma, siempre es preferible que tus documentos sean redactados por un abogado especializado en testamentos y fideicomisos. Dicho lo anterior, el hecho es que mucha gente cree que no puede pagar los $1.000 que cobra un abogado por redactar un testamento básico o los $2.500 o más que puede costarle el proceso de establecer un fideicomiso. Yo diría que éste es un asunto de prioridades. Tal vez antes de comprar un nuevo televisor de pantalla plana debas pensar en poner en orden tus bienes. Es cierto que no es barato, pero, créeme, vale la pena.

Mientras tanto, si no puedes pagar a un profesional para que lo haga, entonces realiza por ti mismo un poco de planificación de bienes tan pronto como sea posible. Existen muchos recursos en línea, como LegalZoom.com y Nolo.com, que pueden explicarte los procedimientos fundamentales. Además, en definitiva debes leer la "Guide to Wills and Estates" de la American Bar Association; puedes bajarla sin costo de la página web de la ABA en la dirección **www.abanet.org/publiced/practical/books/wills/home.html**.

Ayúdate donando algunos activos

Si eres lo bastante afortunado como para tener más de los que necesitas, considera reducir el tamaño de tus activos a través de la donación de una parte de ellos mientras aún tienes vida. Puedes donar $1 millón a quien quieras durante el transcurso de tu vida sin tener que pagar ningún impuesto por obsequio, y si donas menos de $12.000 en cualquier otro año, no contará para el millón total. (Los destinatarios de un obsequio no tienen que pagar impuestos por él). Más aún, puedes realizar donaciones ilimitadas a instituciones de beneficencia reconocidas por el IRS. El hecho de dar mientras estés con vida ofrece más que sólo beneficios financieros, pues obtienes la satisfacción de constatar que tu legado tiene un buen uso y recibes el agradecimiento de aquellos que se benefician con tus donativos. También obtienes una deducción de impuestos por donaciones a las instituciones de beneficencia, a pesar de que dichas deducciones sobre donativos muy generosos quizá deban ser divididas entre varios años.

De lo que debes cuidarte

Beneficiarios obsoletos

Si contraes matrimonio, te divorcias o tu cónyuge muere, no olvides actualizar las designaciones de beneficiarios en tus pólizas de seguros de vida así como en todas tus cuentas de retiro, corretaje y bancarias, por no mencionar tu testamento y fideicomisos. No hay nada de malo en dejar a un ex cónyuge como beneficiario si eso es lo que deseas hacer (o porque un juez te lo ordenó como parte de un acuerdo de divorcio). Pero no lo hagas por omisión.

No olvides fundamentar tu fideicomiso

Los fideicomisos no pueden proteger tus activos si no incluyes dichos activos en éste. Si tú tienes un fideicomiso en vida, no olvides registrar tus activos. Esto significa que, si compras una casa, debes asegurarte de que se escriture no a tu nombre como individuo, sino a nombre de tu fideicomiso. Lo mismo sucede con tu auto, tus cuentas bancarias y de corretaje, y cualquier otro tipo de activos que poseas, *excepto* cuentas calificadas de retiro, como los planes 401(k) e IRA (porque con éstos tú designas un beneficiario, de manera que no pasan por probatorias y, por tanto, no hay necesidad de incluirlos en un fideicomiso).

Presta atención a las consecuencias fiscales

Digamos que tienes una cuenta de corretaje y una cuenta del plan 401(k), las cuales valen alrededor de $400.000 cada una. Si le dejas tu cuenta de corretaje a tu hijo y la cuenta del plan 401(k) a tu hija, ¿les has dado un trato equitativo? No, y la diferencia es importante.

Esto se debe a que cuando le legas a alguien una cuenta de corretaje, la base fiscal de las acciones en la cuenta asciende a su valor el día de tu muerte. En otras palabras, no hay ganancias capitales por reportar, lo cual significa que tu hijo hereda tu cuenta de corretaje de $400.000 libres de impuestos. Por otra parte, tu hija tendrá que pagar impuestos sobre ingresos por cualquier utilidad de tu plan 401(k), tal como tú hubieras hecho. Si ella se encuentra en el rango de 25 por ciento de impuestos, esto reducirá el valor de su herencia a $300.000 y creará una desigualdad no intencional y la probabilidad de herir susceptibilidades.

El punto es que necesitas ser cuidadoso con las consecuencias fiscales de lo que legas a tus herederos. Desde el punto de vista de un beneficiario, los mejores artículos para heredar son aquellos que no representen responsabilidad fiscal alguna, como el plan Roth IRA y las cuentas de corretaje. Los activos como los planes IRA tradicionales, las cuentas 401(k), las utilidades y los bonos de ahorros incluyen responsabilidades fiscales y son, por tanto, menos deseables.

> Desde el punto de vista de un beneficiario, los mejores artículos para heredar son aquellos que no representen responsabilidad fiscal alguna, como el plan Roth IRA y las cuentas de corretaje.

Con esto en mente, si deseas legar algo a una institución de beneficencia reconocida por el IRS, intenta legar algunos de estos activos con alta carga fiscal (como un plan IRA tradicional). Dado que las instituciones de beneficencia no son gravadas por el fisco, podrán disfrutar el valor completo del activo. Reserva tus activos sin responsabilidades fiscales a tus familiares o amigos, quienes sí tendrían que pagar impuestos.

Obtén lo máximo de tus legados

Valor de tu plan IRA de $100.000 legado a tu hermana:	$75.000
Valor si lo legas a una institución de beneficencia reconocida por el IRS:	$100.000

Quizá también desees tomar en consideración ayudar a tus herederos al pagar responsabilidades fiscales potenciales por ti mismo mientras te encuentras con vida, en especial si esperas que tus beneficiarios pertenezcan a un rango de impuestos superior al que tú perteneces ahora. Por ejemplo, al convertir un plan IRA tradicional en un plan Roth IRA, conviertes un legado gravable en un legado libre de gravamen para tus herederos. (A pesar de que es verdad que los causantes de impuestos con ingresos de seis cifras por lo general no son elegibles para abrir planes Roth IRA, habrá una oportunidad especial en el año 2010 para que todos los causantes de impuestos, sin importar su nivel de ingresos, conviertan sus planes IRA tradicionales en Roth).

Sé cauteloso con las "fábricas de fideicomisos" y los seminarios para "evitar la probatoria"

Que no te atrapen los despachos que declaran que pueden crear un fideicomiso en vida que te permita evitar pagar impuestos sobre ingresos, dejar de pagar impuestos por autoempleo o convertir a tu familia en un negocio con miles de dólares en deducciones por gastos empresariales. Nada de lo anterior es posible. Estas "fábricas de fideicomisos", como son conocidas, hacen negocios millonarios al vender a las personas incautas testamentos, fideicomisos y otros documentos predefinidos para planificación de bienes, a menudo llenos de imprecisiones legales que por lo general resultan ser inútiles. A pesar de que los clientes casi nunca se reúnen con un abogado real, sus tarifas a menudo son más altas que las que cobraría un abogado.

Sé cauteloso también con los seminarios "para evitar la probatoria" que no sean conducidos por un abogado o, si un abogado está involucrado, en cuyos anuncios se incluya una aclaración de que dicho abogado "no ofrece y no pretende proporcionar servicios o consejos legales". La probatoria es un proceso legal y la mayoría de los seminarios que no implican servicios o consejos legales no son seminarios, sino intentos disfrazados para venderte pensiones o seguros médicos.

Qué hacer si algo sale mal

Si tienes problemas con un abogado de fideicomisos, debes presentar una queja ante la asociación legal de tu estado. El proceso de quejas varía de un estado a otro, pero por lo general puedes encontrar toda la información que necesitas en la página web de dicha asociación.

Si fuiste estafado por una fábrica de fideicomisos o por un seminario falso, contacta a tu agencia estatal de protección al consumidor (**www.consumer action.gov/caw_state_resources.shtml**) así como al fiscal general de tu estado. Una lista completa de oficinas generales de fiscales estatales está disponible en la página web de la National Association of Attorneys General en **www.naag.org/attorneys_general.php**.

Pasos de acción para luchar por tu dinero

☐ Establece un fideicomiso en vida para evitar que tus bienes pasen por probatorias cuando mueras así como para ahorrarles mucho dinero a tus herederos.

☐ Una vez que lo hayas establecido, registra tus activos para incluirlos en el fideicomiso.

☐ Contrata a un abogado para redactar un testamento, con poder notarial durable e instrucciones sobre el cuidado de la salud.

☐ Si no puedes pagar un abogado, visita **www.legalzoom.com** o **www .nolo.com** para averiguar cómo puedes hacerlo tú mismo.

Ahorros para la universidad

¿Piensas que ingresar a la universidad es difícil? Intenta calcular el dinero que necesitarás para pagarla. El costo de la educación universitaria nunca ha sido más alto y se hace cada vez más costoso con cada año que pasa. Para el año 2024, se espera que el costo para obtener un título universitario sea más del doble de lo que costaba en 2007, y en 2007 era cualquier cosa menos barato. De acuerdo con el College Board, el costo promedio por la educación de cuatro años en una universidad privada era alrededor de $130.000 en 2007; en universidades estatales, la cifra rondaba los $54.000.

Para la mayoría de nosotros, la única manera de asegurarnos de contar con suficiente dinero para enviar a nuestros hijos a la universidad es comenzar a ahorrar para ello tan pronto como sea posible. La buena noticia es que existen todo tipo de programas diseñados para hacerlo más fácil, incluso un amplio rango de programas de ahorro, apoyados por el gobierno, conocidos como planes 529 que te permiten reservar hasta $300.000 o más con bases no gravables. Estos planes son muy populares. A principios del año 2008, los padres de estudiantes universitarios habían invertido más de $130 mil millones en ellos, y se espera que los números continúen en crecimiento.

La mala noticia acerca de los ahorros para la universidad es que a menudo las opciones que tienes son tan complicadas que no parecen tener sentido. Existen trampas a cada momento, desde ahorrar en la cuenta equivocada hasta ahorrar demasiado poco o ahorrar de una manera que en realidad perjudique las probabilidades de tu hijo de obtener apoyos financieros. Pero si tienes hijos universitarios y sucede que no cuentas con $200.000 o $300.000, necesitas pensar al respecto.

Cómo luchar por tu dinero

He aquí una historia que ilustra a lo que nos enfrentamos.

Doug R., de Englewood, Ohio, fue aceptado por la Universidad Estatal de Ohio, pero no quería adquirir grandes deudas para pagarla, así que, antes de inscribirse, trabajó en tres empleos y ahorró $10.000. Después solicitó apoyo financiero, muy confiado en que se lo autorizarían dado que su madre sólo ganaba $13.000 al año como profesora de medio tiempo.

Su solicitud fue rechazada.

¿Por qué? Con $10.000 en el banco, los burócratas del apoyo financiero sintieron que él podía pagar por su educación. Como me dijo su madre: "Lo sentimos como una bofetada en la cara. Fue como si le dijeran que si hubiera sido irresponsable con su dinero, ellos le hubieran ayudado a pagar su universidad".

De hecho, Doug fue víctima de una confusión común que cuesta millones de dólares en ayuda financiera cada año a los estudiantes universitarios necesitados. El hecho es que cuando tu hijo solicita ayuda financiera, sus activos son evaluados con más peso que los tuyos en la valoración de la universidad sobre cuánto dinero puede pagar tu familia en realidad. Entonces, si Doug hubiera depositado sus $10.000 en la cuenta de ahorros de su madre en lugar de abrir la propia, es probable que no hubiera tenido problemas. Sin embargo, el hecho de no conocer las reglas le costó una beca.

El punto es que si tú vas a ser capaz de pagar para enviar a tus hijos a la universidad, necesitarás un plan. El tipo de plan que es justo el adecuado para ti depende de muchas variables, como la edad de tus hijos, el tipo de universidad que tienen en mente, dónde es probable que se encuentren los niveles de costos educativos para cuando estén listos para marcharse y el tipo de utilidades que es razonable que esperes de tus ahorros.

Por fortuna, existen muchas páginas web con herramientas grandiosas para calcular todo lo anterior. Uno de los mejores es el College Board´s Financial Aid EasyPlanner (**apps.collegeboard.com/fincalc/ep/wizard-home .jsp**). Puede ayudarte a superar cada fase de la planificación financiera para la universidad, desde calcular el costo total probable de los primeros cuatro años en Harvard hasta comparar los paquetes de apoyo financiero o calcular la contribución familiar estimada (el monto, basado en tus ingresos y activos, que una universidad esperará que tú pagues de tu bolsillo cada año).

Otra fuente magnífica es SavingforCollege.com, una página web informativa llena de datos útiles, incluso el Simplest College Calculator (**www**

.savingforcollege.com/college-savings-calculator/). Sólo teclea la edad de tu hijo y la calculadora te informará cuánto es probable que te cuesten cuatro años de universidad, cuando llegue el momento, y cuánto necesitarás apartar cada mes para poder cubrir ese monto.

También está FinAid (**www.finaid.org**), una fuente muy sencilla de información sobre apoyos financieros, consejos y herramientas. Entre otras cosas, FinAid cuenta con una lista de preguntas formidable para que te hagas antes de decidir por un plan de ahorros. (Puedes encontrarla en **www.finaid.org/ savings/checklist.phtml**).

Si lo que buscas es algo más personal, puedes contratar a tu propio consultor de planeación universitaria. El National Institute of Certified College Planners acredita a especialistas certificados en planeación universitaria, que son profesionales en finanzas entrenados para ayudar a los padres a elegir la mejor manera de ahorrar y pagar la universidad. Una lista de asesores certificados está disponible en la página web del instituto (**www.niccp .com**).

Lo que aprenderás de estos recursos es que existe una enorme variedad de maneras de ahorrar para la universidad, pero hay dos perspectivas básicas que todo el mundo debe tomar en consideración: los planes 529 y las cuentas de ahorro para la educación.

El más grande y mejor programa de ahorro: los planes 529

Quizá la mejor manera de ahorrar para la universidad sea utilizar los planes educativos calificados, mejor conocidos como planes 529 (es la sección de códigos fiscales que los autoriza). Cada estado tiene sus propias reglas para los planes 529, pero todos corresponden a una de dos categorías: son programas educativos prepagados que te permiten asegurar los costos de la futura educación universitaria de tu hijo a los precios de hoy o son planes de ahorro que te permiten establecer una cuenta bancaria no gravable a favor de tu hijo.

Con el programa educativo prepagado puedes garantizarte una gran oferta al pagar todo o una parte de la educación universitaria de tu hijo ahora mismo, con las tarifas actuales, a pesar de que él todavía no vaya a acudir a la universidad durante otros diez o quince años. Algunos planes prepagados te permiten comprar créditos educativos individuales; otros te permiten prepagar cualquier cantidad intermedia entre uno y cinco años de educación. Puedes hacerlo a través de un pago único o de pagos parciales.

Tal vez hayas escuchado que los planes de prepago para la educación son convenientes sólo para universidades y colegios estatales en el estado que patrocina al plan. Esto no es verdad. De hecho, existe un plan de prepago para la educación llamado Independent 529 Plan que cubre un consorcio nacional de alrededor de 275 colegios y universidades privados, incluso escuelas de élite como Princeton, Stanford y MIT. (Los detalles se encuentran disponibles en línea en **www.independent529plan.org**). En cualquier caso, incluso si te inscribes a un plan patrocinado por el estado que está limitado a las universidades públicas del mismo, por lo general no es problema transferir el valor de tu contrato tanto a colegios privados como a escuelas fuera del estado.

Paga las tarifas actuales para la educación futura y ahorra

Costo estimado por un año de educación universitaria, incluso alojamiento y alimentación, en 2008–2009	
Carrera de cuatro años en universidad privada:	$37.090
Carrera de cuatro años en universidad pública:	$17.207
Costo estimado de un año de educación universitaria, incluso alojamiento y alimentación, en 2016–2017	
Carrera de cuatro años en universidad privada:	$54.800
Carrera de cuatro años en universidad pública:	$25.423

*Fuente: pueblo.gsa.gov/cic_text/family/college/college.htm

Sólo 18 estados ofrecen planes prepagados de educación. En contraste, todos los estados, excepto Washington, ofrecen planes de ahorro 529. En términos generales, los planes de ahorro 529 son similares a los planes 401(k) e IRA, excepto que todas las utilidades se supone que deben usarse para los gastos universitarios o de la escuela de graduados de tu hijo (básicamente, todo lo que tienes que pagar como condición de la inscripción, como matrículas, tarifas, libros, provisiones y equipo pero NO alojamiento alimentación, gastos cotidianos ni transportes).

Como con muchos planes de retiro, las contribuciones que haces a un plan de ahorro 529 se invierten en fondos mutuos o en instrumentos financieros similares. Lo bueno es que puedes depositar tanto dinero como desees (alrededor de $300.000 en algunos planes), siempre y cuando la cantidad no exceda los costos de la universidad de tu hijo. Y a pesar de que el IRS no te permite deducir tus contribuciones, muchos gobiernos estatales sí lo permiten. Más aún, tus inversiones en el plan 529 son no gravables, lo cual significa que pueden aumentar sin que tengas que pagar impuestos por ganancias del capital a lo largo del tiempo. Tampoco debes pagar impuestos cuando retiras el dinero, siempre y cuando lo inviertas en gastos relacionados con un colegio calificado.

La mayor desventaja de los planes de ahorro 529 es que si los fondos son utilizados para cualquier otro propósito que no sean gastos universitarios, digamos, porque ahorraste demasiado o porque tu hijo decidió no asistir a la universidad, estarán sujetos a los impuestos ordinarios sobre ingresos *y* a una multa de 10 por ciento. Una vez más, es fácil cambiar los planes 529 de un beneficiario a otro; entonces, si tu hijo abandona la universidad, puedes transferir la cuenta a uno de sus hermanos o incluso a un padre o a un familiar cercano.

Elegir el plan 529 adecuado

Con tantos planes distintos entre los cuales elegir, necesitarás realizar una investigación seria para decidir cuál de todos es el que tiene más sentido para ti. En términos generales, debes comprar un plan 529 de un patrocinador estatal que no te imponga un cargo por ventas y mantenga las tarifas de inscripción, mantenimiento y manejo de activos en su mínimo nivel. En total, tus costos anuales no deben superar por mucho el 1 por ciento. (Ten en cuenta que no tienes que ser residente de un estado en particular para utilizar su plan 529).

Cada año, tanto SavingforCollege.com como la página web de inversiones Morningstar (**www.morningstar.com**) publican listas de los mejores planes 529. El estudio de SavingforCollege.com compara tarifas y las listas de Morningstar consideran la diversificación de los fondos así como las tarifas. Otra buena fuente es el College Savings Plan Network, una organización de funcionarios estatales que administra planes 529. Su página web (**www .collegesavings.org**) ofrece información precisa acerca de cada plan 529 en la nación y te permite realizar comparaciones entre unos y otros.

En la encuesta del año 2008 de Morningstar, los cinco primeros planes 529 fueron:

- Illinois Bright Star College Savings Program (administrado por Oppenheimer Funds).

- Maryland College Investment Plan (administrado por T. Rowe Price).

- Virginia College America (administrado por American Funds).

- Virginia Education Savings Trust (administrado por el Virginia College Savings Plan Board y su director ejecutivo).

- Colorado Scholar Choice Savings Program (administrado por Legg Mason).

Otros planes muy reconocidos son el Utah Educational Savings Plan Trust (que ofrece la opción de los fondos del índice Vanguard), el Michigan Educational Savings Program (administrado por TIAA e invierte en instrumentos financieros del tesoro, no en acciones), y el College Savings Plan of Nebraska (que ofrece una amplia e inusual variedad de opciones de inversión).

IRAs para la educación

Existe otro tipo de ahorros no gravables para la universidad llamado cuentas de ahorros Coverdell para la educación. Puedes depositar hasta $2.000 al año en una cuenta Coverdell, donde pueden incrementarse sin causar impuestos hasta su retiro. Tal como los planes 529, tú no pagas impuestos cuando retiras el dinero siempre y cuando sólo lo inviertas en una educación calificada. A diferencia de los fondos 529, los ahorros Coverdell pueden ser utilizados para pagar la escuela primaria y secundaria, así como para la universidad.

Si tu estudiante ha generado algún ingreso por sí mismo, quizá debas considerar que también abra una cuenta Roth IRA para sus ahorros universitarios. A pesar de que los planes Roth IRA por lo general se utilizan como ahorros para la jubilación, las contribuciones pueden aumentar y ser retiradas sin cargos fiscales antes de la edad de jubilación si son utilizadas para pagar los gastos de una educación calificada.

Lo grandioso de esto es que el valor monetario de un plan Roth IRA no es tomado en cuenta como parte de tus activos en las fórmulas de apoyo financiero. También puedes contribuir al plan Roth con tanto dinero como gane tu hijo, hasta ciertos límites. En el año 2008, el máximo era $5.000; en el 2009 y en adelante, el límite será indexado a la inflación. Si terminas por ahorrar más de lo que necesitas para gastos de educación calificada, tu hijo puede dejar la cantidad excedente en la cuenta para que continúe en aumento hasta su jubilación eventual.

La única desventaja real es que cuando el dinero es retirado de un plan Roth IRA, la escuela puede considerarlo un ingreso, lo cual significa que puede reducir el monto del apoyo financiero que recibas. Como resultado, tu estudiante quizá desee retrasar el uso de sus ahorros Roth IRA hasta su último año en la universidad.

> El valor monetario de un plan Roth IRA no es tomado en cuenta como parte de tus activos en las fórmulas de apoyo financiero.

De lo que debes cuidarte

Poner a tus hijos en primer lugar

El mayor error que la mayoría de los padres comete en lo que se refiere a los ahorros universitarios es convertir el dinero para la universidad de su hijo en una prioridad. Ahorrar para la educación de tus hijos es importante, pero no debes anteponerlo a tus propias necesidades de jubilación. Tu seguridad es primero. Tampoco debes considerar ahorrar dinero para la universidad de tus hijos a menos que ya ahorres como mínimo 10 por ciento de tus ingresos en una cuenta de jubilación no gravable.

¿Por qué? Porque puedes solicitar dinero prestado para la universidad, pero no puedes hacerlo para tu jubilación.

El mayor regalo que puedes ofrecer a tus hijos es asegurarles que no serás una carga financiera para ellos. Si el dinero escasea, tus hijos siempre pueden conseguir empleos de medio tiempo cuando cursen el bachillerato y comenzar a ahorrar su propio dinero para la universidad. También existen incontables becas y programas de préstamo para los estudiantes que lo merezcan. (Y no hay absolutamente nada de malo en solicitar ayuda: alrededor de dos tercios de los estudiantes universitarios reciben algún tipo de asistencia financiera).

El orden adecuado para los ahorros es primero tu jubilación y después la universidad de tus hijos. Incluso pagar las deudas con altas tasas de interés debe tener prioridad sobre los ahorros para la universidad.

A los buenos padres puede resultarles difícil anteponer sus propias necesidades a las de sus hijos, en especial cuando las facturas por instrucción ya son inminentes y aún falta mucho tiempo para la jubilación. Sin embargo, el orden adecuado para los ahorros es primero la jubilación y después la universidad. Incluso pagar las deudas con altas tasas de interés debe tener prioridad sobre los ahorros para la universidad.

No comenzar con tiempo suficiente

Como es obvio, mientras más esperes para comenzar a construir tus ahorros para la universidad de tus hijos, más tendrás que ahorrar cada mes para alcanzar tu meta. De lo que quizá no te percates es que esperar sólo un poco puede costarte mucho. Si comienzas a ahorrar cuando tu hijo cumpla doce años, tendrás que ahorrar hasta el doble de dinero cada mes de lo que hubieras ahorrado si hubieras comenzado cuando tu hijo tenía 8 años. La verdad es que el tiempo *sí* es dinero.

Invertir tus ahorros para la universidad de una forma demasiado conservadora

Las encuestas demuestran que casi una tercera parte de los padres prefiere no correr ningún riesgo en absoluto con los ahorros para la universidad de sus hijos. Esto es comprensible, pero ser demasiado cautelosos no necesariamente es la mejor idea, en especial si tus hijos aún no son adolescentes. Para alcanzar la misma meta financiera, una familia que invierte sus ahorros universitarios en certificados de depósito súper seguros que pagan intereses anuales de alrededor de 2 por ciento, tiene que ahorrar casi el doble de dólares en su cuenta para la universidad que otra que invierte en una mezcla de acciones y bonos que genera alrededor de 8 por ciento de utilidades por año.

Si a tus hijos les faltan al menos cinco años para ingresar a la universidad, debes estar dispuesto a tolerar un poco de riesgo en aras de una mejor utilidad; por ejemplo, invierte tus ahorros para la universidad en un buen fondo mutuo y después cámbialos de forma gradual a inversiones más seguras de tasa fija a medida que se aproxima el primer año de universidad de tu hijo. El hecho de jugar demasiado a la segura puede terminar por perjudicarte.

Poner a nombre de tus hijos las cuentas de ahorro para la universidad

Muchos padres piensan que el dinero para la educación universitaria de sus hijos puede o debe ser ahorrado a su nombre. Error. Como descubrió Doug R., por lo general es mejor idea mantener los fondos a nombre de uno de los padres o de los abuelos.

Esto se debe a que la mayoría de los colegios y universidades esperan que los padres contribuyan con 5 a 6 por ciento de sus activos al costo de la educación de sus hijos. Se espera que los hijos aporten hasta 35 por ciento de los ahorros u otros activos con los cuales cuenten.

Lo que Doug debió hacer es depositar una parte de sus ganancias en un plan Roth IRA, el cual no se toma en cuenta para la universidad, y utilizar el dinero restante para sustituir su Buick de veinte años de antigüedad. Quizá te parezca una locura, pero cuando tus hijos solicitan asistencia financiera para la universidad, en ocasiones el dinero en el banco es lo que menos necesitan.

Olvidar aprovechar el Federal Education Tax Credit

Con el fin de facilitar el pago de esas costosas facturas de educación, el gobierno federal proporciona dos créditos fiscales para padres con hijos en la universidad: el Hope Credit y el Lifetime Learning Credit. Las reglas son un tanto confusas, pero si tu ingreso bruto modificado y ajustado es menor a $57.000 ($114.000 si solicitas un reembolso conjunto), puedes reducir tu factura de impuestos hasta por $2.000 por familia con un Lifetime Learning Credit y hasta $1.650 *por estudiante* con un Hope Credit.

Entonces, ¿por qué no todas las personas factibles solicitan alguno de estos créditos? Mucha gente no los conoce y muchas de las personas que sí los conocen se asustan por lo complicados que pueden parecer. Sin embargo, con los miles de dólares que representan, vale la pena tomarse la molestia de entenderlos.

A primera vista, el Lifetime Learning Credit parece el mejor negocio dado que la cantidad máxima es más alta y puedes calificar para él, año tras año, siempre y cuando tengas un hijo (u otro dependiente económico) que estudie al menos un curso universitario, tanto si está encaminado a obtener un título como si no es así. En contraste, puedes utilizar el Hope Credit sólo si tu hijo cursa el primer o segundo año de un programa encaminado a obtener un título.

Una vez más, si tú eres uno de esos padres afortunados con más de un hijo en la universidad al mismo tiempo, el Hope Credit puede ser más adecuado para ti dado que puedes solicitar un Hope Credit para cada estudiante calificado para ello en la familia. (En otras palabras, si tienes tres hijos en la universidad al mismo tiempo y cumples con los requerimientos de ingresos, puedes solicitar tres Hope Credits con un valor total de casi $5.000 menos en tu factura de impuestos). Con el Lifetime Credit sólo puedes solicitar un crédito por reembolso de impuestos, sin importar cuántos hijos tuyos asistan a la universidad.

Encontrarás detalles disponibles en la Publication 970 del IRS, "Tax Benefits for Education" (**www.irs.gov/publications/p970/index.html**).

Qué hacer si algo sale mal

Si has invertido años en ahorrar para la educación universitaria de tus hijos en el tipo de plan equivocado (con tarifas altas, desempeño bajo o restricciones excesivas), no es mucho lo que puedes hacer excepto cambiar al tipo adecuado de plan tan pronto como puedas. Pero no te desesperes; en algunos casos quizá puedas transferir la mayor parte o todos tus fondos para la universidad a una cuenta más apropiada. Consulta a un asesor fiscal o a un asesor financiero.

También ten en cuenta que el IRS te permite mejorar tus reembolsos recientes de impuestos; por tanto, si tienes un hijo u otro dependiente económico en la universidad y olvidaste solicitar tu crédito fiscal *(federal education tax credit)*, puedes solicitar un reembolso mejorado que incluya dicho crédito, lo cual es probable que te haga acreedor a un reembolso. Sólo asegúrate de hacerlo en el transcurso de tres años a partir de la fecha del reembolso que deseas incrementar (para conocer más detalles acerca de cómo solicitar un reembolso mejorado, consulta a tu profesional en impuestos o lee el "Topic 308-Amended Returns" del IRS, disponible en línea en la dirección electrónica **www.irs.gov/taxtopics/tc308.html**).

Finalmente, los funcionarios de asistencia financiera para estudios universitarios siempre les dicen a los estudiantes prospecto y a sus padres que, a pesar de que la fórmula de asistencia financiera es lo que es, los sujetos que administran las oficinas de asistencia financiera en las universidades tienen la facultad de hacer algunas excepciones. Entonces, si necesitas más asistencia que la indicada por la fórmula, quizá porque cometiste un error en cuanto al manejo de tu plan de ahorros para la universidad, explica tu situación al responsable de la oficina de asistencia financiera. Nunca se sabe. Tal vez la escuela está tan interesada en tu hijo que decida mejorar su oferta.

Pasos de acción para luchar por tu dinero

☐ Comienza a ahorrar pronto para la universidad. Entra a la red y comienza a hacer tu tarea en **www.collegeboard.com**. Entre otros sitios grandiosos se incluyen **www.savingforcollege.com** y **www.finaid.org**.

☐ Encuentra un plan de ahorros 529 que sea adecuado para ti. Visita **www.morningstar.com**, **www.savingforcollege.com** y **www.collegesavings.org** para hacer tu investigación. Después, ¡inscríbete!

☐ Recuerda el mejor orden para ahorrar: fondos para la jubilación primero, pagar las deudas con altas tasas de interés y *después* ahorrar para la universidad de tus hijos.

☐ Si tienes un hijo en la universidad, aprovecha el Hope Credit o el Lifetime Learning Credit cuando pagues tus impuestos. Si lo olvidaste, solicita un reembolso mejorado.

Seguros médicos

Los seguros médicos son tal pesadilla en estos días que resulta difícil decir quién está en la peor postura: los 47 millones de estadounidenses (incluso más de 8 millones de niños) que no cuentan con una cobertura o los 260 millones que pagan mucho dinero por pólizas que con frecuencia resultan ser estafas. Como es obvio, no contar con un seguro médico es una receta para el desastre, pero contar con uno tampoco es tan grandioso. Esto se debe a que, con un gasto total en seguros médicos de alrededor de $3 billones por año en Estados Unidos, y con los costos que continúan en incremento a casi tres veces la tasa de inflación, es como si la industria hubiera descubierto que es más productivo trabajar en contra de sus clientes que a favor de ellos.

Los peores problemas se encuentran en el mercado de los seguros médicos individuales, donde las empresas, como rutina, intentan "seleccionar" a los clientes más saludables y negar la cobertura al resto, y lo hacen al agregar costos adicionales elevados a las primas para personas con historias familiares de problemas de salud, al negarse a pagar servicios necesarios para atender enfermedades comunes y al encontrar cualesquiera excusas (como un error menor en una solicitud) para negar pagos a asegurados que desarrollan problemas médicos y que requieren terapias costosas.

De acuerdo con las cifras más recientes del Census Bureau, sólo alrededor de uno de cada diez estadounidenses compra una póliza de seguro individual. La mayoría de la gente que tiene seguros está cubierta por pólizas grupales proporcionadas por sus empleadores o por programas gubernamentales como Medicare. El problema es que, dado que los costos de los seguros privados son estratosféricos, un número cada vez mayor de empleadores ya no puede ofrecer beneficios de salud. Como resultado, muchos han obligado a sus empleados a pagar una mayor porción del costo por sí mismos, si es que no deciden eliminar el beneficio por completo.

En resumen, en lo que un experto llama "el salvaje, salvaje Oeste para los consumidores del cuidado de la salud en Estados Unidos" necesitas estar preparado para luchar por aquello a lo que tienes derecho. Esto es porque las compañías de seguros ganan dinero al decir que no, incluso cuando la respuesta debería ser "sí".

Cómo luchar por tu dinero

Hasta hace poco tiempo, cada vez que un individuo tramitaba un reclamo, el procedimiento regular en la Blue Cross en California era revisar los registros médicos de dicha persona en busca de cualquier error o imprecisión que pudieran ser utilizados como excusa para cancelar su póliza. Fue necesaria una demanda grupal de más o menos 6.000 clientes para lograr que Blue Cross cambiara sus prácticas y accediera a rescindir pólizas sólo si los errores eran intencionales.

En pocas palabras, esto es lo que enfrentan los clientes de todo el país: compañías de seguros, como las describe el fiscal de Los Ángeles, Rocky Delgadillo, que "desarrollarán estrategias para maximizar sus ganancias a expensas del cuidado de la salud".

Esto es lo que necesitas hacer para impedir que dichas empresas se aprovechen de ti.

Comprende lo que has elegido

Si tú formas parte de los 180 millones de estadounidenses que obtienen cobertura de salud a través de un empleo, en realidad sólo puedes tomar dos decisiones en cuanto a los seguros médicos. La primera es si te inscribirás o no. En términos generales, éste es un gran conflicto. Lo más seguro es que tengas que pagar una gran porción de la prima. (La contribución nominal promedio para una cobertura familiar ascendió a $278 mensuales en el año 2007). Sin embargo, el tipo de tarifas grupales que tu empresa puede conseguir es mucho más barata que cualquier otro plan que pudieras conseguir solo.

La otra decisión que puedes tomar es el tipo de cobertura que deseas. La mayoría de los planes de salud patrocinados por un empleador ofrecen alguna combinación de tres tipos básicos de cuidados: a través de una organización de mantenimiento de la salud *(health maintenance organization,* HMO, por sus siglas en inglés), a través de una organización proveedora preferente *(preferred provider organization,* PPO, por sus siglas en inglés) y a través de un plan de punto de servicio *(point-of-service,* POS, por sus siglas en inglés). Cada uno tiene sus ventajas y sus desventajas.

Cobertura HMO: Una organización de mantenimiento de la salud es, en efecto, un grupo de proveedores de cuidados de la salud que se han unido para proporcionar una cobertura de cuidados de la salud para sus clientes. Las HMOs son los sistemas de salud más antiguos y varían mucho en sus costos y en la calidad de sus servicios. Algunas personas adoran a sus HMO y te dirán que son la única opción porque son muy accesibles y fáciles de usar. Otras se quejarán con amargura por no poder consultar a los médicos que desean o recibir los tratamientos que creen que necesitan.

Lo cierto es que las HMO se encuentran entre los tipos más restrictivos de coberturas de salud. Cuando te inscribes a una HMO se te entrega una lista de médicos de entre los cuales debes elegir a un "médico de cuidados primarios". También conocido como "portero", deberás consultar a este médico cada vez que padezcas un problema de salud, sin importar el tipo de problema que te afecte. Si resulta que necesitas consultar a un especialista, el portero te referirá a alguno dentro de la HMO. Si por alguna razón tú deseas acudir a un especialista que no forma parte de la HMO, la visita no será cubierta por el seguro.

La buena noticia acerca de las HMOs es que son relativamente baratas. Es probable que sean las opciones de cuidado de la salud más baratas que te ofrezca tu empleador.

Cobertura PPO: Una organización proveedora preferente por lo regular consiste en un grupo de médicos independientes, clínicas y hospitales que se han unido para crear una "red grupal". De cierta manera, las PPOs se asemejan a las HMOs, pero existen algunas diferencias sustanciales. Para empezar, las PPOs no te exigen tener un portero. Aún cuentas con un médico de cuidados primarios, pero si deseas consultar a un especialista, puedes acudir por ti mismo sin una referencia. También puedes consultar a un especialista que no sea miembro de tu grupo de PPO y la PPO te cubrirá al menos parte de la factura. Como cabe esperar, las PPOs son más costosas que las HMOs.

Cobertura POS: Los planes de punto de servicio ofrecen a sus asegurados las opciones más amplias. Al combinar características de las HMOs y las PPOs, los planes POS te permiten permanecer dentro de la red interna de médicos (lo cual te ayuda a ahorrar dinero) o elegir a un médico externo, en cuyo caso tendrás que pagar un deducible (como con las PPOs). Como en las HMOs, tú eliges a un médico de cuidados primarios cuando adquieres la cobertura POS; pero, a diferencia de las HMOs, tu portero puede referirte a un especialista externo a la red para que recibas tratamiento. Y a diferencia de la cobertura PPO, un plan POS cubrirá la mayor parte o todo el costo. Como cabe esperar, la cobertura POS por lo general es la más costosa.

Si trabajas para una empresa que ofrezca una variedad de opciones para el cuidado de la salud, por lo general tiene más sentido elegir la opción más costosa. Esto puede parecerte una locura, pero, si trabajas para una empresa que ofrezca una variedad de opciones para el cuidado de la salud, por lo general tiene más sentido elegir la opción más costosa. Esto se debe a que casi en todos los casos la opción más costosa te proporcionará más opciones y, en lo que se refiere al cuidado de tu salud, tú no querrás escatimar. Simplemente no vale la pena. Si sales menos a comer fuera o si cancelas esos canales *premium* en tu sistema de televisión por cable es probable que puedas cubrir el costo de elegir la opción de cuidado de la salud más costosa y que te ofrezca mayor flexibilidad.

Si estás solo, haz tu tarea

Sólo 60 por ciento de las empresas ofrecen coberturas de salud a sus empleados y este número disminuye cada día. Por tanto, cada vez más de nosotros tenemos que obtener nuestra propia cobertura de salud. Antes de rendirte al Salvaje Oeste del mercado de los seguros independientes, averigua si existe alguna organización social o profesional a la cual pertenezcas o puedas inscribirte y que ofrezca a sus miembros un plan de salud grupal. Si no es así, es momento de hacer algo de tarea.

Existen cientos de compañías de seguros que ofrecen incontables planes HMO, PPO y POS para individuos y sus familias. Puedes comenzar a conocerlos al pedir recomendaciones basadas en sus experiencias a personas que conozcas e incluso a un agente independiente de seguros, si conoces alguno en quien confíes. Sin embargo, tu investigación debe ser aún más exhaustiva. Existe todo tipo de páginas web que puedes consultar y que resumen y califican cientos de planes de salud, tanto privados como públicos.

Entre los más informativos y fáciles de usar se encuentran:

- J.D. Power´s Health Insurance Plan Ratings (**www.jdpower.com/ healthcare/ratings/health-plan-ratings**).

- National Committee for Quality Assurance Health Insurance Plan Ratings and Report Card (**hprc.ncqa.org**).

- U.S.News & World Report´s Best Health Plan Search (**www.usnews .com/directories/health-plans/**).

- Consumer Reports' HMO & PPO Ratings (**www.consumerreports .org/health/insurance/health-insurance.htm**).

Ten en cuenta que las comparaciones pueden ser difíciles dado que los precios y los esquemas de beneficios varían en gran medida. De igual manera, el monto de la prima mensual no es el único factor que debes considerar. Los deducibles, los montos de los pagos parciales y la amplitud de la cobertura tienen igual importancia al calcular cuán conveniente (o no) es el servicio que obtendrás. Al final, no desearás el plan más barato, sino aquél que te cueste lo menos posible por la protección que requieres.

Si te resulta difícil cubrir los costos, tienes más de 65 años o tienes hijos pequeños, visita **www.cms.hhs.gov** con el fin de averiguar para cuál programa gubernamental podrías ser candidato y las opciones que podrías contemplar.

Conoce lo que está incluido en tu contrato y lo que no

No todos los planes de seguros médicos cubren todas las enfermedades o terapias. Los tratamientos para la obesidad, la acupuntura, la cirugía cosmética y el cuidado de la salud mental, incluso los servicios prenatales y obstétricos, están excluidos en muchos planes. Por tanto, lee el contrato de tu plan de salud con atención, en especial las secciones que explican con exactitud lo que está cubierto y lo que no, así como cuánto dinero tendrás que pagar cuando acudas al médico, cuando visites el hospital o cuando solicites una receta médica.

Muchas compañías de seguros y casi todos los planes de salud patrocinados por empleadores proporcionan a los asegurados una descripción resumida del plan que explica todo lo anterior con palabras sencillas. El problema es que ese resumen no implica una responsabilidad legal. El documento que deberás leer se llama "Evidencia de cobertura" o "Certificado de seguro". Si cuentas con tu propia cobertura individual, debiste recibir este documento cuando compraste la póliza. Si tienes cobertura por parte de tu empresa, solicita una copia en el departamento de recursos humanos.

Utiliza tu plan al máximo

La gran verdad acerca de los seguros médicos es que muchos de nosotros no utilizamos todo el seguro de salud que tenemos. Acudimos a un médico de la red cuando tenemos la opción de acudir a un especialista externo a la red por el mismo costo. Para aprovechar al máximo tu seguro médico, necesitas tomarte el tiempo para leer los documentos del plan y formular preguntas cuando no comprendes lo que dice (lo cual es más que probable porque son muy complicados).

Casi todos los planes incluyen reglas complicadas acerca de los médicos a quienes puedes acudir, los procedimientos que deben ser preaprobados (y cómo), y bajo cuáles circunstancias puedes buscar tratamientos con médicos o instituciones que no formen parte de la red del plan de proveedores aprobados. Muchas de estas reglas pueden parecerte tonterías burocráticas. Muchas de ellas lo son, pero necesitas conocerlas y respetarlas si quieres obtener la mejor cobertura médica posible y lograr que te paguen tus reclamaciones.

Considera una cuenta de ahorros para la salud *(Health Savings Account)*

Para ser candidato a una cuenta de ahorros para la salud (HSA, por sus siglas en inglés), debes tener menos de 65 años y contar con una cobertura médica bajo lo que se conoce como HDHP (*high deductible health plan* por sus siglas en inglés). A partir del año 2008, un HDHP se definía como cualquier plan de salud con un deducible de al menos $1.100 y gastos inmediatos por parte del asegurado no mayores a $5.600 al año por individuos y el doble por cobertura familiar.

Un HSA es como una cuenta IRA o plan 401(k) dedicada en exclusiva a pagar tus gastos médicos. La cuenta se alimenta de dólares no gravables. (Si ahorras a través del plan de tu empleo, tus contribuciones no son consideradas parte de tu compensación gravable; si tienes un plan individual, son deducibles de impuestos). También como los ahorros para la jubilación, las contribuciones al HSA se invierten con bases no gravables (las opciones de inversión varían según cada proveedor), lo cual te permite disfrutar un crecimiento compuesto de tus ahorros con el paso del tiempo.

Cada vez que incurras en gastos médicos calificados, puedes recurrir a tu HSA para pagarlos sin incurrir en consecuencias fiscales.

Puedes continuar con tus contribuciones a tu HSA durante tanto tiempo como estés cubierto por un HDPD. Si tu cobertura expira, ya no podrás hacer contribuciones, pero no pierdes las contribuciones que ya realizaste. Éstas se reinvierten año tras otro y crecen sin causar impuestos.

De lo que debes cuidarte

Compañías de seguros fraudulentas

Sólo porque parece, suena y actúa como una compañía de seguros, no significa que se trate de una compañía de seguros. Dado que los seguros médicos con precios razonables cada vez son más difíciles de conseguir, las compañías fraudulentas con nombres de apariencia genuina como Employers Mutual, American Benefit Plan y TGR han robado millones de dólares a clientes incautos y los han dejado comprometidos con cientos de millones de dólares en facturas pendientes de pago.

Lo que estas empresas hacen es atrapar clientes al ofrecerles lo que parece una magnífica cobertura de seguros médicos a tarifas excelentes, a través de materiales de mercadotecnia y pólizas que parecen y están redactadas como si fueran verdaderas. Incluso, pueden pagar algunos reclamos pequeños para tranquilizar cualquier sospecha acerca de su legitimidad. Sin embargo, el hecho es que se trata de empresas sin licencia y fraudulentas que sólo se guardan los pagos de tus primas y después desaparecen cuando se les presenta el primer reclamo sustancioso.

De acuerdo con las estadísticas gubernamentales, en un periodo de dos años alrededor de 144 aseguradoras de salud falsas siguieron este patrón y dejaron a más de 200.000 clientes atrapados por al menos $252 millones en reclamos no pagados.

Existe una manera sencilla de protegerte contra este tipo de engaño: sé muy escéptico con cualquier póliza que te parezca demasiado costosa o te facilite la contratación a pesar de que padezcas una condición preexistente de salud, en especial si te la ofrece una empresa sobre la cual nunca antes habías escuchado. Incluso si el nombre te parece familiar, llama al departamento de seguros de tu estado para confirmar que la póliza es legítima. Puedes encontrar información de contacto de los reguladores de seguros de cada estado en la página web de la National Association of Insurance Commissioners en **www.naic.org/state_web_map.htm**.

Planes de descuentos médicos

Para aquellas personas que no cuenten con un seguro médico por parte de su empresa y no puedan pagar uno propio, los planes de descuentos médicos pueden parecer una alternativa grandiosa. Por una tarifa mensual de más o menos $100, obtienes una tarjeta que se supone te otorga el derecho a descuentos prenegociados de una lista de proveedores médicos participantes.

El problema es que la mayoría de estos planes son engaños. "Esto se ha extendido como la hiedra por todo el país", dice James Quiggle de la Coalition Against Insurance Fraud. "Ellos prometen grandes descuentos e incluyen en sus páginas web grandes listas de proveedores médicos quienes, de hecho, no han aceptado participar. Tú te presentas a tu tratamiento y dices: '¿dónde está mi descuento de 30 por ciento?' y el médico no sabe a qué te refieres".

Algunos de estos planes son válidos, pero incluso con éstos necesitas ser cuidadoso. Un descuento de 50 por ciento significa que tendrás que pagar 50 por ciento de la factura, lo cual, incluso para una corta estancia en un hospital, puede sumar hasta decenas de miles de dólares. Si te sientes atraído hacia alguna de estas ofertas, acude a la oficina del fiscal general de tu estado y al departamento estatal de seguros para averiguar si existen quejas en trámite contra esa empresa. Después llama a los proveedores de cuidados de la salud para saber si aceptan la tarjeta.

Qué hacer si algo sale mal

En lo que se refiere a los seguros médicos, todas esas reglas y regulaciones pueden volverte loco, pero son muy útiles cuando algo sale mal. Si tienes un problema con una compañía de seguros médicos, y en un momento u otro toda la gente los tiene, por lo general a causa de una reclamación en disputa, existe todo tipo de procedimientos disponibles para ayudarte a resolverlo.

El problema más básico y serio que puedes encontrar con los seguros médicos es que te nieguen una cobertura. Si esto te sucede, de inmediato averigua si tu estado ofrece lo que se conoce como plan patrocinado de riesgo. Éstos son planes subsidiados que proporcionan seguros médicos a individuos que de otra manera no son sujetos a un seguro. Alrededor de treinta y tres estados cuentan con estos planes; si requieres una lista completa y más información, visita la página web: **www.healthinsurancefinders.com/ healthinsurance/risk-pools.html**.

Reclamos y disputas sobre facturas

Si tu aseguradora te ha negado una reclamación que tú crees que es legítima, primero debes intentar resolver tu problema a través del proceso interno de quejas de la compañía. Casi todas las empresas cuentan con un número telefónico gratuito para atención a clientes al cual puedes llamar, aunque es preferible conducir esta comunicación por escrito para que no exista duda alguna sobre quién dijo qué si las cosas se complican.

Los ejecutivos de atención a clientes pueden decirte el nombre y la dirección del individuo específico a quien debes enviar tus quejas o apelaciones. Envíalo todo por correo certificado y ordena acuses de recibo con el fin de contar con un registro de cuándo fueron enviadas y recibidas tus cartas.

Si no puedes resolver el asunto de manera directa con tu compañía aseguradora, la mayoría de los estados optan por una "revisión externa" por parte de expertos independientes.* Para conocer detalles sobre el funcionamiento del proceso en tu estado, existe una guía magnífica en la página web de la Kaiser Family Foundation: **www.kff.org/consumerguide**.

Si necesitas asistencia para el proceso de apelaciones, tanto interno como externo, el grupo defensor de los consumidores del cuidado de la salud Families USA cuenta con una guía utilísima, estado por estado, para encontrar defensores de la salud en su página web: **familiesusa.org/resources/ state-information**. También puedes obtener ayuda en HealthCareCoach. com, una página web educativa diseñada por el National Health Law Program, no lucrativo, para ayudar a los consumidores a comprender mejor el sistema del cuidado de la salud.

Pólizas falsas y tarjetas de descuento sin valor

Si has sido víctima de una póliza de seguros falsa o de una tarjeta de descuentos sin valor es importante armar un escándalo. Como señala James Quiggle de la Coalition Against Insurance Fraud (**www.insurancefraud.org**): "Con demasiada frecuencia estos planes son falaces, pero son insuficientes para ser señalados como crímenes; sin embargo, desean permanecer en el negocio. La suficiente presión del público puede inducir a un plan falaz a hacer concesiones rápidas, en especial cuando son amenazados por el fiscal general con la expulsión del estado y con multas".

Esto significa enviar quejas al departamento de seguros de tu estado, al fiscal general y a la agencia de protección al consumidor, así como a la fuerza legal estatal y local. Suficientes de estas quejas pueden conducir a las autori-

---

*El proceso de revisión externa no está disponible para personas que formen parte del plan de salud de una empresa que sea autoadministrado, lo cual significa que el empleador paga todos los costos de salud de manera directa en lugar de comprar una póliza de una compañía de seguros. Tu empleador puede decirte si éste es su caso. Si lo es, tu única opción es seguir el proceso interno de apelaciones del plan de salud; si no estás conforme con los resultados, contrata a un abogado y demanda a la empresa.

dades a buscar órdenes de cesión de actividades e imponer multas que pueden ser aplicadas para ayudar a las víctimas. También puedes mantener la presión si te quejas ante el Better Business Bureau (**www.bbb.org**) así como ante los reporteros locales del consumidor.

Contraataque contra el robo de identidad médica

Resulta difícil saber qué es más desafiante: probar que alguien ha robado tu identidad médica o escapar de la montaña de problemas financieros que el ladrón ha causado. Mucha gente primero descubre que ha sido víctima de robo de identidad médica cuando revisa su reporte de crédito y descubre una serie de cobros de un hospital desconocido, de laboratorios médicos o de otros proveedores de cuidados para la salud. Dado que el impostor utilizó tu nombre, tu número de Seguro Social y la información de tu seguro, por lo general no es fácil probar que no fuiste tú quien incurrió en esa deuda. Algunas víctimas han podido probar su inocencia al comparar los expedientes médicos del impostor con sus propios expedientes médicos regulares. Una mujer de Florida a quien le cobraban la amputación de un pie se presentó en la oficina del administrador del hospital y subió ambos pies a su escritorio.

Con el fin de lograr que eliminen esa deudas de tu reporte de crédito, elabora una denuncia policiaca y envía una copia a las agencias de crédito. (Para más información sobre cómo corregir errores en un reporte de crédito, consulta la página 119 en la sección "Calificaciones crediticias"). También debes utilizar la denuncia para probar a los proveedores de servicios de salud y a tu compañía de seguros que alguien ha actuado en tu nombre. Ten en cuenta que, a menos que puedas lograr que tu compañía de seguros comprenda lo que sucede, las facturas que el impostor ha acumulado se sumarán contra los beneficios máximos de cobertura de tu póliza. Necesitas trabajar con la compañía de seguros, quizá con la ayuda de un abogado, para asegurarte de que las reclamaciones del impostor no se sumen contra tu suma asegurada.

Una vez que has logrado lo anterior, es crítico que investigues a fondo para corregir o, al menos, limitar la información errónea que ha sido incluida en tus expedientes médicos por tu *alter ego*. El desafío aquí es que, gracias a las provisiones de privacidad de la Health Insurance Portability and Accountability Act (HIPAA), no tienes los mismos derechos para revisar y corregir tus expedientes que tienen las víctimas de robo de identidad financiera.

Sin embargo, puedes hacerlo. Puedes acceder a tus expedientes y a la información que necesitas a través de lo que se conoce como "Jane/John Doe file extraction", la cual permite a los proveedores de servicios para el cuidado de la salud ayudar a las víctimas de robo de identidad a proteger la santidad de sus expedientes. Los detalles para hacerlo están disponibles en la página web del World Privacy Forum (**www.worldprivacyforum.org**). Sólo haz clic en "FAQ for Victims".

Puedes protegerte contra el robo de identidad médica al revisar con atención todas las "Explicaciones de beneficios" que recibas de una aseguradora pública o privada. Si detectas cualquier servicio, procedimiento o artículo que no reconozcas, contacta de inmediato tanto a tu compañía aseguradora como al proveedor de servicios médicos.

Otra manera de protegerte es contactar a tu aseguradora al final de cada año y solicitarle una lista de todos los beneficios pagados a tu nombre a lo largo de los doce meses previos. Algunos criminales cambiarán tu dirección de facturación y tu número telefónico para impedir que te percates de lo que hacen. Una vez que obtengas esa lista anual, exige explicaciones de todos los pagos que no reconozcas.

Mucha gente piensa que es correcto ignorar cualquier información errónea siempre y cuando indique que no debe cantidad alguna. Éste es un grave error. Ignorar esta situación puede costarte mucho dinero más adelante.

Pasos de acción para luchar por tu dinero

☐ Si tu empleador ofrece una cobertura de salud en grupo, asegúrate de inscribirte a ella incluso si esto significa que pagues una gran porción de las primas.

☐ Si tu empleador no te ofrece un seguro médico o eres trabajador independiente, aprovecha las abundantes y amigables páginas web que pueden ayudarte a analizar tus opciones de cobertura individual. Entre las mejores se incluyen J.D. Power's Health Insurance Plan Rating (**www.jdpower.com/healthcare/rating/health-plan-ratings**) y Consumer Reports (**www.consumerreports.org**).

☐ Lee tu póliza con atención y comprende las reglas que la gobiernan con el fin de aprovechar al máximo tu cobertura.

Facturas de hospital

La mayor fuente de miseria financiera en este país es el costo de la atención médica y no es difícil saber por qué. En el año 2007, los estadounidenses, tanto los asegurados como los no asegurados, gastamos $275 mil millones de nuestros bolsillos en médicos y en hospitales. Esto fue lo que pagamos, además de lo que cubrían nuestras pólizas de seguros. Para millones de nosotros, esto es demasiado. Cada año, alrededor de 700.000 familias se ven obligadas a declararse en bancarrota debido a los costos médicos mientras otros 80 millones de estadounidenses luchan con facturas médicas que no pueden pagar.

Mientras tanto, nuestros hospitales se comportan como bandidos. De acuerdo con el *Wall Street Journal,* incluso los hospitales no lucrativos se han convertido en "máquinas de ganancias"; al menos 25 hospitales o sistemas de hospitales no lucrativos reportan utilidades netas de más de $250 millones por año cada uno. En total, los ingresos superaron a los gastos en los 50 hospitales no lucrativos más grandes por más de $4,25 mil millones en el año 2006; es decir, ocho veces más que sólo cinco años atrás.

Puede parecerte difícil de creer, pero los hospitales cobran los precios más altos a quienes son menos capaces de pagarlos. Parece una locura, pero lo que un hospital cobra por un procedimiento específico a menudo depende de quién pagará esa factura. Si tú eres una compañía aseguradora gigante, quizá te cobren una tarifa relativamente baja. Si eres un individuo sin seguro, es probable que te golpeen con una factura mucho más alta.

> **Parece una locura, pero lo que un hospital cobra por un procedimiento específico a menudo depende de quién pagará esa factura.**

Misma cirugía, diferente precio

Tomemos como ejemplo una apendicectomía. Es raro que esta cirugía de rutina más una estancia típica de dos días le cueste al hospital más de $5.000. Si estás cubierto por Medicare, el hospital aceptará alrededor de $4.700 por atenderte. Un HMO le cobrará a tu plan de seguros entre $7.000 y $8.000, mientras Blue Cross Blue Shield pagará entre $9.000 y $10.000. Pero si no cuentas con un seguro o por error utilizaste a un proveedor externo a la red, olvídalo. Puedes esperar que te cobren entre $30.000 y $35.000 por la misma apendicectomía; es decir, más de seis veces lo que hubiera pagado Medicare.

Y no creas que ellos no intentarán cobrarlo. Hace poco me enteré del caso de una mujer de Florida llamada Paula T., quien fue internada en el hospital después de fracturarse un brazo en un accidente de motocicleta. Paula terminó con cuatro placas de acero, 23 clavos y decenas de miles de dólares en facturas de hospital que no podía pagar. La agencia de cobranzas del hospital no sintió empatía alguna. "Me llamaban a altas horas de la noche o en las primeras horas de la mañana y me decían: 'Arruinaremos tu crédito. Te estamos buscando. Tu familia quedará en la calle si no pagas'", recuerda.

Lo triste es que el mismo hospital que pudo salvarte la vida se convertirá en tu peor enemigo. Será despiadado al cobrarte tarifas injustas, es probable que te cobre de más por servicios que no recibiste e intentará cobrar esas deudas cuando tú seas más vulnerable y como pueda.

La buena noticia es que no tienes que ser una víctima. Si conoces tus derechos y te mantienes firme, puedes impedir que nuestro sistema de salud adicto al dinero se aproveche de manera injusta de ti.

Cómo luchar por tu dinero

Conoce tu seguro y no temas pedir más

Enfermar o herirte ya es bastante malo. No querrás aumentar tu miseria al acudir a un hospital con la idea de que todo estará cubierto por tu seguro, sólo para descubrir que no es así. Entonces, no esperes hasta que sea demasiado tarde. Hoy, ahora mismo, lee con atención tu póliza de seguro médico y asegúrate de comprender lo que está cubierto y lo que no. También es muy importante comprender las reglas de aprobación previa o de autorización. El hecho de no obtener una aprobación previa cuando es necesario puede costarte.

Lo anterior aplica tanto a los procedimientos médicos como a los proveedores. Si te enfrentas a una cirugía o a algún otro procedimiento y los médicos con quienes cuentas para que te atiendan no forman parte de la red del plan, averigua si puedes lograr algún acuerdo con tu compañía de seguros. Cuando Paula T. se enteró de que el único anestesiólogo que trabajaba en el hospital donde tuvo que someterse a la cirugía no era miembro de su plan, persuadió a los ajustadores de seguros de que no tenía sentido alguno ser anestesiada por otro médico en el hospital de enfrente y luego ser llevada de regreso a ese hospital para que la operaran. Por tanto, ellos accedieron a cubrir la tarifa de $2.000.

Paga después y solicita por escrito todas las promesas

Es triste, pero verdadero: en medio de una emergencia médica, los hospitales tacaños intentarán aprovecharse de tu desesperación y les dirán (a ti o a la persona que te llevó) que no puedes recibir atención a menos que entregues una tarjeta de crédito y autorices un cargo que puede ser hasta de miles de dólares. *De hecho, bajo la ley federal, cualquier persona que ingresa a la sala de emergencias de un hospital tiene el derecho de ser atendida y estabilizada o estabilizada y transferida sin importar si tiene o no dinero.* Es contrario a la ley que una sala de emergencias impida o retrase un tratamiento debido a la incapacidad del paciente para pagar.

Es contrario a la ley que una sala de emergencias impida o retrase un tratamiento debido a la incapacidad del paciente para pagar.

Si estás asegurado, el hospital puede cobrar tu deducible (que en la mayoría de los casos es de $100 más o menos), pero nada más. Si insisten en cobrarte más, responde que no pagarás a menos que pongan su demanda por escrito y en forma de una factura detallada. Dado que estas prácticas son ilegales, es probable que se desistan en lugar de poner nada por escrito.

También hay momentos cuando el personal médico, con buena intención, sin quererlo le cuestan mucho dinero a los pacientes. Digamos que uno de tus seres queridos está en la unidad de terapia intensiva y está listo para ser trasladado a una habitación normal. Si no hay habitaciones disponibles, y en lugar de enviar al paciente a casa, una enfermera puede sugerir que el enfermo permanezca en la unidad de terapia intensiva y decirte que no debes preocuparte por los gastos adicionales porque no se te cobrarán. Tal vez la enfermera no crea que te cobrarán pero, créeme, lo harán. Por tanto, si alguna vez te encuentras en esta situación, pídele a la enfermera que te ponga por escrito que no te cobrarán más por la estancia adicional del paciente en la unidad de terapia intensiva.

Analiza tu factura. Cuidado con la facturación duplicada

Los expertos dicen que 90 por ciento de las facturas de hospitales contienen errores, y nunca a tu favor. En el año 2005, el Department of Health and Human Services estimó que los errores en la facturación les cuestan a los consumidores más de $31 mil millones al año. Es probable que la cifra sea mayor el día de hoy. Quizá la facturación duplicada sea el "error" más común. Con frecuencia implicará casos quirúrgicos, pero puede implicar asuntos tan simples como un examen que fue cancelado y programado de nuevo, lo cual puede resultar en un cargo doble. Por lo regular, a los pacientes quirúrgicos se les cobra alrededor de $70 el minuto por el uso del quirófano. Se supone que esta tarifa cubre más que el simple alquiler del espacio. También se supone que incluye el costo de todos los artículos que por rutina se utiliza en el quirófano, como batas, mantas, tubos, guantes y equipo. Sin embargo, en muchas facturas de pacientes quirúrgicos encontrarás tanto la tarifa del quirófano *como* los artículos individuales pertenecientes al equipamiento del mismo. En otras palabras, te los han cobrado dos veces.

El análisis de tu factura también puede revelar que has sido víctima de lo que sólo puede llamarse precios inflados. Se tiene noticia de hospitales que han cobrado a los pacientes hasta $70 u $80 por una bolsa de suero intravenoso que en realidad no cuesta más de diez centavos. A una mujer no asegurada de setenta y tantos años de edad quien cayó y se fracturó el fémur le cobraron $201.000 por una estancia de 19 días en un hospital de Nueva Jersey. Entre otras cosas, el hospital le facturó alrededor de $6.000 por una caja de guantes desechables de látex no esterilizado que podrías comprar en Staples por $7,99. Otro hospital le cobró a un niño $57,50 por lo que la factura describía como "artefacto de apoyo para la tos". En realidad, se trataba de un osito de peluche barato.

Entonces, cuando salgas del hospital siempre solicita una factura detallada. Cuando la obtengas, lo primero que debes hacer es asegurarte de que todos los cargos parezcan correctos y de que no te cobren cualesquiera servicios que en realidad no hayas recibido. ¿Incluyeron una "epidural para cesárea" en la estancia de tu esposo para una cirugía de *bypass* coronario? Han sucedido casos más extraños. Cuenta cuántos días de estancia en tu habitación te facturaron. No se supone que deban cobrarte la habitación por el día en el cual saliste del hospital. También busca cargos duplicados.

¡Ella luchó por su dinero!

Una de las historias más motivadoras que he escuchado se refiere a una mujer de Stanford, California, llamada Laura, quien se encontró atrapada por $40.000 en facturas de hospital. Ella misma era enfermera de terapia intensiva y sabía que no tenía posibilidad alguna de pagar esa deuda. "Entonces llamé al departamento de facturación y les dije que me resultaba imposible pagar esas facturas", recuerda. "De inmediato, me ofrecieron un descuento de 20 por ciento, pero sólo si liquidaba la factura en dos pagos únicos. Les dije que no podía hacerlo".

Éste fue el principio de una serie de negociaciones entre Laura y el hospital que duró casi un año. Para cuando terminó, Laura había conseguido que redujeran la factura de $40.000 a $10.000, a pagos fijos durante 18 meses y sin intereses.

No dudes en pedir ayuda para interpretar tu factura. Las facturas de hospitales son muy difíciles de descifrar. Si es necesario, solicita al empleado de facturación del hospital que se reúna contigo para revisar los cargos.

Si encuentras errores, solicita al departamento de facturación que los corrija. Si se niegan, solicita una copia del formulario de quejas del hospital para rebatir errores descubiertos en las facturas médicas.

Si el hospital no cuenta con un procedimiento de este tipo, escribe una carta en la cual detalles tus inconformidades al director de finanzas y al director de cuentas de pacientes. Envía una copia de dicha carta a la agencia local de protección al consumidor. (Puedes encontrar una lista de oficinas de protección al consumidor por estado, condado y ciudad en Consumer Action, la página web del gobierno federal en **www.consumeraction.gov/state.shtml**). Asegúrate de conservar copias de todas las cartas y mensajes por correo electrónico. Toma notas de fechas y horas de conversaciones telefónicas y de los empleados con quienes hables. Si alguien acepta corregir tu factura, dile que no considerarás su oferta con seriedad, sino hasta que lo ponga por escrito.

No temas regatear

Si recibes una factura de hospital que no puedas pagar, sé como Laura: regatea con tus proveedores de cuidados médicos para obtener un descuento, tal como lo harías con un vendedor de autos usados. Recuerda que a Medicare y a las grandes compañías de seguros les cobran mucho menos que a ti. ¡No pagues el precio de etiqueta! No te detengas ante el primer "no" que escuches y no limites tus negociaciones al empleado detrás de la ventanilla de la oficina de facturación. Por lo general, los empleados y cajeros están autorizados a aplicar descuentos en las facturas, pero sólo hasta determinado límite y dentro de un periodo específico. Solicita hablar con el supervisor de esa persona o llama para programar una reunión con el director de crédito y cobranzas, con el director de cuentas de pacientes o incluso con el director de finanzas del hospital. Y así como cuando compras un auto, nunca aceptes el primer descuento que te ofrezcan.

Si cuentas con algunos recursos financieros, quizá puedas negociar un mayor descuento a cambio de un mayor pago al contado, pero no aceptes nada que no estés seguro de poder cumplir. Sin importar el acuerdo al cual lleguen tú y el hospital, asegúrate de obtenerlo por escrito.

No aceptes crédito médico

Con mucha frecuencia durante el transcurso de un acuerdo de pagos con un hospital, un ejecutivo de crédito puede sugerir que coloques tu abrumador saldo en una tarjeta de crédito médico. Los términos pueden parecerte atractivos, pero sé cauteloso. Quizá te ofrezcan una tasa de interés de 0 por ciento durante determinado periodo, justo como si compraras una podadora de césped con una tarjeta de crédito de Home Depot. Pero si no realizas un pago o excedes el límite de tiempo sin intereses, tu tasa de interés puede saltar hasta a 27 por ciento. Peor aún, tu calificación crediticia podría sufrir.

Existe una razón aún más importante para no colocar tu factura del hospital en tarjeta de crédito alguna: al momento en que lo haces, pierdes todo recurso que pudieras tener para negociar cualesquiera descuentos futuros en tu factura. Una vez que el hospital ha recibido el pago de la empresa de tarjetas de crédito, pierde todo interés en negociar contigo. Después de todo, ya obtuvo su dinero. Tu problema es ahora con la empresa de tarjetas de crédito y es probable que no sienta piedad por ti.

Entonces, cuando el ejecutivo de crédito comience a hablar acerca de tarjetas o líneas de crédito, infórmale que el único acuerdo que tomarás en consideración será uno que implique pagos parciales sin intereses a lo largo de un periodo manejable y que no deseas ninguna información acerca de que tu deuda médica sea enviada a los burós de crédito. Una vez más, no aceptes la palabra de nadie sólo porque te parece amigable y útil. Pídelo por escrito.

No ignores tu factura

Incluso si no puedes pagar tu factura, debes mostrarle al hospital que realizas un esfuerzo de buena voluntad para enfrentar tu obligación. Dile al ejecutivo de facturación del hospital que trabajas en un plan de pagos y que te gustaría que ellos cambiaran la descripción de tu cuenta a "pendiente". (Esto impedirá que tus facturas sean enviadas a una agencia de cobranzas). Después revisa tu situación con tus seguros. Si cuentas con cobertura y tu reclamo ha sido rechazado, tramita una apelación inmediata. Tu póliza debe explicarte cómo hacerlo. Si no puedes resolver el asunto de manera directa con tu compañía de seguros, averigua si tu estado ofrece una "revisión externa" por un panel de expertos independientes. (Para conocer detalles sobre el funcionamiento de esta opción, consulta la página 192 en la sección "Seguros médicos").

Qué hacer si algo sale mal

Consigue un defensor

¿Qué debes hacer si la mesa de la cocina está llena de facturas de hospital que no puedes pagar y no sabes por dónde comenzar? Una solución es contratar a un abogado especializado en facturación de hospitales. Se trata de profesionales capacitados que revisarán tus facturas para encontrar errores o cargos excesivos y después negociarán un esquema de pagos razonable con aseguradoras, proveedores de cuidados para la salud, instituciones y agencias de cobranzas. Sus tarifas pueden ser de entre $50 y $200 por hora para revisar y renegociar facturas médicas. Quizá te parezca mucho dinero, pero por lo general se trata de una buena inversión dado que un buen abogado puede ahorrarte decenas de miles de dólares.

Puedes encontrar un abogado en tu área o con la especialidad particular que necesites a través de la página web de Medical Bill Advocates of America (**www.billadvocates.com**), una red nacional de abogados de pacientes que descifra facturas de hospitales para clientes y trabaja a favor de los pacientes no asegurados.

No asumas que no eres candidato para la atención de beneficencia

Mientras tus apelaciones con el seguro se encuentran pendientes, averigua en el hospital si eres candidato a los programas públicos de atención de beneficencia. A pesar de que los hospitales no lucrativos están obligados a brindar atención de beneficencia, por lo regular no la ofrecen. Como Laura, la enfermera de Stanford quien logró una disminución de 80 por ciento en su factura, señala: "Tienes que pedirlo todo. Está allí, pero tienes que pedirlo". Y no asumas que no calificas para ello. Los límites de ingresos para la atención de beneficencia a menudo son más altos de lo que la gente cree; de hecho, alcanzan hasta 400 por ciento de las guías del salario mínimo federal. Tampoco asumas que el personal del hospital conoce esa cifra. Un estudio reciente descubrió que muchos empleados de hospitales acostumbran decir a los pacientes que no se molesten en solicitar atención gratuita cuando la realidad es que está disponible. En lugar de ello, solicita a la oficina de facturación que te entregue copias de las políticas de asistencia financiera y atención de beneficencia del hospital.

Haz responsable al hospital

Los hospitales han sido sometidos a intenso escrutinio y han recibido docenas de demandas por ser demasiado agresivos al intentar cobrar a los pacientes no asegurados. Como resultado, la American Hospital Association adoptó una "Declaración de principios sobre prácticas de facturación y cobra en hospitales" que exige a los hospitales ser más responsables con sus prácticas de facturación y más compasivos con los pacientes que no pueden pagar por los cuidados que reciben. Más de 4.200 hospitales de la nación se han comprometido a sujetarse a esos principios. Si el tuyo es uno de ellos y tú crees que no ha cumplido con dicho compromiso, lleva una copia de los principios a la oficina de facturación. Puedes bajar tanto la Declaración de principios como la lista de los hospitales participantes en la página web de la American Hospital Association en **www.aha.org**.

Quizá también debas enviar una queja a la agencia de protección al consumidor de tu localidad (**www.consumeraction.govstate.shtml**).

Si te demandan, contrademándalos

En algunas de las peores situaciones relacionadas con facturas no pagadas, un hospital puede amenazar con demandarte o emplazar un embargo sobre tu casa. Si esto te sucede, considera la opción de contratar a un abogado para que tramite una contrademanda bajo el argumento de lo que se conoce como demanda discriminatoria de reembolso. Esta acción legal le otorga el derecho a tu abogado de obligar al hospital a cancelar sus facturas originales por todo lo que te haya cobrado, estrategia que con frecuencia motiva al hospital a retirar su demanda y, a veces, incluso a cancelar tu factura dado que no deseará que el público se entere de lo increíblemente inflados que son algunos de sus cargos.

Si nadie que conozcas puede recomendarte a un abogado adecuado, puedes encontrar uno con el localizador en línea de abogados de la National Association for Consumer Advocates en **members.naca.net/findanattorney .php.** Si no puedes pagar un abogado, quizá califiques para la asistencia legal gratuita que ofrece la Legal Service Corporation, la cual opera con fondos federales. Puedes encontrar una lista de oficinas de la LSC en tu área en la página web de la organización: **www.lsc.gov/map/index.php.**

Pasos de acción para luchar por tu dinero

☐ Lee con atención tu póliza de seguros y asegúrate de comprender lo que está cubierto y lo que no. También asegúrate de comprender las reglas de aprobaciones o autorizaciones previas de tu póliza.

☐ Cuando recibas la factura del hospital, revísala de forma MUY CUI-DADOSA. Si tienes dudas, PREGUNTA. Si encuentras un error que el hospital no corregirá, envía una queja a la agencia de protección al consumidor de tu localidad.

☐ Si no puedes pagar la factura, negocia.

☐ Si el problema está fuera de control, contrata a un abogado especializado en facturación de hospitales para que lo arregle por ti.

☐ Si el hospital te amenaza con iniciar una acción legal, consigue un abogado de inmediato. Si no puedes pagarlo, averigua con la Legal Services Corporation, la cual opera con fondos federales (www.lsc .gov/map/index.php).

Membresías en gimnasios

En lo que se refiere a las ventas con mucha presión, los gimnasios pueden ser sorprendentemente adeptos a separarte de tu dinero, en especial las grandes cadenas nacionales. Los ofrecimientos son siempre muy atractivos, como enormes descuentos sobre la tarifa normal de inscripción, evaluaciones personalizadas y pases gratuitos para invitados. Parece un excelente acuerdo. Y cuando llegas al sitio, siempre hay un tipo musculoso o una linda chica que parecen felices de mostrarte los alrededores, de decirte que nunca tendrás que esperar para utilizar ninguno de los aparatos y de asegurarte que no tendrás problema alguno si renuncias porque has cambiado de opinión. Antes de darte cuenta, ellos te han convencido de firmar un contrato que te compromete al menos por dos años y les permite retirar tus pagos mensuales de tu cuenta corriente de forma directa. Peor aún, muchos de esos contratos incluyen tarifas de penalización si los rescindes antes de tiempo o te exigen que avises con varios meses de anticipación antes de cancelarlo (de lo contrario, la membresía se renueva automáticamente).

Con tácticas como éstas, no es sorprendente que la industria de los gimnasios obtenga utilidades cercanas a los $20 mil millones por año. Tampoco es sorprendente que el Better Business Bureau reporte que las quejas sobre los gimnasios casi se han duplicado en años recientes.

Cómo luchar por tu dinero

No hay duda alguna de que entre los más o menos 30.000 gimnasios en Estados Unidos en la actualidad, existen algunos sensacionales que ofrecen muy buenos precios por muy buenos servicios, pero también hay abundantes estafas. La buena noticia es que, si tú sabes lo que debes buscar, no es difícil separar lo bueno de lo malo. He aquí cómo hacerlo.

Investiga y no te precipites

Para comenzar tu investigación, averigua en tu lugar de empleo y con tu compañía de seguros. Muchos empleadores ahora ofrecen descuentos de grupo en ciertos gimnasios y las compañías aseguradoras a veces ofrecen reembolsos totales o parciales de tus cuotas de membresía. Averigua los beneficios que te corresponden. De igual manera, revisa con tu empresa de tarjetas de crédito, la cual podría contar con ofertas especiales para sus miembros, y con minoristas de membresías como Costco.

El negocio del ejercicio es extremamente competitivo. La mayoría de las áreas alberga un rango amplio de sitios para ejercitarnos, desde grandes cadenas como 24 Hour Fitness, LifeTime y Bally, las cuales ofrecen muchos servicios e instalaciones, hasta centros comunitarios como el YMCA y JCC, los cuales cuentan con menos parafernalia, pero por lo general cuestan menos. También existen gimnasios pequeños e independientes, y si vives cerca de un campus universitario quizá puedas tener acceso a las instalaciones escolares y tal vez sin costo alguno si eres alumno.

El hecho de contar con todas estas opciones le da mayor control al consumidor. No temas buscar un buen acuerdo. No sientas que debes firmar un compromiso a largo plazo o pagar una cuota de inscripción. Si un gimnasio de la localidad promueve una oferta muy atractiva, lleva el folleto a otro gimnasio que te guste (o al cual ya pertenezcas) y solicita que la igualen. Revisa las "ofertas especiales para los nuevos miembros", las "recompensas especiales si recomiendas a un amigo" o cualquier otra promoción. La mayoría de los clubes ofrece una nueva promoción cada mes.

Sobre todo, no permitas que nadie (sin importar lo atractivo que pueda ser) te obligue a inscribirte. Nunca firmes un contrato en tu primera visita a un gimnasio. En lugar de ello, llévate el contrato a casa, donde puedas leer las letras pequeñas sin que nadie te apresure. Revisa con tu agencia local de protección al consumidor así como con el Better Business Bureau (**www**

.bbb.org) para averiguar si el gimnasio al cual piensas inscribirte ha sido objeto de muchas quejas.

Si un representante de ventas te causa dificultades para hacer todo lo anterior, es una señal segura de que debes buscar otro gimnasio.

Sé cauteloso con los cobros automáticos

Como sabrá cualquier persona que haya leído mi bestseller *El Millonario Automático*, soy un firme creyente en la automatización de tus finanzas. Sin embargo, no recomiendo el tipo de cobro automático que la mayoría de los gimnasios intenta imponer a sus clientes.

Lo que muchos gimnasios hacen es incluir en sus contratos una cláusula que les permite realizar una transferencia electrónica de fondos que toma tu pago mensual de tu cuenta corriente y la envía en automático a la suya.

La idea de que alguien más que tú tenga derecho a sacar dinero de tu cuenta ya es bastante mala. No obstante, otorgarle ese poder a una entidad tan poco fiable como un gimnasio es desastroso. Considera esta historia que me contó una mujer joven llamada Donna, quien vive cerca de Minneapolis.

Hace más o menos dos años, Donna compró un paquete de bronceado en un gimnasio local que ella creyó que sería sólo durante un mes. Lo que no sabía era que se trataba de un paquete continuo que se renovaba de forma automática cada mes y que el club tenía el derecho de retirar el pago mensual de su cuenta corriente.

En aquel momento, Donna vivía sujeta a su salario mensual; antes de que ella se diera cuenta de lo que sucedía, los retiros automáticos del gimnasio habían drenado su cuenta. Como resultado, además de los inesperados cargos por el bronceado, también se encontró con que debía cientos de dólares al banco por concepto de penalizaciones por sobregiro.

Cuando Donna explicó el problema a su banco, éste accedió a cancelar las tarifas por sobregiro; sin embargo, el gimnasio no fue tan amable, pues se negó a liberarla del contrato a menos que ella accediera a pagar su valor total. Al sentir que no tenía otra opción, ella pagó.

No obstante, el gimnasio continuó con los retiros de dinero de la cuenta corriente de Donna. Por fin, ella logró imponer una "suspensión de pagos" a su cuenta de manera que el gimnasio ya no pudiera retirar dinero de allí. Hasta el día de hoy, el gimnasio todavía lo intenta.

Con todo este gran problema, Donna aprendió dos valiosas lecciones: a partir de ahora, cada vez que ella se encuentre en disputa con una empresa, llevará un registro por escrito de todas las personas con quienes hable y lo que éstas le prometan. Lo más importante es que ella nunca más firmará un contrato que le otorgue el derecho a una empresa de retirar dinero de su cuenta de manera directa.

Por desgracia, la situación de Donna no es inusual y vale la pena seguir su consejo. Si un gimnasio no está dispuesto a confiar en que pagarás tus mensualidades por ti mismo, ¿por qué deberías tú confiar en él y darle acceso a tu cuenta bancaria? Dado lo competitiva que es la industria del ejercicio, un gimnasio de respeto debe estar dispuesto a anular el requerimiento de transferencia electrónica de fondos y enviarte facturas como cualquier otra empresa. Si no es así, busca otro lugar donde ejercitarte. Si sientes que DEBES inscribirte a ese gimnasio y éste requiere retiros automáticos, entonces hazlo con tu tarjeta de crédito y no con tu cuenta bancaria, pues en ésta puede resultarte más difícil interrumpir los pagos o recuperar dinero si te cobraron el doble por accidente (lo cual sucede todo el tiempo).

Asegúrate de que todo esté por escrito y de que tienes la opción de retirarte

Asegúrate de leer y comprender con exactitud cuándo expira tu contrato. Los vendedores de los clubes deportivos te prometerán la Luna, en especial en lo que se refiere a lo fácil que se supone que es el hecho de cancelar o transferir tu membresía. De hecho, sus promesas no significan nada a menos que estén escritas en el contrato.

Cuando negocias con una cadena, debes asegurarte de comprender lo que dice el contrato acerca de utilizar tu membresía en diferentes establecimientos. Por ejemplo, una membresía básica en L.A. Fitness te permite utilizar todas sus sucursales en tu estado, pero no en todo el país. Si piensas suscribirte a una membresía de largo plazo, presta especial atención a las reglas de cancelación. No asumas que puedes obtener un reembolso si decides que el lugar no te agrada. Es muy difícil cancelar un contrato con un gimnasio si tienes una lesión o tienes que mudarte.

De hecho, algunos gimnasios te permiten congelar tu membresía de forma temporal en caso de que tengas que guardar reposo por enfermedad, lesión o embarazo, siempre y cuando tu expediente se encuentre en buenas condiciones. Sin embargo, la cancelación definitiva de una membresía de largo plazo en un gimnasio, sin importar cuán legítima sea la razón, puede ser muy difícil si no es que imposible. Por ejemplo, si te mudas, algunas cadenas de clubes se negarán a la rescisión del contrato si cuentan con una sucursal a una distancia menor a 25 millas de tu nuevo domicilio.

Como resultado, quizá sea buena idea evitar suscribirte a una membresía de largo plazo en un gimnasio al cual acudirás por primera vez. Una membresía de prueba a corto plazo puede ser un poco más costosa en términos mensuales, pero el costo adicional valdrá la pena si tus circunstancias cambian o si el gimnasio no cumple con tus expectativas. Una vez más, lee las letras pequeñas que explican lo que necesitarás para cancelar tu membresía. Muchos contratos solicitan notificaciones por escrito de las cancelaciones y tienen un día específico en el mes para recibir dichas notificaciones o se te cobrará el mes completo.

Evita las "membresías platino" y la parafernalia

Muchos vendedores te venderán primero la idea de la membresía y después, tan pronto como estés listo para firmar, ejercerán presión para venderte la membresía más elevada. Por lo regular las membresías platino u oro te darán acceso a más clubes (tanto en la ciudad como en el estado o en el país). La realidad es que la mayor parte de la gente ya se esfuerza bastante para asistir al gimnasio que está a una milla de su casa. En la mayoría de los casos, los $10 ó $20 adicionales al mes que podrías gastar para obtener este beneficio agregado no valdrán la pena. Tu gimnasio puede ofrecer "pases gratuitos" que puedes utilizar después en el club de otra ciudad (solicita algunos pases gratuitos o para invitados antes de firmar en la línea punteada). Por último, antes de aceptar, digamos, la "membresía de casillero del gimnasio" que te permite dejar tus prendas en el casillero o incluso que te las laven, pregúntate: ¿En verdad vale la pena? No son "sólo $10 más al mes", sino $120 más por año o $240 más si se trata de un contrato bianual. Piensa en los costos adicionales en esquemas anuales o bianuales y quizá lo consideres dos veces antes de autorizar los cargos adicionales. Te ahorrarás una fortuna.

Negocia con firmeza contra la tarifa de nueva membresía

La mayoría de los clubes impone una tarifa de nueva membresía o una tarifa especial única por inscripción, que en algunos de éstos puede ser hasta de $100. Esta tarifa es una enorme fuente de utilidades para el club y casi en todos los casos es negociable y variable, según la época del año. La mayoría de los clubes ofrece promociones especiales en determinadas temporadas del año, que es cuando la tarifa de inscripción puede variar. Enero parece ser la temporada cumbre de este tipo de ofertas porque todos los gimnasios compiten por todas aquellas personas que formulan propósitos de Año Nuevo.

No olvides tu "periodo de enfriamiento"

Por ley, los clientes cuentan con un "periodo de enfriamiento" durante el cual tienen derecho a cancelar un contrato en un gimnasio que apenas han firmado. Por tanto, no caigas en pánico si te han convencido de firmar un contrato en un gimnasio que no puedas pagar o que no sea el adecuado para ti.

En la mayoría de los estados tienes tres días para cambiar de opinión, aunque en algunos sitios tienes más tiempo. En Rhode Island, por ejemplo, tienes diez días y en Georgia cuentas con una semana. Puedes encontrar una lista completa de lo que ofrece cada estado como protección al consumidor en la página web de la International Health, Racquet and Sportsclub Association: **download.ihrsa.org/publicpolicy/statelawsummary10-06.pdf**.

De lo que debes cuidarte

Facturas que no dejan de llegar

Cancelar una membresía en un club deportivo es bastante difícil. Lograr que dejen de enviarte facturas puede ser aún más difícil. El Better Business Bureau reporta que hasta una cuarta parte de todas las quejas por facturación que recibe relacionadas con clubes deportivos proviene de personas que reportaban retiros de sus cuentas corrientes aún después de creer que sus contratos habían expirado o de haberlos cancelado.

A pesar de estar convencido de que ya no perteneces a un gimnasio, no asumas que ellos opinan lo mismo.

Entonces, a pesar de estar convencido de que ya no perteneces a un gimnasio, no asumas que ellos opinan lo mismo. Incluso, si ya no retiran dinero de tu cuenta corriente, eso no significa que estás libre. Es muy posible que tu membresía no haya finalizado de manera apropiada, en cuyo caso el club puede decidir que te le has escapado y entregar tu expediente a una agencia de cobranzas.

Para protegerte contra esta circunstancia, confirma de nuevo con el club que tu cuenta está cancelada. Y luego, sólo para estar tres veces seguro por triplicado, revisa tu reporte de crédito después de algunos meses para asegurarte de que no te han reportado como cliente moroso. Si es así, necesitarás disputar el reporte con la agencia de crédito (consulta la sección "Calificaciones crediticias" en la página 119 para averiguar cómo hacerlo) y después aclarar el asunto con el club.

Incrementos anuales en las tarifas

Muchos gimnasios han optado por incrementar sus tarifas, en especial cuando los tiempos son difíciles. Incluso, puedes recibir una notificación por escrito del incremento. La amable carta te informa que no tienes que hacer nada. La verdad es que lo que puedes hacer es entrar a la oficina de membresías y averiguar si ofrecen nuevas "promociones especiales" en las cuales la tarifa mensual sea menor a la que tú contrataste. Algunos contratos cuentan también con tarifas garantizadas, en cuyo caso el gimnasio no tiene derecho a incrementar tu tarifa durante el periodo que cubra; por tanto, asegúrate de confirmarlo. Por último, siempre puedes amenazar con cancelar tu cuenta; cuando ellos te pregunten por qué, explícales que es porque han incrementado la tarifa y tú no puedes pagarla. Te sorprenderá descubrir que quizás ellos te permitan mantener tu tarifa de membresía actual durante un año más.

Ten cuidado con tus pertenencias

Incluso en los lugares más exclusivos, las salas de casilleros de los clubes deportivos son blancos primarios para los robos a pequeña escala. Las billeteras, las tarjetas de crédito, las computadoras portátiles, los teléfonos celulares, los relojes, todo ello está en riesgo y el club no es responsable por artículos robados. Entonces, cuando acudas al gimnasio es mejor que lleves contigo tan pocas pertenencias como te sea posible. Lo que no puedas dejar en casa, guárdalo en una cangurera. Si debes dejar pertenencias valiosas en el casillero, elabora un inventario antes de salir del gimnasio. De esta manera, si algo te hace falta, lo sabrás con precisión y podrás notificarlo al club y a la policía de inmediato.

Qué hacer si algo sale mal

Siempre comienza por poner tu queja por escrito y dirigirla al gerente del club donde tuviste el problema. Al mismo tiempo, envíale una copia al director general del gimnasio. Lo más probable es que encuentres al fundador en la página web del gimnasio así como los datos de las oficinas generales. Después, dale seguimiento a la carta con una llamada telefónica o una reunión con el gerente. Al comenzar con una queja impresa y al copiarla al fundador o presidente de la empresa nacional, descubrirás que al instante te atienden con más seriedad y se muestran más motivados a ayudarte pronto a resolver el problema. Si te encuentras en una disputa con un gimnasio que no has podido resolver de manera directa, tu mejor opción es enviar quejas tanto al Better Business Bureau (**www.bbb.org**) como al fiscal general de tu estado. Una lista completa de las oficinas de los fiscales generales estatales está disponible en la página web de la National Association of Attorneys General: **www.naag.org/attorneys_general.php**.

Pasos de acción para luchar por tu dinero

☐ Investiga las mejores opciones en tu área y revisa con tus organizaciones de membresías, tu empleador y tu compañía de seguros si existen descuentos especiales y reembolsos.

☐ Lee las letras pequeñas; conoce con exactitud cuándo expira tu contrato y cómo cancelarlo.

☐ Si en definitiva debes aceptar pagos automáticos, carga la tarifa a tu tarjeta de crédito. No le otorgues a tu nuevo gimnasio el derecho de retirar dinero de tu cuenta bancaria.

☐ Aprovecha el periodo de enfriamiento si firmas un contrato y te arrepientes de inmediato.

Comprar una casa

Mientras escribo esto a finales del año 2008, experimentamos la situación más difícil para el mercado inmobiliario en más de veinte años. Algunos dirán que es la situación más difícil para el mercado desde la Gran Depresión. De acuerdo con la National Association of Realtors (NAR, por sus siglas en inglés), en la actualidad existen alrededor de 4,5 millones de casas listadas a nivel nacional que representan una provisión de cerca de once meses. También las ejecuciones hipotecarias han alcanzado límites históricos. De acuerdo con la información publicada por Foreclosures.com, casi 102.000 propietarios estadounidenses de casas perdieron sus hogares por ejecuciones hipotecarias sólo en agosto del año 2008, un incremento de casi 6 por ciento desde julio del mismo año y más de 80 por ciento desde el año anterior.

Desde principios del año 2008, los acreedores han tomado posesión de 656.545 propiedades a nivel nacional, o 8,6 de cada 1.000 hogares en Estados Unidos. Al final del año se estima que más de un millón de hogares se pierdan por causa de las ejecuciones hipotecarias.

El negocio y el mercado de los bienes raíces siempre ha sido cíclico. Con las dificultades del mercado, todo disminuye y entonces se presentan las verdaderas oportunidades. Los precios de las casas están disminuyendo ahora mismo en todo el país y sus precios son más accesibles en la mayoría de las ciudades de Estados Unidos. De acuerdo con la NAR, el precio medio nacional de una casa era de $212.400 en julio de 2008, 7,1 por ciento menos que un año atrás cuando el precio medio era de $228.600.

El punto importante acerca de comprar una casa es que el hecho de adquirirla es mucho más que sólo una inversión. De hecho, se trata de *tu hogar,* donde vives, amas y tienes una vida. La buena noticia para la mayoría de la gente es que la compra de una casa será la mejor inversión que haga a lo largo de su vida porque, a largo plazo, los valores de los bienes raíces se incrementan. El simple hecho de comprar una casa y pagar la hipoteca puede proporcionarte seguridad financiera de por vida.

La otra realidad es que las condiciones recientes han creado lo que supone ser el mejor MERCADO PARA COMPRADORES inmobiliario en décadas.

Pero incluso con este mercado para compradores, la compra de una casa puede ser complicada y costosa si no lo haces de forma adecuada. Tanto si se trata de un mercado para compradores como de un mercado para vendedores, el asunto fundamental para las personas que pretenden comprar una casa siempre es el mismo: ¿Cómo encontrar un lugar que ames a un precio que puedas pagar? ¿Y cómo solicitar un préstamo con responsabilidad para hacer que esta compra sea algo a lo que puedas sujetarte? (Asegúrate de leer la siguiente sección sobre hipotecas). Lo que complica la situación es que incluso en la transacción inmobiliaria más simple existen demasiadas partes móviles y demasiado dinero involucrado. Como resultado, a menos que seas muy cuidadoso, pueden ordenar una ejecución hipotecaria y no sólo los tipos a quienes les compraste, sino las mismas personas cuyo trabajo es ayudarte a llegar a un buen acuerdo.

Cómo luchar por tu dinero

En términos realistas, es probable que la compra de una casa sea la mayor compra que realices. También es probable que sea la más confusa. He aquí cómo abordar el asunto sin que te engañen.

Contrata a un gran agente inmobiliario

Con todos las páginas web dedicadas al mercado inmobiliario disponibles en nuestros días, cualquier persona que tenga una computadora puede realizar muchas de las actividades que antes sólo un agente inmobiliario era capaz de hacer. Lo cierto es que no necesitas a un profesional para que localice casas en venta en determinada área o para tener una idea precisa de dónde se encuentran los precios en la categoría que te interesa. Sin embargo, este tipo de investigación quizá sea lo menos importante que un agente inmobiliario puede hacer por ti.

Yo he sido agente inmobiliario (especializado en propiedades comerciales) y he trabajado con agentes inmobiliarios en todas mis transacciones de este tipo. Sé por experiencia personal cuánta ayuda pueden brindarte, pero también sé que no todos los agentes inmobiliarios fueron creados de igual manera. Existe una corriente constante de novatos en el campo y en muchos estados es sorprendente la facilidad con la cual es posible obtener una licencia de agente inmobiliario.

Mientras escribo este libro, existen alrededor de 3,2 millones de agentes inmobiliarios en Estados Unidos; es decir, casi 60 por ciento más que sólo tres años atrás. Muchos de ellos son magníficos, pero no todos. Entonces, ¿cómo encuentras aquél que pueda guiarte a través del proceso con inteligencia y te ayude a cerrar un buen trato? He aquí una lista de las características que debes buscar.

- **Un gran agente inmobiliario te escuchará con atención.** Los grandes agentes son magníficos para escuchar. Deben estar dispuestos a ayudarte de verdad. Cuando un agente gran se reúne contigo por primera vez, te acosará con preguntas para descubrir lo que en realidad buscas, lo que en realidad deseas y, lo más importante, lo que crees que puedes pagar.

- **Un gran agente inmobiliario te ayudará a descubrir lo que en realidad puedes pagar.** Lo primero que hará un agente gran es tomar tus números y entregarte un cálculo aproximado de lo que deberá ser tu rango de precios. Un gran agente también te proporcionará referencias de instituciones de crédito que pueden proporcionarte una aprobación previa para una hipoteca.

- **Un gran agente inmobiliario te ahorrará tiempo al hacer más selectiva tu búsqueda.** Un gran agente no te fastidiará (ni desperdiciará tu tiempo) al arrastrarte consigo a incontables propiedades. En lugar de ello, el agente te ayudará a descubrir lo que buscas, te mostrará una selección en línea y te permitirá disminuir tus opciones antes de salir a recorrer las calles. Después te "llevará de paseo" a las casas que ya has elegido y llevará un registro de lo que te agrada.

- **Un gran agente inmobiliario te informará acerca del mercado.** Los grandes agentes inmobiliarios saben más que sólo lo que está a la venta en un vecindario en particular. Ellos conocen el vecindario. Ellos pueden decirte todo lo relacionado con la historia de un área, lo que la hace especial y hacia dónde creen que se dirige el mercado en ella. Si buscas una urbanización nueva, el agente conocerá la trayectoria del urbanizador y sus planes para el futuro.

- **Un gran agente inmobiliario te mostrará maneras para incrementar el valor de la propiedad.** Desde el momento en el cual un gran agente inmobiliario ve una casa, piensa lo que podría hacerse para incrementar su valor. Instalar nuevos gabinetes en la cocina, rehacer los pisos, derribar la habitación trasera y agregar un baño, etc. Los grandes agentes inmobiliarios verán las casas y de inmediato comenzarán a sugerirte maneras para que incrementes su valor.

- **Un gran agente inmobiliario sostendrá tu mano en el cierre.** El cierre de la compra de una casa en una notaría puede ser un temible proceso de varias horas. Los grandes agentes revisarán los documentos contigo y con tu abogado para asegurarse de que no contengan errores. También trabajarán de cerca contigo y con tu ejecutivo bancario de hipotecas o corredor para asegurarse de que todo marcha como debe ser.

Cómo encontrar a un gran agente

Encontrar a un agente que esté listo, dispuesto y capaz de cumplir con todo lo anterior no es tan difícil como crees. Debes comenzar por solicitar recomendaciones a tus amigos y colegas de confianza. Si un nombre aparece una y otra vez, es buena señal. Presta atención si ves que se repite el nombre de un agente en particular en los letreros de SE VENDE en el vecindario donde quieres comprar. También puedes recolectar tarjetas de presentación de agentes que conozcas en exhibiciones de casas.

A medida que tu lista de posibles agentes comienza a cobrar forma, realiza una búsqueda en Internet de todos los candidatos que consideres. Busca artículos, salas de conversación o *blogs* y páginas web personales para darte una idea de su trabajo, su estilo, sus valores y cómo se promueven a sí mismos. También revisa si pertenecen a la National Association of Realtors (NAR, por sus siglas en inglés). Alrededor de la mitad de los agentes inmobiliarios está afiliados a la NAR (**www.realtor.org**), la cual ofrece capacitación avanzada y exige a sus miembros seguir un código de ética. Ésta es una señal de que dichos agentes toman con seriedad su profesión.

No temas formular preguntas difíciles

Cuando hayas reducido tu lista a tres, cuatro o cinco agentes, programa una reunión con cada uno y compórtate en ésta como si fuera una entrevista real. Te recomiendo formular las siguientes preguntas:

- ¿Durante cuánto tiempo se ha dedicado a este negocio?

- ¿Durante cuánto tiempo ha trabajado en este mercado en particular?

- ¿Cuántas listas (propiedades en venta donde el agente representa al vendedor) tiene?

- ¿Con cuántos clientes trabaja en este momento?

- ¿Cuántos tratos realizó el año pasado en el área que me interesa?

- ¿Por qué debería trabajar con usted en lugar de trabajar con algunos de sus competidores?

- ¿Qué lo hace un buen agente inmobiliario?

- ¿Cuál es su proceso? Es decir, ¿cómo trabaja con sus clientes?

- ¿Tiene usted un equipo o asistente? ¿Trabajaré con ellos o sólo con usted?

- ¿Puede darme los nombres de tres clientes con quienes haya trabajado y cuya situación sea semejante a la mía?

Con base en sus respuestas, pregúntate cómo crees que sería trabajar de cerca con cada uno de ellos. ¿Tu instinto te indica que esa persona es fiable? La única respuesta correcta es si sientes que el agente es adecuado para ti. Todo depende de la química.

Antes de comprometerte con un agente en particular, verifícalo con la comisión inmobiliaria de tu estado o con tu comité de licencias. (Encontrarás una lista de las agencias de cada estado que otorgan licencias a los profesionales inmobiliarios en la página web de la Association of Real Estate License Law Officials: **www.arello.com/index.cfm?fuseaction=RegAgency**). Quizá debas verificar que el agente de tu elección no sólo cuenta con una licencia, sino que ésta se encuentra en "buen nivel", lo cual significa que dicho agente se ha mantenido actualizado en cuanto a todos los requerimientos

¡Gratis! Mi regalo para ti

Visita mi página web **www.finishrich.com** para escuchar mi grabación gratuita sobre cómo contratar a un agente inmobiliario.

educativos. También vale la pena que investigues si dicho agente tiene registros de quejas o de acciones disciplinarias.

Elige el área donde quieres vivir y comienza a buscar

Antes de poder comprar una casa, tienes que encontrar la casa. Mientras más pronto comiences a buscar, más pronto terminarás. Entonces, no creas que necesitas esperar hasta que hayas contratado a un agente inmobiliario. Comienza de inmediato. Sólo dibuja un círculo en un mapa que cubra un área de alrededor de cinco millas sobre el área donde deseas vivir. En alguna parte de ese círculo vas a encontrar una casa que te agrade dentro de tu rango de precios.

El lugar adecuado para comenzar tu búsqueda es Internet. De hecho, allí es donde 84 por ciento de los futuros propietarios de casas comienzan en nuestros días, de acuerdo con la National Association of Realtors. Dados los sensacionales recursos para bienes raíces que están disponibles en línea, no es difícil dilucidar la razón. En sólo un par de horas, puedes reunir con tu computadora información acerca de lo que está disponible, dónde y a qué costo, lo cual te hubiera tomado meses saber hace diez años. He aquí una lista de las principales páginas web inmobiliarias:

AOL Real Estate (**RealEstate.aol.com**)

Coldwell Banker (**ColdwellBanker.com**)

CyberHomes (**www.cyberhomes.com**)

DotHomes (**www.dothomes.com**)

Movoto (**www.movoto.com**)

National Association of Realtors (**www.Realtor.com**)

ReMax (**www.ReMax.com**)

Trulia Real Estate Search (**www.Trulia.com**)

Yahoo! Real Estate (**RealEstate.Yahoo.com**)

Zillow (**www.Zillow.com**)

Desde luego, la investigación por Internet tiene un límite. A pesar de lo conveniente que es la búsqueda de casas en línea, nada se iguala a la experiencia de primera mano. Por tanto, asegúrate de revisar las listas de exhibiciones de casas en un periódico local (o en línea en la página web **www.openhouse.com**), elabora una lista de aquellas que se encuentran en tu rango de precios y después súbete a tu auto y ve a verlas. En cuestión de horas, podrás ver hasta docenas de propiedades y hacerte una idea más clara de lo que hay allá afuera que puedes pagar.

Compara y haz una oferta realista

Una vez que encuentres una casa que adores (o al menos que te guste lo bastante para desear comprarla), tendrás que hacer una oferta. Como norma, las casas no tienen precios fijos. Lo que tienen es un "precio solicitado". Tú tienes la opción de responder con una oferta, la cual puede ser superior, inferior o igual al precio solicitado.

¿Cómo sabes cuánto debes ofrecer? Aquí es donde un gran agente inmobiliario resulta muy útil. El agente te ayudará a saber si debes ofrecer una cantidad mayor o menor y por cuánto. Para ello, los agentes evalúan cuánta demanda existe por la propiedad, cuán ansioso está el dueño actual por venderla y, sobre todo, "hacen las comparaciones" para proporcionarte un análisis del dinero que han costado otras propiedades semejantes en el área. Tu agente inmobiliario podrá ofrecerte este servicio sin costo. También puedes revisar páginas web como **www.homesmartreports.com**, que cobra $25 por un análisis sólido de tendencias de ventas en cualquier vecindario. Encontrarás comparaciones menos detalladas y gratuitas en **www.zillow.com**, **www.domania.com** y **www.homegain.com**, y por $6,95 en **www.equifax .com**.

La mayoría de los expertos recomienda que revises la información de 90 a 180 días antes, pero en realidad depende del mercado. El negocio inmobiliario es local. Algunos mercados tienen tanta demanda que necesitas conocer las comparaciones más recientes posibles. Otras áreas son tan lentas que quizá tengas que investigar las ventas de propiedades de hasta un año atrás para darte una idea del mercado.

Debes hacer comparaciones incluso si conoces el vecindario. Creer que conoces los precios y conocerlos de verdad son dos cosas distintas. Tu decisión de compra debe basarse en hechos reales, no en corazonadas.

El conocimiento sin ofertas cuesta dinero

Si no sientes temor cuando hagas una oferta por una casa, en definitiva eres la excepción y no la regla. La mayoría de la gente se pone muy nerviosa cuando hace una oferta por una propiedad. Existen tantos factores a considerar y tanto dinero en juego que jalar el gatillo puede destrozarte los nervios.

Después de haber comprado media docena de propiedades en los últimos diez años, puedo decirte que, aunque se vuelve más fácil a medida que lo haces, nunca es fácil. La verdad es que comprendo lo que es quedarte congelado y no ser capaz de tomar una decisión. ¡A mediados de los años noventa me descubrí incapaz de jalar el gatillo durante casi cuatro años!

Como resultado, terminé por pagar $640.000 por un condominio de dos dormitorios que quizá pude haber comprado por alrededor de $300.000 cuando comencé a buscar. Aprende de mi lección. Invierte todo el tiempo necesario en buscar una propiedad que te guste, pero, cuando la encuentres, DEJA DE BUSCAR Y HAZ UNA OFERTA.

Protégete con un contrato de compra bien redactado

Cuando hagas esa oferta por una casa y después recibas la excelente noticia de que ha sido aceptada, no pienses que ya terminaste. Aún tienes que cerrar la venta y éste puede ser un proceso complicado que toma semanas, si no es que meses.

El primer paso en el proceso de cierre es firmar un contrato de venta y entregar un depósito (también conocido como "anticipo"). Necesitarás contratar a un buen abogado especializado en bienes raíces para que redacte tu contrato de compra. (A menudo trabajan por un precio establecido). El contrato de compra te compromete a comprar la casa a un precio específico, sujeto a varias contingencias como puede ser tu capacidad para obtener una hipoteca. Un aspecto en el cual debes insistir es que el contrato de compra incluya una cláusula que te otorgue el derecho de recuperar el total de tu anticipo si por cualquier razón cambias de opinión sobre la compra de la casa. Dadas todas las incertidumbres que acompañan a la compra de una casa, deberás empeñarte en contar con la mayor flexibilidad posible.

Solicita que la casa sea inspeccionada por un profesional

A menos que compres una propiedad nueva y construida de acuerdo con tus especificaciones, nunca debes cerrar un trato por una casa sin solicitar que un inspector profesional de casas la revise. A algunas personas les parece excesivo el costo, el cual puede ser entre $250 y $1.000 o más, pero eso no tiene sentido. Si consideramos lo que te costará la propiedad, la tarifa por inspección es un gasto menor para asegurarte de que la mayor compra de tu vida no resulte ser un fiasco.

Una inspección bien realizada de la casa revelará problemas serios relacionados con estructuras débiles, goteras, instalaciones defectuosas, amenazas eléctricas o de plomería, posibles riesgos para la salud, como emisiones de plomo, etc. (Quizá también consideres solicitar una inspección de termitas y, si la propiedad cuenta con tanques de agua o un pozo, una inspección de agua). Aunque el inspector profesional te entregará un reporte escrito de sus descubrimientos, no esperes a que te lo envíe: preséntate en la casa y observa cómo conduce la inspección. Es probable que realice un mejor trabajo si sabe que tú lo estás observando.

Debes poder obtener referencias de un buen inspector con tu agente inmobiliario o con la institución hipotecaria. Es preferible que obtengas las recomendaciones de ambos. Asegúrate de que dicho inspector sea miembro de la American Society of Home Inspectors (**www.ashi.com**) o de InterNACHI, la National Association of Certified Home Inspectors (**www.findan inspector.us**). Muchos estados permiten que cualquier persona se cuelgue el título de inspector, pero tú querrás que sea alguien que en verdad sepa lo que hace.

Si te dan una garantía, asegúrate de saber lo que dice

La mayoría de las casas y los condominios recién construidos incluyen garantías del constructor contra defectos de construcción que cubren entre uno y diez años. Sin embargo, la protección que ofrecen puede no ser tan sólida como crees. Entonces, antes de cerrar el trato por una casa nueva, lee con atención la garantía y haz que un abogado la revise también.

Alrededor de treinta estados cuentan con lo que se conoce como leyes de "derecho de reparación", cuyo objetivo es motivar una construcción de calidad y dar a los constructores la oportunidad de hacer reparaciones. De hecho, dado que muchas de estas leyes fueron ideadas por intermediarios a favor de los constructores, lo que en realidad hacen es dificultar que tramites quejas contra un constructor, incluso si cuentas con garantías. Más aún, algunas leyes de derecho de reparación obligan a los propietarios a realizar un mantenimiento apropiado, lo cual significa que si no cumples con el esquema de mantenimiento descrito en tu garantía, tu protección podría quedar sin efecto. Ésta es la razón por la cual es importante conocer lo que incluye tu garantía y por qué es probable que sea buena idea solicitar a un abogado que la revise contigo para asegurarte de que comprendes tus obligaciones.

De lo que debes cuidarte

Conflicto de intereses

En algunas ocasiones, un agente inmobiliario te mostrará una casa que está representada por otro agente en su misma agencia. Si decides comprarla, es muy probable que el contrato de venta incluya una nota en la cual se aclare que tu agente en realidad no te representa a ti, sino al vendedor.

En este caso, DEBES buscar un abogado. No permitas que "tu" agente te diga que no te preocupes por eso. Si firmas un contrato que dice que tu agente representa al vendedor, tú no cuentas con protección legal alguna. Por tanto, consíguete un abogado que pueda revisar el contrato y cuidarte las espaldas en el trato.

Esta situación se conoce como "agencia dual" y es un clásico conflicto de intereses que ocurre todo el tiempo en el negocio de los bienes raíces. Las leyes que cubren la agencia dual varían de un estado a otro. Sólo seis estados (Colorado, Kansas, Maryland, Oklahoma, Texas y Vermont) prohíben a los agentes representar a ambas partes en una transacción, pero, incluso en los estados donde es legal, los agentes tienen la obligación ética de informar al comprador potencial si ellos o su agencia trabajan para el vendedor. Desde luego, esto no significa que lo harán. Hace algunos años, investigadores estatales en Massachussets realizaron visitas encubiertas a cuarenta y cinco agencias inmobiliarias para averiguar si éstas entregaban a los nuevos clientes un formato de declaración de agencia dual, requerido por la ley. Ninguna de ellas lo hizo.

El problema con la agencia dual es que no es realista esperar que un agente (o agencia inmobiliaria) realice el mejor trabajo posible para obtener el precio más bajo para un comprador, al mismo tiempo que intenta obtener el precio más alto para el vendedor. Incluso con el más ético de los agentes, lo más probable es que se presenten problemas. Al menos, una vez que tú manifiestes interés por una casa que tu agente representa, es probable que lo sientas un poco más distante y menos dispuesto a aconsejarte con honestidad sobre lo que el vendedor aceptará o no.

El hecho es que necesitas saber que tu agente te representa a ti y sólo a ti. Una manera de lograrlo es contratar a un "agente de comprador" que trabaje en una agencia que sólo represente compradores. Puedes encontrar agentes que sólo trabajen con compradores a través de la National Association of Exclusive Buyer Agents (**www.naeba.org**), un grupo cuyo código de ética especifica (entre otras cosas) que sus miembros evitan todo posible conflicto de intereses, reportan todas las comisiones que puedan recibir de agentes de vendedores y reservan su lealtad en exclusiva para sus clientes compradores.

Si decides trabajar con un agente o agencia que también represente a los vendedores, siempre ten presente que, a pesar de que tu agente te agrade mucho como persona, quizá no sea tan fiel a tus intereses. Por tanto, evita comentarle detalles cruciales, como la posición de tu límite inferior en tus negociaciones. No querrás colocar a tu agente en la incómoda posición de conocer tu límite de gastos cuando discuta la estrategia con el vendedor.

Gratificaciones, comisiones y porcentajes

Cuando llega el momento de cerrar tu compra es probable que tu agente inmobiliario o corredor de hipotecas te recomiende que contrates a un agente de fianzas, valuador y compañía de seguros en particular. En muchos casos, esto se debe a que ellos los conocen y les complace su trabajo, pero a veces se debe a que tienen un interés financiero oculto al realizar negocios con ellos.

Bajo la Real Estate Settlement Procedures Act, es ilegal que un agente inmobiliario o corredor de hipotecas acepten "comisiones" o "gratificaciones" a cambio de enviar a un cliente a un agente de cierre en particular. Sin embargo, el envío de clientes a cambio de un porcentaje de dinero sucede todo el tiempo. Un estudio realizado por el Washington State Insurance Commisioner declara que el número de violaciones de este tipo es "apabullante". Sólo en el estado de Nueva York, un esquema de porcentajes opera en las cuatro compañías aseguradoras de títulos más grandes de la nación y les cuesta cientos de millones de dólares a los compradores de casas, de acuerdo con una instancia antimonopolio emitida en el año 2008. Cargos similares en California condujeron a los reguladores del estado a multar a las mismas cuatro empresas, las cuales en conjunto controlan más de 90 por ciento del negocio de seguros de títulos, con $49 millones en fianzas y penalizaciones.

> Si decides trabajar con un agente o agencia que también represente a los vendedores, siempre ten presente que, a pesar de que tu agente te agrade mucho como persona, quizá no sea tan fiel a tus intereses. Por tanto, evita comentarle detalles cruciales, como la posición de tu límite inferior en tus negociaciones.

El problema con los porcentajes es que cuando eres referido con un agente de cierre en particular, es probable que no obtengas un precio competitivo ni el mejor servicio. Un indicativo de cuánto le cuesta esta práctica a los consumidores es comparar las tarifas de seguros de títulos en un estado como

California, donde los porcentajes se presentan por doquier, con las de Iowa, el único estado donde el gobierno administra el negocio de seguros de títulos. En California, el seguro de título para una casa que vale $500.000 te costará entre $1.200 y $2.000. En Iowa, la cobertura para una casa de $500.000 cuesta sólo $110.

Entonces, a menos que vivas en Iowa o tengas planes para mudarte a ese estado en un futuro cercano, te aconsejo que te asegures de hacer algunas investigaciones para comparar. En cualquier caso, llama a la aseguradora de títulos que te recomiende tu agente inmobiliario, pero también busca otras dos o tres empresas nacionales en el directorio telefónico o en Internet. Pregunta a cada una los servicios que ofrece y lo que cobran por ellos. Después elige aquella que más te guste a ti y no a tu agente.

Qué hacer si algo sale mal

Problemas con un agente inmobiliario

Si sientes que tu agente inmobiliario ha actuado sin ética o te ha engañado, quéjate *por escrito* ante el supervisor del agente. Elabora una descripción detallada. Explica con exactitud lo que sucedió, cuándo sucedió y quiénes estuvieron involucrados. Conserva una copia para tu expediente, envía la carta por correo certificado y solicita acuse de recibo para contar con un registro de cuándo y con quién tramitaste tu queja.

Si esto no resuelve el problema, envía una queja al comité de licencias inmobiliarias de tu estado. Como ya señalé antes, puedes encontrar la información de contacto para cada agencia estatal que otorga licencias a los profesionales inmobiliarios en la página web de la Association of Real Estate License Law Officials: **www.arello.com/index.cfm?fuseaction=RegAgency**. Cuando contactes al comité estatal, pídeles que te describan el proceso para tramitar una queja, los pasos que la agencia dará para investigar y atender la queja, cuánto tiempo tomará y cómo se te notificarán los progresos y las decisiones.

Si se presenta un conflicto ético y el agente es miembro de la National Association of Realtors, debes presentar una queja ante la asociación local inmobiliaria y enviar una copia a la comisión de licencias inmobiliario de tu estado. Puedes encontrar información de contacto para cada división de la NAR en la página web de la organización: **www.realtor.org/leadrshp.nsf/webassoc?OpenView**.

Construcciones defectuosas y problemas con garantías

Dados todos los obstáculos que imponen las leyes de derecho de reparaciones, si compras una casa recién construida y luego descubres que tiene defectos de construcción, tu mejor opción es consultar a Homeowners Against Deficient Dwellings (**www.hadd.com**), un grupo defensor que ayuda a los propietarios de casas a comprender sus derechos y a buscar soluciones. A pesar de que HADD no investiga quejas ni realiza acciones legales de ningún tipo, es aliada de varias organizaciones activistas legales y de consumidores como Consumer Attorneys, Public Citizen y Trial Lawyers for Public Justice. Su página web también es un tesoro de información valiosa que incluye los procedimientos para presentar quejas por construcciones defectuosas en cada estado.

Pasos de acción para luchar por tu dinero

☐ Comprométete a buscar un gran agente inmobiliario. Programa entrevistas con tus tres candidatos principales y toma una decisión.

☐ Decide el tipo de casa que deseas comprar y dónde.

☐ Realiza comparaciones y haz una oferta realista.

☐ Contrata a un gran abogado especializado en el mercado inmobiliario para que defienda tus intereses desde el contrato de compra y a lo largo de todo el proceso hasta el cierre.

☐ Ordena una inspección completa de tu casa.

☐ Lee más acerca del proceso de compra de una casa en el siguiente capítulo, "Hipotecas para casas".

☐ Lee *El Millonario Automático Dueño de Casa* para crear un plan de vida poderoso y acabar rico como propietario de casa.

Hipotecas para casas

Mientras escribo esto, CNN reporta que los acreedores han embargado 1,2 millones de hogares en el segundo trimestre del año 2008. Para empeorar las cosas (o hacerlas más temibles), otros 2,9 millones de propietarios de viviendas (o 6,4 por ciento del total) están retrasados con sus pagos. Lo que en verdad es devastador acerca de estas cifras es que cada uno de esas ejecuciones hipotecarias representa una tragedia individual o familiar.

Es fácil decir (y muchos "expertos" lo han hecho) que la crisis hipotecaria fue el simple resultado de que las instituciones de crédito presionaron a los propietarios a aceptar hipotecas que no pudieron pagar. No hay duda alguna de que a millones de personas se les vendieron hipotecas que no pudieron pagar, pero la crisis no sólo es culpa de las instituciones de crédito irresponsables, sino que fue consecuencia de muchas razones, una de las cuales es que muchos deudores estuvieron dispuestos a firmar contratos que no comprendían.

La verdad más importante que puedo compartir contigo al respecto es que necesitas comprender tu hipoteca ANTES de firmar en la línea punteada y cerrar el trato por una casa. Y si ya vives en una casa y tienes una hipoteca, necesitas comprender AHORA el tipo de hipoteca que tienes y cómo funciona en realidad.

Por desgracia, un número sorprendente de propietarios de casas no comprende cómo funcionan las hipotecas y mucho menos la que ellos tienen. De acuerdo con un reciente estudio de BankRate.com, una de cada cuatro personas no conoce el tipo de hipoteca que tiene. Si consideramos que para la mayoría de la gente los pagos mensuales de sus hipotecas representan más del 30 por ciento de sus gastos, es sorprendente que millones de nosotros no tengamos idea de cómo son financiados nuestros hogares. No puedes permitirte ser una de esas personas.

Durante años he defendido un axioma simple acerca de los bienes raíces que es muy distinto al de otros expertos:

Creo que el viejo dicho de que el secreto de los bienes raíces es "ubicación, ubicación, ubicación" es un error. El secreto de los bienes raíces es "FINANCIACIÓN, FINANCIACIÓN, FINANCIACIÓN".

Si el financiamiento de tu casa es incorrecto, bien puedes terminar por perder toda la propiedad. Y si crees que exagero, sólo echa un vistazo alrededor: sucede en millones de casos en todo el país.

Una breve historia de la reciente crisis hipotecaria

Resulta difícil de creer ahora, pero las hipotecas solían ser muy sencillas. Escuchabas la palabra "hipoteca" y pensabas en cosas como "estable", "responsable" y "aburrido". La decisión más grande que la mayoría de los propietarios de viviendas tenía que tomar al elegir una hipoteca era si sería por quince o treinta años. La tasa era fija y tú sabías con exactitud cuánto tendrías que pagar cada mes durante un periodo extendido. La más exótica de las hipotecas tenía una tasa ajustable (conocida como hipoteca de tasa ajustable, *adjustable-rate mortgage*, ARM, por sus siglas en inglés) y por lo general era una hipoteca a treinta años con una tasa fija durante los primeros cinco, siete o diez años.

Sin embargo, a finales de los años noventa las instituciones hipotecarias comenzaron a ofrecer una amplia variedad de productos exóticos. Había opciones de hipotecas, hipotecas sólo sobre intereses, hipotecas de amortización negativa, etc. Muchos compradores ni siquiera intentaban comprender estos préstamos tan complicados. En lugar de ello, se enfocaron en los primeros pagos mensuales, los cuales siempre eran muy bajos. Para empeorar la situación, las instituciones hipotecarias crearon hipotecas "sin documentación", conocidas informalmente como "préstamos mentirosos", las cuales te permitían comprar una casa sin pagos por adelantado y sin comprobante alguno de ingresos.

Por fin, la industria comenzó a introducir lo que se conoció como hipotecas *subprime*. Eran préstamos que permitían a la gente con muy pocos ahorros (si los tenía) y no muy buen crédito comprar una casa (con frecuencia sin pagos por adelantado). El resultado fue que las compras de viviendas alcanzaron niveles históricos y los precios de las propiedades se elevaron también a niveles históricos. Pronto, mucha gente veía a sus casas como si fueran acciones que podía comprar y cambiar por ganancias inmediatas y fáciles. Al mismo tiempo, las instituciones repartieron créditos que permitieron a un número sorprendente de propietarios acceder a préstamos contra el supuesto valor de sus casas y utilizar las utilidades para liquidar tarjetas de crédito o para comprar otras cosas.

Durante un tiempo, mientras los precios de las casas continuaban en aumento, esta situación fue conveniente para millones de estadounidenses, pero, como siempre sucede, la fiesta llegó a su fin. A finales del año 2007, los retrasos en el pago de hipotecas eran estratosféricos, los precios del mercado inmobiliario se tambaleaban, los bancos registraban pérdidas de cerca de un billón (sí, es correcto: un *billón* con *b*) y alrededor de 6 millones de estadounidenses estaban en riesgo inminente de perder sus hogares por ejecuciones hipotecarias.

Para decirlo con palabras suaves, las hipotecas ya no eran un camino sencillo y directo para convertirse en propietarios y, con el tiempo, amasar fortunas. Por el contrario, para muchos compradores de casas que ya no pudieron realizar sus pagos mensuales (los cuales se duplicaron o triplicaron al dispararse sus tasas ajustables), las hipotecas se volvieron "tóxicas".

Justo después de la crisis hipotecaria, con el Congreso en pie de guerra, muchas grandes instituciones financieras en ruinas y los mayores bancos nacionales con montañas multimillonarias de disminuciones de valor de propiedades, los deudores por fin hicieron lo que debieron hacer años atrás: comenzaron a ponerse en orden. Si tenías buen crédito, un ingreso comprobable y el dinero en efectivo para cubrir al menos un adelanto de 20 por ciento, podías obtener una hipoteca a tasa fija por quince o treinta años sin problemas. Pero olvídate de obtener una de esas bombas de tiempo hipotecarias sin depósito por adelantado, sin documentación y con tasa variable. Ya eran historia.

Al menos eso es lo que a mucha gente le gustaría creer.

Sería agradable decir que los días malos ya se han marchado para siempre, que los compradores potenciales nunca más tendrán que preocuparse por instituciones hipotecarias predadoras que ofrezcan esos tentadores acuerdos que parecen tan accesibles al principio, pero que de hecho contienen trampas ocultas que con el tiempo te llevarán a la bancarrota. Sin embargo, el hecho es que este tipo de fenómenos ocurre de manera cíclica. A pesar de los exóticos productos hipotecarios y los timadores que los promueven ya están fuera de la jugada, puedes apostar a que tarde o temprano regresarán.

Entonces, si estás en busca de una nueva hipoteca o de un refinanciamiento para la que ya tienes, mantén la guardia en alto. En las manos adecuadas, una hipoteca accesible es una de las más grandiosas herramientas jamás creadas para construir riqueza. Sólo necesitas asegurarte de obtener una hipoteca accesible.

Cómo luchar por tu dinero

En términos básicos, una hipoteca es un préstamo que tú tramitas para comprar una casa, cuyo colateral es la casa misma. (Esto significa que si te retrasas en tus pagos, la institución hipotecaria puede apoderarse de tu casa y sacarte de allí). En su versión más simple, un préstamo hipotecario se paga a lo largo de un periodo establecido (por lo general de quince o treinta años) con una serie de pagos regulares, parte de los cuales sirve para pagar los cargos por concepto de intereses y otra parte se destina al pago del capital. Al principio de una hipoteca, cuando el saldo del préstamo es alto, la mayor parte de las mensualidades se destina al pago de intereses, pero, a medida que el tiempo avanza y que el saldo de la hipoteca disminuye, el cargo por intereses desciende con éste y una mayor parte de las mensualidades se destina a pagar el capital. Para cuando te aproximas a tu último pago, casi todo el dinero se aplica al capital. Este proceso se conoce como amortización.

El impacto de la crisis hipotecaria se sentirá durante muchos años (quizá décadas) y, hasta que el dolor disminuya, es probable que las instituciones crediticias sean muy cautelosas con el tipo de hipotecas y acuerdos de refinanciamiento que ofrezcan y a quién se los ofrezcan. Esto es positivo porque nadie se beneficia (ni las instituciones hipotecarias ni la economía nacional y, en definitiva, ni el deudor) cuando un banco o corredor permite que alguien muerda más de lo que puede masticar.

Sin embargo, si hemos aprendido algo de esta crisis es que como deudor no debes esperar que un acreedor cuide tus intereses. Eso es algo que tendrás que hacer por ti mismo. Así es como debes hacerlo.

Calcula cuánto puedes pagar

Por lo que se refiere a comprar un lugar para vivir, lo importante no es cuánto cuestan las casas o los condominios, sino cuánto dinero puedes gastar.

Entonces, ¿cuánto dinero puedes gastar para tu casa?

La regla más sensata basada en la experiencia quizá sea la recomendada por la Federal Housing Administration, la agencia gubernamental encargada de ayudar a los estadounidenses a convertirse en propietarios de sus viviendas. Esta regla dice que la mayoría de la gente puede gastar 29 por ciento de su ingreso bruto en comprar su casa y hasta 41 por ciento si no tiene más deudas. La siguiente tabla muestra en rango de precio que tus ingresos justificarían.

El rango de precio que es adecuado para ti

Ingresos brutos anuales	Ingresos brutos mensuales	29% del bruto	41% del bruto
$20.000	$1.667	$483	$683
$30.000	$2.500	$725	$1.025
$40.000	$3.333	$967	$1.367
$50.000	$4.176	$1.208	$1.712
$60.000	$5.000	$1.450	$2.050
$70.000	$5.833	$1.692	$2.391
$80.000	$6.667	$1.933	$2.733
$90.000	$7.500	$2.175	$3.075
$100.000	$8.333	$2.417	$3.417

Como indica la tabla, si tienes un ingreso total de $80.000 al año, debes poder pagar entre $1.933 y $2.733 al mes por tu hipoteca. El hecho de que te encuentres en el extremo inferior o superior de este rango depende del monto de las deudas que ya tengas, los otros compromisos o metas financieras que tengas (como ahorros para jubilación o gastos médicos especiales), cuán seguro es tu empleo y cuáles son tus perspectivas a futuro. Como es obvio, si tu deuda es pequeña o inexistente, tienes muy pocos compromisos adicionales y estás a la espera de varias promociones en tu empleo, puedes cómodamente acceder al límite superior de 41 por ciento. Si la situación es un tanto estrecha, lo más recomendable es que permanezcas cerca del límite inferior de 29 por ciento.

La siguiente tabla muestra cuáles son las mensualidades para diferentes tamaños de hipotecas a treinta años con distintas tasas de interés; en otras palabras, cuánto vale la casa que puedes obtener según las mensualidades que puedes pagar.

Pagos hipotecarios típicos

Total de la hipoteca	5,0%	5,5%	6,0%	6,5%	7,0%	7,5%	8,0%
$100.000	$537	$568	$600	$632	$668	$699	$734
$150.000	$805	$852	$899	$948	$998	$1.048	$1.100
$200.000	$1.074	$1.136	$1.199	$1.264	$1.331	$1.398	$1.468
$250.000	$1.342	$1.419	$1.499	$1.580	$1.663	$1.748	$1.834
$300.000	$1.610	$1.703	$1.799	$1.896	$1.996	$2.098	$2.201
$350.000	$1.879	$1.987	$2.098	$2.212	$2.329	$2.447	$2.568
$400.000	$2.147	$2.271	$2.398	$2.528	$2.661	$2.797	$2.935
$450.000	$2.415	$2.555	$2.698	$2.844	$2.994	$3.146	$3.302
$500.000	$2.684	$2.839	$2.998	$3.160	$3.327	$3.496	$3.665

Pagos mensuales (capital más intereses) por una hipoteca a tasa fija por treinta años.

Si calculamos una tasa de alrededor de 6 por ciento (que es el estándar de las hipotecas a treinta años mientras escribo esto), lo que dice la tabla es que una persona que puede pagar entre $1.933 y $2.733 al mes por su casa; es decir, un individuo que gana $80.000 por año puede pagar una hipoteca de entre $350.000 y $450.000 con facilidad. En la mayor parte del país, esta cantidad es más que suficiente para comprar una casa bastante aceptable.

Limpia tu crédito *antes* de comenzar a buscar una hipoteca

El factor más importante para saber si eres candidato para la mejor hipoteca posible y menos costosa es tu calificación crediticia; es decir, la cifra de tres dígitos basada en tu historial crediticio que en esencia resume el tipo de riesgo crediticio que tú representas. El rango de las calificaciones crediticias es entre 300 y 850. Una diferencia de sólo 50 puntos puede costarte miles de dólares a lo largo de la vida de tu hipoteca y 100 o más puntos pueden valer decenas de miles de dólares a favor o en contra tuya. Entonces, tu calificación crediticia es crítica y, si no es ideal, ahora es el momento adecuado para corregirla. En términos ideales, debes comenzar a trabajar con tu calificación al menos un año antes de comenzar a buscar una hipoteca, pero la buena noticia es que sí puedes elevar tu calificación en seis meses. La sección "Califica-ciones crediticias" en la página 121 te explica cómo se calculan y lo que necesitas para elevarlas.

Cuando por fin estés listo para comenzar a solicitar hipotecas, asegúrate de concentrar todas tus solicitudes y requerimientos en un periodo de treinta días. Necesitas hacerlo así porque cada vez que investigas la posibilidad de obtener una hipoteca con un banco o corredor, ellos revisarán tu crédito y cada vez que alguien revisa tu crédito pierdes algunos puntos de calificación. Por suerte, las agencias de calificación de crédito que determinan tu califica-ción crediticia no penalizan a los clientes por buscar hipotecas y entonces cuentan todas las solicitudes de calificación recibidas de instituciones hipo-tecarias dentro del mismo periodo de treinta días como una sola solicitud.

Busca tu hipoteca antes de comenzar a buscar tu casa

No hay nada peor que encontrar la casa de tus sueños y no saber si serás capaz de conseguir el dinero necesario para comprarla. De hecho, puede haber una cosa peor: encontrar la casa de tus sueños y tomar una decisión precipitada y mal informada acerca de una hipoteca porque estás emocio-nado y quieres cerrar el trato tan pronto como puedas.

Debes obtener un COMPROMISO POR ADELANTADO de una institución de crédito antes de comenzar a buscar casa.

Las hipotecas son complicadas y te conviene tomar la decisión con calma y deliberación, no cuando estás acelerado, estresado y con prisa. Ésta es la razón por la cual debes obtener un COMPRO-MISO POR ADELANTADO de una institución de crédito *antes* de comenzar a buscar casas.

En términos básicos, una aprobación previa es un compromiso sólido de una institución crediticia en particular de otorgarte una hipoteca determi-nada a una tasa establecida, sujeta sólo al hecho de que encuentres una casa adecuada. No debes confundir lo anterior con una precalificación, la cual en realidad no compromete a nadie a nada.

Cuando le pides a una institución de crédito que te apruebe para una hipoteca, lo que le pides es que revise de manera formal tu situación finan-ciera, decida si eres sujeto de crédito y después, si asumimos que lo eres, se comprometa a prestarte determinada cantidad de dinero bajo términos par-ticulares, sujetos sólo al hecho de que tú encuentres una propiedad ade-cuada. Para lograr todo lo anterior, la institución crediticia solicitará tu reporte de crédito y tu calificación y estudiará tu historial crediticio para averiguar si puede confiar en que pagarás tus mensualidades a tiempo. Ade-más, la institución crediticia querrá verificar tanto tu ingreso actual como tu historial de ingresos. Es probable que desee ver copias de tus declaraciones de impuestos durante los últimos tres años, en especial si trabajas por tu cuenta, y querrá analizar una lista verificada de todos tus activos y propiedades.

Dado que esta revisión es tan minuciosa, puede tomarle varios días, pero, una vez que está lista, tendrás un compromiso real en el cual puedes apoyarte.

El hecho de saber con exactitud el tipo de hipoteca que puedes obtener no sólo te permite disfrutar más el proceso de compra de una vivienda, sino también puede ayudarte a conseguir un mejor trato dado que los vendedores por lo general están más que dispuestos a hablar con franqueza con compradores cuyas finanzas son sólidas.

Conseguir una aprobación previa: a quién pedírsela y adónde ir

Entonces, ¿cómo decides a quién solicitarle una aprobación previa? Para encontrar una institución hipotecaria requieres principalmente de investigación. Debes comenzar por reunirte con tu banco actual. Si tu cuenta está en un banco nacional, visita tu sucursal y habla con el gerente de crédito. Con frecuencia, los clientes del banco obtienen tasas preferenciales. También debes buscar recomendaciones de tu agente inmobiliario (por ley, éstos deben proporcionarte tres referencias). Y, desde luego, pregunta a personas de tu confianza que tengan hipotecas, así como a profesionales de las finanzas con quienes tengas relación, como tu contador o tu asesor financiero. Elabora una lista de más o menos media docena de bancos, instituciones financieras y corredores de hipotecas y comienza a investigar.

Con tu reporte de crédito en mano y una idea clara de cuánto quieres solicitar como préstamo en mente, visita a cada uno de los candidatos. Existen cuatro preguntas básicas que debes formularles:

- **¿Cómo es el proceso?** Solicitar una hipoteca es muy similar a solicitar tu ingreso a una universidad. Existen muchos tipos de formularios para llenar, calificaciones por las cuales preocuparte y decisiones por tomar. Pídele al ejecutivo del banco o al corredor que te explique el proceso que seguirán para ayudarte a hacer todo eso. También debes asegurarte de que pueden ayudarte a conseguir una aprobación previa. Si la respuesta es "No, pero puedes ser precalificado", éste no es un ejecutivo de banco o corredor con quien quieras trabajar.

- **¿Qué tipo de experiencia tienen?** Tú quieres a alguien que haya estado en el negocio durante un tiempo y tenga mucha experiencia en hipotecas como la que tú buscas. Si vas a comprar tu primera casa y la experiencia del ejecutivo o del corredor se inclina más hacia el refinanciamiento, no es la persona adecuada para ti.

- **¿Por lo general qué tipo de préstamos recomiendan?** Toda institución hipotecaria te dirá que la respuesta depende de las necesidades particulares del cliente y de su situación. Entonces, pregunta por el tipo de hipotecas que más recomienda y por qué. Si no te sientes conforme con lo que te dice, busca a alguien más. Sé cauteloso con cualquier persona que te hable acerca de préstamos con tasa ajustable u otros productos exóticos.

- **¿Se especializan en determinado tipo de clientes o productos?** A algunos profesionales hipotecarios les encantan los compradores primerizos. Otros trabajan más con inversionistas profesionales. Tú querrás a alguien que trabaje con el tipo de deudor que tú seas.

Las respuestas que recibas a estas preguntas deberán darte una idea de si el profesional con quien hablas es el adecuado para ti. La química también cuenta. Vas a discutir mucha información personal y delicada con este individuo; por tanto, si no te sientes cómodo, la relación no funcionará.

Si estás satisfecho con las respuestas que recibes, solicita al candidato un cálculo aproximado del tipo de tasa y los términos que su institución estaría dispuesta a ofrecerte. Que no te avergüence aplicar presión para conocer detalles. Formula todas las preguntas enlistadas en la página 233.

Este proceso de selección es una buena manera de eliminar a los candidatos corruptos y a los préstamos abusivos. Las buenas instituciones hipotecarias te darán explicaciones claras. Los predadores, por su parte, nunca responderán con claridad a tus preguntas. Entonces, si sales de una junta y te sientes confundido, incluso a pesar de que el ejecutivo o el corredor de hipotecas te agradó, no hagas negocios con ellos y continúa con tu investigación.

Lo más probable es que cada institución hipotecaria te presente sus propuestas de una manera un tanto distinta. Como resultado, quizá te resulte difícil comparar diferentes ofertas de hipotecas. Una manera es comparar la tasa porcentual anual (APR, por sus siglas en inglés) de cada hipoteca dado que esa cifra toma en cuenta no sólo la tasa de interés, sino cualquier interés que se supone que tú pagarás por adelantado (llamado "puntos"), así como tarifas y costos de cierre.

Para una comparación aún más exacta, existen numerosos evaluadores de hipotecas amigables en línea. MyFico.com cuenta con una calculadora para determinar cuál es tu mejor opción de hipoteca (**www.myfico.com/**

LoanCenter/Mortgage/Calculators/LoanEvaluation.aspx) que comparará los costos totales de dos hipotecas y te dirá cuál es el mejor acuerdo; por su parte, Tcalc.com cuenta con una que comparará tres hipotecas a la vez (**www.tcalc .com/mortgage-comparison-calculator.html**).

Una vez que descubras cuál oferta es la mejor, solicita una aprobación previa a esa institución hipotecaria. Si después de realizar todo el proceso de aprobación previa te informan que no calificas para la hipoteca que te ofrecieron, continúa con tu investigación antes de aceptar una hipoteca con términos menos favorables.

No aceptes una hipoteca que no comprendas

Como dije antes, una cuarta parte de los propietarios de viviendas no comprende el tipo de hipoteca que tiene. La verdad es que, en años recientes, a muchos millones de personas se les vendieron hipotecas sin piedad con base sólo en la tasa de interés inicial. Sus instituciones hipotecarias les dijeron: "Ésta es la tasa de interés y éste será tu pago mensual al principio". Digo que fue sin piedad porque el monto de tus pagos mensuales y tu tasa de interés inicial no son suficiente información para que tú comprendas cuál será el costo verdadero de tu casa.

Lo que necesitas saber para comprender tu hipoteca NO ES COMPLICADO. Sólo se ha vuelto más confuso de lo que debería ser; tanto que incluso las personas versadas en finanzas se han visto atrapadas. En los tiempos de la cúspide de la bonanza de los bienes raíces, una buena amiga me llamó para decirme que le habían ofrecido "una hipoteca jumbo con una tasa de interés de 2 por ciento", ¿y qué pensé yo? Mi respuesta inmediata fue decirle que tenía que tratarse de una tasa "engañosa". En aquel tiempo, las tasas para las hipotecas jumbo estaban cercanas a 6,5 por ciento. "NO HAY manera de que puedan ofrecerte esa tasa", le dije. "Mi teoría es que se ajustará en seis meses o menos".

Armada con esta nueva información y una lista de preguntas, mi amiga regresó con su ejecutivo hipotecario y, como era de esperarse, resultó que la tasa de 2 por ciento era válida sólo durante un mes y luego sería actualizada cada mes según las condiciones del momento. Si mi amiga no me hubiera llamado es probable que hubiera comprado una casa con una hipoteca que no hubiera podido pagar.

Preguntas para una institución hipotecaria antes de firmar la línea punteada

- ¿Qué tipo de hipoteca es ésta? ¿Es una tasa fija o ajustable?

- ¿Cuánto es el plazo del préstamo (cuál es el esquema de amortización)?

- Si es una hipoteca con tasa ajustable, ¿durante cuánto tiempo se fija la tasa? Y cuando cambia, ¿a cuál factor se ajustará? Toda hipoteca de tasa ajustable depende del movimiento de un indicador económico clave (como el índice de los Treasury Bills o la tasa interbancaria de Londres). Entonces, si tienes una tasa ajustable, pregunta de cuál índice depende, cuántos puntos por encima del índice se fijará la tasa y por qué ese índice en particular es conveniente para ti.

- ¿Existe alguna penalización por prepago? Esto significa que si refinancias o liquidas tu hipoteca antes de tiempo, ¿te cobrará una penalización la institución hipotecaria? Si es así, ¿a cuánto asciende dicha penalización?

- ¿Qué sucede si alquilo la propiedad en vez de a vivir allí? ¿Tengo que informarles a ustedes y existe alguna penalización o ajuste de tasa de interés?

- ¿Cuál es el costo del préstamo? ¿Existen tarifas de pago por adelantado (conocidas como "puntos")? ¿A cuánto ascienden dichas tarifas?

- Si el pago inicial es menor al 20 por ciento del precio de compra, ¿cuánto dinero tendré que pagar por un seguro de hipoteca privada? Y una vez que mis pagos por la casa cubran el 20 por ciento, ¿cómo puedo lograr que se retire mi obligación de contar con un seguro de hipoteca privada?

- ¿Cuál es la tasa de interés anual de la hipoteca (su verdadera tasa de interés)?

Si insistes en recibir las respuestas a estas preguntas, aprenderás mucho más de lo que la mayoría de la gente aprende cuando recibe una hipoteca y, como resultado, estarás preparado para tomar una decisión informada.

Lo que dio origen a la crisis fue el hecho de que millones de personas estuvieron dispuestas a aceptar hipotecas que no comprendían y que, en muchos casos, ni siquiera necesitaban en realidad. En general las aceptaron porque estaban fascinadas con la perspectiva falsa del dinero "gratis"; es decir, la idea sembrada por instituciones hipotecarias predatorias de que estas personas no necesitaban preocuparse por los detalles dado que los valores crecientes de los bienes raíces se harían cargo de todo.

Como es obvio, los detalles sí importan. Por tanto, si cualquier aspecto de tu contrato de hipoteca no tiene sentido para ti o no parece reflejar lo que te han prometido, exige una explicación. No le creas al banquero o corredor que te diga: "No se preocupe, lo arreglaremos después". El hecho es que el después nunca llega. Como dice un defensor del consumidor: "Nunca he conocido a nadie que obtenga después el mejor préstamo".

Toma una clase de propiedad inmobiliaria. Adquiere más educación financiera

Escribí un libro entero sobre propiedades llamado *El Millonario Automático Dueño de Casa*. Este libro es un verdadero curso para propietarios de viviendas y puedes encontrar todo al respecto en mi página web **www.finishrich .com**. Tanto si compras *El Millonario Automático Dueño de Casa* o si lo lees gratis en la biblioteca, debes leer libros de ese tipo. Si ésta es la primera vez que compras una casa, te recomiendo que tomes un curso de propiedades inmobiliarias. Muchas instituciones hipotecarias ofrecen clases para "propietarios primerizos". Puedes visitar **www.finishrich.com** y encontrar información acerca de talleres ofrecidos en tu área o revisar con el U.S. Department of Housing and Urban Development (HUD, por sus siglas en inglés) o con las agencias locales de protección al consumidor de tu ciudad o condado.

Además de los cursos, el HUD patrocina agencias locales de asesoría con consultores de vivienda que pueden actuar como tus defensores en el proceso del préstamo y te ayudan a interpretar y a evaluar los cálculos y los documentos hipotecarios. Hay una lista de agencias locales aprobadas por el HUD en tu estado en la página web del HUD: **www.hud.gov/offices/sfh/hcc/ hcs.cfm**.

Recuerda: sin importar lo agradables que te parezcan, la mayoría de los banqueros, corredores de hipotecas y agentes inmobiliarios reciben comisiones y ganan dinero cuando tú "cierras la transacción". A pesar de que la mayoría de los consultores de hipotecas son honestos, sólo hace falta una "manzana podrida" para destruir tu vida en términos financieros. Entonces, DEBES instruirte y asegurarte de que los consejos que recibas sean objetivos y honestos.

No exageres

Como ya mencioné, la clave de los bienes raíces es "financiamiento, financiamiento, financiamiento". No es suficiente con ser capaz de pagar por tu casa al principio; tienes que ser capaz de pagar tu hipoteca durante toda su vigencia (que puede ser más tiempo del que crees). Parte del error durante la crisis fue que las instituciones hipotecarias irresponsables persuadieron a la gente a aceptar hipotecas imposibles de pagar. Estas instituciones lo hicieron porque en realidad no conservan la mayor parte las hipotecas que tramitan. En lugar de ello, las reempacan en lo que se conoce como acciones apoyadas por hipotecas, las cuales se venden a inversionistas institucionales alrededor del mundo. Como resultado, no era su problema si el deudor no podía realizar sus pagos.

Sólo porque un banco u otra institución financiera esté dispuesta a prestarte determinada cantidad de dinero no significa que debas aceptarla completa

El punto es que sólo porque un banco u otra institución financiera esté dispuesta a prestarte determinada cantidad de dinero no significa que debas aceptarla completa. La compra de una casa casi siempre te cuesta más de lo que crees. No sólo existen impuestos y primas de seguros por encima del pago de la hipoteca, por no mencionar los costos de cierre, sino también están los costos de la mudanza y el decorado. Cuando te obstinas en comprar la casa más grande que puedes pagar, es fácil olvidar que, además de los altos pagos hipotecarios, también tendrás que enfrentarte a costos más altos de mantenimiento, facturas más elevadas por servicios, una evaluación más alta de impuestos por propiedad; en resumen, mucho más de todo.

Entonces, piensa en el costo total de la propiedad. Existen numerosas calculadoras disponibles en línea para ayudarte a llegar a un estimado realista; dos muy buenas son **www.vertex42.com/ExcelTemplates/ home-expense-calculator.html** y **www.bygpub.com/finance/MortgageRatio Calc.htm**. Sin importar lo que hagas, no permitas que un agente inmobiliario o corredor de hipotecas te convenza de aceptar pagar una cantidad mayor a aquella con la cual te sientes cómodo. En lugar de ello, utiliza la tabla en la página 231 para guiarte.

Que no te presionen

Por ley, las instituciones hipotecarias están obligadas a entregarte tres documentos clave que pueden ayudarte a comprender la hipoteca que adquieres.

- **Estimación de buena fe.** Existe una lista detallada de tarifas administrativas y legales, impuestos, primas de seguros y otros costos que tienes que pagar cuando cierras una hipoteca. Por lo general, dichos costos suman miles de dólares, y a veces, decenas de miles. En un lapso de tres días a partir de que solicitas una hipoteca, la institución está obligada a entregarte un "estimado de buena fe" de lo que sería el monto total.

- **Truth-in-Lending Statement (Declaración de préstamo).** Al mismo tiempo que recibes el estimado de buena fe, la institución hipotecaria debe entregarte una "truth-in-lending disclosure statement". La TIL, como se le conoce, establece los términos del préstamo; es decir, cuánto dinero has solicitado, la tasa de interés y la APR, si la tasa es fija o ajustable, cuántos pagos realizarás y por cuánto dinero, etc.

- **HUD-1 Settlement Statement (Declaración de acuerdo HUD-1).** Al menos veinticuatro horas antes del cierre de la transacción de hipoteca, tu agente de cierre o compañía afianzadora debe entregarte un HUD-1 settlement statement; es decir, un resumen detallado y casi final de todos los costos, tarifas y cargos de tu hipoteca. Puede no ser 100 por ciento exacto porque a la institución hipotecaria aún puede hacerle falta calcular algunos detalles, pero debe ser muy aproximado.

Existe una razón sencilla por la cual las leyes permiten a los consumidores el acceso fácil a estos tres documentos: tanto si compras como si refinancias, las transacciones inmobiliarias son asuntos complicados y estresantes, y los consumidores necesitan la oportunidad de revisar y comprender lo que se les solicita firmar. Sólo por esta razón, algunas instituciones crediticias retienen estos documentos de forma deliberada, con la esperanza de poder apresurar un acuerdo cuestionable.

¡Ellos lucharon por su dinero!

Hace poco escuché una historia clásica sobre este tipo de situaciones de una pareja en Seattle. Sadie es abogada. Su esposo Henry es profesor. Algunos años atrás, cuando las tasas de las hipotecas disminuyeron mucho, ellos decidieron refinanciar. Su banco estaba feliz de hacer el trato, pero no les permitió leer los documentos del préstamo hasta el cierre.

Entonces, cuando llegó el momento del cierre, Sadie tomó asiento e hizo lo que siempre hace: leyó cada página de cada documento que la gente del banco le pedía que firmara. Esto irritó al agente de cierre, pero ella se mantuvo firme. Como era de esperarse, en letras pequeñas Sadie encontró un montón de cosas que le molestaron. La gota que rebosó el vaso fue una provisión que decía que, tanto si Sadie como si Henry morían, el banco declararía cancelado el préstamo y exigiría el pago total.

"¡Esto es ridículo!", le dijo Sadie a la ejecutiva de préstamos. "Sólo porque uno de nosotros muera no significa que no podamos realizar los pagos. Ni siquiera sé si esto es legal".

La ejecutiva de préstamos le dijo que no se preocupara por eso. "Desde luego que no lo harán", afirmó.

"Bueno, no firmaré ningún documento que diga que pueden hacerlo", replicó Sadie; "así que olvídelo. No refinanciaremos". Y con estas palabras, ella y Henry salieron de allí.

Pocos días después, la ejecutiva de préstamos los llamó por teléfono para decirles que el banco les devolvería los $300 de la tarifa de solicitud de préstamo, la cual se suponía que no era reembolsable. También quería conocer el nombre de su restaurante favorito porque el banco quería ofrecerles un certificado de regalo por $100 para una cena. "Esto te hace pensar que algo está mal", dice Sadie.

Poco después, Sadie y Henry refinanciaron su hipoteca, pero con otro banco.

Lo que les sucedió a Sadie y Henry —es decir, que los presionaran para firmar pronto una pila de documentos de cierre que nunca antes habían visto— no es poco común. Para impedir que esto te suceda, déjales claro tanto a tu agente inmobiliario como a tu institución hipotecaria que quieres conocer tantos detalles y tan pronto como sea posible de tu hipoteca y que pretendes tomarte todo el tiempo necesario para revisarlos.

Como Sadie, prepárate para encontrar presión para que avances con más rapidez y para resistirte con educación a ella. Recuerda que se trata de tu dinero. Tienes el derecho legal, además de la responsabilidad contigo mismo y con tu familia, de tomarte todo el tiempo que necesites para asegurarte de comprender todo lo que firmes.

Si crees que necesitas más tiempo, no dudes en solicitar a tu institución hipotecaria que posponga el cierre veinticuatro horas. Si no accede, haz lo que hizo Sadie: sal de allí. Ten presente que, si fuiste aprobado para esta hipoteca, podrás obtener otra en cualquier otro lugar y bajo términos similares.

De lo que debes cuidarte

Ofertas no solicitadas

Las instituciones hipotecarias predatorias seleccionan propietarios inmobiliarios que busquen refinanciar una hipoteca existente en lugar de buscar compradores inmobiliarios en busca de una nueva hipoteca. De hecho, 90 por ciento de los individuos que tramitaron refinanciamientos sobre hipotecas ya eran propietarios inmobiliarios. En particular, los timadores van detrás de propietarios con una historia de problemas crediticios y cuentan con que su vergüenza les impida realizar investigaciones comparativas.

Dado que todas las hipotecas se registran públicamente, es fácil para las instituciones poco escrupulosas averiguar tu tasa de interés actual. Entonces pueden llamarte por teléfono o presentarse ante tu puerta y decirte que pagas mucho, que ellos pueden conseguirte un mejor negocio. Este hecho por sí mismo ya es una señal. Como norma, nunca debes hacer negocios con una institución hipotecaria que se acerca a ti con una oferta no solicitada, tanto en persona como por teléfono o por correo electrónico.

Ten presente que si eres presionado para firmar un contrato para refinanciar una hipoteca sobre propiedades, cuentas con tres días hábiles para cancelarlo y recibir un reembolso de todos los costos de cierre. De hecho, cuando cierras el refinanciamiento, debes recibir una "Notificación de derecho de cancelación" ("Notice of Right to Cancel") que señala la fecha límite para notificar a la institución hipotecaria que has cambiado de opinión. (Por desgracia no existe ese periodo de "enfriamiento" con las hipotecas nuevas). En cualquier caso, si crees que has sido engañado o quieres renunciar al refinanciamiento por la razón que sea, tienes que hacerlo pronto. Llama de inmediato a la institución y al mismo tiempo envíale una notificación por escrito por correo certificado y con acuse de recibo.

Hipotecas exóticas

Desde los años noventa hubo una gran explosión en la cantidad de distintas hipotecas que los bancos y otras instituciones hipotecarias ofrecieron. Para el año 2005, los propietarios contaban con miles de ellas para elegir. Había hipotecas con tasa ajustable, hipotecas de 20 por ciento del valor e hipotecas sobre el 80 por ciento pagaderas a la misma fecha de vencimiento, opciones de hipotecas, hipotecas sólo para los intereses, y más. La lista era interminable. Cada una de estas hipotecas exóticas tal vez fueron convenientes para algunas personas, pero no para todas las que las contrataron.

Como resultado de la crisis hipotecaria, la mayoría de los acreedores han dejado de ofrecer los productos más peligrosos entre éstos, como las opciones de hipotecas que podían dejarte debiendo mucho más dinero del que solicitaste. Sin embargo, muchas de ellas aún existen, en especial las hipotecas de tasa ajustable que metieron a tantos deudores en problemas después de haberlos tentado con tasas iniciales bajas.

Si algo hemos aprendido de la crisis hipotecaria es que este tipo de productos deben ser tratados con extrema cautela. En términos generales, si no puedes pagar una hipoteca regular de quince o treinta años a tasa fija, no deberías comprar una casa.

Sorpresas en el cierre

Siempre es buena idea llevar tu estimado de buena fe al cierre de la transacción y compararlo con tu declaración de acuerdo HUD-1. Es normal que existan ciertas diferencias, pero si te encuentras con sorpresas sustanciales es una señal de que algo marcha muy mal. De hecho, la primera señal de que estás frente a un acreedor predatorio por lo general se presenta cuando estás a punto de firmar y de pronto te presenta información nueva. En particular, no firmes un contrato de hipoteca si los términos cambian al último minuto o si aparecen productos, servicios o tarifas que no habían sido mencionados antes y de manera inesperada en el HUD-1 o en el contrato mismo.

Seguro de hipoteca privada (Private Mortgage Insurance)

El seguro de hipoteca privada (PMI, por sus siglas en inglés) es una póliza que asegura que tu acreedor recibirá su dinero en caso de que tú no puedas realizar los pagos. La mayoría de las instituciones hipotecarias te exigen que lo compres si el monto de tu hipoteca excede el 80 por ciento del valor de tu casa.

El costo de los PMI varía según el monto de tu pago inicial y la naturaleza de la hipoteca, pero no es barato. Las primas anuales por lo regular representan 0,5 por ciento del préstamo durante los primeros años (por tanto, el costo para una hipoteca de $300.000 sería de $1.500 por año).

Dado que el PMI no te ayuda a ti sino sólo al banco, es algo de lo que querrás liberarte tan pronto como sea posible. Deberás estar muy atento al valor de tu casa y al saldo restante de tu hipoteca. Por ley, en todas las hipotecas contratadas en o después del 29 de julio de 2009, tienes el derecho a solicitar que tu PMI sea cancelado una vez que la proporción entre la hipoteca y el valor descienda a 80 por ciento con base en el valor original de la propiedad. Más aún, tu acreedor está obligado a cancelar en automático tu PMI cuando alcances 78 por ciento, siempre y cuando cuentes con un buen registro de pagos y no tengas una segunda hipoteca o préstamo en el cual tu casa sea la garantía. Entonces, al momento en el cual la proporción entre el préstamo y el valor llegue a 80 por ciento, solicita a tu institución hipotecaria que cancele tu póliza. (Por ley, la institución que te atiende está obligada a proporcionarte un número telefónico al cual puedas llamar para solicitar información acerca de la cancelación de tu PMI). Ten en mente que la provisión de cancelación obligatoria aplica sólo si tú has incrementado el valor de tu propiedad al pagar lo que debes. Si la mejora es el resultado del incremento en los valores de las viviendas, puedes solicitar una cancelación del PMI, pero el banco no tiene que aceptarla.

Engaños en ejecuciones hipotecarias

Por tradición, los estadounidenses son reconocidos por hacer casi cualquier cosa con tal de evitar perder sus casas por ejecución hipotecaria. Y por una buena razón: una ejecución hipotecaria no sólo arruinaría tu calificación crediticia, sino que perder tu hogar de esta manera es una de las experiencias más temibles que una familia puede experimentar. Por desgracia, a medida que las tasas hipotecarias alcanzaban alturas récord poco después de la crisis, los timadores comenzaron a ofrecer falsos esquemas de prevención de ejecuciones hipotecarias que aún someten a decenas de miles de propietarios desesperados. Entre los engaños más comunes se incluyen:

Recompras en *leasing*, las cuales consisten en que el propietario cede la propiedad de su casa a un timador quien le ha prometido alquilarle la vivienda hasta que pueda comprarla de nuevo; de hecho, el propietario convertido en inquilino por lo regular termina por ser echado de su casa y el timador se queda con ella.

Fraudes de liquidación de hipoteca, las cuales consisten en que los propietarios firman documentos que establecen la liquidación de los saldos de su hipoteca, pero en realidad transfieren la propiedad de su casa al timador; situación que ellos no descubren sino hasta que reciben una notificación de desalojo.

Especialistas en prevención de ejecuciones hipotecarias, quienes cobran tarifas ridículas por realizar algunas llamadas telefónicas y llenar algunos formatos, ninguno de los cuales sirve para nada excepto para darle al timador acceso a tu información financiera personal.

Si tienes problemas para realizar los pagos de tu hipoteca, esto es lo que debes hacer.

1. **Llama a tu institución hipotecaria de inmediato.** El error más grave que los deudores cometen cuando se retrasan con los pagos de su hipoteca es no contactar a su institución hipotecaria. Tan pronto como te des cuenta de que tienes problemas, es preciso que realices esa llamada. El proceso de ejecución hipotecaria para la mayoría de las instituciones tiene un procedimiento establecido; por tanto, entre más esperes, menos opciones tendrás.

2. **Solicita hablar con el departamento de "mitigación de pérdidas".** Revisa si tu estado de cuenta mensual contiene el número telefónico del departamento de mitigación de pérdidas de la institución. Si no es así, llama al número telefónico del departamento de servicio a clientes y pide los datos de dicho departamento. En la mayoría de las instituciones, el departamento de mitigación de pérdidas ayuda a los deudores a determinar a cuál opción de recuperación podrían ser candidatos. No obstante, ten en cuenta que algunas instituciones piden a sus departamentos de cobranzas que asesoren a los deudores sobre estas opciones; por tanto, no te alarmes si te envían al departamento de cobranzas.

3. **Prepárate para revisar tu situación en detalle con tu institución hipotecaria.** Tu acreedor te hará una serie de preguntas para evaluar tu situación financiera. Algunas instituciones hipotecarias, como Wells Fargo Home Mortgage, cuentan con especialistas con la capacitación y la tecnología necesarias para precalificar a los clientes que llaman y ofrecerles una opción de recuperación en esa misma llamada telefónica. Si tienes frente a ti los documentos financieros adecuados cuando realizas la llamada, quizá puedas encontrar una solución en cuestión de minutos. Entonces, organiza tus facturas, estados de cuenta y cualquier otro documento que pueda ayudarte a hacer una descripción detallada de tu situación financiera actual. Resiste la tentación de hacer que tu situación financiera suene mejor de lo que es.

De esta manera, lo que lograrás es obtener un acuerdo de recuperación que en realidad no te funcionará. (En ese mismo sentido, no exageres la adversidad de tu situación. Esto podría indicarle a la institución que no hay manera de que conserves tu casa).

4. **Conoce las estrategias de tu institución para ayudarte a evitar una ejecución hipotecaria.** Según la seriedad de tu situación, tu institución hipotecaria puede ofrecerte opciones de retención (maneras de conservar tu casa) u opciones de liquidación (maneras de renunciar a tu casa sin proceder a la ejecución hipotecaria). Entre las opciones de retención se incluyen la disminución de pagos (que por lo general te permite pagar menos de tus mensualidades durante un periodo determinado), un plan de repago (donde liquidas los pagos retrasados de tus mensualidades a plazos), restauración (donde accedes a pagar a tu acreedor todo lo que debes en un solo pago y en una fecha específica) y modificación de hipoteca (donde tu tasa de interés y otras condiciones de tu hipoteca son modificadas). Entre las opciones de liquidación se incluyen la venta en corto (donde tu institución hipotecaria accede a aceptar una oferta para comprar tu casa por una cantidad menor a la que debes, lo cual cancela la deuda), cesión voluntaria (cuando de manera voluntaria transfieres tu propiedad a tu institución hipotecaria) y traspaso (que permite a un comprador calificado hacerse cargo de tu hipoteca y realizar los pagos). Si tienes un préstamo FHA, quizás existan opciones adicionales para ti. Por ejemplo, HUS proporciona préstamos sin intereses para repagar intereses vencidos y afianzar cantidades. Es importante que solicites detalles a tu institución hipotecaria.

5. **Investiga a quién puedes acudir si no recibes la ayuda que necesitas de tu institución hipotecaria.** Debes comenzar con un asesor en vivienda aprobado por el HUD. Puedes encontrar uno cercano a ti si llamas al número telefónico gratuito de HUD: (800) 569-4287 o a través de la página web de HUD: **www.hud.gov/offices/hsg/sfh/hcc/ hccprof14.cfm**. Quizá debas intentar también con la Homeownership Preservation Foundation, una organización no lucrativa y certificada por el HUD que ofrece asesoría y recursos para ayudar a los propietarios con desafíos financieros. Puedes llamarles sin costo al (888) 995-HOPE o visitar su página web: **www.995hope.org**. Además, hay información disponible sobre ejecuciones hipotecarias en la Association of Community Organizations for Reform Now (**www.acorn .org**), el Mortgage Bankers Association´s Foreclosure Prevention Resource Center (**www.homeloanlearningcenter.com/YourFinances/**

ForeclosurePreventionResourceCenter.htm), la National Foundation for Credit Counseling (**www.nfcc.org**) y NeighborWorks America (**www.nw.org**).

Qué hacer si algo sale mal

Si crees que un profesional de hipotecas se ha aprovechado de ti o te ha tratado de manera injusta, el primer paso, como siempre, es escribir una carta educada pero firme a su superior inmediato o, si has tratado con un banco o alguna otra institución financiera grande, al departamento de servicio a clientes. En la carta debes establecer la naturaleza de tu queja y lo que esperas que ellos hagan al respecto.

Si la carta no conduce a una solución del problema, es momento de acudir a las autoridades. En general, los estados regulan a las instituciones hipotecarias, a los profesionales hipotecarios independientes, a ciertos bancos, a las empresas de fianzas y escrituras, a los valuadores y a los agentes inmobiliarios, mientras el gobierno federal supervisa a los bancos, a las uniones de crédito, ahorros y préstamos y a los *thrifts*.

Para presentar una queja relacionada con hipotecas ante las autoridades estatales, necesitas averiguar cuál agencia en tu estado es la adecuada. Esto no siempre es evidente. En Ohio, Washington, Kentucky y Louisiana, por ejemplo, es el Department of Financial Institutions. En Maine es el Bureau of Consumer Credit Protection. California emplea a dos agencias: el Department of Corporations y el Department of Regulatory Agencies. Por suerte, la página web de la American Association of Residential Mortgage Regulators cuenta con una lista completa de las agencias que puedes contactar en cada estado. Puedes encontrar la lista en **www.aarmr.org/page04.lasso**.

Para salir de una mala hipoteca

Como ya señalé, una vez que firmas el contrato de una hipoteca estás atrapado. No existe periodo de enfriamiento durante el cual tengas permitido cambiar de opinión y salirte del acuerdo. No puedes cancelarlo, incluso si crees que la institución hipotecaria se ha aprovechado de ti de manera injusta. Pero eso no significa que estés arruinado.

Lo que debes hacer de inmediato es consultar a un abogado con experiencia en asuntos de hipotecas residenciales. En especial en casos donde existen bases para reclamar que has sido víctima de prácticas predatorias, debes poder renegociar el contrato para obtener mejores términos de la institución hipotecaria. Si nadie a quien conozcas puede recomendarte a un abogado apropiado, puedes encontrar uno a través del localizador de abogados en línea de la National Association for Consumer Advocates: **members.naca .net/findanattorney.php**. Si no puedes pagar a un abogado, quizá califiques para la asistencia legal gratuita de la Legal Service Corporation (LSC, por sus siglas en inglés), la cual opera con fondos federales y proporciona asistencia legal gratuita en asuntos civiles como vivienda y disputas hipotecarias. Puedes encontrar una lista de oficinas de la LSC en tu área en su página web: **www.lsc.gov/map/index.php**.

Pasos de acción para luchar por tu dinero

☐ Comprende que, antes de comenzar a buscar una casa, necesitas buscar una hipoteca.

☐ Calcula cuánto dinero puedes gastar.

☐ Entra a MyFico.com para ordenar tu calificación crediticia y tu reporte de crédito. Después dedícate a corregir cualquier error y a elevar tu calificación de manera que puedas ser candidato para la mejor hipoteca posible.

☐ Busca una institución hipotecaria fiable.

☐ Para protegerte, formúlale a tu ejecutivo hipotecario todas las preguntas específicas señaladas en la página 233.

☐ Conviértete en un comprador de viviendas informado. Lee *El Millonario Automático Dueño de Casa* y visita mi página web **www.finishrich .com** para encontrar talleres para compradores primerizos de casas en tu área.

Construcción y remodelación de casas

Como consultor financiero que ayuda a sus clientes a planear el costo de los trabajos de remodelación de sus casas, lo primero que aprendí fue que los proyectos de construcción siempre cuestan más de lo que se estimó y SIEMPRE tardan más tiempo del esperado. De hecho, es normal que una remodelación cueste hasta el doble de lo calculado y tome el doble de tiempo para realizar lo planeado. El estrés que resulta de esta situación puede ser fenomenal. He visto clientes perder tanto la salud como sus matrimonios en el curso de los trabajos de remodelación.

Todos hemos escuchado historias de pesadilla acerca de contratistas a quienes les toma seis meses realizar el trabajo de un mes. O, peor aún, que prometen rehacer tu cocina por $15.000 y que les pagues la mitad por adelantado, sólo para demoler una pared y la mitad del techo, y después desaparecer para siempre. Por desgracia, éstas no son sólo leyendas urbanas.

De acuerdo con una encuesta realizada por la Consumer Federation of America en 2007, de treinta y nueve agencias de protección al consumidor en veinticinco estados, las quejas por mejoras en el hogar y con situaciones relacionadas con contratistas son el segundo problema más importante de los consumidores en Estados Unidos y la categoría con crecimiento más veloz. Sólo en California, el Contractors State License Board investiga más de 20.000 quejas cada año sobre contratistas.

No hay otra manera de decirlo. Si la compra de una casa es la inversión más grande que la mayoría de nosotros hará jamás (y lo es), la construcción o remodelación puede ser la segunda inversión financiera más grande que hagamos, PERO también es el potencial dolor de cabeza más grande. Si se hace bien, la construcción o remodelación de una casa para satisfacer tus especificaciones personales puede significar una enorme satisfacción. Sin embargo, si te ves atrapado con un contratista deshonesto o incompetente, el proyecto puede convertirse en un devorador de dinero que puede apoderarse de tu vida, drenar tus ahorros y hasta arruinar tu matrimonio.

A pesar de los riesgos, más de 100.000 estadounidenses construyen casas cada año y millones más emprenden proyectos de remodelación. Todo el mundo se pregunta cuántas de estas personas son atracadas por constructores deshonestos. Dado que gastamos un total de más de $300 mil millones por año en reparaciones domésticas y proyectos de remodelación, más otros $50 mil millones más o menos en construcción de casas sobre diseño, es acertado afirmar que los robos en construcción y remodelación nos cuestan decenas de miles de millones de dólares al año. Entonces, procede siempre con precaución.

Cómo luchar por tu dinero

El indicador más importante de que tu proyecto marchará bien es elegir a un contratista competente y honesto. Sin embargo, incluso si es así, deberás supervisar el proceso de cerca. La construcción de casas es un gran ejemplo de que la lucha por tu dinero requiere que analices todos los detalles de manera exhaustiva.

Tanto si construyes una casa nueva desde los cimientos como si remodelas una ya existente, tu capacidad para obtener el producto final que deseas y al precio que lo deseas dependerá de cinco factores principales:

- Contratar gente eficiente.

- Elaborar y apegarte a un presupuesto.

- Establecer un plan muy bien diseñado antes de la construcción y después apegarte a él.

- Comprender el contrato de construcción que firmes.

- Mantenerte al tanto del proyecto.

En realidad es así de sencillo. Si puedes hacer estas cinco cosas, lograrás que tu casa sea construida o remodelada sin caer en la quiebra (o en la locura) en el proceso. He aquí algunas referencias para tener en mente.

Elaboración del plan

Todos los proyectos exitosos de construcción comienzan con un buen plan y, excepto en las remodelaciones simples, esto significa que lo primero que debes hacer es encontrar a un arquitecto. Una cosa es establecer un plan por ti mismo y otra cosa muy distinta es crear planos detallados que satisfagan tus deseos y que cumplan con los códigos de construcción. Obtén referencias de amigos y colegas que hayan realizado proyectos similares al que tú planeas. En especial si construyes una casa sobre diseño, observa las casas que te gustan en tu área y averigua quién las diseñó. (Por lo regular existen registros de todas las construcciones nuevas que incluyen el nombre del arquitecto, archivados y disponibles al público en general en el ayuntamiento de tu localidad). También puedes utilizar las fuentes en línea de "buscadores de arquitectos" en la página web del American Institute of Architects: **www .aia.org**.

Como en la contratación de cualquier profesional, debes entrevistar al menos a dos o tres candidatos. Desearás asegurarte de que su gusto coincida con el tuyo y de que su relación sea buena. Éste también es el momento para llegar a un acuerdo en cuanto a una estructura de tarifas (algunos arquitectos cobran por hora y otros establecen una tarifa fija por el trabajo completo), una propuesta de tiempo para el proyecto y cómo se manejarán los retrasos y los costos adicionales. La página web del AIA contiene una lista de veinte preguntas para que se las formules al arquitecto que evalúes (incluso "¿cuán ocupado está usted?" y "¿qué lo hace distinto de los demás arquitectos?"), así como contratos de ejemplo.

No intentes hacerlo tú mismo

Tan crucial como el arquitecto, la decisión más importante que harás cuando construyas o remodeles una casa es la elección de un contratista. Algunas personas intentan ahorrar dinero al actuar como sus propios contratistas, pero, a menos que cuentes con algo de experiencia en los asuntos de la construcción y no tengas nada mejor qué hacer con tu tiempo, ésta quizá no sea una buena idea.

Organizar los materiales y a los subcontratistas, y supervisar el progreso del trabajo es sólo una parte de lo que hace un contratista. Tanto si construyes un rascacielos como si remodelas una cocina, el éxito de cualquier proyecto de construcción depende en gran medida de tu habilidad para lograr que los subcontratistas lleguen y se marchen en un flujo constante. La programación precisa de los trabajadores en la secuencia correcta es esencial y si no tienes el tipo de relaciones que la mayoría de los contratistas establecidos tiene, quizá tengas dificultades para conseguir a los subcontratistas que necesitas cuando los necesites. Los subcontratistas tienden a ser más fiables cuando son requeridos por una persona con quien han trabajado en el pasado y con quien esperan trabajar en el futuro. Desde el punto de vista de un subcontratista, el contratista que lo hace todo por sí mismo no representa otra cosa que una oportunidad de una sola ocasión; lo cual significa que quizá te hagan un espacio en su agenda, pero no cuentes con ello.

Para encontrar a un buen contratista, investiga, pregunta y revisa

A pesar de lo que hayas escuchado, no todos los contratistas son ladrones. De hecho, existen muchos contratistas responsables y fiables que sienten un gran orgullo por su trabajo. La pregunta es: ¿cómo encuentras a uno de ellos?

En realidad no es tan complicado, aunque sí requiere un poco de esfuerzo. Comienza por solicitar recomendaciones a parientes, amigos y asociados de negocios. También puedes tomar nota si ves una casa sobre diseño o un proyecto de remodelación que te guste. Los contratistas por lo general publican anuncios en sus lugares de trabajo con sus nombres y datos de contacto. En el caso de una remodelación, incluso podrías llamar a la puerta y preguntar a los dueños de esa casa si te recomiendan a los profesionales con quienes trabajan. Además, los servicios en línea como Angie´s List (**www.angieslist .com**) y Consumers' Checkbook (**www.consumerscheckbook.org**) califican todo tipo de negocios de servicios, incluso contratistas, basados en reportes enviados por miles de consumidores alrededor del país.

También puedes obtener orientación de la National Association of Home Builders (NAHB, por sus siglas en inglés), la cual cuenta con un directorio de "maestros constructores graduados", "maestros remodeladores graduados", "profesionales verdes", entre otros especialistas certificados, en su página web **www.nahb.org**. Sólo haz clic en "For Consumers", después en "Find a Builder or Remodeler", después en "Builder and Remodeler Online Designation Directory". La National Association of the Remodeling Industry (NARI, por sus siglas en inglés) cuenta con un localizador similar de contratistas en su página web: **www.nari.org/homeowners/findapro/**.

Tu intención deberá ser compilar una lista de al menos tres buenos candidatos a quienes puedas solicitarles que coticen el trabajo que necesitas. Una vez que obtengas algunos nombres, debes reunirte en persona con ellos en sus oficinas. Si un candidato no tiene oficina, bórralo de tu lista. El hecho de no contar con una oficina es la definición de una persona que desaparecerá de la noche a la mañana y tú deseas a alguien que esté establecido.

Las tres preguntas más importantes que debes formular a un posible contratista son: (1) ¿Está usted certificado y afianzado? (Una fianza es una garantía financiera que los contratistas más respetables ofrecen de que honrarán sus contratos). (2) ¿Garantiza usted su trabajo por escrito? (3) ¿Puede usted proporcionar nombres y números telefónicos de al menos tres clientes recientes así como de proveedores o subcontratistas? (Deberás hablar con sus subcontratistas o proveedores para asegurarte de que el contratista paga sus cuentas porque, de no hacerlo, tú serás responsable de pagarlas).

Las únicas respuestas aceptables son sí, sí y sí. Asegúrate de revisar su licencia y de llamar a sus referencias. Hay demasiado en juego aquí como para confiar en todo. En términos ideales, debes preguntar a los clientes anteriores si puedes ir a sus casas y ver el trabajo que tu candidato realizó para ellos. Además, contacta a tu cámara de comercio local y al Better Business Bureau (**www.bbb.org**), así como a la institución que otorga licencias en tu estado (**www.clsi.com/state_contractor_license_board.htm**) para asegurarte de que el contratista tiene un registro limpio y las credenciales adecuadas. También debes acudir a los juzgados del condado para averiguar si ha sido nombrado en cualquier demanda presente o pasada.

Decide lo que deseas y cuánto costará

La clave para un proyecto exitoso de construcción es crear un presupuesto detallado y específico.

La clave para un proyecto exitoso de construcción es crear un presupuesto detallado y específico. Un buen presupuesto no sólo te indica cuánto dinero puedes esperar gastar, sino también puedes utilizarlo como la base para solicitar cotizaciones de los contratistas.

Comienza por escribir la idea general del trabajo que deseas realizar y describe con exactitud el tipo de trabajo que es, cuánto tiempo esperas que tarde y cuándo necesitas que esté terminado. En un proyecto simple, puedes hacer esto por ti mismo. En proyectos más complicados y en la construcción de las casas sobre diseño, lo harás con tu arquitecto. Mientras más detalles contenga, mejor. A continuación, elabora una lista de tus especificaciones: ¿cuántos metros cuadrados de piso serán cubiertos? Es bueno si puedes decir que utilizarás granito de precio medio para las superficies de tu cocina. Es mejor si puedes especificar con exactitud cuál producto de granito con la clave del producto.

Para tener una idea realista de los precios y opciones disponibles para ti, puedes realizar una investigación comparativa en línea o en persona en tiendas especializadas. Por lo general, un remodelador o constructor te sugerirá que establezcas un "fondo" para artículos específicos, como acabados, instalaciones para el baño o pisos, por ejemplo. El problema con esta estrategia es que con mucha frecuencia dicho fondo no alcanza a cubrir los costos de los productos que deseas. Puedes evitar las decepciones, así como la tentación de gastar más dinero del que puedes pagar, al cotizar los productos por adelantado.

Para proyectos de construcción de casas sobre diseño Building-Cost.Net (**www.buildingcost.net**) cuenta con una calculadora formidable de precios que toma en cuenta el tamaño y forma de la casa que deseas, el tipo de acabados que te agradan y el lugar donde vives. También puedes encontrar costos promedio de construcción por pie cuadrado (30 centímetros) para tu región en la página web de la NAHB (**www.nahb.org**). Haz clic en "Resources", después en "For Consumers" y por último después en "Building Your Home".

Para trabajos de remodelación, puedes obtener una idea aproximada de costos en páginas web de mejora de casas como The Old House Web (**www .oldhouseweb.com/how-to-advice/estimated-remodeling-and-repair-costs .shtml**) o si utilizas las calculadoras en línea disponibles en ImproveNet (**www.improvenet.com/HomeOwner/ProjectTools/**), Remodel Estimates (**www .remodelestimates.com**) y Service Magic (**www.servicemagic.com/resources .home-improvement-estimator.html**). Además, RemodelingOnline ofrece un reporte sobre el costo contra el valor (**www.costvsvalue.com**) que no sólo te informa cuánto costaría un trabajo como el que deseas en tu área, sino también cuánto es probable que aumente el valor de reventa de tu casa.

Ponlo todo por escrito

Una vez que has seleccionado a un contratista y que has acordado lo que hará y cuánto te costará, necesitas ponerlo todo por escrito. La redacción de un contrato en realidad no es tan difícil. El American Institute of Architects ha creado una serie de contratos estándar para casi todos los tipos de proyectos de construcción y los contratistas más respetables los utilizan.

Tanto si empleas el formato del AIA como si no, tu contrato debe incluir:

- El nombre y número de licencia (si la licencia es obligatoria en tu estado) del contratista, el nombre de su empresa y su dirección.

- Tus planes de diseño.

- Especificaciones detalladas de todos los materiales y accesorios que serán utilizados, hasta el nombre de la marca, el modelo, el color y las características.

- El precio total que pagarás por el trabajo, incluso tarifas de permisos e impuestos de ventas.

- Un esquema de pagos (también conocido como *draw*), bajo el cual se establece que tú harás pagos parciales específicos cuando el contratista termine determinadas fases del proyecto. El pago final dependerá de que tú recibas pruebas de que todos los subcontratistas y proveedores han recibido sus pagos respectivos.

- El porcentaje del pago final (por lo regular al menos 15 por ciento) que retendrás hasta que el trabajo esté terminado a tu satisfacción.

- Un sistema para autorizar cambios en tus planes una vez que el trabajo ha comenzado (conocidas como órdenes de cambio), una descripción de la revisión final y el proceso de conclusión, además del plan de limpieza del lugar de trabajo.

- Una garantía que proteja el trabajo durante un año por lo menos, que incluya detalles específicos sobre lo que cubre y lo que no, instrucciones para proceder en caso de que se presenten problemas y el nombre de la persona a quien deberás contactar.

El punto es que todo debe quedar por escrito. Si no está en tu contrato (o en las órdenes de cambio que se agregan al expediente en el transcurso del proyecto), no esperes que esté en tu casa cuando el trabajo haya finalizado.

Mantente atento. Inspecciona, inspecciona, inspecciona

Los proyectos de construcción, tanto grandes como pequeños, son el ejemplo por excelencia de la ley de Murphy: "si algo puede salir mal, así será". También existe una ley relacionada con la anterior en cuanto a la construcción de casas que me dijo un amigo mío, quien hace poco tiempo construyó una casa: "si alguien puede aprovecharse de ti, lo hará".

Entonces, necesitas mantener los ojos muy abiertos y no dar nada por hecho. Revisa las credenciales y licencias, y solicita ver una prueba de seguro del contratista. Asegúrate de que los materiales y accesorios utilizados en tu trabajo sean los que contrataste.

Para trabajos mayores, entre los cuales se incluyen la construcción de casas sobre diseño, debes contar con un director profesional del proyecto que pueda dirigir al contratista y verificar que el trabajo solicitado sí haya sido terminado antes de que realices cualquier pago. Si construyes una casa, tu arquitecto puede desempeñar esa función. Si él no está dispuesto a hacerlo o el proyecto no es tan ambicioso, tal vez valga la pena que gastes unos cuantos dólares más y contrates a un inspector de construcciones. El punto es que necesitas a una tercera persona objetiva y que conozca bien el ramo de la construcción para asegurarse de que las cosas se hagan de manera correcta y para dar su aprobación antes de que realices cualquier pago.

De lo que debes cuidarte

Contratistas sin licencia

La mayoría de los estados solicita que los contratistas cuenten con licencia y existen buenas razones para ello. Por lo general los contratistas sin licencias hacen trabajos de baja calidad, casi nunca cuentan con un seguro y sí pueden hacerte responsable si resultan lesionados en el trabajo. Peor aún, va contra a la ley contratar a un contratista sin licencia en un estado donde la licencia es obligatoria; por tanto, si lo haces y te descubren, quizá termines con un problema legal.

> Los contratistas sin licencia pueden hacerte responsable si resultan lesionados en el trabajo.

Para ser justos, la mayoría de la gente no contrata a un contratista sin licencia de manera deliberada. La realidad es que es engañada. He aquí algunas señales de advertencia:

- No podrá o no estará dispuesto a mostrarte su licencia o a proporcionarte referencias.

- No cuenta con una oficina que tú puedas visitar.

- Declara que puede hacer el trabajo por mucho menos dinero que cualquier otro contratista.

- Insiste en un adelanto cuantioso o incluso el pago total antes de comenzar el trabajo. (En muchos estados es ilegal que un contratista, para un trabajo de remodelación, solicite un adelanto mayor a $1.000 o 10 por ciento del precio, lo que sea menor).

- Dice que no necesitarás tramitar permisos para trabajos que impliquen a las instalaciones eléctricas, de plomería o estructurales, o te solicita tramitar los permisos por ti mismo.

- Te sugiere facilitarte las cosas si le pagas en efectivo, sin recibos ni facturas, o te ofrece un descuento a cambio de que le permitas utilizar tu casa como ejemplo de su trabajo.

Debes ser muy cauteloso con contratistas que intenten presionarte a que autorices las labores de mejora de tu casa de inmediato. Si te dicen que el techo está a punto de derrumbarse o que el calentador de agua explotará, antes de firmar un contrato que te obligue a pagar ciento de dólares por trabajos de reparación, invierte un par de cientos de dólares en la contratación de un inspector que pueda ofrecerte una segunda opinión objetiva y bien informada.

Contratistas que se presentan en tu puerta

Uno de los más antiguos engaños es que un sujeto se presente en tu puerta, te diga que es un contratista con licencia que "apenas terminó un trabajo en la misma calle" y que notó un inconveniente en tu casa. No contrates a nadie que aparezca en tu puerta sin ser invitado, sin importar lo persuasivo que pueda ser.

Y si te convence de firmar cualquier documento, ten presente que la ley federal te otorga tres días para retractarte de cualquier compra cuyo valor supere $25 que haya sido realizada en tu casa o en un lugar temporal de negocios, como una feria comercial o una exhibición. Pero aún, si te convence de firmar un cheque, llama a tu banco de inmediato y solicita una orden de suspensión de pago.

Cazadores de tormentas y aves de rapiña en desastres

Los engaños de los contratistas son particularmente evidentes después de desastres. Cuando el dinero del gobierno y de las aseguradoras se vuelca en una región, de repente hay mucho trabajo por hacer y los propietarios de viviendas están desesperados por recibir ayuda. Puede resultar muy difícil, pero éstos son momentos en los cuales debes ser más cuidadoso que nunca. En especial debes ser cauteloso con cualquier persona que afirme ser contratista, electricista, especialista en techos o plomero certificado por la Federal Emergency Management Agency (FEMA, por sus siglas en inglés). La FEMA no certifica a profesionales de la construcción. Más aún, todos los trabajadores e inspectores contratados por la FEMA llevan consigo una identificación con fotografía; si un extraño se acerca a ti y te dice que trabaja para la FEMA, solicita que te la muestre.

Contratos "más costo"

Algunos contratistas intentarán convencerte de aceptar un contrato "más costo" y te asegurarán que así ahorrarás dinero. No les creas.

Bajo un contrato "más costo", en lugar de establecer un precio fijo por tu proyecto por adelantado, tú accedes a pagar lo que resulte ser el costo del contratista más un porcentaje (por lo regular de 8 a 25 por ciento) por concepto de operación y utilidades. El problema, desde luego, es que con un contrato de este tipo, el contratista no tiene incentivo alguno para mantener bajos los gastos.

Lo que tú deseas es un contrato con precio fijo. De esta manera, será interés del contratista cuidar tus costos dado que, entre más gaste, menos podrá convertir en utilidad para él.

Perder tu casa por deudas

La mayoría de los estados permite a los contratistas y a los subcontratistas que no han recibido sus pagos completos demandar lo que se conoce como un "embargo mecánico" contra tu casa. Un embargo mecánico es una demanda legal por una porción de un bien raíz realizada por una persona a quien se le debe dinero por proporcionar trabajo o materiales para mejorar dicha propiedad. Si hay una demanda de este tipo por tu casa, no podrás obtener permiso de habitarla hasta que el caso no sea resuelto. En los casos más extremos, podrías verte obligado a desalojarla.

Para protegerte contra esta situación, debes insistir en obtener una liberación o dispensa de embargo cada vez que pagues una factura de un contratista, proveedor y subcontratista. Si no te entregan la liberación, no les entregues el cheque.

Desde luego, en proyectos más grandes, tu contratista pagará la mayoría de las facturas; sin embargo, tú puedes mantenerte a la cabeza de la situación. Una de las mayores protecciones con que cuentan los propietarios de viviendas es que un subcontratista o proveedor no puede demandar un embargo mecánico si no ha tramitado una notificación de intención cuando comenzó a trabajar. De hecho, entre los más desconcertantes aspectos de la construcción de una casa o de realizar una remodelación mayor es que al principio del proyecto tú comenzarás a recibir notificaciones legales de todos los proveedores y subcontratistas en las cuales te advierten que, si no les pagas, solicitarán un embargo mecánico sobre tu casa. Lo conveniente de esta situación es que te proporciona un registro completo de todas las personas con quienes trata tu contratista.

Con este conocimiento a la mano, el consejo más importante que puedo compartir contigo es que no debes realizar el pago final a tu contratista hasta no haber verificado que ha obtenido las liberaciones de embargo de todos sus subcontratistas y proveedores.

Qué hacer si algo sale mal

Si tienes problemas en un proyecto de remodelación y tu contratista es miembro de la National Association of the Remodeling Industry, puedes seguir el proceso formal de inconformidades del grupo. Un comité de ética actúa como árbitro en las disputas y ayuda a resolverlas. Puedes presentar una queja vía telefónica en el número gratuito de la NARI: (800) 611-NARI (6274) o envía una carta a:

National Association of the Remodeling Industry
780 Lee Street
Suite 200
Des Plaines, IL 60016

La National Association of Home Builders no investiga quejas contra sus miembros.

En general, si sospechas fraude o no puedes lograr que un contratista finalice un trabajo que ya le has pagado o para el cual lo contrataste, presenta una queja ante el fiscal general de tu estado. (Una lista completa de las oficinas de los fiscales generales estatales se encuentra disponible en la página web de la National Association of Attorneys General: **www.naag.org/attorneys_general.php**). También debes presentar tu queja ante tu agencia local de protección al consumidor y la oficina local del Better Business Bureau (**www.bbb.org**).

Pasos de acción para luchar por tu dinero

☐ Contrata a un equipo fiable y seguro que incluya a un arquitecto y a un contratista (y quizás a un director de proyecto). Busca recomendaciones, revisa credenciales y obtén copias de las licencias.

☐ Investiga y compara con el fin de que tu presupuesto sea detallado y realista. Una vez que tu presupuesto esté por escrito, ¡apégate a él!

☐ Solicita que se redacte un contrato. Todo necesita estar por escrito. (Consulta la página 253).

☐ Nunca realices el pago final a tu contratista sino hasta que verifiques que ha obtenido las liberaciones de embargo de todos sus subcontratistas.

Oportunidades de negocios en el hogar

Todos hemos visto esos anuncios pegados en las cabinas telefónicas que también se asoman en la sección de clasificados del periódico o que aparecen en las pantallas de las computadoras:

"¡Gane mucho dinero sin salir de casa!"

"¡Gane $1.400 a la semana llenando sobres!"

"¡Reciba $1.000 o más al día con sólo devolver llamadas telefónicas!"

"¡Sin ventas! ¡Sin explicaciones! ¡Sin juntas!"

"¡Ingresos inmediatos! ¡No se necesita experiencia!"

¿Quién no saltaría ante oportunidades como éstas? El problema, desde luego, es que casi todas ellas son engaños. En lugar de permitirte "ganar mucho dinero pronto", como casi siempre prometen dichos anuncios, con frecuencia terminan por *costarte* entre varios cientos y varios miles de dólares y, en algunos casos, incluso pueden involucrarte en cuestiones ilegales que podrían hacerte sujeto a un arresto y a un proceso criminal.

Cómo luchar por tu dinero

De acuerdo con las más recientes estadísticas gubernamentales, más de 2,4 millones de estadounidenses son engañados cada año por supuestos empleadores que les prometen salarios por trabajar en casa que nunca se materializan.

Por lo general, los engaños de los trabajos desde casa implican oportunidades falsas de amasar fortunas con actividades simples como llenar sobres, ensamblar pequeños productos o artesanías o procesar reclamaciones de seguros médicos. Lo que los anuncios no te dicen es que, antes de que empieces a trabajar, primero tienes que tomar un curso de capacitación (el cual te costará dinero) y ordenar programas computacionales o provisiones (los cuales te costarán más dinero). Y después, todo lo que hacen es enviarte una lista de clientes potenciales, la mayoría de los cuales no tienen interés alguno en contratar trabajadores en casa que hagan algo.

No todos los negocios en casa son fiascos

La buena noticia es que en realidad *sí* existen las oportunidades legítimas de negocios en el hogar con los cuales puedes definir tu propio horario, trabajar cuando lo prefieras y tanto o tan poco como quieras. Ninguno de esos negocios te brindará una fortuna, pero tampoco te hará perder dinero. A pesar de que yo no recomiendo a ninguna empresa en particular, entre los negocios legítimos en casa se incluyen:

Representante de atención a clientes. Todos hemos escuchado que las grandes empresas ahora subcontratan sus centros de servicio en la India, pero, de hecho, alrededor de 700.000 estadounidenses ganan alrededor de $8 la hora al encargarse de las llamadas de servicio a clientes en sus propias casas. Empresas como Alpine Access (**www.alpineaccess.com**), LiveOps (**www.liveops.com**), Arise (**www.arise.com**) y West at Home (**www.westat home.com**) siempre están en busca de sangre nueva.

Clientes encubiertos. Esto puede sonar como un engaño, pero las empresas de investigación de mercados sí le pagan a la gente por visitar tiendas como clientes típicos y proporcionar lo que se conoce como "evaluaciones de experiencia del cliente"; en esencia, se trata de reportes de lo que opinas acerca del lugar. El rango de tarifas abarca desde $5 hasta $100 por cada evaluación. Entre los más respetados contratistas de clientes encubiertos se encuentran ICC Decisions Services (**www.iccds.com**), Corporate Research International Mystery Shops (**www.mysteryshops.com**), Mystery Guest (**www.mysteryguestinc.com**) y Service Intelligence Experience Exchange (**www.experienceexchange.com**).

Encuestadores. Las empresas de investigación de mercados también les pagan a los consumidores por participar en encuestas en línea y grupos de prueba. El pago es grandioso. Puedes ganar entre $10 y $15 por responder un largo cuestionario y el trabajo es muy sencillo. Puedes inscribirte en línea con empresas como American Consumer Opinion (**www.acop.com**), National Family Opinion (**www.mysurvey.com**) y Survey Savvy (**www.survey savvy.com**).

Sé escéptico. Las apariencias engañan

Sin importar lo legítima que pueda parecerte una oportunidad de negocios en tu hogar, investígala a profundidad antes de participar. Que no te convenza una página web llamativa o unos materiales de mercadotecnia vistosos. En estos días, cualquier persona que tenga una computadora portátil y algo de conocimientos sobre los programas puede lucir como una empresa *Fortune 500*.

Como regla, debes revisar con tu agencia local de protección al consumidor, con la oficina del fiscal general de tu estado y las oficinas del Better Business Bureau tanto en tu ciudad como en la ciudad donde se encuentra la empresa en cuestión con el fin de saber si sus dueños han sido objetos de quejas. Desde luego, el hecho de no encontrar quejas no significa que dicha empresa esté limpia. Los operadores sin escrúpulos por lo general cambian los nombres de las empresas o se mudan para evitar ser detectados.

> **Los operadores sin escrúpulos por lo general cambian los nombres de las empresas o se mudan para evitar ser detectados.**

Lo que esto significa es que, una vez que has realizado las revisiones iniciales, depende de ti formularle al promotor algunas preguntas duras. ¿Cuáles tareas deberás desempeñar? ¿Recibirás un salario o comisiones? ¿Quién te pagará y cuándo puedes esperar tu primer cheque? ¿Tendrás que pagar por algo, incluso provisiones, entrenamiento, equipo y tarifas de membresía?

Si no recibes respuestas específicas o el promotor te dice que tendrás que pagar cualquier cantidad por adelantado, niégate.

De lo que debes cuidarte

Los engaños de los empleos en casa por lo general no son fáciles de detectar. Al menos existen dos señales claras:

- Afirman que puedes ganar mucho dinero con un trabajo que requiere muy poco esfuerzo o experiencia.

- Te piden que les *envíes* dinero por adelantado para recibir instrucciones o provisiones.

Estos engaños se presentan en múltiples modalidades, pero he aquí cinco de las más comunes.

La vieja estafa de llenar los sobres

¿Quién no quisiera ganar $350 por semana sólo por llenar sobres en la comodidad de su propia casa? Muchos anuncios dicen que tú puedes hacerlo. De hecho, en el año 2007, miles de personas alrededor del país respondieron a un anuncio clasificado que decía que podían ganar al menos $17,50 por sobre y contar con un ingreso semanal garantizado de hasta $1.400. Todo lo que tenías que hacer para comenzar era pagar $45 por registro.

Para cuando las autoridades federales lo atraparon, el hombre de Florida que había publicado el anuncio había estafado a más de 25.000 personas por más de $1,2 millones.

El llenado de sobres ha resultado ser uno de los más viejos engaños de los trabajos en casa y data de los años treinta. El hecho es que no existe tal negocio de llenado de sobres en casa. Las empresas que necesitan llenar sobres lo hacen por sí mismas o subcontratan la labor a empresas que utilizan sofisticada maquinaria que trabaja con mucha mayor rapidez y a menor precio que los seres humanos. Por tanto, que no te convenzan.

Procesamiento de reclamaciones médicas falsas

Hace poco, recibí un mensaje por correo electrónico de una mujer de sesenta y dos años de Lancaster, Ohio, llamada Anna, quien me contó su experiencia con otro engaño clásico de los empleos en casa. Anna es discapacitada y cuando vio el anuncio de una empresa de "servicios para el cuidado de la salud" que ofrecía la oportunidad de ganar buen dinero con el procesamiento de reclamos médicos en la computadora de su casa, se entusiasmó.

Lo primero que la empresa le dijo fue que tenía que pagar $195 para recibir entrenamiento, así que ella pidió el dinero prestado a una amiga y se inscribió.

Durante el entrenamiento, que consistió en tres llamadas telefónicas de veinte minutos cada una, Anna recibió constantes halagos por la rapidez de su aprendizaje. Sin embargo, cuando terminó su entrenamiento y estaba lista para ganar mucho dinero, todo se vino abajo. La empresa le envió un montón de reclamaciones para procesar, pero cada vez que ella las devolvía, ellos le decían que su trabajo era inaceptable y se negaban a pagarle un céntimo.

Con el tiempo, Anna descubrió que aquello nunca fue un trabajo. Los reclamos que ella había enviado a procesamiento eran falsos. Todo lo que la empresa quería de ella eran los $195 de la cuota de entrenamiento. Según resultaron las cosas, ella no fue la única víctima de ese engaño en particular. La misma empresa "de servicios para el cuidado de la salud" defraudó al menos a otras sesenta y siete personas en el centro de Ohio por un total de $13.000.

La verdad es que Anna no salió tan mal. De acuerdo con la Federal Trade Commission, los estafadores de los reclamos médicos a veces cobran miles de dólares por entrenamiento, programas computacionales y lo que ellos describen como una lista de clientes potenciales. En general, las "listas de clientes" que proporcionan no son otra cosa que directorios profesionales caducos y no listados de profesionales que han solicitado ayuda. De hecho, la mayoría de los consultorios médicos procesan sus propias reclamaciones y aquellos que subcontratan su facturación emplean despachos establecidos.

Ensamblaje de pequeños productos

Otro engaño popular relacionado con trabajos en casa se refiere a cuando eres "contratado" para ensamblar pequeños productos o artesanías a una tarifa exorbitante por pieza; por lo general, cosas como payasitos de peluche, campanas navideñas, pendientes artesanales, cruces o baberos para bebés. La técnica aquí es similar a la del engaño del procesamiento de reclamos. Una vez que te inscribes y pagas una cuota que con frecuencia es de varios cientos de dólares, el "empleador" te enviará provisiones e instrucciones. Pero cuando tú envíes los productos ensamblados, por lo general la empresa se negará a pagarte y te informará que tu trabajo no cumple con sus estándares.

Dos "oportunidades" de trabajo en casa que pueden provocar que te arresten

En realidad sí existe algo peor que ser estafado y perder dinero a causa de un engaño de este tipo: que te roben tu dinero y *que después te arresten por tu problema*. Esto puede sucederte si caes en uno de los dos engaños más terribles de trabajo en casa que existen en la actualidad: los envíos y el procesamiento de pagos desde tu casa.

En el engaño de los envíos, te prometen que ganarás mucho dinero si sólo recibes, reempacas y después reenvías mercancía, por lo general a una dirección en otro país. El asunto es que la mercancía son bienes robados, por lo regular resultado de fraudes con tarjetas de crédito. Lo que haces al recibir y enviar la mercancía es participar en una operación de puente. Cuando los oficiales de policía llegan a tocar a tu puerta, y por lo general lo hacen en poco tiempo, te resultará difícil convencerlos de que tú no estabas enterado de lo que sucedía.

Los engaños relacionados con el procesamiento de pagos son aún peores. Los estafadores reclutan a personas incautas al ofrecerles oportunidades muy lucrativas de trabajo hogareño para desempeñarse como "representantes de ventas" o "gerentes de transferencia" que procesarán pagos y transferirán fondos. La manera de funcionar es que tú les proporcionas tu información bancaria de manera que el dinero pueda ser transferido a tu cuenta y después tú usas un servicio de transferencia por cable para enviar el dinero a alguna otra cuenta, por lo regular fuera del país. Por tus molestias te ofrecen una comisión de hasta 10 por ciento del valor de todas las transferencias que realices.

Suena bastante sencillo, pero lo que en realidad haces es ayudar a los criminales a lavar dinero.

Una variación aún más cruel de este engaño es que te envían cheques certificados u órdenes de dinero y te instruyen que los lleves a tu banco y los cambies por dinero en efectivo. Después debes llevar ese dinero, que a veces suma hasta decenas de miles de dólares, a la sucursal más cercana de Western Union y los envíes a una cuenta extranjera. De hecho, los cheques y las órdenes de dinero son falsificados y cuando el banco lo descubre, por lo general un día o dos después de que has enviado el dinero a tus "empleadores", tú eres quien será hallado responsable de pagarlo. En otras palabras, ahora eres culpable de lavado de dinero, falsificación y robo, y debes varios miles de dólares al banco que quizá no tengas manera de pagar.

Qué hacer si algo sale mal

Si descubres que has sido estafado por una operación de trabajo falso en casa, tu mejor opción para recuperar tu dinero es hacer mucho ruido.

Comienza por llamar a la empresa que crees que te ha engañado y solicita un reembolso. Infórmales a los representantes que llamarás a las autoridades y quizá también a los medios de comunicación masiva para relatarles tu experiencia.

Mantén un registro de todas tus conversaciones y correspondencia, así como el tiempo que inviertas en intentar obtener tu reembolso. Envía toda la correspondencia vía correo certificado con acuse de recibo para documentar que la empresa la recibió.

Si tu solicitud es rechazada, acude a las autoridades. Entre ellas se incluyen tu agencia local de protección al consumidor (puedes encontrarla en **www.consumeraction.gov**), la oficina del fiscal general de tu estado, la fuerza local de la ley, el Better Business Bureau y los medios noticiosos.

También debes presentar una queja ante la Federal Trade Commission a través de su página web **www.FTCComplaintAssistant.gov**, de su número telefónico gratuito (877) FTC-HELP (877-382-4357) o escribe a:

Federal Trade Commission
Consumer Response Center—204
600 Pennsylvania Ave., NW
Washington, DC 20580

Si el correo estuvo involucrado en el asunto, también presenta tu inconformidad ante el U.S. Postal Inspection Service. Puedes hacerlo en línea en **postalinspectors.uspis.gov/contactUs/filecomplaint.aspx** o escribe a:

U.S. Postal Inspection Service
Operations Support Group-Chicago
Attention: Fraud Complaints Section
433 West Van Buren St., 7th. Floor
Chicago, IL 60607

Armar un escándalo puede resultar muy útil. Después de que Anna, la mujer discapacitada de Ohio que aceptó procesar reclamos médicos presentó su queja ante el Better Business Bureau, el BBB contactó a una estación de televisión local, la cual después llamó al propietario de la empresa que la estafó. Dos días después, Anna recibió un cheque de reembolso por su cuota de $195 por el entrenamiento.

Pasos de acción para luchar por tu dinero

☐ Si te parece demasiado bueno para ser verdad, en general lo es. Los anuncios de que una oportunidad para trabajar en casa te hará ganar montones de dinero en poco tiempo, con poco esfuerzo y con poca experiencia no son verdaderos.

☐ Si te piden que envíes dinero por adelantado para recibir provisiones o instrucciones, aléjate.

☐ Identifica las oportunidades legítimas sólo después de haber analizado a la empresa y de haber recibido respuesta a todas tus preguntas a tu entera satisfacción.

	Plan de retiro 401(k) (no gravable)	Inversión regular (gravable)
Ingreso bruto	$1,00	$1,00
Impuestos deducidos	-0	130%
Cantidad disponible para invertir	$1,00	$0,70
Utilidades anuales	+10%	+10%
Saldo después de un año	$1.10	$0,77
¿Son gravables las utilidades?	No	Sí

¿Cuánto dinero preferirías tener al finalizar el año: $1,10 ó 77 centavos? Esto no es complicado. Pero, espera: puede mejorar. Si tu empresa es una de aquellas que ofrecen igualar un porcentaje de las contribuciones de sus empleados para su jubilación, tú podrías obtener muchos beneficios.

	Plan de jubilación no gravable (con igualación del empleador)	Inversión regular (gravable)
Ingreso bruto	$1,00	$1,00
Impuestos deducidos	-0	-30%
Cantidad disponible para invertir	$1,00	$0,70
Igualación típica del empleador	+25%	0
Cantidad invertida	$1,25	$0,70
Utilidades anuales	+10%	+10%
Saldo después de un año	$1,38	$0,77
¿Son gravables las utilidades?	No	Sí

Reflexiona al respecto: $1,38 contra 77 centavos. ¡Obtienes casi un incremento de 100 por ciento en tus ahorros netos con sólo utilizar una cuenta de jubilación no gravable! Es muchísimo, y sólo en un año.

El problema, si es que existe alguno, es que si retiras dinero antes de cumplir los 59 años y medio de edad, tienes que pagar una penalización de 10 por ciento sobre la cantidad de impuestos que puedas deber.

He aquí algunos consejos clave para aprovechar al máximo tu oportunidad con el plan 401(k).

Jubilación

Planes 401(k)

Además de comprar una casa, nada de lo que hagas en tu vida tendrá tanto impacto en tu riqueza como decidirte a contratar un plan de ahorro para la jubilación 401(k) en tu trabajo. La contratación para que una porción de tu salario se deposite de manera directa en tu cuenta 401(k) te obliga a pagarte primero a ti mismo y, si comienzas lo bastante joven, esta decisión asegurará tu futuro financiero. De hecho, si lo haces bien y ahorras lo suficiente, el hecho de pagarte a ti mismo de esta manera puede convertirte en millonario.

Es así de sencillo: contribuye tanto como puedas a un plan de retiro 401(k). Casi nunca encontrarás complicaciones.

¿Por qué? Bueno, por una parte, cada vez menos empleadores ofrecen pensiones tradicionales. Por otra, el sistema de Seguro Social no es algo con lo cual quieras contar. Yo confío en que siempre contaremos con alguna forma de Seguro Social, pero piensa en lo siguiente: hasta agosto de 2008, el trabajador retirado promedio en este país recibía un cheque mensual de Seguro Social por sólo $1.086,10, los cuales suman $13.033,20 al año; es decir, apenas lo suficiente para vivir tus años dorados con dignidad.

Entonces, amplía tu visión. Piensa a largo plazo. Es probable que un plan 401(k) sea tu mejor oportunidad para poder disfrutar una jubilación decente y potencialmente fantástica. (Lo mismo sucede con sus primos cercanos, el plan 403(b) destinado para profesores, trabajadores de hospitales y otros empleados de instituciones no lucrativas, y el plan 457, diseñado para funcionarios del gobierno). Esto no es sólo teoría; es real. Durante mi época como asesor financiero en Morgan Stanley, trabajé de cerca con muchos clientes que fueron capaces de jubilarse como millonarios y, en muchos casos, multimillonarios, sólo porque contrataron sus planes 401(k) a edad temprana en sus carreras.

Toma con inteligencia la sencilla decisión del plan 401(k)

Sólo porque un plan 401(k) es sencillo no significa que puedas contratarlo y luego dejar de pensar en él. El hecho es que la gente que promueve los planes 401(k) no siempre tiene presentes tus mejores intereses.

No te confundas con lo que quiero decirte. La idea básica y la intención del plan 401(k) es grandiosa y la mayoría de las empresas que lo ofrecen en realidad desean hacer algo bueno a favor de sus empleados. Sin embargo, los grandes bancos, las firmas de corretaje y las compañías de seguros que administran dichos planes están en el negocio por una razón y sólo una: ganar tanto dinero como puedan.

Estas grandes empresas de servicios financieros son capaces de ganar más de 3 por ciento de todo el dinero que hemos invertido en ellas.

Y, hombre, claro que ganan dinero. Al confundirnos con lo que el presidente de la Securities and Exchange Commission ha llamado "maléfico brebaje de tarifas ocultas, conflictos de intereses y complejidad", estas grandes empresas de servicios financieros son capaces de ganar más de $150 mil millones al año con nuestras cuentas 401(k). Esto es más del 3 por ciento de todo el dinero que hemos invertido en ellas, ¡lo cual significa que los participantes de los planes 401(k) tienen que ganar más de 3 por ciento al año sólo para quedar a mano!

▶ Cómo luchar por tu dinero

Hasta marzo del año 2008, alrededor de 55 millones de trabajadores estadounidenses habían invertido más de $4,3 billones en planes de contribución definida como el 401(k) y sus primos. Para el 2015, los expertos predicen que tendremos invertido alrededor del doble de dinero. Una característica fundamental de estos planes es que tú puedes decidir cuánto dinero depositas en ellos y cómo será invertido. El hecho de contar con este tipo de control puede ser grandioso, pero también significa que no existen garantías. La cantidad de dinero que tendrás al momento de jubilarte dependerá del tipo de decisiones de inversión que tomaste a lo largo del camino. Y no es que puedas

contar con la ayuda de tu empleador. Muchos empleadores no administran muy bien sus planes 401(k) o, si lo hacen, es con sus intereses en mente y no los tuyos. Esto puede costarte dinero; a veces, *mucho* dinero. Entonces, debes estar atento.

A pesar de que no son perfectos, si eres candidato para un plan 401(k) en definitiva tienes que aprovechar la oportunidad. Un gran motivo es que te harás acreedor de DINERO LIBRE. Esto es porque la mayoría de las empresas igualará toda contribución que tú hagas con una contribución por su parte. Muchas ofrecen una igualación de 50 centavos por dólar; es decir, un bono de 50 por ciento sólo por contratarlo, mientras otras ofrecen igualas de dólar por dólar; es decir, un bono de 100 por ciento. Esto es demasiado bueno como para dejarlo pasar.

Si no te parece suficiente, todas las contribuciones a estos planes son deducibles de impuestos y con gravámenes diferidos, lo cual significa que no tendrás que pagar ni un centavo en impuestos por los ingresos que deposites en tu plan o por ninguna utilidad que tu dinero genere con el paso de los años. El tío Sam no te pedirá su tajada sino hasta que comiences a retirar el dinero de la cuenta, lo cual es algo que se supone que no harás sino hasta haber alcanzado la edad para jubilarte; para entonces, tus contribuciones habrán tenido la oportunidad de aprovechar a plenitud el milagro del interés compuesto y es probable que correspondas a un rango fiscal menor al que correspondes ahora.

No tendrás que pagar ni un centavo en impuestos por los ingresos que deposites en tu plan o por ninguna utilidad que tu dinero genere con el paso de los años.

El impacto que todo esto puede tener en tu capacidad para construir riqueza es fenomenal. Si eres como la mayoría de las personas, por lo regular el gobierno toma alrededor de 30 centavos de cada dólar que ganas, incluso antes de que veas el dinero. Lo anterior te deja con sólo 70 centavos. Sin embargo, cuando realizas una contribución a un plan de jubilación no gravable, puedes hacerlo con el dólar completo. Ahora le corresponde esperar al gobierno. Esto es lo que le da una ventaja tan pasmosa a las inversiones no gravables sobre las inversiones regulares. La siguiente tabla muestra cuán magníficas son.

Procura maximizar tu plan

La primera decisión que tienes que tomar cuando contratas tu paquete de plan 401(k) es con cuánto de tu ingreso contribuirás para tu cuenta de jubilación en cada periodo de pago. Todo paquete de contratación contiene un formato para que tu firma autorice a tu empleador a deducir dinero de tu salario para ahorrar en tu cuenta de jubilación. La mayoría de los planes te preguntarán si deseas que la cantidad deducida de tu salario sea un porcentaje de tus ingresos o una cantidad específica. Yo siempre recomiendo que optes por el porcentaje. Si eliges una cantidad específica, necesitarás reajustarla cada vez que obtengas **Tu meta deberá ser** un aumento. Esto no sólo es una molestia, sino **maximizar tu plan.** también crea la posibilidad de que lo olvides y, como resultado, termines por pagarte menos a ti mismo.

La mayoría de la gente que contrata planes 401(k) contribuye con alrededor de 4 por ciento de sus ingresos. La mayoría de la gente también se jubila pobre, dependiente del Seguro Social o de su familia para sobrevivir. Por tanto, éste no es un ejemplo que tú quieras imitar.

Tu meta deberá ser maximizar tu plan. Esto significa realizar las máximas contribuciones que permita el plan de tu empresa. A partir de 2009, el IRS te permite depositar hasta $16.500 por año en un plan 401(k). Si tienes más de cincuenta años de edad, puedes contribuir hasta con $22.000 al año. En el año 2010 y en adelante, los límites serán ajustados cada año de acuerdo con la inflación.

Piensa al respecto. Si ganas $75.000 al año, 4 por ciento de tu ingreso son $3.000. Ahora responde a esta pregunta: ¿cuánto dinero preferirías para tu retiro: $300.000 o $1,6 millones? Ésta es la diferencia aproximada entre depositar $3.000 al año en un plan 401(k) y maximizarlo.*

A pesar de que puedes utilizar estas cantidades como guía, debes confirmarlas con la oficina de beneficios de tu empresa. Si tu empresa tiene un bajo índice de participación (lo cual significa que no se han inscrito suficientes colegas tuyos), tu contribución máxima permitida puede ser más baja. No hagas suposiciones al respecto. Confírmalo con la oficina de beneficios de tu empresa *hoy mismo* y confirma de nuevo las cantidades máximas cada mes de enero para que puedas aprovechar todos los incrementos que puedan haber tenido lugar. La razón por la cual necesitas confirmarlo de nuevo es que muchos planes no te permitirán ahorrar más de 15 por ciento de tu ingreso bruto, incluso si es menor a lo que el IRS permite como ahorro máximo.

---

*El cálculo asume una tasa promedio anual de 7 por ciento en utilidades en treinta años.

Comienza por ahorrar una hora al día de tu ingreso

A pesar de que acabo de decir que tu meta debe ser maximizar tu contribución a tu plan 401(k), soy realista. Sé que leerás esto y dirás: "No hay manera de que yo pueda ahorrar lo máximo que mi plan permite". Aunque muchos planes sólo te permiten ahorrar hasta 15 por ciento de tu salario, algunos te permiten ahorrar 25 por ciento o más, y ahorrar una gran porción de tu salario puede parecerte imposible. Pero tú puedes hacerlo.

El truco es no pensar en porcentajes. En lugar de ello, por lo que se refiere a ahorrar para tu jubilación, piensa en términos de cuántas horas trabajas cada semana. Si tu semana consiste en cuarenta horas de trabajo, creo que MERECES ahorrar al menos una hora al día de tus ingresos. Eso equivale a cinco horas de ingresos por semana o 12,5 por ciento de tu ingreso bruto. Si has comenzado tarde a andar por el camino de los ahorros para la jubilación, tu meta deberá ser ahorrar dos horas por día o 25 por ciento de tu ingreso.

Justo ahora, la mayoría de los estadounidenses ahorra menos de quince minutos al día de sus ingresos.

Justo ahora, la mayoría de los estadounidenses ahorra menos de quince minutos al día de sus ingresos. Cuando consideras que intercambiamos nuestro tiempo por un cheque de nómina, la idea de que mereces guardar una hora al día de aquello por lo cual trabajas me parece la menos complicada del mundo.

Si tienes que comenzar con poco y sientes que lo máximo que puedes ahorrar es, digamos, 4 por ciento de tus ingresos (lo cual equivale a sólo veinte minutos por día), entonces establece la meta de incrementar ese porcentaje de manera periódica; cada mes, si tu plan lo permite. Recuerda que si comenzaste ahorrando sólo 1 por ciento de tu salario en tu plan 401(k) y después incrementaste tu índice de contribuciones en 1 por ciento cada mes, en el plazo de un año alcanzarás la meta de una hora por día que sugiero y ahorrarás cuatro o cinco veces lo que ahorra el estadounidense promedio.

La suscripción automática al plan es genial, pero ¡presta atención!

Gracias a la Pension Protection Act del año 2006, la cual facilitó el hecho de que los empleadores suscribieran a sus empleados en planes 401(k) sin su autorización por escrito, un número cada vez mayor de empresas incluye a los nuevos empleados en sus planes 401(k) de manera automática, a menos que dichos empleados decidan negarse a ello. Esto es genial dado que el índice de participación de las empresas que cuentan con suscripción automática es casi el doble en comparación con las empresas que no la tienen.

Pero incluso si eres lo bastante afortunado como para trabajar en una empresa que suscribe a todos sus empleados en su plan 401(k) de forma automática, no creas que esto significa que no necesitas hacer nada. El problema es que la mayoría de los programas de suscripción automática establece tu nivel de contribución en sólo 3 por ciento de tu salario, lo cual en realidad no es suficiente para construir un buen ahorro y tal vez ni siquiera sea suficiente para merecer la contribución de igualación total de tu empresa. Entonces, revisa con tu departamento de recursos humanos para asegurarte de que tu nivel de contribución se encuentra donde tú lo quieres. Proponte preguntar si tu plan es uno de los nuevos que ofrecen lo que se conoce como "suscripción automática con incrementos automáticos". Con esta característica, con el simple hecho de marcar un recuadro en tu formato de suscripción, tú puedes hacer que tu nivel de contribuciones se incremente de forma automática de acuerdo con un esquema preestablecido, tal como sugerí antes.

Considera el nuevo plan Roth 401(k)

Desde el año 2006, los empleadores han podido ofrecer una variación al plan 401(k) tradicional llamado Roth 401(k). La principal diferencia entre un plan 401(k) regular y un plan Roth 401(k) es que con el Roth ninguna de las contribuciones que depositas son deducibles de impuestos, pero todas las utilidades que retiras son libres de impuestos. Un plan 401(k) regular es justo lo opuesto: tus contribuciones son deducibles de impuestos, pero tienes que pagar impuestos por tus utilidades.

El acuerdo más conveniente para ti depende de si crees que tu rango de impuestos estará más alto o más bajo después de tu jubilación. Si crees que pertenecerás al mismo rango o a uno más alto en el futuro, entonces el plan Roth 401(k) puede tener más sentido para ti. Si crees que pertenecerás a un rango más bajo, entonces es probable que te convenga más conservar el plan 401(k) tradicional.

El problema es que no hay manera segura de predecir tu rango de impuestos probable dentro de veinte o treinta años a partir de ahora. Por fortuna, el gobierno te permite contribuir a ambos planes 401(k) al mismo tiempo; por tanto, puedes dividir tus apuestas. El único inconveniente es que tus contribuciones totales no pueden exceder el límite del IRS para un solo plan (que es de $16.500 en el año 2009). Desde luego, tu empleador tiene que ofrecer un plan Roth 401(k). Hasta mediados de 2008, sólo una de cada cuatro empresas lo hacía.

Coloca tu dinero donde crezca

Como norma, tú no obtienes mucha ayuda en lo que se refiere a decidir cómo invertir el dinero de tu plan 401(k). Los sujetos de recursos humanos pueden darte algunos folletos y la dirección electrónica de algún sitio que puedas revisar, pero eso será todo. Por eso no es sorprendente que mucha gente destine sus contribuciones a un fondo de mercado de dinero y las deje allí. Eso es muy malo porque todo lo que hace es estafarse a sí misma. Un fondo de mercado de dinero es seguro, pero ni de cerca genera las utilidades que necesitarás para construir un ahorro decente.

Un fondo de mercado de dinero es seguro, pero ni de cerca genera las utilidades que necesitarás para construir un ahorro decente.

Necesitas colocar tu dinero donde crezca; por tanto, dedica algún tiempo a aprender acerca de tus opciones de inversión y, si lo necesitas, solicita orientación profesional para idear un plan de inversión. Tu meta deberá ser diversificar tus inversiones con una variedad de fondos mutuos que te proporcione una perspectiva amplia de los mercados de acciones y de bonos, tanto en Estados Unidos como a nivel internacional. Si todo esto te parece confuso (y así será), pregunta en tu oficina de beneficios si tus elecciones de inversión incluyen una "fecha meta" o un fondo de ciclo de vida. Éste es un fondo diseñado de manera específica para ahorros para la jubilación. Tú eliges una fecha meta cercana a cuando planeas jubilarte y el fondo en automático asegura que cuentes con la mezcla apropiada de inversiones para una persona de tu edad; es decir, más agresiva cuando eres más joven y cada vez más conservadora a medida que te aproximas a tu jubilación.

Estos fondos de "deposita tu dinero y olvídalo" se han hecho muy populares. Más de 80 por ciento de todos los planes 401(k) los ofrecen como opción y hasta mediados del año 2008 acumularon más de $204 mil millones en activos; es decir, casi 100 por ciento más de lo que acumularon en el 2006. Sin embargo, su valor equivale a sólo 5 por ciento de todos los activos de los planes 401(k), pero los fondos de fecha meta crecen con tal rapidez que algunos expertos creen que para el año 2013 representarán 75 por ciento de todos los activos de los planes 401(k).

Lo anterior preocupa a algunos críticos, quienes temen que los fondos de fecha meta puedan ser más riesgosos de lo que parecen. La idea básica es que, a medida que tu edad para jubilarte se aproxima, tus inversiones se destinen menos al crecimiento y más hacia la preservación del capital; lo cual significa que, con el paso del tiempo, debes retirarte de las acciones y enfocarte en los instrumentos financieros de tasa fija. El problema es que no todo el mundo está de acuerdo en la rapidez con la cual este cambio debe ocurrir. De hecho, mientras algunos fondos sólo tienen el 10 por ciento de sus activos invertidos en acciones por la fecha meta, el total para otros es de hasta 65 por ciento.

No obstante, la mayoría de los expertos concuerda en que un buen fondo de fecha meta puede resultar más eficiente para invertir en tu futuro que tú mismo. De hecho, un estudio de John Hancock en el año 2008 mostró que en los pasados diez años, 84 por ciento de las personas que administraron sus propias inversiones en planes 401(k) ganaron una utilidad anual promedio dos puntos porcentuales por debajo de lo que hubieran obtenido al invertir su dinero en fondos de fecha meta de Hancock.

La mayoría de los expertos concuerda en que un buen fondo de fecha meta puede resultar más eficiente para invertir por tu futuro que tú mismo.

Hasta el verano de 2008 existían alrededor de cuarenta empresas que ofrecían más de 250 fondos de fecha meta individuales entre los cuales elegir, y nuevos fondos entran al mercado casi cada tercer día. ¿Cómo seleccionar el adecuado para ti? Esto es complicado. Dado que el concepto es tan nuevo, no existe un parámetro aceptado para comparar el desempeño de los distintos fondos de fecha meta. Desde luego, en lo que se refiere a la elección de uno de ellos para tu cuenta 401(k), quizá no tengas elección. La mayoría de las empresas que ofrecen fondos de fecha meta a los participantes del plan 401(k) ofrecen sólo una familia de fondos.

Si tienes opción, tanto Morningstar como Lipper Inc. (otra firma de calificación de fondos muy respetada) otorgan calificaciones superiores a la familia de fondos Vanguard de bajo costo para personas que se sienten más cómodas con fondos de índice que están diseñados sólo para igualar al mercado. Si sientes apetito por los riesgos y te agradan los fondos activos que intentan comportarse mejor que el mercado en general, tanto Morningstar como Lipper aprueban los fondos T. Rowe Price, los cuales son más agresivos.

Si tu plan 401(k) ofrece fondos de fecha meta administrados por alguna otra firma, solicita al administrador de tu plan una copia de las evaluaciones de Morningstar y Lipper.

No solicites dinero prestado en contra de tu futuro

La mayoría de los grandes planes 401(k) permiten que sus contribuyentes soliciten dinero prestado de sus cuentas, por lo general a partir de la mitad del saldo de tu cuenta y hasta un máximo de $50.000. Algunos también permiten retiros por necesidades financieras. Esto puede ser un salvavidas en caso de emergencia y, de hecho, alrededor de uno de cada cuatro empleados solicitantes obtienen grandes préstamos de sus cuentas 401(k). En general, solicitar préstamos de tu cuenta 401(k) es mala idea.

Para empezar, al solicitar préstamos de tu cuenta reduces el tamaño del ahorro que tendrás cuando estés listo para retirarte. Incluso si te pagas a ti mismo con intereses, que es lo que la ley te obliga a hacer, el interés que pagas quizá sea mucho menor a lo que tu dinero hubiera generado si hubiera sido invertido en cualquier otro sitio. (De acuerdo con un cálculo que realizó Vanguard para el *New York Times,* una persona de treinta y cinco años de edad con $20.000 en su cuenta 401(k) que toma y luego devuelve dos préstamos durante los siguientes quince años, terminará a los sesenta y cinco años con alrededor de $38.000 menos que otra persona que nunca ha solicitado un préstamo).

En general, solicitar préstamos de tu cuenta 401(k) es mala idea.

Más aún, si no puedes pagar lo que pediste prestado en el transcurso de cinco años (o, en muchos casos, si dejas tu empleo antes de poder pagar la deuda), tu "préstamo" se convierte automáticamente en un retiro, lo cual puede significar muchos problemas para ti. En la mayoría de los casos, todos los retiros que realices antes de cumplir cincuenta y nueve años y medio están sujetos tanto a impuestos como a una penalización de 10 por ciento. Podrías decir que esto no te sucederá a ti, pero el hecho es que tus circunstancias pueden cambiar y éste es un riesgo terrible.

Dado todo lo anterior, quizá pienses que ninguna institución financiera motivaría a nadie a solicitar préstamos a las cuentas 401(k). Piénsalo de nuevo. Una de las peores cosas que los bancos han hecho en los años recientes es introducir una tarjeta de débito conectada con tu cuenta de jubilación y que puedes utilizar para solicitar préstamos a tu cuenta 401(k) con un simple movimiento.

Si tu empresa adopta este esquema y, por fortuna, no son tantas las que lo han hecho, todo lo que tienes que hacer es solicitar al administrador de tu plan que apruebe una línea de crédito para ti y, después de ello, puedes solicitar préstamos a voluntad. Los intereses comienzan a acumularse tan pronto como se realiza la transacción, sin siquiera un periodo de gracia. Como dijo un regulador del gobierno a *Bloomberg News:* "Esto es muy parecido a una práctica predatoria de préstamo". Hazte un favor a ti mismo y evita esta opción.

¡No cobres tu plan!

El error más grande que la gente comete con sus planes 401(k) es cobrarlos cuando dejan un empleo. Hacerlo es crear un desastre financiero a dos niveles. Para empezar, los impuestos y las penalizaciones que tienes que pagar cuando cobras una cuenta de plan 401(k) antes de tiempo (es decir, antes de cumplir la edad de la jubilación) pueden consumir casi la mitad del dinero. Lo peor es que incluso si sólo cobras algunos miles de dólares, el precio que pagarás por un ahorro disminuido podría alcanzar cientos de miles de dólares.

No obstante, de acuerdo con una encuesta realizada en el año 2005 por la firma de consultoría en recursos humanos Hewitt Associates, casi la mitad de todos los empleados cobran sus planes 401(k) cuando dejan una empresa. No es sorprendente que los trabajadores en su segunda década de vida tengan los índices más altos en cobros de estos planes. Casi dos terceras partes de ellos toman el dinero y desaparecen. Ésta es una tragedia real. Las personas que pertenecen a este rango de edad pueden pensar que las relativamente pequeñas cantidades de dinero en sus planes 401(k) no son tan importantes y, de cualquier manera, cuentan con tiempo suficiente para preocuparse por su jubilación. Sin embargo, el hecho es que son justamente esas personas quienes pierden más.

Cuando salgas de una empresa donde contabas con un plan 401(k), hay dos cosas sensatas que puedes hacer con el dinero que has ahorrado: (1) puedes transferirlo al plan 401(k) de tu nuevo empleo o (2) puedes depositarlo en una cuenta individual de retiro (*individual retirement account*, IRA, por sus siglas en inglés).* En cualquiera de ambos casos aseguras que tus ahorros para la jubilación continúen en aumento sin gravamen y sin interrupción. (Dejar los fondos en un viejo plan 401(k) no es buena idea. Es demasiado fácil que pierdas el control sobre tu dinero si lo haces; por tanto, llévatelo cuando te marches).

Si los hubieras dejado en paz, esos $10.000 que retiraste hubieran aumentado a más de $217.000 para cuando cumplieras sesenta y cinco años.

Esto es lo que sucede cuando no transfieres tu dinero de una cuenta de jubilación a otra y sólo pides que te entreguen el saldo de tu plan 401(k) en efectivo: digamos que tenías $10.000 en tu cuenta. Para empezar, si aún no has cumplido los cincuenta y nueve años y medio de edad, el gobierno te cobrará una penalización de 10 por ciento por hacer un retiro prematuro; lo cual, en este caso, te costará $1.000. También tendrás que pagar

---

*En algunas transacciones de IRA, tu empresa liquidará tus activos del plan 401(k) y te enviará un cheque por la cantidad total de manera directa. Si éste es el caso, cuentas con sesenta días para depositar el cheque en otra cuenta IRA. Si te tomas más de sesenta días, la transacción será considerara un retiro, por el cual le deberás impuestos al gobierno, además de una posible penalización.

impuestos federales y estatales sobre ingresos por tus $10.000, lo cual podría sumar otros $3.500. Entonces, sólo de inicio, tus $10.000 han disminuido a $5.500.

Pero esto no es ni la mitad del problema. Digamos que tienes veinticinco años y tu dinero generaba 8 por ciento de utilidades por año. Si los hubieras dejado en paz, esos $10.000 que retiraste hubieran aumentado a más de $217.000 para cuando cumplieras sesenta y cinco años.

Entonces, para obtener $5.500, renunciaste a $217.000. ¿Te parece que tiene sentido?

De lo que debes cuidarte

Perder tus ahorros debido a las tarifas excesivas

Un argumento que con frecuencia escuchas a favor de contratar un plan 401(k) es que, además de todas sus otras ventajas, por lo general son gratuitos. De hecho, en realidad nada es gratis y en eso se incluyen los planes 401(k).

La mayoría de los participantes no se percata de ello, pero una pequeña porción de la cuenta de todos pasa al poder de un sombrío grupo de corredores, banqueros, administradores de fondos, administradores, contadores, abogados y consultores. De acuerdo con los expertos, cuando te percatas de estas tarifas y otros cargos ocultos, el plan 401(k) promedio en realidad les cuesta a los participantes entre 3 y 3,5 por ciento de lo que han invertido cada año. En algunos casos, estos costos alcanzan 5 por ciento.

No es que los profesionales que administran los planes 401(k) no merezcan recibir un pago por su trabajo, pero no merecen que su pago sea excesivo. Y dado que sus tarifas por lo general están ocultas, la verdad es que pueden cobrarnos lo que deseen.

En una entrevista en el año 2008 en el programa de radio NPR *Marketplace,* el consultor de pensiones Matthew Hutcheson señaló que el pago de una tarifa anual en tu plan 401(k) que sólo sea un punto porcentual más alta de lo que debería ser puede disminuir el monto de tus ahorros para la jubilación hasta en 20 por ciento. "En una vida laboral regular", dijo, "hablamos de alrededor de $80.000 y, con el fin de compensar ese déficit, una persona tendría que trabajar cuatro o cinco años adicionales sólo para quedar a mano".

Existen numerosas propuestas en el Congreso relacionadas con obligar a los administradores de planes 401(k) a esforzarse más por revelar el costo real de dichos planes. Sin embargo, hasta que esas propuestas se conviertan en leyes, que no te avergüence solicitar a tu empresa o a tu proveedor de planes 401(k) una descripción de las tarifas en tu plan. Si suman un total mayor a 3 por ciento, es probable que te cobren demasiado y, en este caso, debes presentar una queja por esta causa a tu empleador.

> **El pago de una tarifa anual en tu plan 401(k) que sólo sea un punto porcentual más alta de lo que debería ser puede disminuir el monto de tus ahorros para la jubilación hasta en 20 por ciento.**

Y no temas hacer mucho ruido y luchar por tu dinero. Sí funciona. En los años 2006 y 2008, los trabajadores de varias corporaciones gigantes (incluso Wal-Mart, Boeing, Deere y General Dynamics) demandaron a sus empleadores por perjudicarlos con opciones de inversión innecesariamente costosas.

Lo que las corporaciones hicieron fue darles a los participantes de los planes 401(k) la opción de sólo fondos mutuos de "menudeo", los cuales cobran tarifas por administración relativamente altas, en lugar de los fondos institucionales de precios más bajos que están disponibles para los clientes grandes. A pesar de que las diferencias en las tarifas por administración pueden *parecer* pequeñas (la mayoría eran de menos de 1 por ciento), las pequeñas diferencias pueden sumar mucho dinero. La demanda contra Wal-Mart dice que las prácticas de la empresa costaron a sus empleados $60 millones en seis años.

No suscribirte

Sólo por el hecho de que tu empresa ofrezca a sus empleados un plan 401(k), no asumas que estás suscrito automáticamente. A pesar de que el número de empresas que ofrece la suscripción automática está en aumento, alrededor de 60 por ciento de los empleadores aún solicitan a los trabajadores que se suscriban por sí mismos. Entonces, si no recuerdas haberte suscrito, contacta a la oficina de beneficios en tu empresa el día de hoy y solicita el paquete de suscripción a la cuenta para tu jubilación. Es probable que te entregaran uno cuando comenzaste a trabajar y, dado que era tan gordo y de aspecto tan aburrido, quizá lo guardaste en un cajón de alguna parte y no has vuelto a verlo desde entonces.

Si eso fue lo que hiciste, te suplico que consigas un nuevo paquete. Esta vez sí llénalo y envíalo. (Si trabajas para una gran corporación, tal vez puedas bajar todos los formatos necesarios de la página web de la empresa).

Invertir mucho dinero en las acciones de tu empresa

Por lo general, nunca es buena idea colocar todos tus huevos en una sola canasta. Esto es verdadero en especial si los huevos son tus ahorros para la jubilación y la canasta son las acciones de tu empresa. Si trabajas para una empresa con acciones públicas, ellos pueden persuadirte de invertir tu dinero del plan 401(k) en las acciones de la empresa. Sé cauteloso. Invertir un poco está bien, pero mucho puede ser desastroso. Reflexiona al respecto. ¿Qué sucedería si la mayor parte de tu dinero del plan 401(k) se invirtiera en las acciones de tu empresa y dicha empresa quiebra? No sólo perderías tu empleo sino también perderías los ahorros para tu jubilación al mismo tiempo. ¡Sería una tragedia doble!

> ¿Qué sucedería si la mayor parte de tu dinero del plan 401(k) se invirtiera en las acciones de tu empresa y dicha empresa quiebra? No sólo perderías tu empleo, sino también perderías los ahorros para tu retiro al mismo tiempo.

Eso fue justo lo que les sucedió a miles de trabajadores de la desdichada Enron Corp. Cuando la empresa volaba alto a finales de los años noventa, la mayoría de ellos había cargado sus cuentas 401(k) con acciones de Enron. Después, en el año 2001, Enron se derrumbó y les costó sus empleos y casi 60 por ciento de sus activos de jubilación. Alrededor de 7.000 empleados del gigante caído de Wall Street, Bear Stearns, sufrieron el mismo destino en 2008 al perder tanto sus empleos como una gran porción de sus ahorros de vida cuando el valor de las acciones de su empresa descendió de casi $170 por acción a menos de $10. Y mira lo que le sucedió a Lehman Brothers, cuyas acciones descendieron de $82 por unidad en el verano del 2007 a cero un año más tarde. Instituciones como Washington Mutual, Fannie Mae y Freddie Mac sufrieron colapsos similares. Todas pasaron de ser consideradas instrumentos sólidos a largo plazo a casi perder su valor por completo en un periodo muy breve. Durante años he dicho que no es conveniente tener más de 5 a 10 por ciento de tu valor neto en una acción. Después de la crisis hipotecaria de 2008, ahora creo en ello con mucha más firmeza que antes.

Un esquema de *vesting* demasiado largo

A pesar de que tus contribuciones al plan 401(k) siempre te pertenecen, el dinero que tu empleador deposita en tu cuenta quizá no sea tuyo en realidad sino hasta que hayas trabajado para la empresa durante cierta cantidad de años. Si dejas la empresa antes de ese límite, quizá sólo tengas derecho a llevarte una parte de las contribuciones de tu empleador y, en algunos casos, nada. Esto se conoce como *vesting.**

Por lo regular, sólo te toma dos o tres años tener derecho al *vesting;* es decir, disfrutar la propiedad plena de las contribuciones de tu empleador. Sin embargo, algunas empresas alargan el proceso hasta a seis o siete años. Asegúrate de comprender el esquema de *vesting* de tu empresa y no cuentes con ese dinero hasta que en verdad sea tuyo.

Cuando salgas de esa empresa, revisa dos veces que recibiste cada centavo de tus fondos sometidos a *vesting.* No asumas que tu empleador calculará la cantidad de manera correcta. Ésta es una de las razones por las cuales es esencial que conserves copias de todos tus estados de cuenta del plan 401(k). Ésa es la única manera de poder probar cualquier argumento si tu empleador cometió un error.

Qué hacer si algo sale mal

Revisa con atención tu cuenta del retiro en busca de errores. Revisa tus estados de cuenta del plan 401(k) con regularidad para asegurarte de que tus contribuciones sean acreditadas con propiedad en tu cuenta. Notifica a tu empleador a la primera señal de un problema y siempre hazlo por escrito. Si no puedes resolver el problema o si sospechas que tu empleador roba dinero del plan, presenta una queja ante la Employee Benefits Security Administration del U.S. Department of Labor. Puedes llamar a su número telefónico gratuito (800) 444-3272 o escribir a:

Employee Benefits Security Administration
U.S. Department of Labor
200 Constitution Avenue, NW, Suite N-5668
Washington, DC 20210

También puedes contactar a la Employee Benefits Security Administration en línea a través de la página web **www.dol.gov/ebsa**. Para encontrar la oficina regional que atiende a tu estado, visita **www.dol.gov/ebsa/aboutebsa/org_chart.html#section13**.

*También conocido en algunos medios como "derecho de posesión", aunque en español también se acostumbra llamarlo *vesting. (N. del T.)*

Pasos de acción para luchar por tu dinero

☐ ¡Toma la decisión de pagarte a ti mismo primero!

☐ Asegúrate de estar suscrito al plan de jubilación de tu trabajo.

☐ Comienza a contribuir al menos una hora al día de tu ingreso, con la intención de maximizar tu plan.

☐ Investiga tus opciones de inversión y distribuye tu dinero con inteligencia con el fin de construir tus ahorros.

☐ ¡Evita solicitar dinero prestado de tu cuenta y no lo cambies por dinero en efectivo cuando dejes un empleo!

Cuentas IRA

Una de las estadísticas más sorprendentes que conozco es que, de acuerdo con el Internal Revenue Service, sólo alrededor de 10 por ciento de la gente elegible para contribuir a cuentas individuales de jubilación lo hace. En otras palabras, existen millones de trabajadores en este país que desperdician la que podría ser la mejor oportunidad que tienen para lograr una jubilación decente.

No hay otro camino. Si no trabajas para una empresa que ofrezca planes 401(k), debes abrir una cuenta IRA y maximizarla; lo cual significa que tú hagas la máxima contribución anual autorizada. Gracias al milagro de los intereses compuestos, además de la enorme ventaja que obtienes del hecho de no pagar impuestos por las contribuciones a tu IRA hasta que comienzas a retirarlas (se presume que después de haberte jubilado), incluso los ahorros modestos de algunos miles de dólares al año pueden transformarse en un gran monto.

Entonces, ¿por qué son tan pocas las personas que aprovechan esta grandiosa oportunidad? En la mayoría de los casos, es probable que el motivo sea que creen que no pueden hacerlo. De hecho, si analizas las cifras y tienes en cuenta lo poco que recibirás del Seguro Social (para la mayoría de nosotros, el equivalente a casi $13.000 por año), te darás cuenta de que si no participas en algún tipo de plan de jubilación no gravable, no puedes permitirte no contar con una IRA.

¡Invierte en una IRA hoy!

El beneficio promedio del Seguro Social en 2008: $13.000.
¿Es suficiente para vivir?

Cómo luchar por tu dinero

Existen cuatro sabores de IRA, pero todos tienen una característica en común: te ofrecen algunas facilidades fiscales que facilitan mucho que ahorres para tu jubilación. Éstas son sus diferencias.

- **IRA tradicional deducible.** Tus contribuciones son deducibles y tus ahorros aumentan con gravamen diferido, pero tus retiros sí son gravables.

- **IRA tradicional no deducible.** Tus contribuciones no son deducibles, pero aumentan con gravamen diferido y sólo parte de tus retiros son gravables.

- **Roth IRA.** Tus contribuciones no son deducibles, pero, si cumples con las reglas, aumentan con gravamen diferido y todos tus retiros son libres de impuestos.

- **IRA conyugal.** Si estás desempleado o jubilado, pero tu cónyuge aún trabaja, puedes contribuir a un IRA conyugal durante tanto tiempo como tu cónyuge haya generado suficientes ingresos para cubrir la contribución y tú solicites un reembolso conjunto de impuestos. Siempre y cuando tu ingreso bruto conjunto sea menor a $159.000, tu contribución es deducible por completo.

En resumen, cualquier persona que genere un ingreso gravable o solicite un reembolso conjunto de impuestos con un cónyuge que genere un ingreso puede contribuir a una IRA. Sin embargo, si ganas mucho dinero, no puedes contribuir a una Roth IRA o deducir una contribución a una IRA tradicional. (El límite de ingresos es $110.000 si eres soltero o $160.000 si estás casado y solicitas un reembolso conjunto de impuestos).

Siempre y cuando seas elegible, puedes tener tantas IRA como quieras, aunque existe un límite del monto total que puedes contribuir. En 2008, el máximo era $5.000 por año más $1.000 adicionales de contribución *catch-up* para personas de cincuenta años o más. En 2010 y en adelante, los límites se elevarán conforme a la inflación en incrementos de $500.

Algunas personas piensan que $5.000 o $6.000 al año no son suficientes para nada. De hecho, si lo haces bien, incluso una contribución relativamente modesta de algunos miles de dólares al año puede convertirse en un ahorro con un valor de cientos de miles de dólares, incluso millones. Ésta es la manera de hacerlo bien.

EL VALOR DEL TIEMPO PARA EL DINERO

Invierte ahora

	SUSAN Al invertir a los 19 años de edad (10% de anual)		**KIM** Al invertir a los 27 años de edad (10 % de anual)	

EDAD	INVERSIÓN	VALOR TOTAL	EDAD	INVERSIÓN	VALOR TOTAL
19	$2.000	$2.200	19	$0	$0
20	$2.000	$4.620	20	$0	$0
21	$2.000	$7.282	21	$0	$0
22	$2.000	$10.210	22	$0	$0
23	$2.000	$13.431	23	$0	$0
24	$2.000	$16.974	24	$0	$0
25	$2.000	$20.871	25	$0	$0
26	$2.000	$25.158	26	$0	$0
27	$0	$27.674	27	$2.000	$2.200
28	$0	$30.442	28	$2.000	$4.620
29	$0	$33.486	29	$2.000	$7.282
30	$0	$36.834	30	$2.000	$10.210
31	$0	$40.518	31	$2.000	$13.431
32	$0	$44.570	32	$2.000	$16.974
33	$0	$48.027	33	$2.000	$20.871
34	$0	$53.929	34	$2.000	$25.158
35	$0	$59.322	35	$2.000	$29.874
36	$0	$65.256	36	$2.000	$35.072
37	$0	$71.780	37	$2.000	$40.768
38	$0	$78.958	38	$2.000	$47.045
39	$0	$86.854	39	$2.000	$53.949
40	$0	$95.540	40	$2.000	$61.544
41	$0	$105.094	41	$2.000	$69.899
42	$0	$115.603	42	$2.000	$79.089
43	$0	$127.163	43	$2.000	$89.198
44	$0	$139.880	44	$2.000	$100.318
45	$0	$153.868	45	$2.000	$112.550
46	$0	$169.255	46	$2.000	$126.005
47	$0	$188.180	47	$2.000	$140.805
48	$0	$204.798	48	$2.000	$157.086
49	$0	$226.278	49	$2.000	$174.094
50	$0	$247.806	50	$2.000	$194.694
51	$0	$272.586	51	$2.000	$216.363
52	$0	$299.845	52	$2.000	$240.199
53	$0	$329.830	53	$2.000	$266.419
54	$0	$362.813	54	$2.000	$295.261
55	$0	$399.094	55	$2.000	$326.988
56	$0	$439.003	56	$2.000	$361.886
57	$0	$482.904	57	$2.000	$400.275
58	$0	$531.194	58	$2.000	$442.503
59	$0	$584.314	59	$2.000	$488.953
60	$0	$642.745	60	$2.000	$540.048
61	$0	$707.020	61	$2.000	$596.253
62	$0	$777.722	62	$2.000	$658.078
63	$0	$855.494	63	$2.000	$726.086
64	$0	$941.043	64	$2.000	$800.895
65	$0	$1.035.148	65	$2.000	$883.185

VELA DIFERENCIA

GANANCIAS SOBRE LA INVERSIÓN $1.019.148

GANANCIAS SOBRE LA INVERSIÓN $805.185

SUSAN GANA $1.019.148
KIM GANA $805.185

SUSAN GANA MÁS $213.963

Susan invirtió una quinta parte de dólares, pero tiene 25 por ciento más.

¡COMIENZA PRONTO A INVERTIR!

Comienza pronto, comienza ahora. Ahorra hasta tu jubilación.

La cantidad que tengas en tu IRA cuando te jubiles depende de tres factores principales: cuánto contribuyes, cuánto dinero generan tus inversiones y cuántos años dispone tu dinero para crecer. Nunca es demasiado tarde para comenzar, pero mientras más pronto sea, mejor.

Supongamos que contribuyes $5.000 al año a una IRA, ganas 8 por ciento de utilidades anuales y quieres retirarte a los sesenta y cinco años. Si comenzaras a los cincuenta y cinco años, depositarías un total de $50.000 a lo largo de los diez años previos a tu jubilación; en ese momento, tu cuenta valdría $72.433. En contraste, si comenzaste a los veinticinco años, depositarías $200.000 durante los siguientes cuarenta años y, para cuando te jubiles, tu cuenta valdría $1,3 millones. En otras palabras, al comenzar a los veinticinco años terminarías por depositar cuatro veces más de lo que hubieras depositado si comenzaras a los cincuenta y cinco años; cuando te jubilaras, tu dinero se habría multiplicado más de diecisiete veces. De hecho, si comenzaras a los veinticinco años de edad y depositaras los $5.000 anuales durante sólo los primeros diez años y nunca más depositaras un céntimo, aún tendrías más de diez veces lo que ahorrarías si comenzaras a los cincuenta y cinco años; es decir, casi $729.000 en total. Eso es lo que pueden hacer treinta años de inversión.

Sé inteligente con el tipo de IRA que elijas

El consejo general que escucharás de la mayoría de los "expertos" es que el tipo de IRA que debes abrir depende de si crees que el rango de impuestos al cual pertenecerás cuando te retires será más alto o más bajo del que te corresponde ahora. Si crees que pertenecerás a un rango más alto de impuestos, debes elegir un Roth IRA no deducible. Si crees que te corresponderá un rango más bajo, deberás elegir una IRA tradicional deducible. (Casi todo el mundo está de acuerdo en que una IRA tradicional no deducible tiene sentido si no eres candidato para todas las demás opciones de IRAs).

Esto puede parecerte bastante simple, pero predecir tu rango de impuestos no es tan fácil. La mayoría de la gente asume que le corresponderá un rango menor porque ya no trabajará. Pero, ¿cuán segura es esta suposición? Las encuestas demuestran que un poco más de la mitad de los individuos pertenecientes a la generación de la posguerra, esa generación gigante que en la actualidad se aproxima a la jubilación, no planea renunciar a su empleo cuando cumpla 65 años de edad. De hecho, tres de cada cuatro jubilados aún realizan alguna especie de trabajo. De todas maneras, no olvides que tus beneficios de Seguro Social son gravables. Por tanto, tu ingreso gravable puede ser más alto de lo que crees.

Más aún, ¿quién sabe cuáles serán las tasas de interés cuando te jubiles? La verdad es que podemos esperar que sean mucho más altas de lo que son ahora; lo cual significa que, incluso si ganas menos dinero, no necesariamente pertenecerás a un rango menor.

Entonces, ¿cómo decidirte? Bueno, una cosa que puedes predecir con un grado justo de certeza es con cuánto tiempo contará tu dinero para crecer en tu IRA. Éste es un dato importante porque es un hecho que entre mayor sea el tiempo, más probable será que te convenga una Roth IRA. Esto se debe a que, con suficiente tiempo para hacer su magia, el milagro de los intereses compuestos te colocará en una posición tan privilegiada que el hecho de no tener que pagar impuestos sobre tus retiros después de tu jubilación valdrá mucho más para ti que el hecho de poder deducir tus contribuciones ahora.

> Entonces, si eres relativamente joven (digamos, menor de treinta y cinco años), una Roth es por lo general el mejor camino. Si tienes cincuenta años o más, la IRA tradicional deducible es casi siempre la mejor opción.

Entonces, si eres relativamente joven (digamos, menor de treinta y cinco años) y tienes prospectos decentes, una Roth es por lo general el mejor camino. Si tienes entre treinta y cinco y cincuenta años, tu decisión deberá depender de cómo podrías emplear los $1.000 en ahorros de impuestos que recibirás por la deducción que una IRA tradicional te permite realizar. Si pudieras vivir sin el dinero (y cumples con los requerimientos de ingresos), es probable que te convenga más realizar tus contribuciones a una Roth no deducible y cosechar tus ganancias a lo largo del camino. Pero si tienes cincuenta años o más, la IRA tradicional deducible es casi siempre la mejor opción.

Sé cuidadoso con tu manera de invertir

Una de las grandes ventajas de una IRA es que puedes invertir las utilidades de la forma que prefieras, no sólo en las opciones que tu empleador proporciona a través del plan 401(k). Como en el caso de los planes 401(k), tu meta deberá ser diversificar tus inversiones con una variedad de fondos mutuos que te permitan tener acceso a los mercados de acciones y de bonos, tanto en Estados Unidos como a nivel internacional. Si todo esto te parece confuso (y así es), pregunta en tu banco o a tu corredor acerca de la "fecha meta" o los fondo de ciclo de vida. Éste es un fondo diseñado de manera específica para ahorros de jubilación. Tú eliges una fecha meta cercana a cuando planeas jubilarte y el fondo automáticamente asegura que cuentes con la mezcla apropiada de inversiones para una persona de tu edad; es decir, más agresiva cuando eres más joven y cada vez más conservadora a medida que te aproximas a tu jubilación.

A pesar de que no existe una inversión "adecuada" para una IRA, existen algunos tipos de inversiones que resulta claro que no son apropiados. Algunos, como seguros de vida y antigüedades, no están permitidos. Otros son mala idea. Por ejemplo, tomemos las inversiones de gravamen diferido como los fondos municipales o las pensiones. Dadas sus ventajes fiscales, los inversionistas pagan una prima por este tipo de inversiones en la forma de rendimientos reducidos o tarifas más altas. Pero cualquier inversión que coloques en tu IRA se convierte en gravable diferida de inmediato, de manera que pagarás esa prima por una ventaja con la cual ya cuentas.

También debes reflexionar a profundidad antes de colocar inversiones en una IRA que no puedan ser valuadas y vendidas con facilidad, como bienes raíces, sociedades limitadas o sociedades de negocios, en especial si te aproximas a los setenta años y medio, que es cuando estás obligado a comenzar a hacer retiros. Este tipo de activos por lo general deben ser valuados, lo cual te costará dinero; y si no pueden dividirse con facilidad, quizá te encuentres obligado a retirar la inversión completa con el fin de cumplir con los requerimientos mínimos de retiros.

Evita esas penalizaciones

Como norma, es mejor dejar tu dinero en tu IRA hasta que estés listo para la jubilación. No obstante, si necesitas retirar el dinero y tienes menos de cincuenta y nueve años y medio, asegúrate de hacerlo de manera que evites que te cobren la penalización de 10 por ciento que por lo general exige el IRS por retiros prematuros. Entre las excepciones a estas penalizaciones se incluyen:

- **Contribuciones a una Roth IRA.** Dado que tú ya pagaste impuestos sobre ingresos por el dinero, siempre puedes retirar el monto de tus propias contribuciones (pero ninguna utilidad) de una Roth IRA sin incurrir en impuestos o penalizaciones.

- **Compra de casa.** Puedes realizar un retiro libre de penalizaciones de hasta $10.000 de una IRA tradicional y una Roth IRA para tu primera compra de una vivienda. La buena noticia aquí es que el IRS define a un "comprador primerizo de casa" como cualquier persona que nunca ha poseído una vivienda durante al menos dos años. Sin embargo, puedes aprovechar esta excepción sólo en una ocasión.

- **Gastos médicos deducibles.** Si tú enlistas tus impuestos, el IRS te permite deducir todos los gastos médicos no reembolsados que excedan el 7,5 por ciento de tu ingreso bruto ajustado. Esto también te permite retirar un monto equivalente de dinero de una IRA tradicional sin penalizaciones, tanto si enlistaste tus impuestos como si no lo hiciste.

- **Primas de seguros médicos.** Si pierdes tu empleo y calificas para una compensación por desempleo durante al menos doce semanas, puedes hacer un retiro tanto de una IRA tradicional como de una Roth IRA equivalente a las primas por seguros médicos que pagaste ese año para ti mismo o para tu familia.

- **Mayores gastos para la educación.** Si cualquier miembro de tu familia inmediata (incluso nietos) asiste a una universidad o colegio acreditados, puedes realizar un retiro libre de penalizaciones tanto de una IRA tradicional como de una Roth IRA para cubrir gastos de educación "calificada", entre los cuales se incluyen la matrícula, las tarifas, los libros, las provisiones y el equipo.

Cuándo comenzar a hacer retiros depende de tus circunstancias

La ley te permite comenzar a retirar utilidades de tu IRA cuando tienes cincuenta y nueve años y medio de edad. Sin embargo, esto no significa que tengas que comenzar en ese momento. Cuándo comenzar a retirar tus fondos depende de tus circunstancias.

Si perteneces a un rango alto de impuestos, debes posponer tanto como puedas los retiros gravables de tu IRA. Por otra parte, si perteneces a un rango inferior quizá debas comenzar a retirar tanto como puedas sin elevarte a un rango más alto. Si no necesitas gastar el dinero, puedes pagar los impuestos sobre ingresos que se generen y después depositarlo en una Roth IRA.

Gasta tu IRA antes que tu pensión de Seguro Social

Es probable que a los adultos mayores carentes de dinero que están tentados a comenzar a cobrar pronto sus beneficios de Seguro Social les convenga más gastarse su IRA. Es muy poco probable que el hecho de no tocar el dinero de su IRA les produzca ganancias cercanas a lo que obtendrían en mayores beneficios de Seguro Social si esperan hasta alcanzar la edad plena de la jubilación.

Mantente atento al calendario

La peor penalización de tu IRA es por no realizar los retiros mínimos cuando cumples setenta años y medio. Cualquier persona culpable de este error pierde la *mitad* de lo que debería haber retirado y no retiró. No permitas que esto te suceda. Las normas que regulan los retiros mínimos son complicadas. (En términos básicos obligan un esquema de pagos basado en tu expectativa de vida y en la de tu beneficiario). Por tanto, habla con tu ejecutivo de cuenta o lee la publicación 590 del IRS: "Individual Retirement Arrangements"; puedes encontrarla en la página web del IRS: **www.irs.gov/publica tions/p590**, y asegúrate de comprenderla.

Qué hacer si algo sale mal

Si tienes cualquier problema con un banco o firma de corretaje con los cuales hayas abierto una IRA, o con cualquier corredor o vendedor que haya arruinado tus inversiones en tu IRA; es decir, por ejemplo, que tus contribuciones no hayan sido acreditadas de manera apropiada o tus instrucciones no hayan sido cumplidas, existen numerosas agencias gubernamentales a las cuales puedes recurrir en busca de ayuda. Desde luego, debes intentar primero resolver el problema de forma directa con la institución financiera en cuestión. Si eso no funciona, no dudes en contactar al departamento de banca, seguros o inversiones de tu estado, según la naturaleza de tu problema.

Puedes encontrar a tu regulador estatal de banca en la página web de la Conference of State Bank Supervisors: **www.csbs.org**. (Haz clic en "State Banking Commisioners" en la lista de "Quick Clicks"). Una lista completa de reguladores estatales de seguros está disponible en la página web de la National Association of Insurance Commissioners: **www.naic.org/state_web_ map.htm**. Encontrarás la información para contactar al regulador de inversiones de tu estado en la página web del North American Securities Administrators Association: **www.nasaa.org/QuickLinks/ContactYourRegulator.cfm**.

También debes presentar una queja ante las autoridades federales. Para encontrar una lista completa de los reguladores federales de la banca, consulta la página 87 en la sección "Cuentas bancarias". Si tu problema es con una firma de corretaje o de inversiones, presenta una queja ante la Securities and Exchange Commission tanto en la página web **www.sec.gov** como a través de una llamada al número telefónico gratuito del centro de quejas: (800) 732-0330. También puedes escribirles a:

SEC Complaint Center
100 F Street, NE
Washington, DC 20549-0213

Las quejas acerca de corredores también pueden ser dirigidas a la Financial Industry Regulatory Authority (**www.finra.org**), una agencia no gubernamental creada en el año 2007 por la National Association of Securities Dealers y la Bolsa de Valores de Nueva York para supervisar a los corredores y a las firmas de corretaje. Puedes presentar una queja en línea a través del Centro de quejas de inversionistas de la FINRA: **apps.finra.org/Investor_Information/Complaints/complaintCenter.asp.**

Cuando presentes una queja, asegúrate de incluir tu nombre, dirección, número telefónico y dirección de correo electrónico, así como los de la institución o individuo al cual se refiere tu queja. Incluye detalles específicos acerca de tu problema y copias de documentos relevantes (nunca los originales). Si no tienes suerte con este intento y está implicada una suma significativa de dinero, habla con un abogado acerca de tu problema.

Pasos de acción para luchar por tu dinero

☐ Abre una IRA hoy y comprométete a maximizarla.

☐ Decide si te conviene más una IRA tradicional o una Roth IRA.

☐ Existen cientos de bancos, firmas de corretaje y empresas de fondos mutuos entre los cuales puedes elegir para ayudarte a abrir una IRA. Las siguientes cinco firmas facilitan mucho el proceso. Todas son empresas grandes que ofrecen servicios en línea con ayuda telefónica.

TD Ameritrade
www.tdameritrade.com
800-669-3900

Sharebuilder
www.sharebuilder.com
800-747-2537

Vanguard
www.vanguard.com
877-662-7447

ING Direct
www.ingdirect.com
800-ING-DIRECT

Fidelity
www.fidelity.com
800-343-3548

Planes de pensiones

El plan tradicional de pensiones por lo general es un buen negocio. No tienes que contribuir con nada y, siempre y cuando sumes una determinada cantidad de años de trabajo, una vez que te retiras tienes garantizado un beneficio mensual establecido durante el resto de tu vida.

Por desgracia, como con todos los negocios, los planes tradicionales de pensiones no son tan comunes como solían ser. Mientras cuatro de cada cinco trabajadores gubernamentales aún están cubiertos por ellos, la proporción en la industria privada es justo a la inversa. Sólo uno de cada cinco trabajadores del sector privado tiene derecho a una pensión; por lo regular, personas que están cubiertas por un contrato sindical o trabajan para una empresa muy grande y muy antigua. En general, 44 millones de trabajadores estadounidenses están cubiertos por 30.000 planes de beneficios definidos y respaldados por un total de más de $6 billones en activos.

Si tú estás a punto de recibir una pensión, en definitiva ya tienes un pie en tu jubilación, pero no asumas que tus años dorados ya están resueltos. Como millones de trabajadores han descubierto en años recientes, el simple hecho de tener derecho a una pensión no significa que en realidad la recibas. Frente a las problemáticas condiciones económicas actuales, un número cada vez mayor de empresas ha reducido sus planes de pensiones o se ha deshecho de ellos por completo. A pesar de que una empresa no puede eliminar los beneficios que tú ya te has ganado, puede eliminar aquellos beneficios que esperabas ganarte en el futuro. Éste es un riesgo particular cuando las empresas se fusionan.

De acuerdo con el Pension Rights Center, alrededor de setenta y cuatro de las empresas más importantes (incluso con nombres tan familiares como Boeing, Coca-Cola, Dupont e IBM) dejaron de ofrecer pensiones a sus nuevos empleados o cancelaron sus planes por completo entre los años 2005 y 2008. En 1998, noventa de las empresas *Fortune 100* ofrecieron pensiones garantizadas a sus nuevos empleados; en estos días, según reportes de la firma de consultoría Watson Wyatt, menos de sesenta lo hacen.

Más aún, tu plan podría carecer de fondos, lo cual significa que puede no contar con suficiente dinero para pagar todos los beneficios que se supone que debería cubrir. Cuatro de cada cinco pensiones estatales carecen de fondos; una de cada cinco tiene menos de 70 por ciento de los activos que necesitaría para poder cumplir con sus obligaciones. La carencia de fondos también es un gran problema en las industrias automotriz, aérea y siderúrgica. Existe la preocupación constante sobre si la Pension Benefit Guaranty Corp, la cual es federal, cuenta con los recursos para proteger a todos los trabajadores cubiertos por estos débiles planes.

La buena noticia es que tú no tienes que ser una víctima. Existen pasos que puedes dar para protegerte. Sólo es cuestión de que te informes y formules las preguntas adecuadas.

Cómo luchar por tu dinero

Asegúrate de conocer las reglas. Consigue la descripción del plan

Todo plan de pensiones es distinto; por ello, es importante conocer las reglas que gobiernan el tuyo. Cuando vas a trabajar para una empresa o agencia gubernamental que ofrezca un plan de pensiones a sus trabajadores, se supone que deben entregarte una copia de un documento llamado Descripción del plan, el cual describe cómo funciona el plan de pensiones; es decir, cuáles son tus beneficios, cómo son calculados, qué necesitas para merecerlos, etc. Asegúrate de leer este documento y después guardarlo en un lugar seguro. (Si tu jefe nunca te entregó uno o si no puedes encontrarlo, solicita una copia al administrador de tu plan). También debes leer y guardar todas las notificaciones que recibas de tu jefe acerca de cambios en el plan. Las viejas reglas aún aplican a los beneficios que ya te has ganado, pero las nuevas reglas gobernarán todos los beneficios futuros. Si quieres saber más acerca del funcionamiento de tu plan, en especial si te preocupa cómo es administrado, solicita una copia del documento completo del plan al administrador del mismo.

Mantén un registro de tu historia laboral

Dado que los beneficios de tu pensión dependen en gran medida del tiempo que has trabajado para tu empleador y cuánto dinero ganaste, es vital que conserves un registro tan completo como sea posible de tu historia laboral. No asumas que el departamento de recursos humanos tendrá un registro preciso.

Necesitas llevar tus propios registros en caso de que termines en una disputa con tu empleador. Conservar tus recibos de nómina al final de cada año por lo general es la manera más sencilla de hacerlo. Si comenzaste o interrumpiste el empleo durante el año, anótalo en el recibo. Si perdiste tus documentos (o nunca los conservaste), puedes solicitar un registro de las empresas para las cuales trabajaste a través de una "Request for Social Security Earnings Information" con la Social Security Administration (**www.ssa .gov**). El servicio no es gratuito (las tarifas comienzan en $15 para investigar un año y se elevan hasta $80 por cuarenta años), pero la información puede ser invaluable.

Conoce las reglas de *vesting*

Casi siempre los empleadores te solicitan trabajar determinado número de años antes de otorgarte el derecho a los beneficios de la pensión completa. Este requerimiento es conocido como *vesting*. Todo empleador tiene sus propias políticas de *vesting* y es esencial que tú comprendas las tuyas si quieres tomar una decisión inteligente acerca de cuándo retirarte o cuándo dejar tu empleo.

Algunas empresas tienen lo que se conoce como *"cliff vesting"*, lo cual significa que recibes todos los beneficios juntos. Por ejemplo, si tu empresa tiene una política de *cliff vesting* de cinco años, tú no tienes derecho a ningún beneficio si no permaneces en la empresa al menos durante cinco años, pero tienes derecho a todos los beneficios una vez que cumples cinco años allí. Otras empresas practican *"vesting* graduado", bajo el cual tu derecho a los beneficios aumenta de manera gradual, por lo regular en un periodo de siete años, hasta que tienes derecho a todos los beneficios.

Muchos planes de pensiones también cuentan con otros servicios que confieren beneficios adicionales. Por ejemplo, si permaneces al menos veinte años en la empresa, quizá tengas derecho a comenzar a cobrar tus beneficios a los cincuenta y nueve años de edad en lugar de hasta los sesenta y cinco. Después de treinta años quizá tengas derecho a retirarte con todos los beneficios cuando así lo desees, sin importar tu edad.

Entonces, si estás considerando la posibilidad de dejar un empleo que ofrece un plan de pensiones, asegúrate de incluir las reglas de *vesting* de tu empleador en tus cálculos. A veces, el hecho de permanecer en un empleo unos cuantos meses más de los que habías planeado vale decenas de miles de dólares en beneficios adicionales de las pensiones.

Utiliza la fórmula de pensiones a tu favor

La mayoría de los beneficios de pensiones se calcula con base en tus ingresos más recientes, como el promedio entre los tres más altos en los últimos cinco años o los cinco más altos en los últimos quince años. Con ello en mente, quizá puedas incrementar tu pensión a través de trabajar horas adicionales, lo cual aumentará tu compensación total durante esos años cruciales. De igual manera, tal vez quieras evitar hacer cualquier cosa que disminuya la compensación durante esos años, como cambiar a una estructura de medio tiempo. Revisa la descripción de tu plan y consulta con el administrador para saber qué es lo más conveniente para ti.

A veces el hecho de permanecer en un empleo unos cuantos meses más de los que habías planeado vale decenas de miles de dólares en beneficios adicionales de las pensiones.

Revisa con mucha atención tus opciones de pago

La decisión de cómo quieres que se te paguen los beneficios de tu pensión es una de las más importantes que tomarás para el resto de tu vida. Considera la posibilidad de obtener asesoría profesional de una fuente objetiva antes de sólo aceptar un beneficio conjunto en el cual se incluyan beneficios hereditarios para tu cónyuge.

Si te ofrecen la opción de un pago único (opuesto a los pagos mensuales durante el resto de tu vida), solicita a un contador o a un planeador financiero que compare su valor con el valor de los pagos regulares. Un pago único puede ser una opción inteligente si manejas bien el dinero, pero hace falta una revisión detallada para determinar si tu manejo del dinero genera mejores ganancias que los pagos fijos ofrecidos por el plan de pensiones. También puede ser inteligente si tu fondo de pensiones no cuenta con fondos y tú tienes dudas acerca de si en realidad recibirás todos los beneficios a los cuales tienes derecho. Una vez más, si optas por el pago único con la idea de invertirlo y vivir de las utilidades, tienes que estar preparado tanto para los riesgos de pérdidas como para las ganancias. Y quizás renunciarías a esos valiosos beneficios por los ajustes en el costo de la vida y los seguros médicos.

También tendrás que decidir entre un beneficio de "vida individual", el cual obtienes mientras vivas, pero termina cuando mueres, o un pago "conjunto con sobreviviente", en el cual tu cónyuge recibirá los beneficios si tú mueres antes que él o ella. Por lo general, el beneficio de vida individual te entrega un cheque mensual mayor, lo cual representa una opción razonable si esperas vivir más que tu cónyuge. Sin embargo, si esperas que tu cónyuge te sobreviva, el pago conjunto menor puede tener más sentido. Dado que las mujeres tienden a vivir más que los hombres, no es sorprendente que 69 por ciento de las mujeres casadas elijan el pago de vida individual mientras 72 por ciento de los hombres eligen la opción del pago conjunto.

Los agentes de seguros con frecuencia sugieren que, si esperas que tu cónyuge te sobreviva, hay una manera de aceptar el pago individual, más lucrativo, y aún poder proteger a tu cónyuge sobreviviente. Lo que proponen es que protejas a tu cónyuge, usando el ingreso adicional del beneficio de vida individual en la compra de una póliza de seguro de vida que le proporcione a tu cónyuge un pago único que, si lo administra de manera correcta, puede valer más que el beneficio continuo de la pensión conjunta. Es una idea inteligente, pero sé cauteloso. ¿Será tu cónyuge capaz de administrar el dinero de un pago único por tu seguro para producir el mismo ingreso que recibiría del beneficio de sobreviviente? Más aún, bajo este esquema, tu cónyuge sobreviviente podría ignorar el seguro médico y otras ventajas que con frecuencia están incluidas en el beneficio del sobreviviente.

No renuncies a tus beneficios conyugales sin luchar

Un cónyuge debe aceptar renunciar a los beneficios de su sobreviviente. Si tu cónyuge es quien tiene la pensión y él o ella quiere aceptar la opción de vida individual, no firmes la renuncia de tus derechos sin conocer la opinión de un asesor objetivo. A veces tiene sentido y a veces no. Una situación en la cual no tiene sentido es si te divorcias, en cuyo caso debes asegurarte de que la pensión de tu cónyuge forme parte de las negociaciones. En el caso de que te concedan parte de la pensión, no olvides obtener la orden apropiada de la corte para sustentar el veredicto. (Para pensiones privadas esto es lo que se conoce como Qualified Domestic Relations Order). *No* es suficiente con que el acta de divorcio indique que tienes derecho a la pensión.

De lo que debes cuidarte

Errores del empleador

Los empleadores pueden cometer errores y lo hacen cuando calculan beneficios de pensiones, en especial cuando ha habido cambios en las reglas del plan en el transcurso de tu historia laboral. Entonces, cuando recibas los estados de cuenta de tu plan de pensiones, revisa de nuevo los cálculos de la pensión.

Con frecuencia, una empresa que ha reducido el tamaño de su contribución anual a la pensión (digamos, de 1,5 por ciento del salario de un participante a sólo 1 por ciento) calculará por error los beneficios de pensión de los jubilados como si el porcentaje más bajo aplicara a todos sus años de servicio a pesar de que trabajaron varios de ellos cuando el porcentaje más alto aún estaba en efecto. Entre otros errores comunes se incluyen registros inexactos o incompletos, como una fecha de nacimiento errónea o no incluir bonos en la compensación total del empleado. Dado que incluso un "pequeño" error puede costarte decenas y hasta cientos de miles de dólares en beneficios, revisa con mucha atención tus estados de cuenta.

Finanzas débiles

Gracias a la creciente preocupación por los planes de pensiones carentes de fondos es buena idea enterarte tanto como puedas acerca del estado de las finanzas de tu plan. Como ya mencioné, si éstas son débiles y tú ya te aproximas a la edad para jubilarte, quizá debas considerar la opción de aceptar tus beneficios en forma de un pago total único.

Si trabajas para una agencia gubernamental, por lo general puedes obtener información acerca de tus planes de pensión de forma directa con el administrador del plan de pensión de tu agencia. También puedes consultar firmas independientes de investigación como Wilshire Consulting (**www .wilshire.com**), las cuales evalúan con regularidad los sistemas de retiro del estado u otros grandes planes de pensiones gubernamentales.

Si eres trabajador del sector privado y tienes un plan de pensión, tienes aún más opciones. A partir de 2009, todos los planes privados están obligados a enviar a los participantes una notificación anual de fondos que enlista sus activos y responsabilidades, el estado de sus fondos durante los últimos tres años y cómo se invierten sus activos. Puedes saber más acerca del estado de tu plan si analizas el reporte que el plan de pensiones de tu empresa debe enviar cada año al IRS. Solicita una copia del reporte al administrador de tu plan (se llama "Form 5500") o consúltalo en línea en **www.freeerisa.com**. Si tu empresa es pública se incluirá información adicional acerca de las finanzas de su plan de pensiones en expedientes con la Securities and Exchange Commission.

Si descubres cualquier detalle en esos reportes que te resulte preocupante o confuso, solicita una explicación detallada al administrador de tu plan.

Perder contacto con el plan de un antiguo empleador

No tienes que trabajar para una empresa hasta cumplir los sesenta y cinco años para tener derecho a una pensión. Siempre y cuando hayas trabajado lo bastante para acceder al *vesting*, puedes ser candidato para los beneficios de la pensión de un empleador a quien dejaste muchos años antes de cumplir la edad para jubilarte. Por tanto, una vez que has cumplido con el *vesting*, asegúrate de mantener siempre informado a tu empleador de tu dirección actual, sin importar si aún trabajas para él o no.

Si no lo has hecho por negligencia, escríbele hoy mismo al administrador de pensiones de esa empresa. Si ésta ya no existe, o si asegura no contar con registros de que alguna vez trabajaste allí, un lugar grandioso para obtener ayuda es la página web de PensionHelp America (**www.pensionhelp.net**), el cual cuenta con vínculos a muchos recursos, incluso el Pension Rights Project. También puedes investigar si el plan de pensiones de tu ex empleador fue descontinuado en la página web de la Pension Benefit Guaranty Corp. (**www.pbgc.gov**), la cual es federal y fue fundada para proteger a los empleados cuando una empresa en decadencia ya no puede financiar su plan de pensiones.

> **Podrías ser candidato para los beneficios de la pensión de un empleador a quien dejaste muchos años antes.**

Los límites de la protección gubernamental. ¡Lo que debes saber ahora!

El gobierno federal creó la Pension Benefit Guaranty Corp. (PBGC, por sus siglas en inglés) en 1978 para proteger a los trabajadores cubiertos por programas privados de pensiones. En términos básicos, la PBGC ofrece un seguro que garantiza que, si tu plan de pensiones fracasa o, por el contrario, no puede cumplir con sus obligaciones, tú continuarás recibiendo un beneficio, aunque es probable que no obtengas tanto como lo que debiste recibir en un principio. Como norma, cuando interviene la PBGC, los trabajadores y los jubilados con grandes pensiones pueden esperar que sus beneficios se reduzcan, a veces de forma drástica. De hecho, los pilotos de aerolíneas vieron reducirse sus beneficios hasta en 75 por ciento cuando Delta, United, U.S. Airways y Aloha Airlines cancelaron sus planes de pensiones.

Como norma, cuando interviene la PBGC, los trabajadores y los jubilados con grandes pensiones pueden esperar que sus beneficios se reduzcan, a veces de forma drástica.

El máximo beneficio de la PBGC para planes que finalizaron en el año 2008 fueron $51.750 para aquellos empleados que se retiraron a los sesenta y cinco años y $23.288 para los trabajadores retirados a los cincuenta y cinco años. Más aún, una vez que un plan finaliza, los trabajadores ya no pueden acceder a beneficios adicionales. Y los beneficios de jubilación no monetarios, como el seguro médico, no están protegidos en absoluto. Entonces, si el plan de pensiones de tu empresa parece cimentarse sobre arenas movedizas, en definitiva debes comenzar a pensar en alternativas para financiar tu jubilación, como las IRA.

Tengo serias preocupaciones (como muchos expertos) acerca de si la PBGC puede sustentar el montón de planes de pensiones que en este momento carecen de fondos. El hecho es que, hasta el año 2007, las obligaciones a largo plazo de la PBGC excedieron sus activos por alrededor de $14 mil millones. Esta situación representó una considerable mejoría respecto del 2004, cuando el déficit de la PBGC era superior a los $23 mil millones, pero aún así presenta la posibilidad de una crisis financiera potencial de proporciones épicas para muchos estadounidenses. Ésta es la razón por la cual, al momento de decidir entre aceptar un pago único o un beneficio fijo mensual, yo me inclinaría hacia el pago único. Recuerda que siempre puedes crear tu propio "plan de pagos de por vida" con una pensión con gravamen diferido que te pertenezca y puedas controlar.

Qué hacer si algo sale mal

Si perteneces a un plan gubernamental y tienes problemas que no puedes resolver con el administrador del mismo, tu mejor opción puede ser contactar al legislador de tu localidad o estado o a tu representante en el Congreso, lo cual depende de si se trata de un plan estatal o federal.

Los planes de pensiones del sector privado son regulados por el IRS y la Employee Benefits Security Administration en el U.S. Department of Labor. Si tienes problemas con la pensión de una empresa que el administrador de tu plan no está dispuesto o no es capaz de resolver, deberás presentar una queja ante la Employee Benefits Security Administration a través de su página web **www.dol.gov/ebsa** o de su número telefónico gratuito: (866) 444-3272.

Para todos los asuntos relacionados con pensiones, tanto públicas como privadas, también deberás contactar a PensionHelp America (**www.pension help.net**), un grupo defensor con un registro impresionante de resolución de asuntos relacionados con pensiones. Otro recurso valioso es el Pension Rights Center en Washington, el cual tiene vínculos con grupos de derechos de los pensionistas en todo el país. Puedes contactarlos en línea en **www .pensionrights.org**, por teléfono al número (202) 296-3776 o por correo a:

Pension Rights Center
1350 Connecticut Avenue, NW
Suite 206
Washington, DC 20036-1739

Pasos de acción para luchar por tu dinero

☐ Saca una copia de la Descripción del plan. Si no la tienes, solicita una copia al administrador de tu plan.

☐ Crea una historia laboral para tus expedientes.

☐ Conoce tu esquema de *vesting*.

☐ Infórmate acerca del estado de las finanzas de tu plan.

☐ Consulta a un contador o asesor financiero para comprender tus opciones de pago cuando consideres jubilarte.

☐ Si eres candidato para una pensión con un ex empleador, asegúrate de permanecer en contacto con el administrador del plan. Si requieres ayuda, visita PensionHelp America en la página web **www.pensionhelp.com**.

Seguro Social

El programa de Seguro Social de Estados Unidos es el programa gubernamental más grande en el mundo. En el año 2008 pagó $608 mil millones en beneficios; es decir, casi 21 por ciento del presupuesto federal total y más de 4 por ciento del producto interno bruto de la nación. A pesar de que el beneficio promedio sólo equivale a un poco más de $13.000 por año, es suficiente para mantener a un estimado de 40 por ciento de todos los estadounidenses de sesenta y cinco años y mayores, quienes de otra manera se encontrarían en problemas para no caer en la pobreza.

Los eruditos en Seguro Social te harán creer que el programa se dirige hacia la bancarrota. Puede parecerlo si consideras los estimados de que para el año 2017, el Seguro Social pagará más dinero en beneficios de jubilación que lo que cobra en impuestos por nóminas; lo cual significa que tendrá que comenzar a drenar sus reservas con el fin de cumplir con sus obligaciones. Más aún, para el año 2041, dicen los expertos, esas reservas se habrán agotado y, a menos que encuentre nuevas fuentes de ingresos, el sistema sólo tendrá dinero para pagar a los jubilados tres cuartas partes de lo que ahora les paga. A nivel personal, creo que gran parte del problema se resolverá con sólo elevar la edad en la cual nos convertimos en candidatos para comenzar a cobrar beneficios de jubilación de Seguro Social.

Puedes comenzar ahora a cobrar un beneficio parcial de Seguro Social a los sesenta y dos años, pero la edad a la cual eres candidato para recibir todos los beneficios se ha incrementado de forma gradual. Una ley de 1983 la elevó de sesenta y cinco a sesenta y siete años para personas nacidas después de 1960, y en el año 2008 la American Academy of Actuaries solicitó al Congreso incrementar dos años la edad de la jubilación total a sesenta y nueve años. "Mantener constante la edad de la jubilación es una receta infalible para futuros problemas financieros", dijo la Academia en una rara declaración de "interés público". "Elevarla... contribuiría a resolver esos problemas".

Debido a las presiones económicas, las reglas cambian de manera constante y tú necesitas saber cómo te afectan esos cambios.

Cómo luchar por tu dinero

Por lo que se refiere a las regulaciones complicadas y a la burocracia masiva, el Seguro Social se encuentra al mismo nivel que el IRS y el DMV. Pero si quieres aprovechar al máximo todos esos impuestos sobre nómina que pagaste a lo largo de los años, no puedes permitir que te intimiden o ignorar tus beneficios y derechos. Nadie te *da* beneficios; tú te los ganaste. Entonces, no seas negligente al defender tus derechos.

La mayoría de la gente aún asume que la edad "oficial" de jubilación, es decir la edad en la cual calificas para recibir todos los beneficios de Seguro Social, es de sesenta y cinco años. De hecho, para la gente nacida después del 1 de enero de 1967, ahora es de sesenta y siete años. Entonces, si naciste en, digamos, 1970 y cuentas con recibir beneficios completos cuando cumplas 65 años, en el año 2035, quizá debas reestructurar tus planes. (Puedes encontrar el esquema entero de jubilación en la página web de la Social Security Administration: **www.ssa.gov/retire2/agereduction.htm**).

He aquí algunos otros consejos importantes para tenerlos presentes.

Asegúrate de que tu registro de ingresos sea exacto

En gran medida, el monto de tus beneficios de jubilación de Seguro Social se basa en cuánto dinero pagaste en impuestos de Seguro Social con el paso de los años. (Es la temible deducción "FICA" en tu cheque de nómina).* Por tanto, resulta de vital importancia que el registro de tus ingresos sea exacto. Cada año, la Social Security Administration (SSA, por sus siglas en inglés) debe enviarte un estado de cuenta que incluya tus salarios de Seguro Social en el transcurso de tu vida laboral. Asegúrate de que las cantidades de la SSA coincidan con las cantidades de tus recibos de nómina o tus formatos W-2. Llama a la Social Security Administration de inmediato si encuentras

---

*FICA significa Federal Insurance Contributions Act, la ley que autoriza la retención de Seguro Social.

errores o si hacen falta años (además de los más recientes, los cuales pueden no haber sido registrados todavía). El número telefónico gratuito es (800) 772-1213.

Mientras trabajaba en este libro, revisé dos veces mi estado de cuenta de Seguro Social más reciente y, como era de esperarse, ¡mis ingresos correspondientes al año 2006 no estaban acreditados de manera correcta! Ésta es la razón por la cual debes revisarlo con mucha atención, todos los años.

Ten presente que existe un límite anual sobre los ingresos que están sujetos al impuesto de Seguro Social. Todo lo que ganes sobre esa cifra no está incluido en tus ingresos de Seguro Social.

Decide cuándo quieres comenzar a cobrar

Mientras más tiempo continúes en tu empleo, más alto será tu beneficio de jubilación. Por tanto, con el fin de obtener el máximo beneficio, debes retrasar tu jubilación tanto como puedas. Así es como funciona.

Tu beneficio por jubilación se basa en tus mejores treinta y cinco años de ingresos. (Los ingresos en los primeros años se ajustan conforme a la inflación). Si trabajas menos de treinta y cinco años, los años faltantes serán contados como si hubieras ganado un ingreso equivalente a cero. Esto disminuirá tu promedio y reducirá tu beneficio. Por otra parte, si sustituyes esos ceros por ingresos, tu beneficio se incrementará.

Más aún, mientras más tiempo esperes para comenzar a recibir beneficios (hasta los setenta años), más grande será tu beneficio. Por ejemplo, digamos que naciste después de 1967 y tu beneficio completo por jubilación (a los sesenta y siete años) es de $1.000 al mes. Si eligieras comenzar a cobrar tu Seguro Social a los sesenta y dos años, sólo obtendrías $700 al mes. Además, si aún recibieras ingresos, tu beneficio podría disminuir un poco más si tus ingresos excedieran un límite bastante modesto ($13.560 en el año 2008). Por otra parte, si esperaras a cumplir setenta años para comenzar a cobrar tus beneficios, podrías obtener $1.240 al mes; además, podrías ganar tanto dinero adicional como quisieras sin que esta situación impactara en el monto de tu cheque de Seguro Social.

Con base en lo anterior, quizá pienses que el hecho de esperar a cumplir los setenta años para comenzar a cobrar beneficios es muy fácil. Pero ése no es el caso necesariamente. Es verdad que la mayoría de la gente que alcanza la edad para jubilarse bien puede vivir hasta los primeros años de su octava década de vida. (De acuerdo con el Census Bureau, la expectativa promedio de vida para los hombres que cumplen sesenta y cinco años son otros diecisiete años de vida, mientras para las mujeres son otros veinte años). No obstante, siempre he recomendado a la mayoría de mis clientes que comiencen a cobrar sus beneficios de Seguro Social tan pronto como sea posible.

¿Por qué? Porque a pesar de que la mayoría de la gente vivirá lo bastante para cobrarlos después, mucha gente no lo logrará o, si lo hace, tendrá problemas financieros mientras tanto. Es por ello que creo que, a pesar de que puedas vivir sin tus beneficios de Seguro Social cuando tengas sesenta y dos años, debes cobrarlos de cualquier manera. Utiliza el dinero para ayudar a tus nietos a ahorrar para la universidad. Llévate a tu familia de vacaciones.

> Creo que, a pesar de que puedas vivir sin tus beneficios de Seguro Social cuando tengas sesenta y dos años, debes cobrarlos de cualquier manera.

¡Disfruta tu vida con el dinero adicional! Y si necesitas el dinero, bueno, a pesar de que sólo sea 70 por ciento de lo que debería ser si hubieras esperado otros cinco años, 70 por ciento es mejor que nada.

Muchos expertos no están de acuerdo con esta opinión, pero el punto principal es que la cuestión de cuándo comenzar a cobrar tu Seguro Social es muy personal. Necesitas analizar tu vida y el impacto que tendrá en ella el hecho de tomar el dinero pronto contra tomarlo después. Después, sopesa si la espera tiene sentido para ti.

Aprovecha los imprevistos

A pesar de que el sistema de Seguro Social es complicado e imprevisible, a veces esos imprevistos pueden convenirte. En particular, existe uno que toda pareja casada debe aprovechar.

De acuerdo con las normas de Seguro Social, si ambos cónyuges han recibido beneficios y uno de ellos muere, el cónyuge sobreviviente continuará recibiendo cualquiera de los dos beneficios que sea mayor. (En otras palabras, si tú recibías $750 al mes y tu cónyuge recibía $1.000 al mes, tu beneficio se incrementaría a $1.000 un mes después del fallecimiento de tu cónyuge). Con base en esta norma, a menudo tiene sentido que el cónyuge con ingreso menor en una pareja que cuenta con dos ingresos comience a cobrar beneficios a los sesenta y dos años, mientras el cónyuge que recibe los mayores ingresos espere hasta cumplir setenta años. No sólo es probable que el ingreso conjunto neto de la pareja sea mayor de esta manera sino que, sin importar cuál de los cónyuges muera primero, el sobreviviente obtendrá el máximo beneficio durante el resto de su vida. Solicita a un asesor financiero que calcule las cifras antes de tomar una decisión. Otra norma poco conocida que puede resultar de gran utilidad incluye a los beneficiarios del sobreviviente. Cuando un cónyuge muere, el sobreviviente podría comenzar a cobrar beneficios de sobreviviente a los sesenta años, siempre y cuando no se haya casado de nuevo. Esto puede ser cierto en algunos casos, incluso si eres divorciado. (Puedes comenzar a cobrar a los cincuenta años si estás discapacitado y antes aún si tienes un hijo bajo tu cuidado).

Si eres candidato tanto para el beneficio conyugal como para un beneficio basado en tus ingresos, el Seguro Social asume que optarás por el beneficio más alto, pero una vez que cumples la edad de la jubilación plena, tienes la opción de elegir. A veces, aceptar el beneficio menor tiene más sentido. Por ejemplo, en términos generales, es mejor idea aceptar el beneficio conyugal incluso si es menor que el beneficio de retiro individual dado que a fin de cuentas obtendrás más dinero si esperas hasta cumplir setenta años para reclamar tu beneficio de retiro individual.

Lo que debes tener presente es que, si quieres cobrar los beneficios de un cónyuge fallecido o de quien te hayas divorciado, espera hasta cumplir al menos sesenta años para volverte a casar. De otro modo, no serás candidato. Para encontrar una explicación completa de los programas de Seguro Social, visita la página web **www.socialsecurity.gov/pubs/10035.html**.

Prepárate para luchar por los beneficios por discapacidad

Uno de los más desafortunados efectos colaterales de la crisis fiscal del Seguro Social es que a las personas discapacitadas les resulta más difícil que nunca reclamar beneficios. El hecho es que en nuestros días, sin importar sus circunstancias, la mayoría de la gente que solicita beneficios de Seguro Social por discapacidad es rechazada de inicio. Entonces, si estás discapacitado, prepárate para luchar por tus derechos.

En nuestros días, la mayoría de la gente que solicita beneficios de Seguro Social por discapacidad es rechazada de inicio.

Conforme a la ley, tienes derecho a beneficios por discapacidad si estás discapacitado de manera permanente y has trabajado el tiempo suficiente para calificar para ello. Más aún, después de dos años de ser elegible, también tienes derecho a una cobertura valiosa de cuidados de la salud con Medicare.

El problema es que las reclamaciones por discapacidad se han duplicado desde el año 2001 y la Social Security Administration está ahogada bajo montañas de casos. Como resultado, la mayoría de las solicitudes iniciales por discapacidad son rechazadas por rutina y piden a los candidatos tramitar una apelación si aún guardan alguna esperanza de cobrar los beneficios que merecen en algún momento. He aquí algunas maneras de incrementar tus probabilidades de éxito:

- Solicita a tus médicos que te proporcionen evidencias que respalden tu reclamación por discapacidad, en lugar de depender de los médicos asignados por el Seguro Social.

- Busca un abogado con experiencia en apelaciones por discapacidad ante el Seguro Social que te asista.

- Llena todos los formularios por completo y anota todos tus problemas de salud (incluso problemas psicológicos y mentales), además de tu experiencia laboral previa.

- Llama a tus representantes en el Congreso si tu reclamo es rechazado sin razón alguna.

Considera la posibilidad de aprovechar una "segunda oportunidad"

Cuando era niño y cometía un error en un juego, a veces podía pedir una "segunda oportunidad". Por sorprendente que parezca, el Seguro Social te otorga la misma segunda oportunidad. Si solicitaste tus beneficios de Seguro Social antes de tiempo y después desearías no haberlo hecho, tienes la opción de pagar el dinero que recibiste (¡sin intereses!) y comenzar de nuevo más adelante con un beneficio más alto. En la página web del Seguro Social (**www .ssa.gov**) encontrarás detalles para hacerlo, pero en términos básicos consiste en retirar tu solicitud de beneficios, esperar a que el Seguro Social te diga cuánto dinero tienes que pagar y después solicitar los beneficios de nuevo.

Averigua si calificas para el SSI

El Supplemental Security Income (SSI, por sus siglas en inglés) es un programa federal que proporciona dinero en efectivo para necesidades básicas como alimentos, ropa y vivienda para personas ancianas, ciegas o discapacitadas cuyos ingresos son muy reducidos o inexistentes. Puedes pensar en el SSI como un apoyo para las personas muy pobres, pero te sorprendería descubrir cuánta gente podría ser candidata para ello. Si cuentas con muy pocos activos (menos de $3.000 para una pareja, sin incluir tu casa y un auto) y estás discapacitado o tienes sesenta y cinco años o más, podrías ser candidato para el SSI. Confirma en la oficina de la SSA de tu localidad si existe la posibilidad de que así sea. (Para localizar la oficina más cercana, visita la página web de la SSA: **www.ssa.gov** y haz clic en "Find a Social Security Office").

Qué hacer si algo sale mal

En un sentido muy real, las cosas ya están mal con el Seguro Social. Nada elimina el hecho de que, a menos que se realicen grandes cambios, muchos de los trabajadores de hoy no recibirán todos los beneficios de jubilación que se les han prometido. Por tanto, necesitamos mantener la presión sobre los políticos. Si te preocupan tus beneficios futuros de Seguro Social, haz que tus representantes en Washington lo sepan. Déjales claro que "patear la lata hacia el camino" y dejar el problema para que un futuro Congreso lo resuelva no es aceptable. Necesitamos acciones responsables ahora mismo.

Puedes encontrar información de contacto de tu representante en el Congreso en la página web de la Asamblea de representantes de Estados Unidos en **www.house.gov**; sólo haz clic en "House Directory". Para obtener la información de contacto de los miembros del Senado de Estados Unidos, visita la página web del Senado: **www.senate.gov** y haz clic en "Senators".

Para problemas individuales con el Seguro Social, tu mejor opción si tienes un conflicto que requiere solución es visitar en persona la oficina de la SSA de tu localidad. Debido a los recortes de presupuesto, es muy difícil hablar con una persona de carne y hueso en las líneas telefónicas gratuitas de la SSA. Una vez que llegues a la oficina, pregunta si puedes programar una cita para regresar a una hora y un día designados para reducir la espera. Escribe el número de queja que te asignen y el nombre de todas las personas con quienes hables. Enfrentarte a la burocracia puede ser frustrante al extremo, pero si cuentas con buenos registros y te mantienes enfocado, por lo general podrás resolver tu problema.

Si puedes, contrata a un abogado experimentado en asuntos de Seguro Social y no dudes en contactar a tu representante en el Congreso.

Pasos de acción para luchar por tu dinero

☐ Revisa detalladamente tu estado de cuenta del Seguro Social cada año. Los errores en tu historial de ingresos deben ser corregidos tan pronto como sea posible con la Social Security Administration.

☐ Averigua el año exacto en el cual serás candidato para recibir todos los beneficios de Seguro Social. Visita la página web **www.socialsecurity .gov** para conocer el esquema completo.

☐ Sopesa tus opciones cuando sea momento de decidir si cobrarás tus beneficios de Seguro Social antes de tiempo o después.

☐ Si estás discapacitado, mantente firme y tramita una apelación si de inicio te niegan tus beneficios de Seguro Social.

Pensiones

C on cada vez más miembros de la generación de la posguerra a punto de cumplir sesenta años, y con los dividendos del mercado accionario cada vez menos capaces de ser considerados "seguros", las pensiones se han convertido en un vehículo de inversión cada vez más popular para los jubilados. Las ventas de pensiones individuales sumaron la cantidad récord de $258 mil millones en el año 2007, de acuerdo con LIMRA International, una firma de investigación cuyas cifras son consideradas referencias de autoridad. Esta cantidad representó un crecimiento de 8 por ciento sobre el año 2006 e incrementó la cantidad total que los estadounidenses han invertido en pensiones hasta más de $2 billones.

En términos básicos, una pensión es un contrato entre tú y una compañía de seguros. Tú les entregas un montón de dinero para invertir y, según el tipo de pensión que compres, ellos te prometen un flujo regular de pagos mensuales que puede durar desde unos cuantos años hasta el resto de tu vida y aún más. Lo que se supone que convierte a las pensiones en un buen negocio para ti es que las inversiones que realiza la compañía de seguros tienen un gravamen diferido (lo cual significa que no pagas impuestos por las ganancias, sino hasta que te las entregan). Mejor aún, las pensiones por lo regular incluyen una especie de garantía. En algunos casos, puede ser una tasa particular de utilidad o el compromiso de que, sin importar lo negativo que sea el desempeño del mercado accionario, tu inversión nunca perderá su valor; en otros, es una promesa de que la empresa te pagará al menos la cantidad que depositaste (si no a ti, a tus herederos).

No existe otra manera de exponerlo: las pensiones son complicadas. Literalmente, existen cientos de tipos distintos y las comparaciones resultan muy difíciles. Una característica que todas las pensiones tienen en común es que todas son *inmediatas* (lo cual significa que comienzan a pagarte al instante) o *diferidas* (lo cual significa que tendrás que esperar determinado periodo para que comiences a recibir los pagos). También son *fijas* (lo cual significa que ofrecen una tasa de interés garantizada durante un número establecido de años, como un certificado de depósito) o *variables* (lo cual significa que tu dinero es invertido en acciones y bonos, cuyo resultado es que tu tasa de interés se incrementará o disminuirá según el comportamiento del mercado).

Lo que hace distintas a las pensiones de otros tipos de inversiones es el componente del seguro, es decir, el hecho de que pueden construirse distintos tipos de protecciones para el inversionista. Algunas pensiones te garantizarán un pago mensual durante el resto de tu vida, sin importar cuánto tiempo vivas. Otras te garantizarán una tasa mínima de utilidad, que tu capital nunca perderá su valor o que tus herederos recibirán determinados beneficios. En general, mientras más protecciones intentes construir en tu plan de pensiones, más dinero te costará. Como cabe esperar, a los vendedores les encanta presionarte con los planes más complicados que incluyan todo tipo de parafernalia y que, por tanto, sean los más costosos.

Las compañías de seguros pagan muy buenas comisiones (a veces hasta 15 por ciento) a los agentes que pueden convencer a la gente de retirar cientos de miles de dólares de sus cuentas de ahorro para la jubilación y depositarlas en pensiones. Algunos agentes sin escrúpulos hacen presa de los ancianos, se nombran a sí mismos "asesores de ancianos" o "especialistas en adultos mayores"; aunque como señala un oficial de la industria de las inversiones, "el entrenamiento que reciben con frecuencia no es otra cosa que técnicas de mercadotecnia y ventas dirigidas hacia los adultos mayores". En general, la Securities and Exchange Commission estima que alrededor de 5 millones de estadounidenses mayores son convencidos de comprar pensiones que son riesgosas para su riqueza e inadecuadas para sus necesidades.

Esto no significa que debas evitar las pensiones, pero sí significa que necesitas ser cauteloso.

> La Securities and Exchange Commission estima que alrededor de 5 millones de estadounidenses mayores son convencidos de comprar pensiones que son riesgosas para su riqueza e inadecuadas para sus necesidades.

Cómo luchar por tu dinero

La pensión más sencilla es la que se conoce como **pensión vitalicia inmediata fija** *(fixed lifetime inmediate annuity)*, es decir, pensión vitalicia, en breve. Es la más sencilla de las pensiones y está diseñada para los jubilados que no cuentan con una pensión laboral y temen vivir más tiempo que sus ahorros. También es conveniente para personas que tienen pensiones laborales, pero no están seguras de contar con ellas y, por tanto, eligen cobrar sus beneficios en un pago total único. Tú inviertes una porción de tus ahorros (o tu pago total) y, de inmediato, la compañía de seguros te envía un cheque cada mes durante el resto de tu vida. Desde luego, la compañía de seguros apuesta a que morirás antes de comenzar a perder dinero en el negocio. Si no es así, bueno, la ley de los promedios dice que suficientes de los otros clientes morirán antes de tiempo para mantener a la empresa en la delantera del juego.

Una pensión vitalicia puede ser un sustituto efectivo de una pensión tradicional, pero tiene sus desventajas. Una de ellas —y es importante— es que, como cualquier pensión inmediata, te atrapa. Una vez que firmas el esquema de pagos y los cheques comienzan a llegar, se acabó; no puedes sacar tu dinero más pronto. Entonces, no tomes esa ruta si existe cualquier posibilidad de que necesites el dinero antes de lo que indica el esquema.

Otro problema con las pensiones fijas es que tú confías en que la compañía de seguros o el banco que te la vendió realice un buen trabajo con la administración de tu dinero. A pesar de que es verdad que una pensión fija incluye una tasa de utilidad garantizada, esa garantía es sólo tan buena como la empresa que la sustenta; y, como vimos en el año 2008, incluso las compañías de seguros más grandes y respetables pueden tambalearse de manera peligrosa e incluso colapsar.

Una forma de mantener un poco de control sobre cómo se invierte tu pensión es comprar lo que se conoce como **pensión variable**. Se trata de una pensión en la cual tu dinero es invertido en un portafolio de inversiones que eliges por ti mismo. Te ofrece un pago garantizado, como la pensión fija, pero también la oportunidad de ganar más si tus inversiones tienen un buen desempeño. La palabra clave aquí es "elección". Existen pensiones variables que te permiten elegir hasta entre treinta de los mejores fondos mutuos en existencia. Entonces, tú puedes diseñar tu portafolio con lo que mejor te convenga.

Dado que este tipo de inversiones puede ser riesgoso, la compañía de seguros estará más que complacida de venderte todo tipo de protecciones que limiten (o incluso eliminen) las desventajas. Y dado que quizá no vivas tanto como para ver las utilidades, estarán más que felices de emitir seguros que garanticen que tus herederos recibirán al menos la cantidad que tú invertiste.

La desventaja de las pensiones variables es que pueden ser costosas. Esto se debe a que tienes que pagar tanto una tarifa de seguro como una tarifa de manejo de dinero para cada inversión que elijas. De acuerdo con Morningstar, las tarifas totales por las pensiones variables diferidas suman en promedio 2,5 por ciento de los activos. ¡Esto es más del *doble* de lo que cobra la mayoría de los fondos mutuos! ¡Y a veces exceden 4 por ciento!

> **Las tarifas totales por las pensiones variables diferidas suman en promedio 2,5 por ciento de los activos. ¡Esto es más del doble de lo que cobra la mayoría de los fondos mutuos!**

Además de lo anterior, existen cargos de rendición por considerar. La mayoría de las pensiones diferidas te permiten retirar 10 ó 15 por ciento de tu capital cada año, pero si necesitas retirar más que eso (digamos, porque te enfrentas a un gasto médico inesperado), quizá te golpeen con lo que se conoce como cargo por rendición. En la mayoría de los casos, eres sujeto a cargos por rendición durante los primeros seis a ocho años de la pensión, pero muchas de las peores pensiones incluyen cargos por rendición que duran diez años o más. Estas tarifas, que por lo regular comienzan en porcentajes de 6 ó 7 sobre el monto que retiras, alcanzan su máximo nivel en el primer año y luego disminuyen con cada año que pasa hasta llegar al cero.

La buena noticia es que varias de las principales instituciones financieras y firmas de corretaje ofrecen pensiones "sin cargos" que incluyen tarifas administrativas muy bajas y sin comisiones por ventas o tarifas por rendición. Fidelity (**www.fidelity.com**), Vanguard (**www.vanguard.com**) y TIAA-CREF (**www.tiaa-cref.com**) se encuentran entre las más competitivas. Sin embargo, no esperes obtener nada a cambio de nada: las pensiones sin cargos carecen de muchas de las características que hacen tan atractivas a las pensiones variables para los inversionistas, como un beneficio mínimo garantizado o los pagos garantizados de por vida.

Las pensiones pueden ser bombas de tiempo fiscales

Otro problema con las pensiones variables es que pueden convertirse en bombas de tiempo fiscales. Si eres propietario de acciones o fondos mutuos en una cuenta regular de corretaje, tus utilidades son gravables según la tasa de dividendos del capital y, cuando mueres, tus herederos no tienen ninguna utilidad ni responsabilidades fiscales sobre el capital en absoluto, dado que las bases sobre las cuales se calculan las ganancias generadas por el capital se "suben" en automático del precio original de compra al valor de las inversiones en el momento de tu muerte.

Ni se te ocurra pensar en una pensión diferida hasta no haber agotado todas tus demás opciones de ahorro para lo jubilación.

Los retiros de las pensiones variables no son tratados con tanta amabilidad. Cuando se te pagan las ganancias sobre una pensión, son gravadas según el impuesto regular sobre ingresos, el cual es mucho más alto que la tasa sobre utilidades de capitales a largo plazo. Cuando mueres, quienquiera que herede tu pensión no disfrutará de una "subida"; él o ella tendrá que pagar un impuesto sobre ingresos por todas las utilidades, igual que tú. Más aún, los retiros previos a los cincuenta y nueve años y medio están sujetos a penalizaciones severas.

Lo anterior no significa que no debas comprar una pensión variable. Pueden ser una excelente manera de hacer crecer tus ahorros con impuestos diferidos, pero debes pensar en comprarla SÓLO si cumples con las siguientes cuatro condiciones:

1. Has maximizado tus contribuciones en todos tus planes de jubilación restantes, como tus cuentas 401(k) e IRA.

2. Planeas comprarle a un proveedor de bajo costo.

3. En la actualidad perteneces a un rango alto de impuestos y esperas pertenecer a uno inferior después de jubilarte.

4. El momento de retirar el dinero se encuentra a varios años de distancia.

La primera condición es quizá la más importante. Ni se te ocurra pensar en una pensión diferida hasta no haber agotado todas tus demás opciones de ahorro para la jubilación. Esto significa que ya has maximizado tus contribuciones a tu plan 401(k) o a tu IRA.

He aquí algunos otros consejos para tener en cuenta cuando consideres invertir en una pensión.

Que no te apabulle la parafernalia

De acuerdo con una encuesta realizada por AARP Financial, casi una tercera parte de nosotros somos culpables de hacer una inversión que no debimos hacer porque en realidad no comprendíamos lo que compramos. Esto es particularmente cierto en lo que se refiere a las pensiones. El hecho es que los

vendedores sin escrúpulos adoran presionarte a adquirir productos complicados, como pensiones sujetas a índices accionarios, sólo porque son muy
difíciles de descifrar.

Que no te apabullen. No compres una pensión a menos que en verdad
comprendas con exactitud lo que obtendrás. Con toda la palabrería acerca
de las tasas de interés de los bonos sin riesgo alguno, resulta fácil olvidar el
hecho de que puedes verte atrapado por tarifas exorbitantes o penalizaciones ridículas por rendición que pueden costarte todas tus utilidades si necesitas hacer un retiro prematuro. Lee el contrato con atención y asegúrate
de comprenderlo todo. Incluso si es así, llévalo con un contador o asesor
financiero para obtener una segunda opinión antes de elaborar cualquier
cheque.

¡Ellos lucharon por su dinero!

Ésta es la historia de Kevin y Diane Brown, una pareja de jubilados de New
Port Richey, Florida, quienes pensaron que podrían incrementar sus ingresos sin causar impuestos al deshacerse de su vieja pensión y comprar
una nueva. Existe una manera de hacerlo: solicitar a la compañía de seguros que transfiera los activos de la vieja pensión a la nueva. Por desgracia,
eso no fue lo que hicieron los Brown. Con base en los malos consejos de su
agente de ventas, ellos cobraron su vieja pensión en efectivo y utilizaron
las utilidades para elaborar un cheque para la nueva. Dado que el dinero
pasó por sus manos, el IRS les cobró casi $5.000 en impuestos que ellos no
habían previsto. Fue una situación muy desagradable, la cual empeoró por
el hecho de que el agente que les dio el mal consejo se negó a responder
sus llamadas una vez que se realizó la transacción. "Era un joven muy amable, muy desenvuelto", dice la señora Brown. "La verdad es que se ganó
nuestra confianza". Furiosa, la pareja se quejó con el director de la compañía de seguros, el Florida Department of Financial Services y el periódico
local. "Era un caso desesperado", dijo el señor Brown. "No podíamos per-
mitirnos el lujo de perder $5.000 en impuestos".

Al final, las cosas resultaron mejor para ellos. Con el fin de evitarse una
publicidad negativa, la compañía de seguros les envió un cheque por
$5.000 pero padecieron muchas noches de insomnio antes de que eso su-
cediera. Moraleja: no confíes en los consejos fiscales de un agente de ventas. Habla con un contador o con un asesor financiero independiente.

Comprende cómo se calculan los impuestos sobre pensiones para evitar un ataque inesperado

Las pensiones son como los planes IRA o 401(k): puedes transferir fondos entre una y otra, pero si no lo haces de manera correcta, puedes ser atacado por una desagradable sorpresa fiscal. Con el fin de cambiar una pensión por otra, haz una transferencia directa de compañía a compañía (se llama intercambio 1035) para evitar una desagradable sorpresa fiscal.

Nunca deposites una pensión en una IRA o en otra cuenta de jubilación con gravamen diferido

Los activos en tu IRA o en tu cuenta 401(k) están protegidos contra los impuestos; por tanto, no hay razón alguna para transferirlos a una pensión mientras aún ahorras para tu jubilación. Algunos agentes de seguros intentarán convencerte de hacerlo. Ignóralos. Terminarás por pagar tarifas por impuestos diferidos que ya tienes. Por otra parte, cuando ya estás listo para comenzar a retirar tus fondos de jubilación, puede ser apropiado utilizar al menos una parte de tus ahorros para comprar una pensión vitalicia.

Nunca deposites todos tus ahorros en una pensión

El mejor uso de las pensiones es en combinación con otras inversiones. Colocar todos tus huevos en una sola canasta nunca es buena idea y colocarlos en una que incluye grandes penalizaciones por rendición es más arriesgado porque quizá necesites acceso a tu dinero.

Confía, pero verifica

En los años ochenta, Ronald Reagan utilizó una frase famosa para describir su actitud hacia la negociación de acuerdos armamentistas con los soviéticos: "confío, pero verifico". Éste es un buen consejo para tratar con proveedores de pensiones. Antes de hacer negocios con un agente que quiere venderte una pensión, revisa con el departamento estatal de seguros para verificar si esta persona cuenta con una licencia apropiada. Pregunta si el agente ha sido disciplinado por alguna conducta impropia. También debes verificar la fortaleza financiera y la estabilidad de la empresa que ofrece la pensión. Puedes hacerlo a través del departamento de seguros de tu estado o a través de una empresa calificadora de créditos como A.M. Best Co. (**www.ambest.com**).

De lo que debes cuidarte

Vendedores que se llaman a sí mismos "asesores financieros"

A menudo, los sujetos que venden pensiones se llaman a sí mismos asesores financieros o consultores de jubilación, pero por lo general sólo son agentes de seguros que no cuentan con licencias para vender otra cosa que no sean productos de seguros. Ésta es la razón por la cual, sin importar cuál sea tu situación financiera o tus metas, su solución siempre es la misma: ¡compra una pensión! Dadas las altas comisiones que por lo regular ganan por vender pensiones, debes tomar sus consejos con un alto grado de reserva.

Vendedores que no te informan cuál es la comisión que ganan por venderte una pensión

Con frecuencia, los agentes de seguros les dicen a sus clientes que no deben preocuparse por las comisiones que ganan por vender pensiones dado que el cliente no es quien deberá pagarlas. Como muchas otras de las cosas que dicen, esto no es verdad. Sí, las compañías de seguros les pagan comisiones de hasta 15 por ciento del monto de cada pensión que venden (lo cual significa que pueden recibir hasta $37.500 en efectivo por venderte una pensión de $250.000). Sin embargo, el costo de esa comisión se te cobra a ti de manera directa en forma de pequeños pagos y tarifas más altas; en particular, en cargos por rendición. Como norma, si la comisión del agente es superior a 4 por ciento, es probable que los términos de tu pensión sean absurdos. Entonces, es importante saber cuánto dinero ganará tu agente y, si no te lo dice, es probable que te metas en un mal negocio.

> Como norma, si la comisión del agente es superior a 4 por ciento, es probable que los términos de tu pensión sean absurdos.

Por lo general, puedes calcular a cuánto asciende la comisión si revisas el cargo por rendición de tu pensión. Como norma, el cargo por rendición durante el primer año casi siempre es un poco más alto que la comisión que recibió tu corredor o asesor financiero cuando te vendió la pensión.

Promesas de grandes ganancias

Las pensiones variables son como cualquier otra inversión: pueden subir y pueden bajar. A pesar de que es verdad que por un cargo adicional (por lo regular sustancial) puedes comprar una pensión que incluya la garantía de que mantendrá un valor mínimo, no hay manera de que una compañía de seguros o nadie más te garantice grandes utilidades. Desde luego, eso no impide que la gente sin escrúpulos proclame que puede hacerlo.

Coleen y Rich Powell, una pareja jubilada de Spring Hill, Florida, nunca habían invertido en otra cosa que no fueran certificados de depósito hasta que un amigo les recomendó a su "asesor financiero". El asesor, quien en realidad era agente de seguros, de inmediato comenzó a presionarlos con la idea de una pensión variable. "Enfatizamos que no podíamos perder nada de nuestro capital", dice la señora Powell. "También le dijimos que éramos inexpertos en cuanto a inversiones y al mercado de valores. Él dijo que sus padres tenían las pensiones variables que nos recomendaba. Era muy persuasivo, pero nosotros dudábamos. Después nos dijo que nunca ganaríamos menos de 11 por ciento al año y que podríamos ganar hasta 25 por ciento. Parecía la respuesta a nuestras plegarias. Confiamos en él como tontos".

No hace falta decir que los Powell nunca obtuvieron las ganancias que el vendedor les prometió. De hecho, el valor de su cuenta comenzó a disminuir casi de inmediato. Ellos presentaron una solicitud de arbitraje contra el corredor y al final ganaron una compensación de $50.000, pero no fue un final feliz para ellos. El corredor se declaró en bancarrota y, como señala la señora Powell con tristeza: "no hemos cobrado ni un centavo".

Verte atrapado en una pensión de bajo rendimiento

Si consideras una pensión fija que te garantice una tasa de interés relativamente conveniente durante los primeros años, asegúrate de que la garantía sobre la tasa de interés dure al menos tanto como el periodo de cargo por rendición. Con tantas pensiones fijas, el interés que pagan desciende de manera abrupta tan pronto expira la garantía; y si todavía tienes un cargo por rendición sobre tu cabeza en ese momento, podrías encontrarte atrapado en una inversión con bajo rendimiento sin una salida fácil.

Los cambios

Algunos asesores te presionarán a cambiar tus activos a una nueva pensión tan pronto como expira tu periodo de rendición. Te darán toda clase de razones por las cuales esto te conviene; por ejemplo, que podrás asegurar un beneficio mayor por muerte u obtener algún servicio nuevo adicional, pero el motivo verdadero por el cual quieren que realices cambios es que, si compras una nueva pensión, ellos ganarán una nueva comisión. Entonces, antes de aceptar, y en el proceso sujetarte a otros seis u ocho años de tarifas por rendición, asegúrate de que la "nueva" parafernalia que obtengas no forme parte de tu póliza actual. Debes investigarlo; llama a tu compañía de pensiones actual y pregunta. No aceptes sólo la palabra del agente.

Qué hacer si algo sale mal

No existen tantos negocios tan regulados como los seguros; excepto, quizá, la industria de los instrumentos financieros. Dado que las pensiones implican tanto seguros como instrumentos financieros, existe una gran cantidad de lugares adonde puedes acudir para solicitar ayuda si piensas que has sido estafado o engañado o si has recibido un mal trato en el proceso de compra.

Quizá debas comenzar por contactar a la firma de corretaje que emplea a la persona que te vendió la pensión. Habla con el supervisor del vendedor. Si el supervisor está de acuerdo en que la venta fue inapropiada, tal vez pueda cancelar la transacción. Tu siguiente llamada deberá ser a la compañía aseguradora o banco que emitió la pensión. Comienza por el servicio al cliente y asciende por la cadena hasta llegar a una persona que tenga la autoridad para cancelar tu pensión. Explícale de manera educada, pero firme, que no recibiste una asesoría adecuada y déjale claro que, a pesar de que tu intención no es demandar a nadie por fraude, no tendrás otra opción que hacer justo eso si la situación no puede resolverse de forma amigable.

Si esto no produce resultado alguno, quizá sea momento de llamar al armamento pesado. Las quejas acerca de las pensiones fijas y los agentes de seguros deben llegar al departamento de seguros de tu estado. Puedes encontrar información de contacto del regulador de seguros en tu estado en la página web de la National Association of Insurance Commissioners: **www.naic.org/state_web_map.htm**. Si compraste tu pensión a un banco, existe gran variedad de agencias reguladoras de bancos a las cuales puedes llamar. A cuál debes llamar depende de si el banco es regulado por el gobierno federal o estatal, si es una institución de ahorros y préstamos, si es una unión de crédito, etc. Puedes encontrar información para contactar a las agencias apropiadas de banca en la sección "Cuentas bancarias" (página 87).

Si tu problema se relaciona con una pensión variable o con un corredor, debes presentar una queja ante la Securities and Exchange Commission (**www.sec.gov**). Puedes llamar al número telefónico gratuito del SEC Complaint Center: (800) 732-0330. También puedes escribir a:

SEC Complaint Center
100 F Street, NE
Washington, DC 20549-0213

Cada estado también cuenta con reguladores de instrumentos financieros ante quienes debes presentar tu inconformidad. Puedes encontrar información de contacto para los reguladores de instrumentos financieros de tu estado en la página web de la North American Securities Administrators Association: **www.nasaa.org/QuickLinks/ContactYourRegulator.cfm**.

Las quejas acerca de corredores también pueden ser dirigidas a la Financial Industry Regulatory Authority (**www.finra.org**), una agencia no gubernamental creada en el año 2007 por la National Association of Security Dealers y la Bolsa de valores de Nueva York para supervisar a los corredores y a las firmas de corretaje. Puedes presentar una queja en línea a través del Centro de quejas de inversionistas de la FINRA: **apps.finra.org/Investor_Information/Complaints/complaintCenter.asp**.

Pasos de acción para luchar por tu dinero

☐ Revisa las cuatro condiciones de la página 314 para determinar si tiene sentido para ti invertir en una pensión.

☐ Solicita la asesoría de un contador o asesor financiero antes de invertir en una pensión. Y recuerda: ¡el agente que vende pensiones no es un asesor financiero!

☐ Revisa las credenciales de tu agente con el departamento de seguros de tu estado y confirma si alguna vez ha sido disciplinado por conducta inapropiada.

☐ Importante: no compres una pensión a menos que en verdad comprendas lo que obtienes.

Compras y subastas en línea

¿Quién no compra artículos por Internet en estos días? En el año 2007, el comercio por Internet sumó $175 mil millones de acuerdo con una encuesta realizada por Forrester Research para la National Retail Federation. Esto equivale a un incremento quintuplicado desde el año 2000. Las compras en línea han aumentado porque son rápidas, fáciles y convenientes. Pero toda esa conveniencia tiene un precio. Los engaños en las ventas por Internet, en especial aquellos relacionados con las subastas en línea, se encuentran entre la categoría de mayor aumento de quejas de clientes. De acuerdo con el Internet Crime Complaint Center (IC3), una operación conjunta entre el FBI y el National White Collar Crime Center del Departamento de Justicia, casi 207.000 estadounidenses perdieron alrededor de $240 millones a manos de timadores y otros criminales de Internet en el año 2007. Y ésa sólo es la gente que presentó quejas. El total real quizás sea varias veces esa cifra.

Cómo luchar por tu dinero

Alrededor de la mitad de las quejas acerca de las compras en línea incluye problemas relacionados con subastas por Internet y no hay duda alguna de que los sitios como eBay y Unid constituyen un mundo en sí mismos. Pero tanto si publicas ofertas por un artículo en una subasta en línea como si compras un producto con precio fijo a una empresa en línea, las maneras de intentar robarte de los timadores son similares. He aquí cómo protegerte.

Conoce a tu vendedor

Siempre que sea posible, compra en sitios que conozcas. Si compras en un sitio que no conoces, investígalo antes de ordenar un producto. Casi cualquier persona puede establecer una tienda en línea y comenzar a hacer negocios. Intenta llamar al número telefónico del vendedor para asegurarte de poder localizarlo. Teclea el nombre del sitio en un buscador para ver si puedes encontrar comentarios. Para sitios de subastas como eBay, revisa los registros de retroalimentación del vendedor. Mantente a distancia de aquellos con registros que no sean positivos... o que carezcan de registros. Sin embargo, debes saber que los registros de retroalimentación pueden ser manipulados. Con el fin de protegerte, siempre verifica la historia del vendedor para asegurarte de que ya haya vendido artículos similares al que piensas comprar. Como dice un experto: "Si esa persona siempre ha vendido artículos de precio bajo y de pronto vende computadoras portátiles, por ejemplo, debes ser suspicaz". También debes buscar el sello "Buy Safe". Buy Safe (**www.buysafe.com**) es una empresa independiente que certifica la confiabilidad y responsabilidad de los vendedores en línea.

Asegúrate que tu conexión a Internet sea segura

Antes de comprar cualquier artículo de un sitio de comercio electrónico, asegúrate de que utiliza tecnología de encriptación, la cual oculta la información confidencial, como el número de tu tarjeta de crédito, para impedir que los piratas informáticos se apoderen de ella. Es fácil saber si un sitio está encriptado. Sólo mira la dirección electrónica en la barra de tu buscador. Si comienza con "https" en lugar de "http", el sitio está encriptado. Además, tu buscador te mostrará un pequeño icono de un candado cerrado o de una llave. (Por lo regular, encuentras este icono en la esquina inferior derecha de la pantalla o en la barra de dirección).

Es fácil saber si un sitio está encriptado. Tu buscador desplegará un pequeño icono de un candado cerrado o de una llave.

Las páginas web más respetables también muestran la frase "Secure Sockets Layer (SSL)" o una ventana emergente que dice que has entrado a un área segura. Las páginas más seguras mostrarán lo que se conoce como Extended Validation (EV) SSL Certificates. Una autoridad respetable, como VeriSign, ha verificado la autenticidad de estos sitios si cuentan con cualquiera de estas características. Si una página web no cuenta con un certificado de seguridad es probable que no sea un lugar seguro para realizar compras.

Realiza compras en línea con tarjeta de crédito, no con tarjeta de débito o cheques

Si algo sale mal con una transacción en línea, como, digamos, que te engañen, te complacerá haber pagado con tu tarjeta de crédito. Gracias a la Fair Credit Billing Act, cuando haces un cargo a tu tarjeta de crédito tienes el derecho de pedir la cancelación del cargo si el artículo resulta estar defectuoso o si nunca te lo entregan. También puedes suspender el pago si no estás satisfecho con la calidad de los bienes o servicios que adquiriste con la tarjeta de crédito. (Para más detalles, consulta la sección "Tarjetas de crédito" en la página 99). Cuando pagas con tarjeta de débito no cuentas con este tipo de protecciones.

Nunca pagues con un cheque personal. Ésta es una invitación abierta para el robo de identidad dado que contienen el número de tu cuenta bancaria y la dirección de tu casa.

Si compras un producto de un individuo que no puede aceptar cargos en tarjetas de crédito, insiste en pagarle a través de un servicio de pago en línea como escrow.com o PayPal.com, los cuales protegen a los compradores contra fraudes. (Pero si el vendedor te sugiere servicios distintos a Escrow.com o PayPal, verifícalos con cuidado. Ha habido casos en los cuales los estafadores ofrecen servicios falsos de pagos electrónicos para robarles dinero tanto a los compradores como a los vendedores).

Cuida tu privacidad

Sé cauteloso si un vendedor en línea te solicita información que no está relacionada con tu compra, como tu fecha de nacimiento, tu número de Seguro Social o tus ingresos anuales. Cuando llenes una orden de compra, proporciona sólo la información básica que se te solicita (por lo general está marcada con un asterisco) y no ofrezcas más datos. (Algunas tiendas venden esa información a las firmas de mercadotecnia; otras pueden ser disfraces para robo de identidad). Y nunca compartas tus contraseñas con nadie. De hecho, si abres cuentas con vendedores en línea, recuerda utilizar diferentes contraseñas para distintas páginas web.

Sé cuidadoso cuando hagas ofertas

Antes de publicar una oferta por cualquier producto en una subasta en línea, lee la descripción del producto con atención. Formula preguntas si no estás seguro de cualquier aspecto de la transacción, en especial sobre las condiciones del producto. Averigua quién pagará el envío y la mensajería. Por lo general, los vendedores especifican el costo del envío y dan a los compradores la opción de pagar un envío más rápido. Revisa la política de devolución del vendedor. ¿Puedes devolver el producto contra un reembolso total si no estás satisfecho? Si lo devuelves, ¿estarás obligado a pagar los costos de envío o alguna tarifa de realmacenamiento?

No hagas una oferta hasta que todas tus preguntas hayan sido respondidas a tu satisfacción. Antes de comenzar a ofertar, calcula el precio máximo que estás dispuesto a pagar por el producto y no lo rebases. Esta estrategia te protegerá de que te engañen y tengas que pagar un precio inflado por "embaucadores", una treta en la cual los cómplices del vendedor intentan subir las ofertas por un producto mucho más allá de su valor real. En cualquier caso, nunca hagas ofertas por producto alguno a menos que se trate de algo que en verdad desees, dado que, si resultas ser el ofertante más alto, te verás obligado a comprarlo.

Conserva los recibos

Los recibos siempre son importantes, no obstante el lugar y la forma de la compra. Son especialmente cruciales cuando compras en el mundo virtual, donde con frecuencia es difícil saber con quién tratas. Entonces, cada vez que realices una compra en línea, siempre imprime y guarda la página de confirmación. De hecho, hasta que recibas el producto que ordenaste, conserva todos los documentos relacionados con la transacción, incluso la descripción del producto, así como copias de mensajes por correo electrónico que hayas intercambiado con el vendedor o la tienda.

Conoce tus derechos

Las regulaciones federales obligan a los vendedores en línea a cumplir sus promesas de enviar los bienes en determinada fecha o, si no especificaron cuánto tiempo les tomaría, entonces en treinta días a partir de que hiciste la orden. Si los bienes no son enviados después de ese plazo, el vendedor debe notificártelo y darte la oportunidad de cancelar tu orden y recibir un reembolso. Más aún, tienes derecho a rechazar la mercancía si resulta estar defectuosa o si no es lo que te prometieron.

De lo que debes cuidarte

Solicitudes de transferencias

Sospecha cuando un vendedor insista en que le pagues a través de una transferencia. Incluso si es un individuo (en contraste con una empresa) y, por tanto, no tiene manera de procesar un cargo a tarjeta de crédito, no existe razón alguna para que no pueda aceptar un pago a través de un servicio de pagos en línea como Escrow.com o PayPal.com. Excepto, desde luego, si lo que intenta es estafarte.

Vendedores en otros países

Sé súper cauteloso cuando trates con vendedores o compradores localizados fuera de Estados Unidos. Las leyes y regulaciones de protección al consumidor de Estados Unidos no aplican en esos sitios y tendrás pocos o ningún recurso si te estafan.

Precios de descuento para marcas de diseñador

En junio del año 2008, una corte francesa ordenó a eBay pagar una multa de $63 millones por permitir que en su sitio se vendieran imitaciones de bolsas de Louis Vuitton, ropa de Christian Dior y perfumes de Guerlain, Kenzo y Givenchy. Las marcas de lujo como Hermès y Rolex ganaron casos similares contra eBay en años previos. Los bienes de imitación de diseñadores son un problema en todas partes, pero en especial en el ciberespacio. Por tanto, sé escéptico al extremo con cualquier vendedor que ofrezca productos de diseñador en oferta. Lo más probable es que sean falsos.

Vendedores que procuran el contacto directo

Les páginas web de subastas proporcionan por lo general a los ofertantes información de contacto directo con los vendedores *después* de que hacen una oferta. Por tanto, sé cauteloso con un vendedor que publique su dirección o número telefónico en la descripción del producto que intenta vender. Es probable que intente evadir las protecciones contra fraudes del sitio.

Fotografías sospechosas

El tipo de fotografías utilizadas en una subasta en línea a menudo pueden decirte más de lo que el vendedor pretende. Obsérvalas con atención. Querrás que sean fotografías del producto real que el vendedor ofrece y NO fotografías de archivo de la página web del fabricante, a menos que se trate de un producto que se venda como exceso de inventario. El uso de fotografías de archivo por lo general significa que el producto está en malas condiciones, es una imitación o ni siquiera existe.

Ser víctima de *phishing* y enviado a un sitio falso para ser estafado

Si recibes un mensaje por correo electrónico que no solicitaste de un vendedor por Internet y te interesa lo que éste vende, no hagas clic en ningún enlace que pueda estar incluido en el mensaje. En lugar de ello, busca la página del vendedor a través de algún buen buscador como Google o Yahoo. Los estafadores en línea con frecuencia fingen ser vendedores respetables y envían mensajes por correo electrónico que contienen lo que se conoce como "enlaces falsos", es decir, enlaces que parece que te llevarán a una tienda buena, pero, de hecho, te dirigen hacia un sitio falso donde pueden robar tus datos personales.

Qué hacer si algo sale mal

Si tienes problemas durante una transacción, primero debes intentar resolverlos con el vendedor o el operador del sitio de manera directa. Si esto no te funciona y pagaste con tu tarjeta de crédito, contacta a la empresa de tarjetas de crédito para disputar el cargo. (Para más detalles sobre cómo hacerlo, consulta la página 111 en el capítulo "Tarjetas de crédito"). También debes presentar una queja ante la agencia de protección al consumidor de tu estado (consulta la lista de la página web de Consumer Action del gobierno federal en la dirección electrónica **www.consumeraction.gov/state.shtml**), la oficina local del Better Business Bureau (**www.bbb.org**) y la Federal Trade Commission (a través de su formato de queja en línea en **www.FTCComplaint Assistant.gov**).

Si has sido víctima de cualquier tipo de fraude por Internet, formula una queja en línea con el Internet Crime Complaint Center en **www.ic3.gov/ complaint**. Incluye tu nombre, dirección postal y número telefónico, así como el nombre, la dirección postal y la dirección electrónica de la persona o empresa que te estafó. También debes incluir detalles específicos de cómo fuiste engañado y cualquier otra información de apoyo. Después de enviar tu inconformidad, se te asignará una identificación y una contraseña de queja para que puedas actualizarla mientras recibes nueva información. Después de revisar tu queja, los analistas del IC3 pueden referirla a las autoridades federales, estatales y locales pertinentes.

Pasos de acción para luchar por tu dinero

☐ Asegúrate de que tu compra en línea sea con un vendedor legítimo.

☐ Compra sólo en sitios seguros.

☐ Utiliza tu tarjeta de crédito para pagar.

☐ Revisa los registros del vendedor antes de hacer una oferta por un producto en subasta. ¿Ha vendido antes productos con precios similares?

☐ Conserva tus recibos y correspondencia.

Planes de protección / extensiones de garantía

Cada vez que compro una computadora, un iPod, un teléfono celular, un reproductor de DVD o hasta una microonda nueva, me enfrento al mismo drama. Por fin he decidido cuál es el modelo que quiero comprar y le digo al vendedor que me lo anote; entonces, él me interrumpe y dice: "Y va a querer la extensión de garantía, ¿verdad? Quiero decir, nunca se sabe con estas cosas. Vale la pena sólo por la paz mental".

Pero, ¿en realidad vale la pena pagar entre 10 y 20 por ciento adicional sobre el precio de compra por un plan que quizá nunca utilices o por una cobertura que quizá ya tengas?

Los estadounidenses compran más de 100 millones de planes de protección y extensiones de garantía cada año y gastan un total de más de $9 mil millones anuales para obtener protección adicional para todo, desde tostadores de pan de $20 hasta camionetas de $90.000. La ironía es que en la gran mayoría de los casos entregamos mucho dinero por una protección que ya tenemos o que en realidad no necesitamos.

Ésta es la razón por la cual, excepto por las compras de computadoras para mi empresa, casi nunca compro una extensión de garantía. La experiencia me ha enseñado que cuando compras una extensión de garantía, la molestia que representa el hecho de usarla (devolver el producto defectuoso, pagar las tarifas de envío y realmacenamiento, reunir todos los documentos) no vale el tiempo invertido en ello. De hecho, con frecuencia es más barato comprar un producto nuevo que pagar el deducible de una extensión de garantía de un producto viejo que quizá puedan o no reparar a mi entera satisfacción. Entonces, cuando el vendedor me pregunta si quiero la extensión de garantía, no dudo en responder: "No, ¡gracias!".

Un buen negocio para el minorista, ¿y para ti?

En definitiva, las extensiones de garantía son un buen negocio para los sujetos que nos venden los productos por cuya protección pagamos. Por lo regular, un minorista se queda con al menos la mitad del precio de compra, y a menudo con más, de cada extensión de garantía que vende. En un contrato de servicio de $500 por una pantalla plana de televisión de $3.000, esto puede significar al menos $250 de utilidades netas para el vendedor, razón por la cual es raro que puedas salir de una tienda sin ser atrapado por un conmovedor discurso de ventas a favor de la cobertura adicional.

No obstante, el hecho es que, salvo escasas excepciones, la mayoría de los productos de consumo son tan fiables en nuestros días que es raro que se descompongan durante el periodo cubierto por la mayoría de las extensiones de garantía. Como resultado, el costo de la garantía casi siempre es mucho mayor que cualquier factura por reparación en la cual puedas incurrir. De hecho, de acuerdo con una encuesta del año 2007 de *Consumer Reports,* dos de cada tres compradores de autos nuevos que compraron extensiones de garantía dijeron que habían invertido más en la garantía misma que lo que se ahorraron en costos de reparación. Menos de uno entre veinte dijo que la garantía le había convenido.

Por lo que se refiere a aparatos electrónicos, la situación es aún peor. Los expertos estiman que por cada 100 garantías vendidas por aparatos electrónicos, sólo 15 personas presentan una queja. Y la mayoría de estos problemas no son resultado de defectos de fabricación, sino de que los consumidores no leyeron bien las instrucciones.

> **Dos de cada tres compradores de autos nuevos que compraron extensiones de garantía dijeron que habían invertido más en la garantía misma que lo que se ahorraron en costos de reparación. Menos de uno entre veinte dijo que la garantía le había convenido.**

Cómo luchar por tu dinero

Como norma, si un producto es tan poco fiable que necesitas apoyar la garantía del fabricante con una protección adicional es probable que no debas comprarlo en primer lugar. Dicho lo anterior, existen algunos productos, como computadoras portátiles y televisores con proyector trasero, para los cuales las extensiones de garantía pueden ser convenientes. Esto es lo que debes tener presente.

Tal vez ya estés protegido

Casi todos los productos de consumo incluyen una garantía del fabricante que ofrece una protección de entre treinta días y tres años. Además de lo anterior, muchas empresas de tarjetas de crédito te brindan hasta un año más de cobertura adicional si compras el producto con su tarjeta, mientras algunos grandes minoristas agregan un año o dos de cobertura en automático para los productos que venden. La mayoría de las pólizas de seguros para dueños de casa cubren daños accidentales, pérdidas o robo de artículos del hogar, incluso electrónicos. Entonces, antes de entregar varios dólares de más por una extensión de garantía o por un plan de protección, asegúrate de que en verdad los necesitas.

Asegúrate de saber qué es lo que cubren

La mayoría de las garantías están llenas de letras pequeñas y es importante comprender de antemano qué es lo que está cubierto y qué es lo que no lo está. De acuerdo con el *Los Angeles Times,* la extensión de garantía de Amazon.com enlista treinta y cinco casos en los cuales la protección no aplica, incluso "televisores de plasma utilizados en niveles de altitud superiores a los 6.000 pies sobre el nivel del mar". Por lo que se refiere a aparatos más sofisticados o más grandes, como los televisores de pantalla plana, es crucial saber el tipo de servicios que proporciona la garantía. ¿Vendrán a repararlo o tú tendrás que llevarlo? Y cuando esté reparado, ¿volverán a instalarlo en su sitio? También ten presente que, a pesar de que el vendedor insista en que *todo* está cubierto, incluso la eventualidad de que tu hijo de tres años arroje tu teléfono celular al inodoro, sus aseveraciones verbales no valen nada. Si no está incluido en tu contrato de garantía, lástima por ti.

Averigua acerca del deducible. Muchas garantías te hacen pagar los primeros $25, $50 ó $100 de cada reparación. Cuando sumas las tarifas por envío, las tarifas por servicio y similares, un deducible puede revelar que la extensión de garantía no tiene valor alguno.

Considera quién te protege

Algunas extensiones de garantía son administradas por el fabricante, algunas por el minorista y otras por empresas de garantías externas. Cuando com-

¡Yo luché por mi dinero!

Hace algunos años, compré una computadora ultramoderna en una tienda muy respetable en Manhattan, con una reconocida reputación de servicio. Dado que con frecuencia algo sale mal con las computadoras portátiles, pagué $500 por una extensión de garantía por tres años. Como era de esperarse, al tercer año mi pantalla murió. De inmediato, busqué los documentos y envié la computadora a la tienda minorista. Tres semanas después me enviaron la computadora de regreso con una nota que decía que se había dañado a causa del agua, que el daño no estaba cubierto por la garantía y que el arreglo me costaría $850. Yo sabía que no había tal daño a causa del agua, así que contraataqué con fuerza. Insistí en que el problema estaba cubierto por la garantía; ellos insistieron en que no era así. Por fin, después de ocho llamadas telefónicas, media docena de mensajes por correo electrónico y una carta enviada al director por correo certificado y por fax, ellos cedieron y acordaron arreglar la computadora.

Hubiera sido muy fácil darme por vencido con mi computadora. Esto es justo con lo que cuentan las tiendas que venden estas garantías. Ellos saben que tú estás ocupado, así que se rehúsan a cooperar. Eso no funcionó conmigo y no debe funcionar contigo. Si alguna vez compras una extensión de garantía y recibes evasivas como yo, ¡CONTRAATACA! Nunca te rindas, habla con los directores y pon tu queja por escrito.

pras este tipo de protección es importante saber quién está detrás de ella, en especial durante las temporadas complicadas en términos económicos. Esto se debe a que, si la empresa sale del negocio, tu garantía puede desaparecer con ésta. En el año 2007, una empresa de Ohio llamada Ultimate Warranty se declaró en bancarrota y dejó a alrededor de 140.000 clientes, quienes habían pagado más de $45 millones por extensiones de garantía, con contratos que no valían el papel en el cual fueron impresos. Entonces, averigua quien respalda tu garantía y asegúrate de confiar en que estarán presentes para cumplirla.

Tómate tu tiempo

Dado que sus márgenes de utilidad son tan altos, la mayoría de los minoristas harán todo lo que puedan para impedir que salgas de su tienda sin comprar una extensión de garantía. Sin embargo, el hecho es que no hay razón alguna para que tengas que decidir en ese mismo instante y lugar. Por lo regular, cuentas con treinta días a partir de la fecha de compra para adquirir una extensión de garantía. Entonces, si crees que podrías necesitarla, tómate tu tiempo. Cuando menos, llévate el contrato a casa y léelo con atención ANTES de entregar tu dinero.

Presta atención al calendario

La mayoría de las extensiones de garantía tienen efecto a partir del día en el cual compraste el producto; por tanto, al menos deben duplicar la cobertura de la garantía del fabricante que el producto incluye. Lo que esto significa es que si tu producto cuenta con una garantía de un año, una extensión de garantía de tres años te proporcionará sólo dos años de cobertura adicional.

No pagues mucho

La mayoría de las extensiones de garantía por tres años cuestan entre 10 y 20 por ciento del precio del producto. Dada la probabilidad de que quizá nunca utilices la protección, querrás pagar tan poco como sea posible por ella. Como norma, una garantía que cuesta más de 15 por ciento del precio del producto por tres años de cobertura no vale la pena.

Considera los servicios adicionales

Las extensiones de garantía no sólo cubren reparaciones si el producto resulta estar defectuoso; a veces también incluyen servicios adicionales valiosos como el soporte técnico. Esto puede hacer que un plan de protección valga la pena para artículos como las computadoras. Por ejemplo, Apple ofrece soporte técnico de primer nivel para sus Macs, pero es gratuito sólo durante los primeros noventa días. Después, la empresa cobra $49 por cada llamada telefónica; a menos de que compres su garantía AppleCare por tres años, en cuyo caso puedes realizar tantas llamadas telefónicas a soporte técnico como gustes sin cargos adicionales. Dado que AppleCare sólo cuesta $169 para una iMac, llevarás la delantera en el juego si sólo realizas tres o cuatro llamadas telefónicas a soporte técnico.

> **Como norma, una garantía que cuesta más del 15 por ciento del precio del producto por tres años de cobertura no vale la pena.**

Qué hacer si algo sale mal

Si tienes un problema con tu extensión de garantía o con tu programa de protección de aparatos, primero debes intentar resolverlo con el minorista que te vendió el producto defectuoso. Si esto no funciona, contacta al fabricante. Por lo regular, es más conveniente hacerlo por escrito, con una carta enviada por correo certificado en la cual debes detallar la naturaleza de tu problema y cómo te gustaría que lo corrigieran. Incluye copias (no originales) de tus recibos de compra y otros documentos relevantes.

Si el fabricante no coopera, presenta una queja ante la agencia de protección al consumidor de tu localidad o estado. También debes quejarte ante la oficina local del Better Business Bureau (**www.bbb.org**) y con la Federal Trade Commission a través de una llamada al número telefónico gratuito del Consumer Response Center: (877) 382-4357 o a través de su formato de queja en línea en la dirección electrónica **www.ftc.complaintassistant.gov**.

Finalmente, debes considerar la posibilidad de emprender acciones legales. Por lo regular, las disputas de menos de $750 pueden ser atendidas sin intermediación de abogados en tribunales de reclamos menores.

Pasos de acción para luchar por tu dinero

☐ Averigua el tipo de garantía del fabricante que ya está incluida en el producto.

☐ Averigua si el minorista ofrece una garantía adicional sin costo.

☐ Llama a tu empresa de tarjetas de crédito de antemano para determinar el tipo de cobertura que tendrás con ellos si compras el producto con tu tarjeta.

☐ Averigua lo que está cubierto en tu seguro de propietario de casa.

☐ Revisa las estadísticas de confiabilidad del producto a través de *Consumer Reports* o J.D. Power Associates.

☐ Si te inclinas por comprar la extensión de garantía después de todo, investiga cuál es el deducible y quién emite la garantía en realidad: el fabricante, el minorista o un agente externo.

Tarjetas de regalo

Las tarjetas de regalo pueden ser la solución perfecta para ese adolescente difícil de complacer o para el tío que lo tiene todo en tu lista de cumpleaños o de Navidad, pero por lo general son mucho mejor negocio para los bancos y minoristas que los emiten que para ti. Para empezar, cuando compras una tarjeta de regalo, en realidad lo que haces es prestar dinero sin intereses a la tienda que te lo vendió. Además, las tarjetas de regalo con frecuencia son tan difíciles o inconvenientes de redimir que millones de destinatarios terminan por deshacerse de ellas; en efecto, ¡convierten tu préstamo sin intereses en un regalo *para la tienda*!

En el año 2007, alrededor de 200 millones de estadounidenses gastaron casi $97 mil millones en tarjetas de regalo, pero los destinatarios de esas tarjetas las usaron para realizar compras cuyo valor se aproxima a los $89 mil millones, lo cual significa que quienes obsequiaron las tarjetas regalaron casi $8 mil millones de sus bolsillos.

Cómo luchar por tu dinero

A pesar de todas las conveniencias que ofrecen, las tarjetas de regalo a menudo representan una frustración increíble al usarse. De hecho, en un esfuerzo por proteger a los consumidores, veintinueve estados han aprobado leyes que imponen restricciones sobre éstas. (Puedes encontrar una lista completa de las leyes estatales que gobiernan a las tarjetas de regalo en la página web de la National Conference of State Legislators: **www.ncsl.org/ programs/banking/GiftCardsandCerts.htm**). No obstante, las reglas que las gobiernan aún son confusas y difíciles de cumplir. Entonces, si piensas comprar una tarjeta de regalo, o alguien te ha obsequiado una, he aquí algunos consejos para tener en cuenta.

Lee la letra pequeña

Si crees que una tarjeta de regalo es tan buena como el dinero en efectivo, piénsalo de nuevo. No sólo algunas de éstas tienen fecha de caducidad, sino también incluyen una larga lista de tarifas por todo tipo de servicios rutinarios, y en algunos casos por no hacer nada, que pueden reducir mucho su valor. Para complicar las cosas aún más, muchas tiendas señalan restricciones en cuanto a cómo y dónde pueden utilizarse. Por ejemplo, las tarjetas de regalo de Starbucks no son válidas en muchas tiendas de Starbucks en aeropuertos, supermercados y librerías. Algunas tarjetas de regalo emitidas por bancos no son aceptadas en gasolineras, agencias de alquiler de autos y líneas de cruceros.

Las más ofensivas en términos de tarifas y fechas de caducidad son las tarjetas de regalo emitidas por Visa y MasterCard.

Las más ofensivas en términos de tarifas y fechas de caducidad son las tarjetas de regalo emitidas por Visa y MasterCard. Por ejemplo, si compras una tarjeta de regalo en línea con la marca Visa y emitida por un banco estadounidense, te cobrarán $6.95 por el envío. Puedes revisar dos veces tu saldo vía telefónica sin costo, pero después pagarás 50 centavos por llamada y $1 si insistes en hablar con un ser humano. Después de seis meses, si no has utilizado la tarjeta, entra en vigor una tarifa que se conoce como letargo. En este caso es de $2,50 al mes, lo cual significa que el valor de tu tarjeta disminuye $2,50 cada mes hasta que la utilizas o expira.

El punto es que, cuando recibas una tarjeta de regalo, debes leer las letras pequeñas para asegurarte de que comprendes a plenitud las fechas de caducidad, los esquemas de tarifas y otras reglas que podrían afectar tu capacidad para redimir la tarjeta. Si la persona que te obsequió la tarjeta no incluyó esa información al dártela, revisa la página web de la tienda o solicita una copia de todos los términos y condiciones que apliquen.

Úsalas o piérdelas

Lo peor que puedes hacer con una tarjeta de regalo es guardarla en algún cajón y olvidarla. Yo he sido culpable de este error y ahora siempre me propongo utilizar la tarjeta de inmediato. Las tarjetas de regalo quizá estén hechas de plástico, pero no duran para siempre. Incluso, si la tuya no incluye una fecha de vencimiento, la tienda que la emite sí puede tenerla. Cuando

Sharper Image se declaró en bancarrota en el año 2008, dejó de aceptar sus tarjetas de regalo y dejó a los clientes con un estimado de $25 millones en tarjetas de plástico que de pronto quedaron sin valor.

Entonces, si recibes una tarjeta de regalo, utilízala tan pronto como puedas.

No esperes cambio

Si utilizas una tarjeta de regalo de $50 para comprar un artículo que cuesta $40, no esperes que te devuelvan cambio. Los $10 restantes permanecerán en la tarjeta. Tampoco asumas que puedes utilizar ese saldo para otra compra de un producto que cueste más de $10. Si utilizas la tarjeta de una tienda minorista, este tipo de transacciones "divididas" en las cuales pagas una parte de la compra con una tarjeta de regalo y el resto en efectivo, por lo regular no representan problemas. Sin embargo, alguna tiendas no te permitirán hacerlo con una tarjeta de regalo emitida por un banco. Por tanto, si recibes una tarjeta de regalo de este tipo, ten presente que es probable que no puedas usarla para comprar nada que cueste más que el valor de la tarjeta; entonces, procura comprar algo cuyo valor sea tan aproximado al de la tarjeta como sea posible.

No deseches los documentos

Lo peor que puede sucederle a una tarjeta de regalo es que la pierdas o que te la roben. Si la tuya desaparece, por lo regular puedes obtener una tarjeta de reemplazo del emisor, por una cuota de más o menos $15, si conoces el número de la tarjeta y puedes presentar alguna prueba (como un recibo) de que era de tu propiedad. Entonces, cuando te entreguen una tarjeta de regalo, no deseches los demás documentos. Conserva el recibo de compra, saca una fotocopia de la tarjeta por ambos lados o anota el número de identificación de la tarjeta, además del número telefónico de atención a clientes que aparece en la parte trasera. (Ten presente que debes reportar la pérdida de inmediato. Por lo que a los emisores de la tarjeta respecta, tú eres responsable por cualquier transacción realizada con ésta antes de que la reportes perdida).

Aprovecha al máximo tu tarjeta: regístrala

Un número cada vez mayor de emisores te permiten registrar tu tarjeta de regalo. De hecho, algunos, como Crate & Barrel y Starbucks, no sustituyen una tarjeta robada o perdida a menos que haya sido registrada. También puedes registrar tus tarjetas de regalo en numerosas páginas web de consumidores diseñadas para ayudarte a manejarlas y protegerlas. Es probable que el mejor sea GiftCardTracker.com, un servicio gratuito que ha existido desde el año 2004. Su fundador, un nativo de Virginia llamado Ken Wawkins, concibió la idea después de llegar a la sucursal de Office Max de su localidad con una tarjeta de regalo de $50 que le habían obsequiado dos años antes, sólo para que le informaran que ya no valía nada. Además del registro de los números de cuenta de tus tarjetas de regalo, la información de contacto de los centros de atención a clientes y otros datos importantes, GiftCardTracker .com te enviará recordatorios vía correo electrónico cuando tu tarjeta se aproxime a su fecha de vencimiento y te mantiene actualizado sobre las últimas ofertas relacionadas con miles de tarjetas de regalo.

Si no la quieres, cámbiala

Si recibes una tarjeta de regalo de una tienda que no te agrada, existe una mejor alternativa que desecharla: puedes cambiarla en línea por una tarjeta de regalo de una tienda que sí te agrade. Las páginas web como Swapagift .com, CertificateSwap.com y CardAvenue.com proporcionan un mercado donde puedes intercambiar tarjetas con otros destinatarios insatisfechos, poner tu tarjeta en venta o comprar una con descuento.

Qué hacer si algo sale mal

Si un emisor de tarjetas de regalo parece incumplir sus propias reglas o comete un error, primero debes intentar solucionar el problema con éste de manera directa. Si esto no funciona, debes acudir a las autoridades.

Si la tarjeta fue emitida por una tienda minorista, presenta una queja ante la oficina del fiscal general de tu estado, así como ante la Federal Trade Commission. Puedes encontrar una lista completa de las oficinas de los fiscales generales en la página web de la National Association of Attorneys General, en la dirección **www.naag.com**. Las quejas para la FTC pueden presentarse en línea en **www.FTCComplaintAssistant.gov**, puedes llamar a su número telefónico gratuito (877)FTC-HELP (877-382-4357) o escribir a:

Federal Trade Commission
Consumer Response Center—204
600 Pennsylvania Ave., NW
Washington, DC 20580

También debes reportar tu inconformidad al Better Business Bureau en la página web **www.bbb.org**.

Si la tarjeta fue emitida por un banco nacional, presenta una queja ante la Office of the Comptroller of the Currency en **www.helpwithmybank .gov/complaints**, llama a su número telefónico gratuito (800) 613-6743 o escribe a:

> **Office of the Comptroller of the Currency**
> Customer Assistance Group
> 1301 McKinney Street
> Suite 3450
> Houston, TX 77010

Pasos de acción para luchar por tu dinero

☐ Cuando recibas una tarjeta de regalo, ¡lee las letras pequeñas!

☐ Saca una fotocopia del frente y la parte trasera de la tarjeta, y guárdala en un lugar seguro junto con el recibo. (Y cuando obsequies una tarjeta de regalo, siempre incluye el recibo).

☐ Da un paso adicional y registra tu tarjeta.

☐ ¡Este fin de semana te irás de compras! Saca todas esas tarjetas que están guardadas y úsalas antes de que expiren.

☐ Nunca obsequies una tarjeta de regalo bancaria. En lugar de ello, haz un cheque.

Ofertas de reembolso

¿Cuántas veces te han convencido de comprar algún producto nuevo costoso, digamos, una microonda nueva o una cámara digital, sólo porque el fabricante ofrece un reembolso de $40, $50 o tal vez hasta de $100 sobre el precio? Pero cuando llegas a casa, los formatos que debes llenar y las instrucciones sobre la parte de la caja que debes cortar y enviar son tan confusos que no puedes saber con seguridad si lo has hecho bien. Entonces, terminas por hacer una de dos cosas: o guardas los formatos en un cajón y te dices que lo harás en otro momento (lo cual, desde luego, nunca sucede) o envías todos los documentos, cruzas los dedos y no ocurre nada.

Después, para colmo, cuando contactas al fabricante para averiguar qué pasó con tu cheque de reembolso, te dicen que no tienen registro alguno de que lo hayas solicitado y, de cualquier manera, la promoción venció varios meses atrás.

Los reembolsos son el tipo de negocios que los consumidores adoran odiar, y por una buena razón. Como escribió el senador de Nueva York Charles Schumer en una carta a la Federal Trade Commission hace varias Navidades: "Los reembolsos infaliblemente producen miles de millones de dólares en utilidades excesivas a las empresas que los ofrecen, pero cuando se trata de ahorrarles diez centavos a los consumidores, como dicen hacer los reembolsos, decepcionan al consumidor con más frecuencia que lo contrario".

Los reembolsos están ideados para fallar

Valor de los productos vendidos con una oferta de reembolso:	$8 mil millones
Porcentaje total que se redime:	20%

No es una exageración. De acuerdo con los expertos, una oferta atractiva de reembolso puede incrementar las ventas de un producto hasta 500 por ciento. Por tanto, cada año las empresas ofrecen alrededor de 400 millones de éstas por un valor de más o menos $8 mil millones en productos que pueden ser desde autos hasta teléfonos celulares, programas computacionales o alimentos. Sin embargo, de acuerdo con la Promotional Marketing Association, cuatro de cada cinco reembolsos nunca son redimidos. Y esto no se debe a que los consumidores sean perezosos. Como acertadamente señaló el senador Schumer, es debido a la "complicación para cumplir con las fechas límite", "las letras demasiado pequeñas" y "las instrucciones confusas".

Cómo luchar por tu dinero

¿Por qué los fabricantes dificultan tanto el cobro de los reembolsos? La respuesta es simple: avaricia. Mientras menos clientes califiquen para un reembolso, más dinero pueden conservar las empresas. Como dijo un experto en la industria al *Wall Street Journal:* "Los reembolsos son un buen plan de negocios sólo cuando los clientes no los reclaman".

Entonces, ¿cómo puedes protegerte cuando el juego está diseñado en tu contra? He aquí algunos consejos básicos.

No olvides solicitar el reembolso

Esto parece bastante simple, pero, una vez que te llevas tu nueva compra a casa, abres la caja y pierdes el recibo de pago, es fácil distraerte de todo el proceso de reembolso. Si cuentas con un reembolso para hacer accesible el precio que pagaste, ocúpate de ello tan pronto como sea posible. El empresario de Dallas, Daniel Pentecost, quien logra cobrar entre seis y ocho reembolsos al año, declaró al *U.S. News & World Report* que lleva un registro de sus reembolsos en una hoja de cálculo. "Tan pronto como tengo el producto en mis manos", dijo, "lo primero que hago antes de usarlo es recortar el código de UPC y guardarlo en el sobre. Sé que si no lo hago así, lo olvidaré".

Lee la letra pequeña

Después, léelas de nuevo. Luego, léelas una vez más para comprenderlas bien. Todos los fabricantes tienen reglas distintas, lo cual hace difícil que te conviertas en maestro en el juego de los reembolsos. La mayoría de estas ofertas

¡Él luchó por su dinero!

Chris, un fotógrafo de Atlanta, Georgia, acostumbra utilizar correo certificado con acuse de recibo cuando solicita un reembolso de más de $20. "De esta manera puedo comprobar cuándo lo recibieron y quién lo firmó", dice, lo cual les dificulta a las empresas declarar que nunca recibieron nada.

La actitud previsora de Chris rindió frutos cuando su solicitud de reembolso por un ruteador de computadora Netgear pareció perderse en un hoyo negro. Después de seis meses de espera, Chris fue a Fry´s Electronics, la tienda que le vendió el ruteador. "Dado que yo contaba con copias de todo lo que envié", explica, "incluso un acuse de recibo que mostraba que el fabricante había recibido mis documentos antes de la fecha de vencimiento de la oferta, Fry´s aceptó pagarme el reembolso total".

Además, presta atención a las fechas. Los reembolsos diferidos no comienzan sino hasta semanas después de que compraste el producto. También es posible que la promoción ya haya terminado, pero que la tienda aún no haya retirado los anuncios.

solicitan alguna prueba de compra y un recibo, pero lo que debes enviar con exactitud varía de una empresa a otra. Algunas solicitan el recibo original y para otras está bien con sólo una copia. Algunas podrían pedir el código UPC, lo cual puede resultar confuso cuando las tiendas agregan sus propios códigos de barras en los empaques. Entonces, no deseches la caja sino hasta que llegue tu cheque de reembolso, sólo por si enviaste por correo una prueba errónea de compra.

Documéntalo todo

La clave para el éxito en los reembolsos es un buen registro. Toma nota de cuándo enviaste la solicitud y para cuál oferta de reembolso, saca fotocopias de todo lo que envíes y asegúrate de conservar la oferta inicial de reembolso que contiene la información de contacto. Todo lo anterior te resultará muy útil si entras en disputa por un reembolso no pagado.

La clave para el éxito en los reembolsos es un buen registro.

Ten cuidado con el engaño del "cheque tarjeta"

Uno de los mayores robos asociados con los reembolsos es lo que yo llamo el engaño del "cheque tarjeta". Lo que sucede es que tú solicitas tu reembolso, pero, en lugar de recibir un cheque que puedas depositar o cambiar en efectivo, recibes un "cheque tarjeta" que incluye toda clase de reglas ridículas acerca de cuándo puedes y no puedes utilizarlo.

Esto le ocurrió no hace mucho tiempo a una buena amiga mía llamada Nicola, quien compró un teléfono celular marca AT&T que ofrecía un reembolso de $100. Como era de esperarse, después de enviar todos los documentos, AT&T no le envió un cheque por la cantidad, sino un cheque tarjeta de Visa por $100. Entonces, Nicola llevó la tarjeta a un restaurante e intentó utilizarla para pagar una comida. La tarjeta fue rechazada. Después la llevó a un salón de belleza y sucedió lo mismo. Por fin, pudo utilizarla varias veces en un supermercado. Sin embargo, cuando el saldo remanente de la tarjeta llegó a $3, ella decidió que no valía la pena tanta molestia y se deshizo de la tarjeta; por tanto, le ahorró $3 a AT&T.

Multiplica esos $3 por decenas (o cientos) de miles de clientes que quizás hagan lo mismo y verás por qué las empresas como AT&T pagan sus reembolsos con cheques tarjeta en lugar de utilizar cheques normales. De hecho, incluso una búsqueda rápida en línea te mostrará incontables historias de muchas personas como Nicola, quienes han tenido malas experiencias con los cheques tarjeta de reembolso. Muchas de ellas se quejan de que esas tarjetas son casi imposibles de activar y con frecuencia son rechazadas por lo que parecen ser razones inaceptables.

Si esto no es lo bastante inconveniente, muchas de las empresas que pagan sus reembolsos utilizan cheques que expiran en más o menos noventa días. Por tanto, si eres lo bastante afortunado como para recibir un cheque de reembolso, asegúrate de depositarlo o cambiarlo por dinero en efectivo antes de que expire.

No seas demasiado paciente y no te rindas

Demasiados consumidores son demasiado pacientes. Si tu reembolso ya superó la fecha límite, no sólo te quedes sentado. De acuerdo con la Federal Trade Commission, "por ley, las empresas están obligadas a enviar reembolsos dentro del periodo prometido o, si no se ha especificado un plazo, dentro de un tiempo 'razonable'", que la FTC define como treinta días. Y si te dicen que tu solicitud ha sido rechazada porque llegó fuera de tiempo y tú sabes que no es así o que no enviaste un documento que tú sabes que sí enviaste, contraataca. Los rechazos de reembolsos pueden revertirse si eres persistente. Como señala Chris, el fotógrafo: "Los reembolsos son un juego y tú debes jugarlo con el fin de que te paguen. Si lo juegas, recibirás tu dinero".

Qué hacer si algo sale mal

Si ha pasado más de un mes y no has recibido tu cheque, haz un escándalo. La manera de iniciarlo es llamando al fabricante o a la entidad que el fabricante utiliza para administrar sus programas de reembolso. La información de contacto por lo regular se incluye en la oferta original de reembolso, razón por la cual debes asegurarte de conservarla. Si no fue así, verifícala con la tienda que te vendió el producto o entra a Internet y realiza una búsqueda de "información de contacto de reembolsos" junto con el nombre de la empresa que ofreció el reembolso que deseas investigar.

Cuando encuentres a un representante de atención a clientes, explícale que seguiste todas las instrucciones, pero que aún no has recibido tu reembolso y te gustaría conocer la razón. Prepárate para que esa persona te pida que envíes de nuevo toda la documentación que ya enviaste. (Ésta es la razón por la cual es esencial que conserves copias de todo). Si te dice que no hay nada que pueda hacer o no te ofrece ayuda, solicita hablar con un gerente.

Si la llamada telefónica no da resultado, debes escribir una carta atenta al fabricante donde expliques los detalles de lo que compraste, dónde lo compraste y cuándo, y haz énfasis en que tu decisión de comprar el producto se basó en su oferta de reembolso. Agrega que el hecho de comprar su producto equivale a una aceptación de su oferta y que si no recibes tu cheque de reembolso en un plazo de treinta días, presentarás una queja a las autoridades e iniciarás una acción legal por incumplimiento de contrato. (Encontrarás una carta de ejemplo que puedes utilizar como modelo en la página 434, en el conjunto de herramientas de *Lucha por tu dinero*).

Envía copias de la carta a los reguladores como la FTC y los fiscales generales tanto de tu estado como del estado donde se encuentran las oficinas generales de la empresa. Si pasan otros treinta días y la empresa aún no te ha enviado el cheque, presenta tus quejas ante la FTC y el Better Business Bureau, así como ante tus agencias locales de protección al consumidor. Puedes quejarte ante la FTC a través del formato de quejas de su página web **www. FTCComplaintAssistant.gov**, a través de una llamada sin costo al número telefónico 877-FTC-HELP (877-382-4357) o por carta a:

Federal Trade Commission
Consumer Response Center
600 Pennsylvania Ave., NW
Washington, DC 20580

Puedes presentar una queja ante el Better Business Bureau a través de su sistema de quejas en línea en la dirección **odr.bbb.org/odrweb/public/Get Started.aspx.**

Pasos de acción para luchar por tu dinero

☐ Solicita el reembolso tan pronto como puedas.

☐ Lee las letras pequeñas.

☐ Conserva los empaques, pruebas de compra y recibos.

☐ Conoce las fechas de la promoción.

☐ Mantén buenos registros. Anota con exactitud cuándo enviaste la solicitud para cuál oferta de reembolso, saca copias de todo lo que enviaste y asegúrate de conservar la oferta inicial de reembolso que contiene la información de contacto.

☐ Utiliza correo certificado con acuse de recibo para reembolsos superiores a $20.

☐ Da seguimiento si no recibes tu reembolso en el transcurso de un mes. ¡Sé diligente!

☐ Organiza y registra tus solicitudes de reembolso en **www.rebate tracker.com.**

Declaración de impuestos

La declaración de impuestos es un gran negocio. En general gastamos más de $11 mil millones en ellas cada año. Seis de cada diez contribuyentes contratan a alguien que les ayude a llenar los formularios y a calcular lo que deben, mientras millones más confían en programas de computación como TurboTax. Por desgracia, los contribuyentes no siempre reciben un servicio equivalente al valor de su dinero.

No es difícil comprender por qué. El código fiscal es tan complicado y difícil de entender que incluso si tus finanzas son relativamente simples, el hecho de llenar tus formularios de impuestos sobre ingresos puede ser una pesadilla. En el año 2002, la General Accountig Office estimó que los contribuyentes pagaban casi mil millones de dólares al año adicionales a lo que debían porque utilizaban la deducción estándar en lugar de la detallada. Y ése es sólo un error común.

Cómo luchar por tu dinero

Soy un firme creyente en que un profesional debe hacerse cargo de tus impuestos, en especial si tus ingresos exceden $50.000 al año. En mi experiencia, los ahorros que hagas por un reembolso de impuestos realizado por un profesional cubrirán su costo. De hecho, los ahorros por lo general constituyen entre cinco y diez veces tu inversión. Entonces, si inviertes $500 en que alguien más tramite tu reembolso de impuestos, es más que probable que elimines entre $2.500 y $5.000 de tu factura de impuestos.

Dicho lo anterior, la decisión entre declarar tus impuestos tú mismo o contratar a un profesional depende en gran medida de cuánto tiempo y paciencia tengas y cuán complicadas sean tus finanzas. Si trabajas por tu cuenta, si has heredado dinero, si compraste una propiedad, si ejerciste opciones accionarias o si atraviesas por un cambio trascendente de vida (como casarte, divorciarte o convertirte en padre), casi siempre vale la pena que contrates a un profesional que se encargue de declarar tus impuestos.

> Si inviertes $500 en que alguien más tramite tu reembolso de impuestos, es más que probable que elimines entre $2.500 y $5.000 de tu factura de impuestos.

El problema es que casi cualquier persona puede anunciarse como contador fiscal. De hecho, sólo dos estados, California y Oregón, exigen que los contadores fiscales cuenten con licencia. Como lo expresó el senador de Iowa Chuck Grassley durante una audiencia en el Senado al respecto: "Es increíble que contemos con requerimientos legales para que un barbero te corte el cabello y no existan requerimientos para que una persona elabore tu declaración de impuestos. Lo peor que puede sucederte cuando te atiende un barbero mediocre es que tu cabello tenga un mal día. Pero si recibes malos consejos sobre impuestos, puedes ser auditado, deber miles de dólares e incluso pasar un tiempo en prisión".

El rango de los contadores cubre desde el sujeto que coloca un escritorio en la agencia inmobiliaria cada invierno hasta las grandes cadenas de despachos contables como H&R Block o los contadores profesionales y los agentes fiscales. Así es como debes elegir uno bueno.

Más grande no siempre significa mejor

Esas cadenas nacionales como H&R Block (**www.hrblock.com**), Jackson Hewitt (**www.jacksonhewitt.com**) y Liberty Tax Service (**www.libertytax. com**) pueden parecer una buena apuesta. Después de todo, procesan millones de reembolsos al año, tienen miles de oficinas donde puedes reunirte con una persona cara a cara, cuentan con llamativas páginas web y todo el mundo ha escuchado hablar de ellos. Sin embargo, el hecho de que esas empresas sean reconocidas no garantiza el éxito. Esto se debe a que, a fin de cuentas, lo bien preparado que esté tu reembolso depende de quién ejecute el trabajo. En una investigación del año 2006, la Government Accountability Office envió a sus empleados a diecinueve oficinas de cadenas distintas a solicitar la declaración de impuestos de una pareja imaginaria. De acuerdo con el reporte, "casi todos los reembolsos preparados para nosotros estaban incorrectos en algún grado".

> **Muchas firmas sólo utilizan un cuestionario en computadora similar al tipo de programa que puedes comprar para tu uso particular por $50.**

En realidad, esta situación no es sorprendente porque muchas firmas emplean a graduados del bachillerato (en oposición a los graduados de la universidad, que son más caros) para procesar tu reembolso. Utilizan un cuestionario por computadora similar al tipo de programa que puedes comprar para tu uso particular por $50. Si no te agrada la idea de que un empleado de medio tiempo con sólo un diploma de bachillerato tramite tus impuestos (y no debería), asegúrate de preguntar quién calculará tu reembolso y el tipo de experiencia que tiene.

Busca verdaderos profesionales

Tu mejor apuesta para una declaración de impuestos de calidad es contratar a un profesional certificado. Los contadores fiscales profesionales son más costosos que los de las cadenas; un contador por lo regular te cobrará entre $100 y $300 por hora, contra una tarifa total de más o menos $200 por un reembolso detallado en H&R Block, pero la detección de una sola deducción o crédito (digamos, la deducción de intereses por un préstamo para estudiante o el crédito por el vehículo con motor alternativo, si eres propietario de un auto híbrido), puede ahorrarte la diferencia.

Existen dos tipos de profesionales que debes considerar: los agentes fiscales y los contadores públicos certificados.

Los agentes fiscales son los únicos especialistas en impuestos con licencia federal. Deben aprobar un examen aplicado por el IRS así como una revisión de antecedentes, y para conservar sus licencias deben tomar veinticuatro horas de cursos de educación continua cada año. Muchos de ellos fueron empleados del IRS, así que por lo general conocen las reglas no escritas del IRS que gobiernan el tipo de deducciones que pueden disparar una auditoría. Para encontrar a un agente en tu área, visita la página web de la National Association of Enrolled Agents (**www.naea.org**) o la National Association of Tax Professionals (**www.natptax.com**).

Los contadores públicos certificados (CPC) también deben aprobar un examen para obtener su licencia, pero cubren un rango mucho más amplio de funciones que sólo cuestiones fiscales, incluso contabilidad, auditoría y asesoría financiera personal. Quizá debas contratar a un CPC para atender los asuntos fiscales de un negocio o reembolsos individuales más complicados. Puedes encontrar información de contacto de CPCs en tu área en las páginas web del American Institute of Certified Public Accountants (**www.aicpa.org**) y la National Society of Accountants (**www.nsacct.org**).

Solicita referencias

La mejor credencial que cualquier contador puede tener es un flujo constante de clientes satisfechos y de muchos años. Por tanto, pide recomendaciones a tus familiares, amigos y colegas que se encuentren en más o menos las mismas circunstancias financieras que tú. Si alguien a quien conoces y en quien confías puede poner las manos al fuego por su contador, haz una cita con él y verifícalo.

Los profesionales respetables nunca te prometen un reembolso cuantioso antes de haber revisado tu situación y tus números. Tampoco te pedirán firmar un formato de declaración de impuestos en blanco ni ningún otro documento fiscal.

En términos básicos, querrás asegurarte de que tiene experiencia en el tipo de asuntos que por lo general implican tus impuestos. También querrás saber que está actualizado en los últimos cambios fiscales. Pregúntale cuáles publicaciones lee, si asiste a cursos de educación continua y cuántos de sus clientes son auditados. En esta era del robo de identidad, averigua cómo resguardaría tu información personal.

Busca protección

Un problema con un contador significa un problema con el IRS; por tanto, antes de contratar a uno, averigua qué tipo de protección tendrás en caso de que cometa un error (si es que la hay). Por lo general, las grandes cadenas prometen cubrir todas las multas, penalizaciones e intereses que debas pagar como resultado de su trabajo. Muchos contadores y agentes fiscales harán lo mismo, pero esto no es algo que sólo debas asumir. Por tanto, proponte preguntar al respecto de antemano. Si te dicen que nada está garantizado, llévate tus asuntos a otra parte.

No esperes hasta el último minuto

Si comienzas a buscar a un profesional fiscal después del inicio de febrero, es probable que no tengas mucha suerte. Todos los buenos estarán ocupadísimos para entonces. El momento ideal para comenzar a buscar es el otoño, cuando un buen contador tendrá tiempo para estudiar tu situación y discutir lo que podrá hacer por ti.

Quizá seas candidato para recibir asistencia fiscal gratuita

Muchos causantes de impuestos de ingresos bajos a moderados pueden calificar para recibir asistencia fiscal gratuita a través del programa Federal Volunteer Income Tax Assistance (VITA, por sus siglas en inglés) o, si tienes más de sesenta años, a través de Tax Counseling for the Elderly. Los miembros del ejército también pueden recibir ayuda a través del Armed Forces Tax Council. Puedes encontrar más información acerca de estos programas en la página web del IRS: **www.irs.gov/individuals/article/0,,id=119845,00.html**. Y cualquier persona, sin importar su edad o ingreso, puede obtener ayuda relacionada con los impuestos en el número telefónico gratuito del IRS: (800) 829-1040.

Si tu situación es relativamente sencilla, hazlo tú mismo con programas de computación

Si eres asalariado con deducciones promedio como intereses de hipoteca, impuestos por propiedad y gastos de guarderías o educativos, no existe razón alguna para que no puedas declarar tus impuestos por ti mismo con uno de los abundantes programas de computación para declaración de impuestos que ahora puedes comprar. Existen docenas de programas y servicios de declaración de impuestos en línea para elegir, pero tu mejor apuesta es comprar uno de los tres más importantes: TurboTax (**turbotax.intuit.com**), TaxCut (**www.taxcut.com**) y TaxACT (**www.taxact.com**).

Cada uno de ellos cuesta entre $20 y $50, y todos funcionan más o menos igual. Te guían a través de una lista larga de preguntas acerca de tus ingresos, finanzas personales, gastos y situación familiar. Con base a tus respuestas, el programa llena los formatos federales y estatales apropiados, los imprime e incluso te ayuda a enviarlo todo electrónicamente (lo cual acelera cualquier reembolso al cual tengas derecho).

TurboTax, de Intuit (empresa que también hace el muy popular programa de finanzas personales Quicken), domina el mercado. Alrededor de

75 por ciento de todas las deducciones electrónicas se hacen con TurboTax y fue calificado como el mejor programa de computación para declaración de impuestos tanto por *USA Today* como por *PC Magazine*. Los otros dos grandes vendedores son TaxCut de H&R Block y TaxACT de 2nd Story Software, empresa afiliada al reconocido editor de guías fiscales J. K. Lasser.

Sin importar la marca que elijas, no pagues el precio completo. Los programas fiscales de computación con frecuencia tienen descuentos o se ofrecen con otros programas fiscales relacionados a un precio accesible desde Año Nuevo y a lo largo de la temporada fiscal. Navega en la red y revisa anuncios en el periódico dominical para encontrar las mejores ofertas.

Aprovecha la "declaración gratuita"

Con el fin de convencer a más personas de hacer sus declaraciones electrónicamente, el IRS se ha asociado con varias empresas de programas de computación para declaraciones de impuestos, para ofrecer declaraciones gratuitas a individuos con ingresos bajos a moderados. (En el año 2007, tenías que tener un ingreso bruto ajustado de $54.000 o menos para calificar). Para acceder a la lista de proveedores, visita la página web del IRS: **www.irs.gov**, y haz clic en el ícono "Free File". Asegúrate de leer las letras pequeñas cuando selecciones a un proveedor. A pesar de que los reembolsos federales siempre son gratuitos, algunos cobran una tarifa por solicitar reembolsos estatales y no todos los proveedores cubren todos los estados. Otros tienen límites de ingresos menores o requerimientos de edad. Dado que existen alrededor de veinte proveedores para elegir, tu mejor apuesta será utilizar la herramienta interactiva del IRS "Guide Me to a Company" para reducir tus opciones.

De lo que debes cuidarte

Subcontrataciones no anunciadas

Algunas firmas contables subcontratan sus declaraciones de impuestos a las cadenas. Otros envían los reembolsos a subcontratistas extranjeros en lugares como India, donde pueden ser procesadas de un día para otro por sólo $50. De cualquier manera, es un engaño y te *exponen* al peligro del robo de identidad. Como dijo Beth Givens, directora de la Privacy Rights Clearinghouse y la revista *Smart Money,* los reembolsos de impuestos contienen tantos datos "en un solo y resplandeciente paquete", desde el número de Seguro Social hasta tu fecha de nacimiento, tus números de cuenta bancarios y de corretaje, que el hecho de enviarlos a cualquier parte, nada menos que al otro lado del mundo, es "un gran regalo para el robo de identidad". Entonces, asegúrate de que tu reembolso sea tramitado dentro del país. Si tu contador no te lo garantiza, busca otro o, al menos, averigua cómo protege tu número de Seguro Social y otra información confidencial.

Productos "relacionados" que en realidad no necesitas

Muchos contadores ganan mucho dinero no con el trámite de los reembolsos de impuestos, sino al venderte productos relacionados, como seguros y préstamos. Una de las mayores estafas es el préstamo anticipado sobre reembolso, el cual puede parecer increíblemente conveniente, pero de hecho incluye tarifas ocultas de servicio y cargos financieros que se combinan para producir una tasa porcentual anual de hasta 700 por ciento o más. (Para conocer más detalles, consulta la sección "Préstamos anticipados sobre reembolsos" en la página 354). Evita estos productos como si fueran plagas y sé cauteloso con un contador que intente vendértelos.

Venta de programas de computación "avanzados"

Casi todas las marcas de programas de computación para declaraciones de impuestos cuentan con una página web donde te permiten comenzar a llenar los formatos sin costo a través del uso de una versión básica de su programa. Sin embargo, a medida que avanzas, intentarán venderte una versión más sofisticada. Esto se conoce como venta "avanzada" y la parafernalia agregada no siempre vale su precio. A una amiga mía que hacía su declaración de impuestos en el sitio de TurboTax la convencieron de mejorar su versión Deluxe de TurboTax de $49,95 a una versión Premier de $74,95 porque había vendido algunas acciones durante el año. ¿La diferencia? Premier le hizo dos preguntas acerca de la venta de sus acciones que Deluxe no le hizo, y no significó diferencia alguna en el monto de impuestos que terminó por deber. En otras palabras, ella pagó $25 más de lo necesario y no redujo el monto de su declaración de impuestos. Las empresas intentarán venderte programas avanzados en cualquier oportunidad. Piénsalo bien antes de aceptar.

Qué hacer si algo sale mal

Cuando recibes un servicio mediocre por parte de un contador, el problema se complica por el hecho de que aún tienes que enfrentarte al IRS. Recuerda que incluso si otra persona preparó tu declaración de impuestos, tú eres responsable por lo que dice allí. Por tanto, si crees que no fue elaborada de manera precisa o correcta, no la envíes. En lugar de ello, hazla de nuevo. Si no cuentas con tiempo suficiente para hacerla de manera correcta antes del 15 de abril, solicita una extensión. Puedes hacerlo en línea o a través del correo regular; baja las instrucciones y los formatos requeridos de la página web del IRS: **www.irs.gov/pub/irs-pdf/f4868.pdf**.

Si crees que tu contador ha actuado de manera no profesional, tanto si te ha tratado mal como si ha abusado de la ley, debes reportarlo al IRS. Si tu contador es un profesional certificado (es decir, contador público certificado, agente fiscal o abogado fiscal), debes enviar una carta a la Office of Profesional Responsibility del IRS, en la cual describirás lo que hizo tu contador (o no hizo). La carta también debe incluir cualquier documentación que apoye tu queja junto con la dirección, el número telefónico y la designación profesional del contador (CPC, AF o lo que sea).

Puedes enviar la carta por fax al número telefónico (202) 622-2207 o por correo a:

Internal Revenue Service
Office of Profesional Responsibility
SE:OPR, Room 7238/IR
1111 Constitution Avenue, NW
Washington, DC 20224

Si tu contador no es un profesional certificado, sino lo que el IRS llama un agente "no fiscal" (digamos, un chico universitario que trabaja para una cadena), debes presentar tu queja a través del formulario del IRS Informational Referral Form 3949A. Puedes bajar el formulario de la página web del IRS en **www.irs.gov/pub/irs-pdf/f3949a.pdf**. Una vez que has llenado el formulario, debes enviarlo a:

Internal Revenue Service
Fresno, CA 93888

También debes quejarte ante el Better Business Bureau (**www.bbb.org**) y, si tu contador es un agente fiscal o contador público certificado, ante la organización profesional pertinente.

Pasos de acción para luchar por tu dinero

☐ Si vas a delegar tu declaración de impuestos, contrata a un agente fiscal o a un contador público certificado.

☐ Comienza pronto tu búsqueda.

☐ Obtén recomendaciones sobre un profesional de alguna persona a quien conozcas y en quien confíes, pero toma tu decisión final después de haberlo entrevistado.

☐ Averigua cuáles son las garantías si existen errores en tu declaración y también cómo será protegida tu privacidad.

☐ Si tus finanzas no son tan complicadas, considera la opción de elaborar tu declaración de impuestos por ti mismo con TurboTax, TaxCut o TaxACT.

Préstamos anticipados sobre reembolso

Recibe dinero pronto cuando hagas tu declaración de impuestos con nosotros. Recibe hasta la cantidad de tu reembolso anticipado de impuestos federales (menos tarifas bancarias)... en el mismo instante, después de solicitar tu reembolso. Además... tus tarifas por declaración de impuestos se pagan con el préstamo; por tanto, no pagas nada de tu bolsillo.

—Despachos fiscales H&R Block

Los préstamos anticipados sobre reembolso (*refund anticipation loans*, RAL, por sus siglas en inglés) parecen un buen negocio. Quizás ésa sea la razón por la cual nueve millones de nosotros los contratamos cada año. Pero son los bancos y los despachos fiscales los que se benefician, no nosotros. Ellos generan más de $1.000 millones al año al proporcionar estos préstamos casi exentos de riesgos. ¿Cómo? Al imponer tarifas exorbitantes de servicios y cargos financieros que se combinan para producir una tasa porcentual anual de hasta 1.200 por ciento o más. Ése es un precio demasiado alto por la comodidad.

Cómo luchar por tu dinero

La mayoría de los RAL anuncian una tasa porcentual anual de 36 por ciento y, en términos técnicos, es verdad. Sin embargo, cuando sumas las tarifas, la tasa efectiva llega hasta el techo.

Tomemos los términos ofrecidos por H&R Block, una de las firmas contables más reconocidas a nivel nacional. Además de cobrarte la tasa de interés anual de 36 por ciento sobre tu RAL, también te cobran una tarifa por activación de $29,95 y la tarifa de $20 por procesamiento de cheques. Digamos que esperas un reembolso de $500 y no quieres esperar a que el gobierno te lo envíe. Si calculamos los $49,95 de las tarifas y el cargo financiero de $15 más o menos, pagarás alrededor de $65 para recibir $500 de H&R Block durante un mes, que es lo que por lo general se tarda el IRS en enviarte un reembolso. Lo anterior representa una tasa de más de 150 por ciento.

Lucha por tu reembolso

Tu reembolso si aceptas un RAL:	$435
Elabora una declaración electrónica y recibirás:	$500
Tú ganas:	**$65**

Te conviene más solicitar un adelanto en efectivo de tu tarjeta Visa o MasterCard. Después de todo, es probable que "sólo" te cobren 29.99 por ciento.

Si estás desesperado por obtener tu reembolso pronto, haz tu declaración de impuestos electrónicamente y marca el recuadro que dice que el gobierno depositará tu reembolso en cuenta bancaria de manera directa. Hasta H&R Block está de acuerdo en ello. Como un vocero de la empresa declaró a MSNBC.com: "Creemos que la mejor opción para nuestros clientes es presentar su declaración de impuestos electrónicamente y recibir un depósito directo del IRS en lugar de aceptar un RAL".

> **Incluso H&R Blocks dice que la mejor opción es presentar tu declaración de impuestos electrónicamente con el IRS en lugar de aceptar un RAL.**

Y que no te atemoricen las advertencias de que la única manera de presentar tu declaración de impuestos electrónicamente es a través de un contador profesional, quien te cobrará por el privilegio. Si tu ingreso anual ajustado es menor a determinada cantidad (el límite en el año 2008 era de $54.000), el IRS proporciona un servicio llamado Free File, el cual te permite solicitar tus reembolsos sobre impuestos por ingresos tanto federales como estatales electrónicamente, sin costo. Encontrarás detalles disponibles en línea en **www.irs.gov/efile**. También existe un servicio llamado I-Can E-File (**www.icanefile.org**), proporcionado por la Legal Aid Society de Orange County, California, que permite a cualquier persona de cualquier parte del país, sin importar su ingreso, solicitar sus reembolsos federales electrónicamente, sin costo.

Qué hacer si algo sale mal

Si no has recibido la asesoría adecuada de una firma contable o de un banco que te vendió un RAL, contacta a la agencia de protección al consumidor de tu ciudad o estado así como al Better Business Bureau (**www.bbb.org**). Si un banco estuvo involucrado, presenta una queja ante la agencia regulatoria apropiada. (Para ver la lista completa, consulta la sección "Cuentas bancarias" en la página 75). También debes presentar una queja ante la Federal Trade Commission a través de su página web **www.ftc.gov**, llamar sin costo al 877-FTC-HELP (877-382-4357) o escribir a:

Federal Trade Commission
Consumer Response Center
600 Pennsylvania Ave., NW
Washington, DC 20580

Pasos de acción para luchar por tu dinero

☐ Sólo di "No" a los préstamos anticipados sobre reembolso.

☐ Para recibir rápido tu reembolso de impuestos, haz tu declaración de impuestos electrónicamente y solicita que tu reembolso sea depositado a tu cuenta bancaria de manera directa.

Donaciones a obras de caridad

Casi cada mañana, cuando camino de mi departamento a mi oficina en el centro de Manhattan, me detienen media docena de personas que me piden contribuciones para algunas causas valiosas. Algunas dicen recolectar dinero para proteger al ambiente, otras dicen buscar fondos para mujeres maltratadas. Incluso algunas mencionan ayuda para el huracán o para Darfur.

Por lo que a mí respecta, dicen la verdad. Sin embargo, no les doy dinero.

No es que sea tacaño. En realidad, creo con firmeza en la importancia de dar. De hecho, en la mayoría de mis libros les digo a mis lectores que el diezmo (donar al menos 10 por ciento de tus ingresos a las obras de caridad) debe ser una parte del plan financiero de toda la gente. Ha sido parte del mío durante muchos años. Pero yo quiero que el dinero que done sirva para algo. No quiero que se desperdicie.

El hecho es que no todas las obras de caridad son legítimas, y entre las que sí lo son, algunas son más eficientes y efectivas que otras. De acuerdo con una investigación del *Los Angeles Times*, sólo 46 centavos de cada dólar recibido por los recolectores comerciales de fondos llega a las obras de caridad que se supone que representan. Sólo en California, descubrió la publicación, los intermediarios se embolsaron más de $1,4 mil millones de contribuciones de caridad entre 1997 y 2006.

Entonces, a menos que seas cuidadoso, los dólares que has ganado con tanto esfuerzo y que donas a las obras de caridad podrían desperdiciarse o, peor aún, podrían terminar por abultar los bolsillos de algún timador.

Cómo luchar por tu dinero

Las obras de caridad en Estados Unidos recolectan más de $300 mil millones por año en donativos, pulsando las fibras sensibles de nuestros corazones con historias conmovedoras acerca del labor importante que realizan y las necesidades desesperadas que satisfacen. Es difícil resistirse a historias de miseria y a fotografías de niños necesitados. Sin embargo, si en verdad quieres hacer un bien con tu dinero, necesitas ser inteligente. He aquí cómo hacerlo.

Desarrolla un plan

Sé un donador considerado e informado. Pregúntate cuáles causas son más importantes para ti y cuáles obras de caridad son más afines a tus intereses y simpatías. Después, calcula cuánto dinero puedes donar y conviértelo en una parte de tu presupuesto. De esta manera, no sólo será más probable que materialices tus buenas intenciones, sino que cuando algún operador de telemercadeo te llame durante el almuerzo para pedirte una contribución para alguna obra de caridad, podrás finalizar la conversación con toda educación y veracidad al explicarle que tú ya tienes un presupuesto para obras de caridad y que ellos no forman parte de él.

Cuando algún operador de telemercadeo te llame durante el almuerzo para pedirte una contribución para alguna obra de caridad, explícale que tú ya tienes un presupuesto para obras de caridad y que ellos no forman parte de él.

Investiga

Antes de comenzar a elaborar cheques para una obra de caridad en específico (sin importar lo valiosa que parezca), debes investigar un poco acerca de cómo administra sus finanzas. Una norma común en el mundo no lucrativo es que no más de 30 por ciento del dinero que recolecta una obra de caridad debe destinarse a costos administrativos y gastos de recolección de fondos, lo cual significa que al menos 70 por ciento de cada donación debe destinarse al apoyo de la causa misma (tanto si es alimentar niños hambrientos en África como comprar libros para las bibliotecas del centro de la ciudad).

Internet hace más fácil la búsqueda de esta información. Existen numerosas organizaciones calificadoras con páginas web que proporcionan información abundante acerca de cómo recolectan y gastan el dinero casi todas las organizaciones de caridad principales e incontables organizaciones menores.

Tres de las mejores fuentes de información son:

Better Business Bureau´s Wise Giving Alliance
4200 Wilson Boulevard, Suite 800
Arlington, VA 22203
(703) 276-0100
www.give.org

American Institute of Philanthropy
P.O. Box 578460
Chicago, IL 60657
(773) 529-2300
www.charitywatch.org

GuideStar
4801 Courthouse Street, Suite 220
Williamsburg, VA 23188
(757) 229-4631
www.guidestar.org

Si ninguna de estas organizaciones puede proporcionarte información acerca de la obra de caridad de tu elección (o la información que tienen está incompleta), revisa con la agencia gubernamental responsable del registro de obras de caridad en tu estado. Puedes encontrar una lista completa de éstas en la página web de la Wise Giving Alliance del Better Business Bureau en la dirección electrónica **www.give.org**. (Haz clic en "Resource Library", despues en "Helpful Resources for Donors").

También podrías solicitar a la obra de caridad misma una copia del formulario 990 del IRS. Éste es un documento fiscal que todas las obras de caridad deben presentar, excepto las más pequeñas (aquellas con menos de $25.000 en utilidades anuales). En términos generales, este documento proporciona un panorama de la salud financiera de la organización.

Desde luego, las declaraciones financieras pueden ser difíciles de interpretar y las cifras pueden ser manipuladas. Entonces, en lugar de confiar sólo en la documentación del IRS de un grupo al cual piensas apoyar, llámales de manera directa y solicita hablar con alguna persona de la oficina de desarrollo. Explícale que piensas hacer un donativo y después acribíllala a preguntas: ¿Cuál de sus programas es el que más dinero requiere? ¿Cómo evalúan la efectividad de sus programas? ¿Quién forma parte del comité? ¿Algún miembro del comité gana dinero a través de proporcionar servicios a la organización?

Si una organización no está dispuesta a hablar acerca de su declaración de misión, sus hábitos de gastos o su salud financiera, piénsalo dos veces antes de hacer un donativo. Tu disposición a dar dinero te otorga el derecho a formular preguntas y a recibir respuestas directas acerca de la salud de la organización.

Sé cauteloso con las solicitudes telefónicas

Debes ser particularmente escéptico con las solicitudes telefónicas. No temas preguntar a la persona que te llama acerca de su relación con la organización para la cual recauda fondos. No es poco común que los operadores de telemercadeo que llaman en nombre de las instituciones de caridad se embolsen hasta dos terceras partes de las donaciones que logran recaudar. Entonces, si sucede que el solicitante trabaja para una empresa de telemercadeo, pregunta cuál es el porcentaje de tu contribución que en realidad llegará a la organización de caridad. Si no te agrada la respuesta, o si se niegan a responderte, cuelga el teléfono. (Si la causa que representan resulta ser una que tú deseas apoyar, siempre puedes contactar a la organización de forma directa y solicitar información acerca de cómo puedes hacer tu contribución sin pasar por un intermediario).

No es poco común que los operadores de telemercadeo que llaman en nombre de las instituciones de caridad se embolsen hasta dos terceras partes de las donaciones que logran recaudar.

Aprovecha las ventajas fiscales, aunque no todo es deducible

La gente te dirá que la gran ventaja de las contribuciones a las obras de caridad es que te permiten hacer un bien y reducir tu factura de impuestos sobre ingresos al mismo tiempo. Pero no te engañes: no todos los donativos a obras de caridad son deducibles de impuestos.

Tal vez le diste dinero a un amigo pobre en una institución de beneficencia o a alguna de esas organizaciones policiales que te llaman para solicitar fondos. Tal vez donaste a una campaña política o gastaste $50 en boletos para una rifa del programa extra escolar de tu hijo. Éstas son causas valiosas, pero no representan disminución alguna ante el IRS. A menos que el destinatario esté registrado como organización pública de caridad y sea reconocida en términos oficiales como organización 501(c)(3), tu contribución no es deducible de impuestos. (Y que no te confundan las organizaciones que se describen a sí mismas como exentas de impuestos. Lo que esto significa es que éstas no tienen que pagar impuestos; no necesariamente significa que las contribuciones a su favor sean deducibles de impuestos).

Entonces, si tu meta en las donaciones a las obras de caridad es, al menos en parte, una deducción de impuestos, asegúrate de que el destinatario de tu donativo sea una organización 501(c)(3). Y si no quieres tener problemas con el IRS, asegúrate de restar de tu deducción el valor de todos los bienes o servicios que recibiste a cambio de tu contribución.

Por ejemplo, digamos que recibiste una copia del último disco compacto de tu banda favorita como premio por contribuir a una jornada de recaudación de fondos de la estación de radio de tu localidad. Tienes que restar el costo del disco compacto. O digamos que gastaste $100 en boletos para una cena de gala de caridad; si la comida y el entretenimiento costaron $30, puedes declarar sólo $70 en la deducción de tus impuestos.

¿Cómo sabes cuánto debes restar? La organización de caridad debe proporcionarte una carta en la cual te informe el valor de los bienes o servicios que pudiste recibir en relación con tu contribución. Si no es así, solicítala.

Sé cuidadoso al hacer donaciones en especie

Desde luego, el dinero no es lo único que puedes donar a una obra de caridad. También puedes donar autos y lanchas, bienes domésticos y ropa, acciones y bonos, fondos mutuos y lo que se te ocurra. Si tiene valor, es probable que alguna organización de caridad esté feliz de aceptarlo.

La deducción del valor de las contribuciones en especie puede ser confusa. Si tú eres una de esas personas que piensa que donar cachivaches viejos es una manera excelente de limpiar tu ático y disminuir tu factura de impuestos al mismo tiempo, piénsalo de nuevo. En años recientes, el IRS ha hecho más rígidas las regulaciones para donativos en especie a obras de caridad.

Para empezar, los bienes donados deben ser valuados no al valor que tú crees que tienen, sino a un valor justo de mercado, que es el precio que un vendedor podría obtener de un comprador.

Para acciones, fondos mutuos y otros instrumentos financieros, esto es un poco más claro. Tienes derecho a deducir 100 por ciento de cualquiera que sea la cantidad que valga el instrumento financiero en el mercado el día en que realices la donación. Éste puede ser un excelente negocio en términos fiscales si donas una inversión a largo plazo que valga mucho más de lo que pagaste por ella al principio. Al transferir el instrumento financiero a la organización de caridad de manera directa (a diferencia de venderla y donar las utilidades), evitas tener que pagar impuestos por cualquier utilidad sobre el capital; por tanto, puedes deducir el valor total de mercado del instrumento financiero en tu declaración de impuestos.

Los beneficios son un poco menos generosos cuando donas artículos de tu propiedad, como aparatos, libros o ropa. Los artículos que valen más de $500 deben ser valuados por un profesional. El cálculo del valor justo de mercado de artículos cuyo valor sea menor a $500 es tu responsabilidad, y no puedes decir que tu viejo televisor o tu vieja raqueta de tenis valen lo que te costarían si los compraras nuevos; ni siquiera lo que pagaste por ellos en un principio. El IRS sugiere utilizar los precios de las tiendas de artículos usados o de las tiendas de consignación como parámetro para saber cuánto vale en realidad el artículo que vas a donar. Otra fuente aceptable de precios para artículos usados es eBay. También puedes encontrar una guía de valuación para ropa y muchos artículos domésticos en la página web del Ejército de Salvación (**www.salvationarmyusa.org**).

El IRS es especialmente estricto en lo que se refiere a donaciones de ropa y artículos domésticos. Sin importar su valor sentimental y con el fin de que sean deducibles de impuestos, las prendas de vestir y los artículos domésticos deben estar en buenas condiciones o mejores.

El gobierno también ha fragmentado la deducción que puedes hacer por donar un auto viejo. Hasta el año 2005 tenías permitido deducir el valor total indicado por el Kelly Blue Book o la NADA Guide por cualquier vehículo que donaras a una institución de caridad registrada. Ahora puedes deducir sólo el monto que la organización recibe siempre y cuando venda el vehículo donado, el cual por lo regular es un poco menor al precio "oficial". Existen tres excepciones: puedes deducir el precio total del Blue Book o de la NADA Guide si donas tu auto a una organización de caridad que (1) no pretenda venderlo; (2) pretenda arreglarlo antes de venderlo o (3) pretenda vendérselo a una persona necesitada con un descuento.

Si no estás seguro de las normas, visita la página web del IRS (**www.irs .gov**) y baja la Publication 526, "Charitable Giving". Sin importar lo que hagas, asegúrate de mantener buenos registros de todo. El IRS solicita un recibo o un talón de cheque por cada donación, no importa lo modesta que sea la cantidad. Entonces, cuando entregues dinero, intenta pagar con un cheque o con tarjeta de crédito. El dinero en efectivo no sólo es difícil de detectar, sino que es muy fácil que termine en el bolsillo de la persona equivocada.

Qué hacer si algo sale mal

Por lo que se refiere al apoyo a las instituciones de caridad, no puedes permitirte bajar la guardia. Es triste pero existen estafadores allá afuera ansiosos por aprovecharse de aquellos de nosotros que queremos hacer un cambio y apoyar a una causa. Por tanto, sé escéptico si recibes una llamada telefónica o un mensaje por correo electrónico que no solicitaste de una organización que te pide dinero o de un individuo que dice ser una víctima, en especial en fechas cercanas a los días festivos o después de un desastre mayor. Por lo menos, nunca proporciones información bancaria o de tu tarjeta de crédito a menos que estés totalmente seguro de que el solicitante es legítimo.

Si tienes cualquier sospecha que el solicitante finge ser un representante de una institución de caridad reconocida, como el Ejército de Salvación, United Way o la Cruz Roja, debes contactar a la organización de forma directa. Ellos verificarán la afiliación del solicitante y atenderán cualquier queja que puedas tener acerca de su comportamiento o, en su defecto, realizarán las acciones apropiadas para aclarar el engaño.

Si sospechas que un solicitante te llama de una organización inexistente, debes contactar a alguna agencia de las fuerzas de la ley, como la policía local, el Federal Bureau of Investigation (**www.fbi.gov**) o el U.S. Postal Inspection Service (**postalinspectors.uspis.gov/**).

Las quejas relacionadas con el comportamiento o las prácticas administrativas de las organizaciones de caridad existentes deberán dirigirse a la Federal Trade Commission en Washington, D.C. Puedes contactar a la FTC a través de su página web para fraudes de organizaciones de caridad (**www.ftc .gov/charityfraud**). También debes notificarlo a la Wise Giving Alliance del Better Business Bureau a través de su página web de quejas: **www.give.org/ inquire/complaint.asp**.

Pasos de acción para luchar por tu dinero

☐ Sé proactivo. Decide cuáles son los temas más importantes para ti y cuánto dinero puedes donar, después visita una página web de calificación de instituciones de caridad y averigua cuáles de las organizaciones que trabajan con esos temas son las más estables a nivel financiero.

☐ Si obtener una deducción de impuestos es importante para ti, asegúrate de donar a una institución pública de caridad, conocida como organización 501(c)(3).

☐ Cumple las reglas para valuar donaciones en especie cuando las deduzcas de tus impuestos.

☐ Si sospechas un fraude en una institución de caridad, repórtalo.

Televisión y teléfono

Televisión por cable y satélite

El servicio de televisión por cable es una burla. Una noche cualquiera, puedes contar con 150 canales para elegir y, en su mayoría, no hay nada en ellos que valga la pena ver. (¿Sólo soy yo o tú sientes lo mismo?). Una de las primeras cosas que hago cuando preparo una renovación monetaria para un programa de televisión es averiguar cuánto dinero gasta una familia en televisión por cable. En mi experiencia, con frecuencia son más de $100 al mes. Cien dólares al mes equivalen a $1.200 al año. ¿Sabes lo que esto significa? Si calculas los impuestos que tienes que pagar, ¡tienes que ganar alrededor de $2.500 por año para pagar el costo de recibir 150 canales de televisión que no ves! Existen familias ahora mismo en Estados Unidos que literalmente trabajan un mes completo al año sólo para pagar las facturas del servicio de televisión por cable.

Existen familias ahora mismo en Estados Unidos que literalmente trabajan un mes completo al año sólo para pagar las facturas del servicio de televisión por cable.

La buena noticia, supongo, es que si en verdad te encanta la televisión, ahora cuentas con muchas opciones para elegir y muchas más maneras para obtenerlas.

¿Qué es lo que en realidad ves? ¿Y lo que en verdad necesitas?

Para una nación de espectadores del televisor, la explosión de canales disponibles a través de la televisión por cable y por satélite en los años recientes puede parecer una gran cosa. Para algunas personas lo es, pero, para la mayoría de nosotros, es un robo enorme.

No me refiero a los programas malos. Eso es una cuestión de gustos. Si no te gusta lo que hay, no tienes que verlo y, en definitiva, no tienes que gastar $100 al mes por el servicio de televisión por cable o satelital. No obstante, si hay programas que te agradan, es muy probable que seas víctima de un robo. Esto se debe a que, con el fin de recibir los programas que los transmiten, también tendrás que suscribirte a docenas de otros canales que quizá no te interese ver, si no es que a cientos de ellos.

Como sabe la mayoría de los suscriptores a los servicios de televisión por cable o satelital, en realidad no puedes elegir los canales que recibes. Tienes que ordenarlos en bloques (o "rangos", como algunas empresas los llaman), que comienzan con una alineación básica de entre cincuenta y setenta y cinco canales. Por tanto, si sólo te interesa CNN y Weather Channel, es una lástima porque de cualquier manera recibirás también ESPN, MTV, Comedy Central y Lifetime.

De acuerdo con una encuesta de Nielsen Co., el hogar promedio de Estados Unidos recibe 104 canales de televisión, pero sólo ve alrededor de quince de ellos con cierta regularidad. ¿Qué es lo terrible de recibir canales que no ves? Bueno, nada en realidad, *excepto que pagas por ellos*. En general, algunos expertos calculan que los consumidores gastamos hasta $6 mil millones por año más de lo que deberíamos gastar a causa de los canales que no queremos y a los cuales no nos suscribiríamos si pudiéramos elegir una selección de canales "a la carta".

Esto no significa que debas arrojar por la ventana tu receptor de televisión por cable o satelital, pero no te engañes con la idea de que has comprado una oferta de ninguna de las empresas de televisión por cable o satelital.

Cómo luchar por tu dinero

En general, la falta de un precio a la carta es un robo, pero no hay duda alguna en que los consumidores nos hemos beneficiado de la amarga competencia entre los dos sistemas. A pesar de que los precios aún son relativamente altos (las tarifas del servicio de televisión por cable casi se han duplicado desde que el Congreso eliminó las regulaciones al respecto a mediados de los años noventa), ya no se incrementan como solían hacerlo. La variedad y calidad de los servicios que puedes obtener, desde la programación de alta definición hasta *video on demand* o las grabadoras digitales integradas, no es menos que sorprendente.

Pareciera como si cualquier persona que tiene un televisor contara con un servicio por cable o satelital, pero el hecho es que alrededor de 15 millones de hogares estadounidenses aún reciben la señal de televisión a la antigua: con una antena aérea. Pero son una especie en extinción. Casi 65 millones de televisores domésticos del total de 110 millones reciben servicio de televisión por cable, mientras alrededor de treinta millones de hogares están suscritos a uno de los dos servicios de satélite de la nación como *direct satellite broadcast* (DBA, por sus siglas en inglés), DirecTV y EcoStar´s Dish Network. Y a partir del año 2008, la novedad en el negocio del video, la competencia de las redes de fibra óptica construidas en su mayor parte por Verizon y AT&T, ha captado alrededor de medio millón de suscriptores.

Si tienes la fortuna de vivir en esas áreas donde el servicio de fibra óptica ya está disponible, es probable que debas considerarlo con seriedad porque su banda ancha les proporciona la capacidad de ofrecer una calidad de imagen superior, más servicios interactivos (como *video on demand*) y más canales de alta definición que la televisión por cable o por satélite. El problema es que faltan años antes de que este sistema esté disponible en todas partes o incluso en la mayoría de ellas.* Entonces, al menos por el momento, la decisión real para la mayoría de nosotros se encuentra entre el servicio por cable o por satélite.

He aquí las ventajas y las desventajas.

Cable

Ventajas: Simplicidad, economía, versatilidad. No necesitas comprar ningún equipo (excepto el televisor) y si estás dispuesto a renunciar a todos los canales *premium* y de alta definición, puedes obtener un servicio básico por sólo $30 al mes. Con un receptor digital (el cual te costará más o menos $10 adicionales al mes), puedes suscribirte a todo tipo de

---

*Al momento de escribir este libro, el servicio de televisión a través de fibra óptica de Verizon, FiOS, está disponible sólo en partes de California, Delaware, Florida, Maryland, Massachusetts, Nueva Jersey, Nueva York, Pennsylvania, Texas y Virginia, mientras puedes recibir el servicio U-verse de AT&T en sólo 21 ciudades de California, Connecticut, Indiana, Kansas, Michigan, Texas y Wisconsin.

programación *premium* más costosa, como HBO y Showtime, así como *video on demand* y paquetes elaborados de alta definición.

Desventajas: Falta de competencia. Más del 98 por ciento de todas las comunidades con instalaciones para recibir servicios de televisión por cable son atendidas por un solo proveedor. Entonces, si quieres televisión por cable, pero no te agrada la empresa que ostenta la franquicia en tu área, lástima por ti. Ésta puede ser la razón por la cual los problemas de atención a clientes (como esperar días para que el sujeto de la empresa aparezca) son legendarios. Además, la televisión por cable no está disponible en algunas áreas rurales.

Satélite

Ventajas: Altas calificaciones de satisfacción de los clientes, quizá porque, sin importar dónde te encuentres, tienes la opción entre Direct TV y Dish. Ofertas de fenomenales deportes (por ejemplo, NFL Sunday Ticket SuperFan de DirecTV ofrece más de 200 juegos por temporada por alrededor de $350). Docenas de canales de alta definición (Dish tiene 150; DirecTV tiene 130).

Desventajas: Costos iniciales sustanciales para comprar o arrendar el equipo y pagar por la instalación, incluso alrededor de $250 para una antena de alta definición y hasta $750 para una instalación de DVR de alta definición (aunque los reembolsos pueden reducir o eliminar muchos de estos costos). Canales de transmisión local no siempre disponibles y no hay un verdadero servicio de *video on demand* (porque los sistemas satelitales no son interactivos como el cable digital). También necesitas poder montar una antena de dieciocho pulgadas en tu casa con vista sin obstrucciones hacia el sur; incluso con ello, tu señal puede verse perjudicada por el mal tiempo. (Los costos iniciales no son un problema si vives en un complejo de departamentos o en un condominio que ya cuente con la instalación de la antena. Sin embargo, la mayoría de las empresas te cobrarán una "tarifa de activación").

No caigas en pánico; en realidad sólo hay tres empresas para elegir

Dados todos los paquetes de deportes, películas y alta definición que ofrecen las empresas de servicios de televisión por cable y por satélite, por no mencionar los incontables reembolsos, créditos y diferentes tipos de compromisos contractuales, la elección de un proveedor puede parecer un asunto muy complicado. Lo que debes recordar es que en realidad sólo cuentas con tres opciones: las empresas que ostenten la franquicia local de televisión por cable, DirecTV o Dish. Y si has decidido que prefieres televisión por cable en lugar de satelital, sólo tienes una opción.

Lo anterior no significa que estés a su merced. De hecho, lo opuesto es verdadero. La competencia entre los proveedores de servicios de televisión por cable y por satélite es tan intensa, y están tan preocupados por el desafío que representan las nuevas redes de fibra óptica, que por lo general están dispuestos a negociar. Esto es particularmente cierto en lo que se refiere a impedir que los clientes actuales se marchen. Por tanto, si en la actualidad cuentas con el servicio de televisión por cable, no temas llamar a la empresa y decir que consideras la posibilidad de cambiar a televisión por satélite. Quizá te ofrezcan reducir tus tarifas con el fin de conservarte como cliente.

Negocia, negocia, negocia

En mi experiencia, casi no existe nada más sencillo que reducir tu factura de servicios de televisión por cable o por satélite. Por lo regular, puedes lograrlo con una sola llamada telefónica. Esto se debe a que es casi seguro que lo que pagas ahora sea más de lo que pagaría un cliente nuevo por el mismo servicio si lo contratara y aprovechara las ventajas de las abundantes ofertas espe-

¡Él luchó por su dinero!

Trabajé en una renovación monetaria con una pareja en un programa de televisión y lo primero que hicimos fue justo eso. Pagaban casi $80 al mes por el servicio de televisión por cable; es decir, más de $1.000 al año. El esposo insistía en que necesitaba ESPN. Yo lo convencí de que no lo necesitaba y de que podía ahorrarse $500 al año si vivía sin ese canal. Después llamamos a la empresa de servicios de televisión por cable y solicitamos un mejor paquete. Con sólo eliminar el canal de deportes, su factura disminuyó a la mitad. Tiempo después le pedí al esposo que llamara una vez más y le dijera a la empresa de servicios de televisión por cable que había recibido un cupón de una empresa de televisión satelital que le ofrecía un servicio introductorio por $19,95 al mes durante seis meses. Adivina lo que sucedió. Su empresa de televisión por cable igualó la oferta y agregó ESPN sin costo, ¡con un ahorro total de casi $400!

ciales para clientes nuevos que a menudo ofrecen las empresas de servicios de televisión por cable o por satélite.

Casi no existe nada más sencillo que reducir tu factura de servicios de televisión por cable o por satélite.

Por tanto, abre todo el correo basura que recibas esta semana y ve lo que se ofrece en tu área. Revisa también tu periódico y navega en la red. La competencia entre los proveedores de servicios de televisión por cable y por satélite es brutal y su disposición a cerrar negocios es especialmente intensa en áreas donde está disponible el nuevo servicio de fibra óptica. Aprovecha la situación. Llama a tu empresa de servicios de televisión por cable y negocia tu facturación. Si no cooperan contigo, amenaza con cancelar el servicio. Si esto no funciona, entonces CAMBIA DE SERVICIO con el fin de obtener un trato más conveniente para ti.

¡No pagues los controles remotos que no utilices!

En la actualidad, muchas personas tienen controles remotos universales. Si tú eres una de esas personas, piensa en devolver los controles remotos que proporciona la empresa de servicios de televisión por cable. Recuerda que te cobran $2 ó $3 al mes por cada uno de ellos. ¿Por qué pagar por algo que no necesitas? (Sólo asegúrate de que eliminen el cargo por los controles remotos de tu factura).

Qué hacer si algo sale mal

El primer lugar al cual debes acudir si tienes un problema con el servicio o con la facturación de tu proveedor de televisión por cable es la empresa misma. Llama al número telefónico de servicio a clientes que aparece en tu factura y averigua si puedes resolverlo con ellos.

Un detalle que debes tener presente cuando trates con los empleados del centro de atención telefónica es que con frecuencia se espera que atiendan todas las llamadas de quejas que reciban en un tiempo determinado o, de lo contrario, se verán en dificultades. Como resultado, se sabe que hacen promesas que no son verdaderas o incluso le cuelgan el teléfono a un cliente que no aceptará un "no" como respuesta. De hecho, a menudo estos representantes de servicio a clientes no cuentan con la autoridad para resolver tu problema en primera instancia; sus instrucciones son dar excusas y hasta mentir.

Entonces, cuando llames, no pierdas tu tiempo con la persona que levanta el teléfono; en lugar de ello, solicita hablar con un supervisor.

Si no puedes resolver tu problema con la empresa, debes presentar una queja ante tu gobierno local. Por lo general, las empresas de servicios de televisión por cable operan bajo franquicias otorgadas por las municipalidades locales, y cada una de las que cuenta con una franquicia de servicios de televisión por cable designa a uno de sus funcionarios para atender las quejas de los residentes. La información de contacto de este funcionario debe aparecer en tu factura de servicio. Si no puedes encontrarla, llama al ayuntamiento o a la corte del condado y pregunta a quién ha designado tu gobierno local para atender este tipo de asuntos. Puede ser el regente de la ciudad o un funcionario de obras públicas.

Si tu problema implica un servicio deficiente (en contraposición a un error en la facturación), también debes presentar tu inconformidad ante la Federal Communications Commission (FCC, por sus siglas en inglés) y motivar a otros clientes a hacer lo mismo. Si suficientes personas presentan quejas similares, la agencia iniciará una investigación. Puedes presentar tu queja en línea a través de la página web de la FCC: **esupport.fcc.gov/complaints .htm**. También puedes contactar a la FCC a través de su número telefónico gratuito 888-CALL-FCC (888-225-5322) o escribir a:

Federal Communications Commission
Consumer & Governmental Affairs Bureau
Consumer Inquiries and Complaints Division
455 12th Street, SW
Washington, DC 20554

Además, debes contactar a la oficina local del Better Business Bureau (**www.bbb.org**) así como a la agencia de protección al consumidor de la localidad o a la oficina del fiscal general de tu estado. Puedes encontrar una lista completa de las oficinas de los fiscales generales en la página web de la National Association of Attorneys General: **www.naag.org/attorneys_ general.php**.

Las indicaciones son las mismas si tienes problemas con DirecTV o Dish, excepto que no tiene sentido presentar una queja ante el gobierno local dado que las empresas de servicios de televisión satelital no operan bajo franquicias locales.

Pasos de acción para luchar por tu dinero

☐ Pregúntate: ¿puedes vivir con menos canales?

☐ Reúne todas las promociones que puedas encontrar de los servicios de la competencia en tu área; es decir, revisa tu correo y tu periódico y navega en la red. Después, saca tu última factura y llama a tu proveedor actual.

☐ Revisa tu servicio actual con tu proveedor, pregunta sobre otros paquetes que te resulten más convenientes y después compara las ofertas de sus competidores.

☐ ¡Negocia! Infórmale a tu proveedor actual que cambiarás a la competencia si no están dispuestos a ofrecerte un mejor acuerdo.

Planes de telefonía celular

Recuerdo el primer teléfono celular de mi amigo David. David tuvo uno en 1985 y, cuando lo llevamos a un restaurante, cada una de las personas presentes nos miró. Ni hablar de que el teléfono era grande como un ladrillo: era portátil y nadie más tenía uno todavía.

Adelantémonos al día de hoy. Ahora existen 3,3 mil millones de teléfonos celulares, es decir, suficientes para la mitad de las personas que habitan este planeta. Nunca en la historia un aparato tecnológico se había convertido en una parte tan esencial en nuestras vidas. Mientras escribo este libro durante el verano del 2008, existen más de 262 millones de suscriptores a la telefonía inalámbrica en Estados Unidos; es decir, 86 por ciento de la población, que habla a través de sus teléfonos celulares un promedio de veintitrés minutos al día.

En general, los estadounidenses invierten cerca de $150 mil millones al año en servicios de telefonía inalámbrica. La factura promedio cobra $48,54 por mes. Esta cifra quizá no parezca tan elevada, pero es mucho más alta de lo necesario. ¿Por qué? Porque la mayoría de nosotros tenemos el plan de telefonía celular equivocado, razón por la cual terminamos por comprar más minutos de los que en realidad necesitamos. De hecho, a pesar de que las cantidades fiables son difíciles de dilucidar, algunos expertos estiman que el usuario promedio de un teléfono celular desperdicia 40 por ciento de los minutos de su plan.

¿Por qué lo hacemos? Bueno, a pesar de que todos dependemos de los teléfonos celulares para mantener nuestra vida en orden, el hecho es que la mayoría de nosotros odiamos la idea de llamar a nuestro proveedor de telefonía celular e indagar cuál es el plan de facturación que más nos conviene. Y por una buena causa. Los cinco principales proveedores de telefonía celular (Alltel, AT&T, Sprint, T-Mobile y Verizon) ofrecen un conjunto de características, servicios y planes de precios tan confusos que con frecuencia resulta difícil decidir quién ofrece el mejor acuerdo.

La buena noticia es que, después de años de un crecimiento fenomenal (la población de teléfonos celulares creció alrededor de 700 por ciento entre los años 1995 y 2007), estamos por llegar al punto en el cual casi todas las personas que desean un teléfono celular ya lo tienen. Como resultado, el número de nuevos clientes que contrata servicios de telefonía celular en Estados Unidos por fin parece haber encontrado su nivel de equilibrio.

¿Por qué es ésta una buena noticia? Porque con el mercado de nuevos usuarios de teléfonos celulares saturado, la única manera que tiene una empresa de telefonía celular de continuar creciendo es robarle el negocio a sus competidores. Como dijo un experto en mercadotecnia al *USA Today*: "Cuando los operadores no tienen otra opción salvo robarse clientes entre sí, su inclinación natural es afilar sus lápices y hacer la mejor oferta posible".

En otras palabras, si sabes lo que debes buscar, éste es el mejor momento para analizar el mercado en busca de un buen plan de telefonía celular. ¡Con sólo ahorrar $10 al mes en un plan puedes ahorrarte $120 este mismo año! Y si tienes una familia y entre todos ahorran $30 al mes, son $360 de ahorro en un año. Es probable que puedas lograrlo en una hora con sólo un poco de investigación y negociación con tu proveedor actual.

Cómo luchar por tu dinero

La clave para obtener un buen plan de telefonía celular es saber para qué lo necesitas en realidad. Pregúntate lo siguiente:

- ¿El celular es vital para ti o sólo lo requieres para emergencias?

- ¿Llamas a todo tipo de personas o casi siempre a las mismas, una y otra vez?

- ¿Son locales la mayoría de tus llamadas o tienes amigos o familiares en un lugar distinto del país y los llamas con frecuencia?

- ¿Eres un soltero de veintitantos años que envía mensajes de texto tanto como habla o tienes una familia (y, por tanto, necesitas varios teléfonos)?

• ¿Viajas a menudo fuera del país o permaneces cerca de casa?

Tus respuestas a éstas y otras preguntas similares acerca de tu manera de utilizar tu teléfono celular determinarán cuál de los incontables planes de servicio que existen es el adecuado para ti. Un buen plan satisface tus necesidades. Uno malo te obliga a cambiar tu comportamiento con el fin de ahorrar o evitar penalizaciones. Ésta es la manera de determinar cuál es cuál.

No compres un plan mayor del que necesitas

Existen tres tipos de usuarios de teléfonos celulares. Los usuarios de bajo volumen por lo general usan sus teléfonos celulares sólo para emergencias o para dárselos a sus hijos y que éstos puedan llamar si tienen algún problema. Por lo general, utilizan sus teléfonos celulares menos de 300 minutos al mes. Los usuarios de volumen medio, quienes utilizan sus teléfonos celulares para mantenerse en contacto con amigos y familiares, pero no invierten la mitad de sus vidas en hablar a través de ellos, se encuentran en el rango de 300 a 1.000 minutos por mes. También existen los usuarios de volumen alto, quienes superan los 1.000 minutos al mes y cuyos teléfonos están prácticamente adheridos a sus cabezas.

Si dudas, elige el plan menor.

La clave para obtener un buen acuerdo con un plan de telefonía celular es nunca comprar un plan mayor al que necesitas. La mayoría de la gente se preocupa demasiado por las tarifas adicionales que tendrá que pagar si supera el límite de su plan. Es verdad que la mayoría de los proveedores te cobrará hasta 45 centavos por minuto por cualquier uso adicional a lo que está incluido en tu plan. Sin embargo, éste es un problema menor comparado con verte atrapado en un plan que es más grande de lo que necesitas. Si descubres que utilizas más minutos de lo permitido por tu plan, la mayoría de los proveedores estará feliz de autorizarte un cambio a un plan mayor; sin embargo, quizá no te permitan cambiar a un plan menor si sucede lo opuesto. Por tanto, sé conservador. Si dudas, elige el plan menor.

Si eres un usuario de bajo volumen, elige el plan básico por sólo $10 al mes

Si eres un usuario de bajo volumen quizá debas contratar uno de los planes básicos que ofrecen los proveedores principales. Por $30 ó $40 al mes, la mayoría de los grandes proveedores de telefonía celular te ofrecerá al menos 300 minutos sin cargos por larga distancia o *roaming* más un teléfono gratis. Si esto es demasiado, puedes conseguir un servicio muy accesible de un proveedor especializado como Great Call. Por sólo $10 al mes, el súper simple teléfono Jitterbug de Great Call (diseñado para usuarios de edad avanzada) no incluye minutos, pero te permite realizar llamadas de emergencia sin costo; las llamadas que no son de emergencia cuestan 35 centavos el minuto. (Visita la página web **www.jitterbug.com** para recibir más información).

Quizá también debas considerar un plan prepagado, en el cual pagas por adelantado y sólo te cobran el tiempo que utilizas el teléfono (con frecuencia a sólo 10 centavos por minuto). Verizon tiene un plan prepagado que cobra sólo dos centavos por minuto, aunque también te cobra una tarifa de acceso por cada día que utilizas el teléfono. Los planes prepagados también son convenientes si tu crédito es malo o si tienes hijos adolescentes a quienes deseas limitar el uso del teléfono celular. Todos los proveedores principales los ofrecen. Quizá no necesitas un teléfono. ¡Tal vez con una tarjeta telefónica es suficiente!

Para los usuarios de volumen medio existen muchos planes recomendables que ofrecen hasta 1.000 minutos por entre $40 y $80 al mes, mientras los usuarios de volumen alto pueden obtener llamadas domésticas ilimitadas (esto es, tantas llamadas como desees, por el tiempo que desees, en cualquier parte de Estados Unidos) por $100 al mes. Ten presente que estas cantidades cubren sólo llamadas regulares por teléfono celular. Los demás servicios, como los mensajes de texto o el envío de fotografías y videos, tienen un costo adicional.

Piensa a quién llamas

La mayoría de la gente tiende a hacer la mayoría de sus llamadas al mismo pequeño grupo de números telefónicos: su casa, su oficina, su cónyuge o pareja, sus mejores amigos, etc. Si éste es tu caso, quizá debas considerar un plan como My Circle de Alltel o myFaves de T-Mobile, los cuales te permiten realizar llamadas ilimitadas a varios números telefónicos específicos que tú eliges de antemano. (Alltel te permite elegir hasta veinte números; T-Mobile los limita a sólo cinco). En muchos casos, esta característica puede hacer posible que un usuario de volumen alto utilice un plan menos costoso de volumen medio sin rebasar el límite mensual de uso.

Piensa adónde llamarás

Todos los proveedores principales destinan la mayoría de sus esfuerzos de mercadotecnia a introducir planes de llamadas que te permiten hablar a cualquier parte de Estados Unidos sin incurrir en cargos por larga distancia o *roaming*. Por lo general, son planes magníficos si realizas un número aceptable de llamadas de larga distancia, pero, si no es así, quizá debas considerar la posibilidad de contratar un plan local o regional en el cual, a cambio de aceptar pagar un cargo adicional por larga distancia, obtienes tarifas muy baratas para llamadas en tu ciudad o región. (Los planes locales por lo general cubren una sola área metropolitana, mientras los planes regionales pueden incluir varios estados).

En términos básicos, mientras más pequeña sea tu área de cobertura, menos dinero te costará tu plan, pero más tendrás que pagar por llamadas a otras áreas. Por ejemplo, el plan básico nacional de T-Mobile te ofrece 1.000 minutos por $49,95 mensuales y su plan regional te ofrece 3.000 minutos por el mismo precio, aunque las llamadas desde fuera de la región o a un número telefónico externo a la misma te costarán 49 centavos por minuto. De igual manera, por $39,99 puedes contratar un plan nacional de Alltel que incluye 500 minutos o uno regional que te ofrece 700 minutos.

En el extremo opuesto del espectro, si viajas fuera del país con mucha frecuencia o si realizas muchas llamadas a otros países, quizá debas elegir un proveedor con buenas capacidades para llamadas internacionales. En términos ideales, desearás un proveedor que emplee tecnología Global System for Mobile (GSM), de manera que sus teléfonos puedan ser utilizados fuera de Estados Unidos, es decir, AT&T o T-Mobile (Alltel, Sprint y Verizon utilizan lo que se conoce como tecnología CDMA —*code división multiple access*— la cual es muy eficiente, pero no es compatible con las redes celulares en la mayoría de los demás países).

No olvides el costo de las funciones sin voz

Lo curioso de los teléfonos celulares es que las conversaciones telefónicas son uno de los usos menos importantes. Si no enviamos mensajes de texto o fotografías a nuestros amigos, utilizamos nuestros teléfonos para acceder a nuestras páginas web favoritas, para jugar o para escuchar música. Por desgracia, es fácil olvidar que ninguna de estas funciones es gratis. Entonces, si crees que utilizarás cualquiera de estas funciones sin voz, y es probable que así sea, asegúrate de contratar un plan que las incluya. Los mensajes de texto pueden costarte hasta 15 centavos por mensaje si tu plan no los incluye, y sólo un centavo si están incluidos.

Antes de elegir a un proveedor, revisa su cobertura

¡Ubicación, ubicación, ubicación!

Así como en los bienes raíces, la ubicación es de vital importancia en lo que se refiere al servicio de telefonía celular. A pesar de que los principales proveedores proporcionan lo que se describe como servicio nacional, la cobertura que ofrecen varía de forma considerable de una región a otra. En algunos sitios no existe. Por tanto, antes de elegir a un proveedor, debes averiguar el tipo de cobertura territorial que tienen en áreas que son importantes para ti, como tu casa o departamento, tu vecindario, tu lugar de trabajo y los lugares que visitas con frecuencia.

Todos los proveedores principales muestran mapas de cobertura en sus páginas web, pero tómalos con cierta reserva. Los mapas de los proveedores tienden a ser muy generales y no siempre muestran las zonas muertas aleatorias que nos vuelven locos a la mayoría de los usuarios. Entonces, siempre verifica con vecinos y amigos su experiencia y visita páginas web independientes como **www.deadcellzones.com** y **www.cellreception.com**, donde puedes seleccionar tu dirección o código postal y consultar reportes sobre el tipo de cobertura que en realidad recibirás.

Si tienes familia, contrata un plan familiar

Todos los proveedores principales de telefonía celular ofrecen planes familiares donde mamá, papá y los chicos tienen teléfonos separados con números telefónicos independientes, pero comparten el mismo conjunto de minutos mensuales. La ventaja es que, bajo el plan familiar, las líneas separadas te cuestan mucho menos que si cada quién tuviera una cuenta individual. Si tienes familia, o si por cualquier otro motivo necesitas más de un teléfono celular, la contratación de un plan familiar es más sencilla que cualquier otra opción que encuentres en el universo celular.

Más barato por docena

Dos números celulares por separado:	$79,98 al mes
Dos números en un plan familiar:	$69,99 al mes
Tú ahorras:	**$9,99 al mes**
Tres números celulares por separado:	$119,97 al mes
Tres números en un plan familiar:	$79,98 al mes
Tú ahorras:	$39,99 al mes

Elige tu proveedor antes de elegir tu teléfono

Cada proveedor de telefonía celular tiene un conjunto específico de teléfonos celulares que funcionan con su red. Entonces, ¿eliges un teléfono y luego averiguas cuál proveedor lo soporta? ¿O eliges al proveedor y luego averiguas cuáles teléfonos acepta? Si reflexionas al respecto durante un minuto, te darás cuenta de que el mejor teléfono del mundo no vale tanto si tu proveedor tiene una cobertura inestable y un servicio al cliente mediocre. En otras palabras, la gallina en este problema del huevo y la gallina es el proveedor. Por tanto, asegúrate de encontrar a un buen proveedor de telefonía celular antes de preocuparte por si tu teléfono estará precargado con una cantidad suficiente de tonos geniales de llamada.

Comparación de los "cinco grandes"

Los cinco proveedores principales de telefonía celular en Estados Unidos (que pronto serán cuatro si la propuesta de fusión entre Verizon y Alltel es aprobada por las autoridades regulatorias) ofrecen menús similares para planes individuales, familiares, básicos y *premium* a casi los mismos precios. El diablo, como siempre, se encuentra en los detalles. Cada uno tiene fortalezas y debilidades que debes considerar al decidir a cuál empresa elegirás.

En resumen, éstas son las comparaciones.

Alltel (**www.alltel.com**; (800) 255-8351). A pesar de que es probable que su disponibilidad sea la menos amplia entre los proveedores principales, Alltel obtiene altas calificaciones en conectividad y servicio al cliente. Quizá porque su cobertura es tan buena, otorga créditos automáticos a los clientes por llamadas cortadas. Su plan My Circle, que permite llamadas ilimitadas sin costo hasta a veinte números telefónicos designados (pertenezcan o no a la red Alltel) es la mejor oferta de este tipo en el negocio de la telefonía celular.

AT&T (**www.wireless.att.com**; (888) 333-6651). Como resultado de su fusión con Cingular, AT&T es ahora la empresa de telefonía celular más grande del país. Pero mayor no siempre equivale a mejor. A pesar de que AT&T es el proveedor exclusivo para el tan deseado iPhone, su servicio al cliente es considerado mediocre y su cobertura está por debajo del promedio, en especial en el Oeste. En su lado positivo, es el único proveedor que ofrece lo que se conoce como Minutos Rollover, lo cual te permite acumular minutos no utilizados de un mes a otro hasta un total de doce periodos de facturación. Los padres también apreciarán su plan Smart Limits, el cual te permite controlar el uso del teléfono celular de tus hijos.

Sprint (**www.sprint.com**; (866) 866-7509). Tanto *Consumer Reports* como J.D. Power and Associates califican la cobertura de Sprint y la calidad de las llamadas como inferiores al promedio casi en toda la nación. Su servicio al cliente también obtiene calificaciones bajas. (En una temible indicación de cómo atiende a sus clientes, Sprint canceló a 1.000 suscriptores en el 2007 porque se quejaban demasiado). Dicho lo anterior, es fuerte en servicios de datos, como mensajes de texto y video móvil, además de que sus precios son competitivos. Por ejemplo, Sprint ofrece llamadas ilimitadas por la noche y durante los fines de semana como los demás proveedores, pero sus "noches" comienzan a las 7 p.m., es decir, dos horas antes que los demás.

T-Mobile (**www.t-mobile.com**;(800) T-MOBILE). En especial para los usuarios de volumen alto, T-Mobile cuenta con la mejor estructura tarifaria de todos los grandes proveedores, con la mayor cantidad de minutos libres por tu dinero. También tiene los costos más bajos por acceso a Internet y por envíos de fotografías y videos. Su plan myFaves, el cual te permite realizar llamadas ilimitadas a cinco números telefónicos en Estados Unidos, puede no ser tan extenso como el plan My Circle de Alltel, pero no hay nadie más en el juego. Su servicio a clientes es de primer nivel. La mayor debilidad de T-Mobile es su cobertura, que puede ser inestable en algunas partes de Nueva York, Georgia, California y Oregon.

Verizon (**www.verizonwireless.com**; (800) 256-4646). La mayoría de la gente concuerda en que Verizon cuenta con la mejor calidad de llamadas entre los principales proveedores, con menos llamadas cortadas y saturaciones de circuitos. Además de su confiabilidad, ofrece un excelente servicio al cliente. Por otra parte, sus precios tienden a ser más altos que los de la competencia y en muchas áreas del país su cobertura "nacional" depende de lo que se conoce como "servicio extendido"; lo cual significa que tienes que pagar costos de *roaming*.

Siempre solicita un periodo de prueba

Dado que es tan difícil liberarte de un contrato de telefonía celular y que existen tantas variables involucradas en el servicio, siempre es buena idea solicitar un periodo de prueba para ensayar el servicio. En realidad, no existe sustituto para la experiencia en el mundo real en lo que se refiere a saber si podrás hablar con tus hijos en la escuela, con tu cónyuge en casa y con tus amigos y colegas dondequiera que se encuentren. AT&T, Sprint y Verizon ofrecen periodos de prueba de treinta días, después de los cuales, si no estás satisfecho con el servicio, puedes devolver el teléfono y liberarte del contrato sin tener que pagar una cuota por terminación anticipada. Si el proveedor hacia el cual te inclinas no te ofrece algún tipo de prueba, averigua si puedes contratar un servicio de mes por mes; es decir, sin tener que comprometerte a uno o dos años de servicio.

Quizá no tengas que firmar un contrato

Al leer los anuncios de los proveedores de servicios de telefonía celular y al visitar sus páginas web, pensarías que la única manera de obtener un teléfono y un plan decentes de telefonía celular es firmar un contrato que te comprometa a recibir al menos dos años de servicio. De hecho, la mayoría de los proveedores te ofrecerá un plan mensual de servicio sin un compromiso a largo plazo, siempre y cuando estés dispuesto a renunciar a algunas de las funciones más atractivas, como teléfonos gratuitos y servicios especiales de datos. Si no te agrada la idea de pagar el precio completo de un teléfono (el cual, según el modelo, puede ascender a varios cientos de dólares), pregunta si puedes firmar un contrato por un año en lugar de dos. Tendrás que pagar una parte del costo del teléfono (por lo regular entre $50 y $100), pero la flexibilidad que obtienes los vale.

De lo que debes cuidarte

Tarifas por terminación anticipada

Además de las llamadas cortadas, nada enfurece más a los clientes de los servicios de telefonía celular que las tarifas por terminación anticipada que los proveedores te obligan a pagar si quieres liberarte de tu contrato antes de la fecha de vencimiento. Con penalizaciones de hasta $200 por línea telefónica, no es sorprendente que en una encuesta realizada por *Consumer Reports,* uno de cada siete suscriptores de servicio de telefonía celular dijo que, si no fuera por las tarifas por terminación anticipada, hubieran dejado a su actual proveedor mucho tiempo atrás.

Cada vez que tu proveedor agrega un nuevo cargo a tu plan, tú tienes el derecho de cancelar tu contrato sin penalización en el transcurso de catorce días.

Antes se acostumbraba que te cobraran la tarifa completa por terminación anticipada sin importar si cancelabas el contrato al principio de su vigencia o un día antes de su vencimiento. Sin embargo, como consecuencia de una serie de demandas masivas contra varios de los principales proveedores, todos éstos comenzaron a prorratear sus tarifas; lo cual significa que, mientras más avanzado está el periodo del contrato, menor es la tarifa.

Desde luego, lo anterior no ofrece mucha ayuda si tú deseas cancelar el servicio al principio de la vigencia de tu contrato, pero existen maneras de liberarte de un contrato de telefonía celular sin pagar una tarifa por terminación anticipada.

En primer lugar, los contratos de casi todos los proveedores incluyen lo que se conoce como cláusula de "cambio material adverso". En términos simples, esto significa que cada vez que tu proveedor agrega un nuevo cargo a tu plan (lo cual sucede todo el tiempo), tú tienes el derecho de cancelar tu contrato sin penalización en el transcurso de catorce días. Como es obvio, los proveedores lo saben e interpretan la cláusula de forma tan estricta como es posible. Entonces, si tú intentas tomar este camino, asegúrate de cumplir con las provisiones del contrato. Es probable que la empresa intente rebatirte, pero se trata de una discusión que tienes muchas probabilidades de ganar.

Otra manera de evitar la tarifa por terminación es transferir tu contrato de telefonía celular a otra persona. Todos los proveedores principales permiten a sus clientes hacerlo, aunque sus reglas de cómo debe hacerse difieren un poco. Encontrar a alguien que quiera tomar tu contrato es más sencillo de lo que podrías pensar. Por una tarifa de alrededor de $20, sitios como CellSwapper (**www.cellswapper.com**) y Celltrade (**www.cell tradeusa.com**) te pondrán en contacto con clientes que están ansiosos por tener una cuenta de telefonía celular sin tener que pagar una cuota de activación.

Extensiones obligatorias de contrato

Los grandes proveedores de servicios de telefonía celular solían ser famosos por extender los contratos de servicio (a menudo sin la notificación apropiada) cada vez que un cliente solicitaba un cambio en su plan de servicios y, en algunos casos extremos, incluso cuando sólo llamaban al servicio al cliente para solicitar baterías nuevas o para presentar una queja. Este asombroso comportamiento provocó investigaciones por fraude en varios estados, de las cuales se derivó el hecho de que las principales empresas han dejado de tramitar extensiones de contratos por cambios en los planes. No obstante, esto no significa que puedas bajar la guardia.

Una vez que termina tu contrato inicial, eres libre de continuar con el servicio de mes a mes. Sin embargo, las empresas harán todo lo posible por lograr que firmes un nuevo contrato. Su táctica principal es intentar atraparte al ofrecerte un nuevo teléfono celular "gratuito" o atractivos servicios de datos. Ocultas en las letras pequeñas que acompañan a estas ofertas existen provisiones que dicen que tu contrato se extenderá en automático si aceptas el trato. Por tanto, sé escéptico con las promociones. Si te agrada tu proveedor y no te importa que tu contrato sea extendido, entonces por favor aprovecha las ofertas, pero asegúrate de saber qué es lo que aceptas cuando firmes cualquiera de esos acuerdos "gratuitos".

Seguro telefónico innecesario

Los teléfonos celulares podrán ser gratuitos, pero no son baratos. Como resultado, muchos clientes sienten la tentación de comprar un seguro telefónico que todos los proveedores principales ofrecen. Ésta es una tentación a la cual debes resistirte. Esto se debe a que, a menos que presentes un reclamo dentro de los primeros meses, lo más probable es que esas pólizas te cuesten dinero en lugar de ahorrártelo. El problema es que por lo general las primas suman alrededor de $60 al año, mientras el deducible puede llegar a costar hasta $100. Entonces, si pierdes o descompones tu teléfono después de tener la póliza durante un año, deberás pagar alrededor de $160, cantidad muy similar a la que tendrías que gastar por un teléfono nuevo si no tuvieras seguro.

Lo que significa "llamadas nacionales ilimitadas"

Uno de los más atractivos desarrollos en los precios de la telefonía celular en años recientes es la amplia disponibilidad de planes de llamadas nacionales que te permiten llamar "a todo el país" sin incurrir en cargos por *roaming*. Sin embargo, no todos los planes "nacionales" son iguales.

El problema es que no todo el mundo define la palabra "nacional" de la misma manera. Mientras tú piensas que "nacional" se refiere a cualquier parte en el país, algunos proveedores definen "nacional" como cualquier parte dentro de su red. Entonces, antes de que comiences a viajar con tu teléfono, confirma con tu proveedor para asegurarte de que tu definición de "nacional" coincide con la suya. De otra manera, incluso si nunca sales de nuestro querido país, podrías encontrar algunos odiosos cargos por *roaming* en tu siguiente factura si realizaste una llamada desde alguna parte externa al área de cobertura de tu proveedor.

Cargos por *roaming*

Los cargos por *roaming* (debidos a llamadas desde el exterior del país) pueden representar un gran problema si viajas fuera del país con tus teléfonos celulares. Las llamadas realizadas en otros países bien pueden costarte hasta más de $1 por minuto. Entonces, antes de viajar a otro país, debes llamar a tu proveedor y averiguar los costos e indagar si cuentan con un plan de llamadas desde el extranjero que puedas contratar. En muchos casos, puedes agregar este servicio sólo durante el tiempo que estarás de viaje.

▶ Qué hacer si algo sale mal

En términos básicos existen dos tipos de problemas con los proveedores de servicio de telefonía celular: problemas con los contratos y problemas con el servicio. Tu primera parada en caso de que se presente cualquiera de los dos tipos de problemas debe ser con el mismo proveedor. Llama a su número telefónico de servicio al cliente o visita alguna de sus tiendas. Si no puedes resolver el problema, deberás presentar una queja ante el gobierno.

Los problemas relacionados con un contrato de telefonía celular, digamos, tarifas por terminación anticipada o extensiones obligatorias, corresponden a los reguladores de servicios de tu estado y a la rama de protección al consumidor de la oficina del fiscal general de tu estado. Puedes encontrar información de contacto para cada regulador estatal de servicios en la página web de la National Association of Regulatory Utility Commisioners: **www .naruc.org/commissions.cfm**. También puedes encontrar una lista completa de las oficinas de los fiscales generales en la página de la National Association of Attorneys General: **www.naag.org/attorneys_general.php**.

Si tienes un problema con el servicio, digamos, un problema con la manera del proveedor de atender tus llamadas o con el costo que te cobran por ciertos servicios, debes presentar una queja ante la Federal Communications Commission. Puedes presentar una queja en línea a través de la página web de la FCC en la dirección **www.fcc.gov/cgb/complaints.html** o llamar a su número telefónico gratuito (888) TELL-FCC (888-835-5322). También puedes escribir a la oficina de consumidores de la FCC en:

Federal Communications Commission
Consumer & Governmental Affairs Bureau
Consumer Inquiries and Complaints Division
445 12th Street, SW
Washington, DC 20554

Si envías una carta a la FCC, tu queja debe incluir lo siguiente:

- Tu nombre, dirección, dirección postal y número telefónico donde puedan localizarte.

- Todos los teléfonos y números de cuenta que sean objeto de tu inconformidad.

- Los nombres y números telefónicos de todas las empresas involucradas en tu queja.

- La cantidad o cualesquiera cargos en disputa, si los pagaste, si recibiste un reembolso o ajuste a tu factura y la cantidad de cualquier ajuste o reembolso que hayas recibido.

- Los detalles de tu inconformidad, incluso cualquier información adicional relevante.

Si pierdes o te roban tu teléfono celular: diez pasos para protegerte

Hace poco vi un reportaje televisivo que me motivó a escribir un artículo entero acerca de lo que debes hacer si pierdes o te roban tu teléfono celular. Si te sucede, podrías verte atrapado por una *enorme* factura de cargos no autorizados, a menos que sepas cómo contraatacar. Considera lo que le sucedió a Wendy, residente de San Francisco quien recibió una factura por $26.000 después de que su teléfono celular, sin que ella lo supiera, fuera robado antes de que partiera a unas vacaciones en el extranjero. Cingular la hizo responsable por cargos incurridos desde que el teléfono fue robado hasta que Wendy descubrió el robo y llamó al proveedor de servicios de telefonía celular.

Wendy pudo probar, con los documentos de la aerolínea y su pasaporte, que se encontraba fuera del país y que no era posible que realizara las llamadas no autorizadas desde San Francisco durante ese tiempo, pero Cingular insistió en hacerla responsable de todos los cargos. No sólo eso, sino que le dijeron que si no podía pagar la factura ¡debía considerar la posibilidad de declararse en bancarrota!

¿Puede esto ser legal?

Si excavas en todas las letras pequeñas de tu contrato de telefonía celular, lo más probable es que descubras una declaración que dice más o menos así: "Si su teléfono celular se pierde o se lo roban, usted es responsable de todos los costos causados por llamadas no autorizadas realizadas antes de reportar la desaparición del teléfono".

A diferencia de las tarjetas de crédito, los contratos de telefonía celular no están sujetos a responsabilidad limitada por cargos fraudulentos. Sin embargo, también es importante considerar que la extensión de tu responsabilidad, según se establece en el contrato, es la política de tu proveedor; es decir, no es una ley.

Las leyes que otorgan a los consumidores el derecho de disputar cargos no autorizados varían de un estado a otro. En estados donde las leyes existen, no son tan convenientes, porque no existe una sola agencia independiente establecida para revisar evidencias, hacer cumplir las leyes y proporcionar una solución oportuna.

¿Por qué? Todo se reduce al dinero. En California, por ejemplo, las cuantiosas contribuciones financieras que hace la industria inalámbrica al gobierno estatal le dan gran influencia a la industria de las telecomunicaciones sobre entidades como la Public Utilities Commission. En efecto, esta situación permite a la industria inalámbrica establecer sus propias reglas.

Evitar y responder a un robo

¿Estamos a merced de una industria no regulada que está libre de consecuencias y penalizaciones? No si aprendemos a defendernos.

El año pasado, alrededor de 600.000 teléfonos celulares fueron reportados perdidos o robados. He aquí las diez cosas que necesitas saber para protegerte contra el robo de teléfonos celulares y contra los cargos fraudulentos:

1. **Resguarda tu teléfono celular como lo harías con tu billetera.**

   Sí, éste es un consejo obvio, pero, si somos francos, la mejor manera de no verte atrapado por cargos fraudulentos es hacer lo posible por impedir las llamadas no autorizadas.

   De igual manera, piensa dos veces en cuanto a la información que guardas en tu aparato. Un teléfono celular robado puede provocar no sólo una factura muy costosa, sino también robo de identidad.

2. **Protege tu aparato con contraseñas.**

   Revisa el manual del usuario que te entregaron con tu teléfono y comienza a utilizar la función de "seguro" o "contraseña" para impedir que un ladrón potencial realice llamadas no autorizadas. Existen maneras de desarticular contraseñas, pero al menos podrás contar con un poco de tiempo hasta que descubras la pérdida y llames a tu proveedor.

3. **Que no te engañen con el seguro para teléfonos celulares.**

   La compra de un seguro para un teléfono celular te proporcionará cobertura para el aparato en sí mismo, pero no te protegerá contra cargos por llamadas no autorizadas.

4. **Llama a tu proveedor de servicios de telefonía celular tan pronto descubras la pérdida.**

   Reporta el aparato desaparecido y asegúrate de mantener registros meticulosos, incluso la fecha y hora cuando llamaste a tu proveedor, el nombre y número de identificación del representante con quien hablaste y lo que te dijo.

   También anota el estado o región del centro de servicio, además del número de la extensión telefónica. Finalmente, solicita que te confirmen por escrito que tu aparato ha sido deshabilitado. Algunas empresas, incluso, pueden enviarte esta confirmación por correo electrónico.

5. **Tramita una denuncia policíaca.**

   Esto quizá no incremente tus probabilidades de recuperar tu teléfono robado, pero representa un registro oficial del crimen. Tu proveedor puede solicitarte el número de denuncia policíaca cuando llames para reportar la pérdida.

6. **Abre una investigación con tu proveedor si es necesario.**

   Si descubres que no obtienes una solución inmediata, no pierdas otro minuto. Llama a tu proveedor y solicita una investigación; después, dale seguimiento por escrito. Por lo general, la solicitud de una investigación te da más probabilidades de impedir cualesquiera acciones formales de cobranzas en tu contra y también puede retrasar el reporte a cualquiera de los burós de crédito.

Cuando solicites una investigación, infórmale a tu proveedor que presentarás una queja ante la Federal Communications Commission (FCC, por sus siglas en inglés), la oficina del fiscal general de tu estado y la comisión de servicios públicos (Public Utility Commission-PUC) de tu estado. Es más probable que tu proveedor te preste más atención cuando sepa que eres un consumidor informado.

7. **Contacta a la FCC.**

La FCC enviará tu queja a tu proveedor de servicios de telefonía celular y solicitará una respuesta de éste en un plazo de treinta días. Puedes contactarlos a través de su página web o llamarles directamente al número telefónico (888) 225-5322.

8. **Contacta a la oficina del fiscal general de tu estado.**

De acuerdo con ConsumersUnion.org, las oficinas de los fiscales generales estatales atenderán quejas por fraudes de telefonía celular y disputas por contratos. Han presentado demandas contra empresas inalámbricas basadas en quejas de clientes, que han resultado en reembolsos y acuerdos de ciertas empresas de reformar determinadas prácticas.

Busca la información de contacto de la oficina del fiscal general de tu estado en **naag.org**.

9. **Contacta a la PUC de tu estado.**

Cada estado tiene una agencia gubernamental, por lo regular conocida como Comisión de servicios públicos (Public Utility Commission, PUC, por sus siglas en inglés), que supervisa a las compañías telefónicas. Para localizar en línea a la PUC de tu estado y presentar una queja, visita la página web de la National Association of Regulatory Utility Commissioners: **www.naruc.org/**.

10. **Cuando todo lo demás falle, contacta a los medios de comunicación.**

Las empresas inalámbricas son particularmente adversas a la atención negativa de los medios; por tanto, hasta que no se promulguen leyes efectivas, quizá debas contactar a la estación de televisión de tu localidad.

En el caso de Wendy, eso fue justo lo que ella hizo y su historia tiene un final feliz. Después de muchos meses de persistente determinación y seguimiento, todos los cargos fraudulentos fueron cancelados. Tal parece que, después de todo, la industria inalámbrica desea hacer lo correcto, siempre y cuando se vea obligada a ello por los medios.

En última instancia, *5 Consumer Watch* de CBS desempeñó una función crucial en la solución del problema. Pero no caigas en la tentación de omitir los pasos 7 al 9. La FCC, las oficinas de los fiscales generales y las PUC necesitan ver cuán serio es este problema; por tanto, las quejas formales cumplen un propósito importante.

Pasos de acción para luchar por tu dinero

☐ Decide el tamaño del plan que es adecuado para ti (y tu familia), después compara entre los principales proveedores. Sé conservador. Si dudas, elige el plan menor.

☐ Considera un plan prepagado si eres un usuario de volumen bajo, tienes mal crédito o tienes hijos que necesitan teléfonos para emergencias.

☐ Si no realizas muchas llamadas telefónicas de larga distancia, opta por un plan regional o local, el cual puede brindarte más minutos por menos dinero.

☐ Revisa el área de cobertura antes de decidirte por un proveedor.

☐ Elige a tu proveedor y después elige tu teléfono.

☐ Solicita un periodo de prueba. Ésta es una manera grandiosa de asegurarte de que el plan y el teléfono te convienen antes de firmar en la línea punteada.

☐ Si realizas cualquier cambio en tu servicio, asegúrate de que tu contrato no sea extendido sin tu conocimiento.

☐ Si pierdes tu teléfono o te lo roban, contacta a tu proveedor de inmediato.

Servicio telefónico residencial

S i sólo nos basamos en los números, deshacerte de tu teléfono fijo puede parecer muy sencillo. Después de todo, la mayoría de nosotros ya contamos con un teléfono celular; entonces, ¿para qué pagar una teléfono fijo también? Su cancelación puede ahorrarte $50 al mes, lo cual suma de inmediato $600 al año de regreso a tu bolsillo.

Por desgracia, no es tan simple. Los teléfonos fijos son convenientes y muchas personas viven en lugares donde la recepción en su teléfono celular no es tan buena. Yo vivo en la ciudad de Nueva York, la cual debe ser una de las mejores áreas en cuanto a servicio de telefonía celular en el mundo, pero mi teléfono celular no funciona en mi edificio. Por tanto, tengo una teléfono fijo.

El hecho es que, en nuestro mundo inalámbrico, millones de hogares aún dependen de teléfonos fijos, donde las señales viajan desde una central de intercambio a lo largo de cables de cobre que se cuelan a nuestros dormitorios y cocinas, y se conectan a nuestros aparatos telefónicos.

Si esto te parece anticuado es porque así es. El número de suscriptores a teléfonos fijos en Estados Unidos llegó a un poco menos de 188 millones y ha declinado a partir de entonces. A principios del año 2004, el número de suscriptores a la telefonía celular rebasó a gran velocidad el número de personas con teléfonos fijos. Para el año 2006, el año más reciente cuyas cifras están disponibles, había un poco más de 140 millones de números telefónicos fijos en Estados Unidos. En la actualidad es probable que el número de teléfonos celulares supere a los teléfonos fijos por un margen de dos a una.

Sin embargo, a pesar de no ser el recurso primario que solía ser, los teléfonos fijos forman parte de nuestras vidas y para muchos de nosotros no desaparecerá. En primer lugar, con frecuencia es más barato que el servicio inalámbrico. En segundo lugar, los teléfonos regulares por lo general son más cómodos de usar que los aparatos celulares, en especial para llamadas largas. Y dado que cuentan con su propio suministro de energía (que viene incluido en las líneas telefónicas), los teléfonos fijos no son tan vulnerables a los cortes de energía como los sistemas computacionales o las torres celulares.

Una característica que los teléfonos fijos tienen en común con sus contrapartes inalámbricas es el conjunto confuso de opciones con las que cuentas cuando eliges a un proveedor del servicio. Hace mucho tiempo, la compañía telefónica era un monopolio. En definitiva, esta situación tenía sus desventajas, pero hacía que el proceso de selección fuera muy simple. Ahora, después de treinta años de falta de reglamentación, literalmente existen miles de compañías telefónicas en pugna por tus contratos de servicio local y de larga distancia. El truco es descubrir cuál de ellas es la adecuada para ti.

Cómo luchar por tu dinero

Para contratar el servicio telefónico en estos días, necesitas elegir un proveedor local para el servicio telefónico local y otro proveedor para el servicio de llamadas de larga distancia. Puedes usar a la misma empresa para ambos servicios o empresas distintas para cada uno. Incluso, si contratas compañías distintas, puedes solicitar que te incluyan los cargos por telefonía local y por larga distancia en una sola factura (la que emite tu proveedor de llamadas locales). Sin embargo, dado que los proveedores están autorizados a cobrar una tarifa de "facturación única" por esta comodidad, los consumidores sagaces que utilizan diferentes proveedores para sus llamadas locales y de larga distancia solicitan a su proveedor de llamadas de larga distancia que les facture por separado.

Los consumidores sagaces solicitan a su proveedor de llamadas de larga distancia que les facture por separado.

En cierto sentido, la elección de tus empresas telefónicas para llamadas locales y de larga distancia no es muy distinta de elegir a un proveedor de servicios de telefonía celular. Tu decisión deberá basarse en el tipo de consumidor telefónico que eres. Si realizas muchas llamadas locales o utilizas un servicio de Internet vía telefónica, debes buscar un plan de "tarifa plana" que te proporcione llamadas locales ilimitadas. Por otra parte, si no realizas muchas llamadas locales, debes optar por un plan de "servicio medido", en el cual sólo pagas las llamadas que realices. Lo mismo sucede con tu elección de compañía telefónica para llamadas de larga distancia. Calcula cuántos minutos es probable que necesites (saca algunas facturas viejas si no estás seguro) y busca un plan que te proporcione una tarifa baja. Una manera sencilla de hacerlo es llamar a tu proveedor y solicitarle que analice tu uso actual del servicio. Dile: "Busco ahorrar dinero. Con base en mi uso actual, ¿tengo el mejor plan? ¿Qué más puede ofrecerme?".

Incluso, si no estás en busca de un nuevo servicio, te recomiendo que ahora mismo (tan pronto como termines de leer este capítulo), analices tus planes actuales con ojos nuevos; en especial si los has tenido durante un tiempo. ¿En realidad, sabes cuánto dinero pagas por las llamadas locales y de larga distancia? Revisa algunas facturas recientes y saca tus cuentas. Si pagas más de 5 centavos por minuto por cualquier cosa, quizá debas pensar en cambiarte a un nuevo plan o a un nuevo proveedor.

No puedo enfatizar lo suficiente que la mejor manera de ahorrar dinero AHORA es llamar a tu proveedor actual y sólo pedir un mejor acuerdo. Pídeles que te hablen en detalle acerca de tu plan actual y presiónalos a buscar las ofertas especiales que tienen y cómo pueden ayudarte a ahorrar dinero al proporcionarte el mejor plan basado en tu uso actual del servicio. Ellos saben con exactitud cuántas llamadas realizas y saben que pueden ayudarte a ahorrar dinero. Confía en mí: ellos no te llamarán para darte ideas sobre cómo ahorrar dinero. Tú tienes que llamarles. (Se le llama *lucha por tu dinero*).

Si pagas más de 5 centavos por minuto por cualquier cosa, quizá debas pensar en cambiar.

La gran noticia es que los usuarios de los teléfonos fijos tienen una ventaja en estos días: opciones. De acuerdo con las últimas estadísticas de la FCC, existen más de 3.100 compañías de telefonía local y 1.600 proveedores de llamadas de larga distancia que compiten en el mercado el día de hoy. Las empresas gigantes como AT&T, Verizon y Qwest tienen en su poder la mayor porción del negocio, pero no siempre ofrecen los mejores acuerdos.

Para el servicio local, lo más conveniente es contratar al proveedor local

Por lo que se refiere al servicio local, cuatro de cada cinco clientes de telefonía residencial eligen a la compañía local establecida, la cual en la mayoría de los lugares en la actualidad es uno de los gigantes de las telecomunicaciones. Esto no es sorprendente dado que, además de brindar un servicio fiable, todas ofrecen una variedad de planes de llamadas locales, algunos mezclados con paquetes de larga distancia, algunos separados y otros que incluyen características especiales como llamada en espera, correo de voz e identificador de llamadas. Por lo general, debes poder obtener un servicio básico con llamadas locales ilimitadas de tu proveedor local por menos de $20 al mes.

No obstante, esto no significa que no debas revisar a la competencia. Una manera de encontrar alternativas potenciales es entrar a tu buscador favorito de Internet y teclear las palabras "local phone service" junto con el nombre de tu ciudad o pueblo. También puedes visitar una página web informativa como AllConnect (**www.allconnect.com**) o ConnectMyPhone (**www .connectmyphone.com**).

Lo que descubrirás es que algunas de estas empresas sólo reempacan y revenden el servicio de telefonía local, mientras otras ofrecen servicio telefónico de banda ancha, también conocido como VoIP; es decir, Voice Over Internet Protocol. (Más adelante encontrarás más información al respecto). En general, sus precios tienden a ser más bajos que el de los chicos grandes, pero no siempre ofrecen todas las características especiales que ofrecen las empresas grandes. Lo más preocupante es que muchos carecen de capacidades para la reparación y el mantenimiento.

Para llamadas de larga distancia, lo más conveniente es analizar el campo

La situación de las llamadas de larga distancia es un tanto distinta. Existen verdaderas ofertas disponibles de una amplia variedad de empresas con nombres que es probable que nunca hayas escuchado, como EGG, CogniState, Pioneer, Unitel y Total Call International. Lo que estas empresas hacen es comprar tiempo telefónico a los chicos grandes a tarifas de mayoreo y después revenderlo a ti y a mí a precios con descuento. Pueden hacerlo porque no invierten toneladas de dinero en campañas gigantescas de mercadotecnia (razón por la cual nunca has escuchado hablar de la mayoría de ellas) ni tienen que soportar enormes infraestructuras corporativas. Pero sus llamadas pasan por las mismas redes de fibra óptica que las de AT&T y Verizon; por tanto, el nivel de calidad que proporcionan es tan bueno como el de los gigantes.

Puedes averiguar cuál de estas empresas ofrece servicios en tu área y cuánto cuestan si visitas páginas web como LongDistanceSmart (**www .longdistancesmart.com**), PhoteRateFinder (**www.phoneratefinder.com**), Save OnPhone.com (**www.saveonphone.com**), Telcompare (**www.telcompare**

.com) y TollChaser (**www.tollchaser.com**). Muchas de estas empresas proporcionan servicio de larga distancia a menos de 4 centavos por minuto, sin las cuantiosas tarifas mensuales que cobran AT&T y Verizon.

Enfócate en el servicio que en verdad utilizas

La mayoría de los proveedores de telefonía de larga distancia enfatizan sus tarifas interestatales; es decir, las tarifas que cobran por conectar una llamada en un estado a un número telefónico en otro estado. Pero, ¿qué sucede si realizas muchas llamadas de larga distancia *dentro* de tu estado; digamos, de Los Ángeles a San Francisco o de Dallas a Houston? Sólo porque un plan particular incluya una tarifa interestatal baja no significa que su tarifa intraestatal también sea baja. El punto es que debes conocer las tarifas por los servicios que en realidad utilizas y no sólo los servicios que la empresa presume. Si uno de los servicios que tú utilizas mucho es hacer llamadas al extranjero, asegúrate de conseguir un plan de tarifa plana.

Siempre revisa tu factura y asegúrate de comprenderla

Mientras más complicada y confusa se vuelva tu factura telefónica, más tentador es pagar la maldita cosa sin intentar descubrir si es o no exacta. Éste es un error grave. Justo porque las facturas telefónicas se han vuelto tan complicadas, porque incluyen tantos cargos, tarifas y costos tan distintos, es muy probable que la compañía telefónica cometa algún error. También existe la posibilidad de que alguien intente engañarte de manera deliberada.

En especial si eres un cliente nuevo o si apenas cambiaste algún aspecto de tu servicio, debes asegurarte de que te cobren las tarifas que tú aceptaste por el servicio que contrataste. Entre las preguntas que debes hacerte se encuentran las siguientes:

- ¿Hay alguna empresa listada en mi factura cuyo nombre no reconozca?

- ¿Hay algún cargo por llamadas que no realicé o servicios que no autoricé?

- ¿Las tarifas y las características de la línea no son lo que la empresa me dijo que serían?

Si tu respuesta a cualquiera de estas preguntas es "sí", debes contactar a tu compañía telefónica de inmediato y exigir una explicación.

La alternativa VoIP

Una manera de ahorrar mucho dinero en el servicio telefónico residencial es no utilizar para nada las líneas telefónicas. En lugar de ello, puedes realizar tus llamadas telefónicas por Internet a través de lo que se conoce como Voice Over Internet Protocol o VoIP. Desde el punto de vista del usuario, el VoIP es casi idéntico al servicio telefónico regular. Los teléfonos son los mismos, la calidad de la voz es la misma y puedes contar con los mismos servicios especiales como identificador de llamadas, correo de voz y llamada en espera. Las empresas como Lingo, Packet8, VoIP.com y Vonage ofrecen servicio de llamadas locales y de larga distancia ilimitadas por alrededor de $25 al mes. Y la mayoría ofrece un servicio muy barato y, en algunos casos, gratuito, de llamadas internacionales.

Desde luego, hay un inconveniente. Con el fin de poder utilizar VoIP necesitas una conexión a Internet de alta velocidad y todo el equipo que se requiere para ello. Es probable que todo esto te cueste alrededor de $40 al mes, lo cual elimina al menos una parte de los ahorros (en especial si no realizas muchas llamadas). Más aún, no todos los proveedores de VoIP ofrecen un servicio completo para emergencias. Si hay cualquier problema con la electricidad o pierdes tu conexión a Internet, tu servicio telefónico también se caerá, razón por la cual tal vez sea buena idea conservar al menos un teléfono fijo básico, incluso si no lo utilizas mucho.

Y luego está Skype

Una alternativa aún más barata y cada vez más popular para el VoIP regular es Skype, un servicio telefónico por Internet que te permite hacer y recibir llamadas a través de tu computadora. (Muchas personas utilizan el micrófono integrado a sus computadoras y bocinas o unos audífonos especiales para Skype, pero también puedes comprar teléfonos regulares que funcionan con Skype). Una vez que has bajado el programa gratuito de la página de Skype (**www.skype.com**), puedes realizar llamadas ilimitadas a cualquier parte de Estados Unidos y Canadá por sólo $2.95 al mes. Más aún, por $9.95 al mes puedes hacer llamadas ilimitadas a treinta y cuatro países, incluso la mayor parte de Europa, Australia, Nueva Zelanda, Chile, China, Japón y Corea. Lo mejor es que las llamadas a cualquier suscriptor de Skype en cualquier parte del mundo son gratuitas.

Con Skype puedes realizar llamadas ilimitadas a cualquier parte de Estados Unidos y Canadá por sólo $2.95 al mes.

Skype no es el único servicio de este tipo. Vonage y Packet8 también ofrecen un servicio similar, pero cobran hasta $25 al mes por éste. Las desventajas son las mismas que con VoIP, además de que necesitas encender tu computadora y conectarla a Internet para poder hacer y recibir llamadas. Aún así, dado lo barato que es, si ya cuentas con una computadora y una conexión de banda ancha, Skype es mucho más conveniente que incluso el servicio telefónico fijo de larga distancia más barato.

De lo que debes cuidarte

Cambios no autorizados

Dada la intensa competencia entre las compañías telefónicas, tal vez no sea sorprendente que algunos operadores sin escrúpulos intenten aprovecharse del hecho de que la mayoría de los consumidores no se molestan en revisar sus facturas telefónicas. Lo que estos timadores hacen es cambiarte, sin tu consentimiento, del proveedor de telefonía local o de larga distancia que tú seleccionaste a otra compañía, por lo regular a la suya. Ellos dan por hecho que la mayoría de los clientes no se dará cuenta de que ahora le pagan a una empresa distinta y de que sus tarifas pueden haber aumentado un poco y, por tanto, nunca se quejarán.

Esta práctica se conoce como *slamming* o cambios no autorizados, y, en definitiva, es ilegal. La mejor manera de protegerte de ello es revisar tu factura telefónica cada mes. Si el nombre de tu compañía telefónica parece haber cambiado, llama al número telefónico que aparece en la factura y pregunta qué es lo que sucede.

Otra manera de protegerte es ser muy cuidadoso cuando hables con operadores de telemercadeo que te venden productos telefónicos, con los encuestadores telefónicos que te hacen preguntas acerca de tu servicio telefónico o con formatos de concursos que puedas recibir por correo. Con mucha frecuencia, las empresas que acostumbran este tipo de prácticas intentarán engañarte para que autorices un cambio de servicio sin que te percates de ello. Por tanto, sé cuidadoso con lo que dices por teléfono y lee las letras pequeñas antes de firmar tu aceptación a un concurso o plan. Para estar súper seguro, puedes solicitar a tus proveedores seleccionados que "congelen" tu cuenta, lo cual significa que no pueden permitir que tu servicio sea transferido a cualquier otra empresa sin una autorización verbal directa o por escrito de parte tuya.

Y si recibes una tarjeta por correo que te pida "verificar" un cambio que tú no autorizaste, no la ignores. En lugar de ello, llama a tu compañía telefónica de inmediato para informarle que no has autorizado ningún cambio en tu servicio. También debes contactar al emisor de la tarjeta e informarle lo mismo.

Si descubres que ya te han cambiado, llama a la empresa e infórmale que quieres que se te restablezca tu servicio original. También llama a tu empresa elegida e infórmale que quieres la reinstalación del mismo plan de llamadas que tenías antes del cambio. Insiste en que se borre de tu factura todo "cargo por cambio de proveedor", lo cual por lo general es obligatorio cuando un cliente cambia de empresa de servicios telefónicos.

Ten presente que NO tienes que pagarle a nadie, ni a tu compañía ni a la empresa que hizo el cambio, por un servicio hasta treinta días después de haber sido cambiado. Después de los treinta días iniciales, debes pagar a tu compañía autorizada por cualquier servicio que hayas recibido, pero a sus tarifas, no a las tarifas de la empresa que hizo el cambio ilegal.

Servicios adicionales no solicitados

Una estafa aún más extendida que el *slamming* es lo que se conoce como *cramming*, en el cual los timadores intentan agregar todo tipo de cargos no autorizados en tu factura de servicios telefónicos. Al igual que los cambios no autorizados de proveedor, las empresas que acostumbran esta práctica cuentan con el hecho de que las facturas de la actualidad son tan complicadas y confusas que tú no notarás un pequeño servicio agregado entre todos los demás cargos y tarifas legítimos.

Una señal de que puedes ser víctima del *cramming* es la aparición en tu factura de pequeños cargos (con frecuencia de $2 ó $3) con descripciones vagas como "tarifa por servicio", "plan de llamadas", "psíquicos" o "membresía". Si encuentras en tu factura cualquiera de estos cargos que no reconoces, llama de inmediato a la empresa que te factura, solicita una explicación y exige que tu facturación sea corregida. También llama a tu compañía telefónica y averigua el procedimiento para eliminar un cargo incorrecto de tu factura. Ten en cuenta que, incluso si autorizaste un servicio, se considera *cramming* si el proveedor no te informó su costo real. Una técnica típica de *cramming* es lograr que las víctimas autoricen un servicio que ellos hacen que crean que es gratuito.

Qué hacer si algo sale mal

El primer lugar adonde debes acudir si tienes problemas con cualquier aspecto de tu servicio telefónico doméstico es la empresa que te lo proporciona. Hay números telefónicos de servicio al cliente en todas las facturas que recibes de tus varios proveedores de servicios, así como información de contacto en las páginas web de las empresas.

Si no puedes resolver tu problema con la empresa de manera directa, existen numerosas agencias estatales y federales ante las cuales puedes presentar quejas. En términos básicos, la Federal Communication Commission atiende quejas relacionadas con servicios telefónicos interestatales o internacionales, mientras la comisión de servicios públicos de tu estado cubre asuntos relacionados con el servicio local (es decir, servicios telefónicos dentro de tu estado).

Problemas con llamadas de larga distancia e internacionales

Las quejas relacionadas con el servicio interestatal o internacional pueden presentarse por Internet a través del formato de quejas en línea de la FCC en **esupport.fcc.gov/complaints.htm**. También puedes llamar a su número telefónico gratuito 888-CALL-FCC (888-225-5322) o escribir a:

Federal Communications Commission
Consumer & Governmental Affairs Bureau
Consumer Inquiries and Complaints Division
445 12th Street, SW
Washington, DC 20554

La FCC recomienda que utilices el formato de queja en línea para asegurarse de obtener toda la información que necesitan. Si decides, en cambio, escribirles, asegúrate de que tu carta incluya lo siguiente:

- Tu nombre, dirección, dirección postal y número telefónico donde puedan localizarte.

- Todos los teléfonos y números de cuenta que sean objeto de tu inconformidad.

- Los nombres y números telefónicos de todas las empresas involucradas en tu queja.

- La cantidad o cualesquiera cargos en disputa, si los pagaste, si recibiste un reembolso o ajuste a tu factura y la cantidad de cualquier ajuste o reembolso que hayas recibido.

- Los detalles de tu inconformidad, incluso cualquier información adicional relevante.

Problemas con llamadas locales

Las quejas acerca del servicio de telefonía local deben dirigirse a la comisión de servicios públicos de tu estado. Puedes encontrar información de contacto para la comisión de servicios públicos de cada estado en la sección de gobierno de tu directorio telefónico local, en la página web de la FCC en **www.fcc.gov/wcb/iatd/state_puc.html** y la de la National Association of Regulatory Utility Commisioners en **www.naruc.org/commissions.cfm**.

Si tu queja implica prácticas fraudulentas o engañosas, contacta a la oficina del fiscal general de tu estado. Puedes encontrar una lista completa de las oficinas de los fiscales estatales generales en la página web de la National Association of Attorneys General en **www.naag.org/attorneys_general .php**.

Quejas por *slamming*

Si tienes quejas por *slamming*, el lugar adonde debes acudir en treinta y siete estados además del Distrito de Columbia y Puerto Rico es la comisión estatal de servicios públicos (puedes encontrar una lista de esos estados, junto con la información de contacto de sus comisiones respectivas, en **www.fcc.gov/ slamming**). Si no vives en esos estados, presenta tu queja ante la FCC. Una vez más, la FCC recomienda que utilices su formato de quejas en línea en **esupport.fcc.gov/complaints.htm**. También puedes enviar tu queja por correo electrónico a **slamming@fcc.gov** o escribir a:

Federal Communications Commission
Consumer & Governmental Affairs Bureau
ATTN: SLAM TEAM
Room CY-A257
445 12th Street, SW
Washington, DC 20554

Si envías una carta a la FCC, además de detallar la naturaleza de tu problema y proporcionar información de contacto de todas las partes involucradas, DEBES incluir una copia de todas las facturas objeto de tu queja. Debes marcar la copia para mostrar el nombre de la compañía telefónica no autorizada y el monto de los cargos en disputa.

Quejas por *cramming*

Si no puedes resolver un problema de *cramming* con la empresa que se supone que suministró los servicios no autorizados, y tu propia compañía telefónica no elimina los cargos de tu factura, debes presentar una queja ante las autoridades pertinentes. Si los cargos se relacionan con llamadas interestatales o internacionales, es la FCC. Si se refieren al servicio local, es la comisión de servicios públicos de tu estado. Si tu queja se relaciona con servicios no telefónicos en tu factura telefónica, debes contactar a la Federal Trade Commission a través de una llamada al número telefónico gratuito del Centro de Atención al Cliente: (877) 382-4357 o a través de su formato de quejas en línea en **www.FTCComplaintAssistant.gov**.

Pasos de acción para luchar por tu dinero

☐ Llama a tu proveedor para solicitar que analice tu uso actual y pedir que te ofrezcan un mejor acuerdo.

☐ Compara los servicios en línea, tanto para llamadas locales como para llamadas de larga distancia.

☐ Revisa tu factura cada mes, no sólo para detectar errores, sino también para evitar *slamming* y *cramming*.

☐ Considera los servicios VoIP o Skype, los cuales por lo regular te permitirán ahorrar mucho dinero; en especial si realizas muchas llamadas de larga distancia.

Planes de servicio en paquete

Si tu buzón es parecido al mío, últimamente se habrá llenado de materiales promocionales de tu empresa de televisión por cable, de tu compañía telefónica y de tu proveedor de Internet, todos los cuales intentan robarse el negocio unos a otros. Todos te proponen la misma idea: que recibas todos los servicios de telecomunicaciones (televisión, teléfono e Internet) de la misma empresa.

Éstos se conocen como paquetes y la teoría es que la recepción de los tres servicios juntos (un "juego triple" en la jerga de la industria) debe ser un mejor negocio para ti que contratarlos por separado. Lo cierto es que es un gran negocio para las empresas. De acuerdo con algunas proyecciones, para el año 2010 cerca de uno de cada tres hogares estadounidenses se suscribirá al menos a un servicio de juego triple y un número creciente de nosotros tendremos un juego cuádruple, el cual incluye el servicio de telefonía celular en la mezcla.

En general, se espera que para entonces los estadounidenses gastemos alrededor de $120 mil millones al año en paquetes de servicios.

Sin embargo, además de recibir una factura mensual en lugar de tres, ¿existen verdaderas ventajas en estos paquetes? Como de costumbre, la respuesta es: depende. Si eres un gran consumidor de servicios de telecomunicación, es decir, una persona que en general realiza llamadas a todo el país, acostumbra mirar muchos más canales de los incluidos en los paquetes básicos de televisión por cable y necesita la velocidad de la conexión a Internet de banda ancha, los paquetes pueden resultarte muy valiosos. No obstante, si no lo eres, es probable que no sea así.

Cómo luchar por tu dinero

Cuando era asesor financiero, solía persuadir a mis clientes de que diversificaran sus inversiones. "Recuerda lo que decía tu madre", les decía: "No pongas todos tus huevos en una sola canasta". Contratar paquetes es colocar todos tus huevos en una sola canasta, y en gran medida. Ya es bastante malo cuando falla el servicio de televisión por cable, pero, ¿cómo te sentirías si cada vez que eso sucediera, también perdieras tu conexión a Internet y tu servicio telefónico?

Una vez más, la mayoría de los proveedores ofrece llamadas ilimitadas a cualquier parte de Estados Unidos, 100 canales o más de televisión por cable digital y conexiones a Internet de alta velocidad y con banda ancha, todo por alrededor de $100 al mes (al menos durante los primeros meses). Si los contratas por separado, este tipo de servicios telefónicos, de televisión por cable y de Internet podrían costarte el doble de esa cantidad sin problema alguno. Por ejemplo, mi amigo Allan gasta más o menos $150 al mes por su servicio telefónico con Verizon, $175 al mes por el servicio de televisión por cable con Charter y $50 al mes por un servicio de Internet de alta velocidad de Earthlink, lo cual suma un total de $375 mensuales. Si recibiera todos estos servicios de Verizon, empresa que ofrece una amplia variedad de paquetes, le costarían sólo $250 por mes. Entonces, en su caso, la contratación de un paquete le ahorraría $1.500 por año. Incluso, si tú no eres un gran consumidor de telecomunicaciones como Allan, los paquetes podrían ayudarte a ahorrar algunos cientos de dólares por año.

Esto es lo que debes tener presente si has considerado la idea.

El precio lo es todo

Si no vas a ahorrar dinero como resultado de contratar un paquete, no existe motivo para hacerlo. Entonces, evalúa sobre bases reales tu uso actual del teléfono, de la televisión y de Internet. A menos que de verdad vayas a utilizar todos esos servicios que contratarás, ¿para qué molestarte? Por ejemplo, si vives en un departamento, tu edificio podría ofrecer servicio inalámbrico a una tarifa mucho menor de lo que pagarías si contrataras tu propio plan.

También debes asegurarte de saber con exactitud cuánto te costarán los servicios en paquete. No sólo el precio de lista sino el precio *total,* incluso impuestos y cargos adicionales, los cuales pueden sumar con facilidad hasta $15 ó $20 al mes a tu factura. ¿Hay tarifas adicionales por receptores de señal de televisión por cable, DVR, módems y controles remotos? (En términos básicos, la mayoría de las empresas de televisión por cable te alquilan todo el equipo requerido). ¿Habrá cuotas de instalación o de activación? ¿Incluirá tu primera factura un cargo por un mes adicional de servicio (dado que la mayoría de las empresas facturan por anticipado)? ¿Son negociables esos cargos? ¿La empresa prorratea esos cargos? ¿Tendrás que aceptar condiciones como los pagos automáticos de las facturas? ¿Estás de acuerdo con eso? Dado que el mercado de las telecomunicaciones es tan competitivo en estas épocas, en realidad cuentas con un gran poder de negociación. Si el vendedor no puede o no está dispuesto a decirte a cuánto ascenderá tu facturación mensual total, con todos los impuestos y tarifas, piénsalo muy bien antes de firmar.

> **Dado que el mercado de las telecomunicaciones es tan competitivo en estas épocas, en realidad cuentas con un gran poder de negociación.**

No confundas las tarifas introductorias con las tarifas reales

Es cierto que esas tarifas de $100 al mes suenan geniales, pero cuando lees las letras pequeñas por lo general descubres que sólo son válidas durante los primeros meses. Por tanto, asegúrate de saber cuánto tiempo durará esa tarifa introductoria y cuánto aumentará una vez que finalice el periodo inicial. Una buena manera de asegurarte de la transparencia antes de hacer el cambio, en especial si discutes el plan por teléfono con un representante de atención al cliente, es solicitar justo lo que hablaron por escrito, ya sea por correo electrónico o por carta.

> **No asumas que tienes que firmar un contrato.**

De esta manera, siempre tendrás un documento al cual referirte. Algunas empresas, como WOW y Time Warner, han ofrecido garantías de precios para clientes dispuestos a firmar contratos a largo plazo (por lo general por un mínimo de veinticuatro meses). Pero, ¿qué sucede si te mudas? ¿O si necesitas renunciar a uno de los tres servicios? ¿Y si tu situación cambia y ya no puedes pagar el cargo mensual? No asumas que tienes que firmar un contrato; quizá cuentes con más oportunidades para hacer cambios de las que crees. Sólo tienes que estar abierto a formular preguntas y a saber cuáles preguntar.

Averigua sobre los límites del servicio

Cuando las empresas de telecomunicaciones dicen que proporcionarán servicios ilimitados a sus clientes, por lo general se refieren a usuarios "normales". Los clientes que realizan un número inusual de llamadas telefónicas, o que por rutina bajan muchos archivos pesados, pueden encontrarse atrapados de pronto entre restricciones en sus privilegios de llamadas "ilimitadas" o en la velocidad para subir y bajar archivos por Internet. Entonces, si tú realizas muchas llamadas y bajas muchas películas por Internet, asegúrate de averiguar de antemano la política del proveedor relacionada con los límites de uso. Cualesquiera restricciones deben estar incluidas en tu contrato de manera prominente, pero, si no las ves, no asumas que estás a salvo: llama al centro de atención al cliente y pregunta.

Aférrate a tu viejo número telefónico

Por ley, la mayoría de las empresas deberán permitirte continuar utilizando tu viejo número telefónico cuando cambias a un nuevo servicio, incluso si sustituyes un teléfono fijo tradicional por un servicio VoIP (Voice Over Internet Protocol). No obstante, algunas empresas cobran una tarifa para transferir un número. Si tu proveedor lo hace, solicita que te prorratee el cargo. Es probable que acepte.

Revisa tu factura y prepárate para luchar

A pesar de que las empresas siempre hablan acerca de la conveniencia de recibir sólo una factura por todos tus servicios de telecomunicaciones, el hecho es que una de las quejas más comunes de clientes acerca de los paquetes es que las facturas son confusas, difíciles de leer y a veces erróneas, y que pueden pasar semanas o meses antes de que sean corregidas. En parte, esto se debe a que varias empresas de telecomunicaciones ofrecen planes tan distintos que incluso ellas se confunden en lo que hacen. De acuerdo con *Consumer Reports,* en un momento dado en el año 2007 Verizon ofreció a los consumidores de Nueva York seis paquetes distintos, dos de los cuales parecían ser idénticos. Por tanto, revisa con atención tu factura y prepárate para una larga batalla si encuentras errores.

Qué hacer si algo sale mal

Si tienes un problema con un proveedor de servicios en paquete, tu primer paso deberá ser contactar a los representantes de atención al cliente de la empresa. Si no puedes resolver el problema con ellos, deberás presentar una queja ante la comisión de servicios públicos de tu estado. Puedes encontrar información de contacto para la comisión de cada estado en la página web de la National Association of Regulatory Utility Commissioners en **www .naruc.org/commissions.cfm**.

Si tu problema implica prácticas de negocios injustas o engañosas, también debes presentar tu queja ante la Federal Trade Commission, a través de una llamada al número telefónico gratuito de su Centro de Atención a Clientes: 877-382-4357 o a través de su formato de queja en línea en **www .FTCComplaintAssistant.gov**.

Pasos de acción para luchar por tu dinero

☐ Siempre pregunta los costos totales, incluso impuestos, cargos y tarifas adicionales como receptores de televisión por cable y controles remotos.

☐ Averigua cuáles son las tarifas por instalación y activación e inclúyelas en tu comparación o pregunta si serán prorrateadas.

☐ Comprende cuál será tu tarifa real una vez que expire la tarifa introductoria. Solicítala por escrito.

Viajes aéreos

Durante la mayor parte de la década pasada viví adentro de aviones. Tengo los puntos de viajero frecuente, la membresía de "Nivel platino" y las cicatrices para demostrarlo. Ahora, no me malinterpretes: siento gran simpatía por los asistentes de vuelo, por los agentes del mostrador, por los encargados del equipaje y por todas las personas que trabajan para una aerolínea. La mayoría trabaja mucho y su salario es menor al que merecen. Sin embargo, no existe otra manera de decir que he llegado a odiar a las aerolíneas. No es sólo el hecho de que viajar por aire se ha convertido en una experiencia brutal y miserable que empeora cada día que pasa. Es que, además de cobrar cientos y hasta miles de dólares por un boleto, las aerolíneas ahora te cobran cuotas adicionales por casi todo, excepto las alas y tu cinturón de seguridad.

¿Quieres hacer una reservación por teléfono? Eso puede sumar $25 al costo de tu vuelo. ¿Planeas registrar equipaje? En la mayoría de las aerolíneas principales, el registro de una maleta te costará $15 o más. El registro de una segunda pieza puede golpearte con hasta $80 adicionales. ¿Vas a enviar a tu hijo solo a visitar a sus abuelos? Prepárate para pagar $40 adicionales. Y a menos que viajes en primera clase o en la sección de negocios, olvídate de las bebidas gratuitas y las comidas calientes. Calcula al menos $2 por una bebida y $5 por un emparedado frío. ¡Algunas aerolíneas incluso te cobran el agua!

Las aerolíneas se encuentran en dificultades severas y quieren que nosotros lo paguemos

A veces parece como si estos días las aerolíneas hicieran, de manera deliberada, todo lo posible por lograr que los cielos sean cualquier cosa menos amistosos. Las tarifas son más altas que nunca, los aviones están más llenos e incómodos y los horarios son cada vez menos convenientes. Con más gente que vuela a más lugares que nunca antes (alrededor de 212 millones de personas viajaron por aerolíneas estadounidenses domésticas en el verano del año 2008), es más probable que los vuelos estén sobrevendidos, es más probable que las salidas estén retrasadas (alrededor de 30 por ciento de los vuelos domésticos en Estados Unidos llegaron con retraso en el año 2008), es más probable que las conexiones se pierdan y es más probable que el equipaje llegue a un destino incierto.

Para ser justos, las aerolíneas se enfrentan a dificultades severas. Incluso, antes de que el aumento en los precios del petróleo incrementara el precio del combustible para vehículos de transporte aéreo (casi se duplicó entre los años 2007 y 2008), las principales aerolíneas de la nación han perdido dinero durante una década.

¿"Ése es su problema", dices tú? Tienes razón, pero se convierte en nuestro problema cuando intentan resolverlo con nosotros. Y eso es lo que las aerolíneas han hecho.

Las tarifas aéreas han aumentado 20 por ciento en el 2008 y se espera que aumenten 40 por ciento más para el año 2012. Y tal como ya mencioné, ahora la mayoría de las principales empresas acostumbran cobrar dinero adicional por servicios y comodidades que antes solían ofrecer sin costo.

Algunas personas acusan a las aerolíneas de ser tacañas con los pasajeros y cobrarles cada centavo, pero esta práctica suma montones de centavos. Ni siquiera tienes que contar los incrementos en las tarifas. ¡Sólo las tarifas nuevas por registro de equipaje les cuestan a los viajeros mil millones de dólares por año!

Cómo luchar por tu dinero

Navega en Internet para encontrar verdaderas ofertas

Los viajes aéreos ya no parecen ofertas, pero puedes encontrarlas *si investigas*. Las páginas web como Expedia (**www.expedia.com**), Hotwire (**www .hotwire.com**), Kayak (**www.kayak.com**), Orbitz (**www.orbitz.com**), Priceline (**www.priceline.com**), SideStep (**www.sidestep.com**) y Travelocity (**www

.travelocity.com) pueden encontrarte boletos por una fracción de las tarifas publicadas por las aerolíneas. Sin embargo, no todas las aerolíneas con las mejores gangas, como Southwest y JetBlue, aparecen en los sitios independientes, así que no ignores los sitios de las propias aerolíneas. Y los sitios comparativos como Farecast (**www.farecast.com**) y FareCompare (**www.farecompare.com**) pueden ofrecer consejos valiosos no sólo acerca de dónde puedes conseguir las mejores ofertas, sino si los precios para tu destino en particular tienden a subir o bajar, de manera que puedas decidir si vale la pena reservar ahora o esperar un poco.

> **Suscríbete al boletín semanal de la aerolínea y podrías terminar por recibir ofertas de descuentos de 25 por ciento o más.**

Algunos acuerdos son en verdad sorprendentes. Por ejemplo, en una promoción especial en mayo del año 2008, Spirit Airlines vendió boletos para un vuelo de Los Ángeles a Fort Lauderdale por sólo $18.

No encontrarás este tipo de ofertas especiales en los grandes sitios electrónicos de viajes como Expedia y Orbitz. La mayoría de las aerolíneas las limitan a los miembros de sus programas de Viajero frecuente o a los viajeros que se suscriban a sus boletines semanales. Entonces, si piensas reservar un vuelo, entra a las páginas web de las aerolíneas e inscríbete. Por lo general no tienen costo adicional y podrías terminar por recibir ofertas de descuentos de hasta 25 por ciento.

Busca aerolíneas o aeropuertos poco comunes

Otra manera de reducir el costo de los viajes aéreos es buscar aerolíneas que no esperarías que volaran al destino al cual te diriges. Por ejemplo, en un viaje de Los Ángeles a Londres podrías ahorrarte entre $200 y $300 si viajas por Air France o Air New Zealand, en lugar de elegir British Airways o American Airlines, que son más obvias. De igual manera, Air India podría llevarte de Los Ángeles a Frankfurt por $400 menos que la aerolínea alemana por excelencia, Lufthansa.

Vuela por los cielos menos obvios

Tarifa económica de Nueva York a Londres	
Por British Airways:	$942
Por Air India:	$689
Tú ahorras:	**$253**

(Tarifa de un trayecto; septiembre de 2008)

También puedes ahorrar hasta una tercera parte de las tarifas de viajes aéreos al utilizar aeropuertos no usuales, los cuales por lo general son aeropuertos más pequeños y regionales que atienden al mismo mercado que los grandes aeropuertos internacionales. Si vuelas hacia Chicago, intenta el aeropuerto Midway en lugar del O'Hare, o si tu destino es Los Ángeles, piensa en Burbank u Ontario en lugar de LAX.

La búsqueda de estas aerolíneas y aeropuertos no usuales es más fácil de lo que podrías pensar. Existe una página web llamada FlightStats (**www.flight stats.com**) que puede informarte sobre cada línea aérea que vuela a cualquier destino particular desde cualquier aeropuerto de Estados Unidos.

No compres boletos por montones. Comprar de uno en uno puede ser más barato

Una de las características más enloquecedoras de los viajes aéreos es que los asientos similares en los mismos vuelos con frecuencia se venden a precios muy distintos. Esto se debe a que las aerolíneas utilizan complicadas fórmulas de precios que calculan la manera más eficiente de asegurar que todos los asientos se vendan. En general, sólo determinada cantidad de asientos está disponible a la tarifa más baja. Lo anterior puede resultar particularmente frustrante si deseas comprar varios asientos a la vez; digamos, porque planeas viajar con tu familia.

Lo más probable es que no existan suficientes asientos baratos disponibles para satisfacer tu orden completa, pero en lugar de venderte tantos asientos baratos como tengan y luego cobrarte más por el resto, la mayoría de los sistemas de reservación de boletos aéreos sólo llevará tu reservación al siguiente nivel de precio y te cobrará una tarifa más alta por *todos* tus boletos. La manera de vencer al sistema es sencilla: compra tus boletos uno a la vez. Por ejemplo, cuando busqué cuatro boletos para un viaje de Los Ángeles a Nueva York en julio de 2008, la página de American Airlines me cotizó una tarifa de $619; pero cuando sólo busqué uno, el precio por el mismo vuelo apareció a sólo $344.

En lugar de venderte tantos asientos baratos como tengan, la mayoría de los sistemas de reservaciones de las aerolíneas te cobrarán una tarifa más alta por *todos* tus boletos.

La ventaja de las reservaciones individuales

Reservación de Los Ángeles a Nueva York por cuatro asientos:	$699 CADA UNO
Reservación de Los Ángeles a Nueva York por un asiento:	$344
Tú ahorras:	**$275 por boleto**

Evita ser eliminado de un vuelo. Asegura tu asignación de asiento

Es probable que sólo exista una situación peor a obtener un mal asiento en un avión (digamos, uno que no se recline o que esté junto a la cocina): que no te toque ningún asiento, a pesar de haber comprado y pagado un boleto. La mayoría de las líneas aéreas suele sobrevender determinados vuelos con base en la probabilidad estadística de que cierto número de viajeros no se presente a hacer válidas sus reservaciones. En ocasiones, estos cálculos resultan equivocados y no hay suficientes asientos para viajar. Lo que sucede después puede ser horrible. Si nadie se ofrece de manera voluntaria a ceder su asiento, la línea aérea comienza a descartar pasajeros; es decir, a negarles asientos en el vuelo a pesar de contar con una reservación confirmada.

Existen criterios numerosos que las aerolíneas aplican para decidir quién es eliminado primero, pero por lo general los pasajeros más vulnerables son aquellos a quienes no se les han asignado asientos. Entonces, una manera sencilla de minimizar las probabilidades de que seas eliminado de un vuelo sobrevendido es asegurarte de que te entreguen una asignación de asiento confirmada al momento de hacer tu reservación.

Ésta también es la mejor manera de asegurarte de que no te toque un asiento terrible o si viajas con familiares o amigos que puedan sentarse juntos.

La mayoría de las páginas web de las líneas aéreas cuenta con gráficas de los asientos que muestran con exactitud cuáles asientos están disponibles en un vuelo determinado y en qué lugar del avión se localizan. Para asegurarte de tomar la mejor decisión, revisa en SeatGuru (**www.seatguru.com**), sitio que proporciona mapas de asientos de 300 diferente aviones en 45 aerolíneas, junto con comentarios expertos acerca de cuáles son los mejores asientos y cuáles debes evitar definitivamente. Es un gran recurso para cualquier viajero que necesite un espacio adicional para las piernas o para quien haya jurado nunca más sentarse junto a los baños.

De lo que debes cuidarte

Precios no transparentes

Hace mucho tiempo, el precio de un boleto de avión incluía todo tipo de servicios y atenciones. Ya no es así.

No es necesario decir que la mayoría de las líneas aéreas no proporciona listas detalladas de las tarifas adicionales que planean cobrar. Cuando te cotizan el precio de un boleto, tampoco te dicen cuánto dinero es por la tarifa del vuelo en sí y cuánto valen los distintos cargos adicionales que están incluidos. (Delta es una de las pocas aerolíneas principales que lo hacen. American y United te obligan a buscar la información).

Entonces, el viajero inteligente necesita formular muchas preguntas acerca del equipaje permitido o restringido, los servicios de registro, las atenciones en cabina y similares. En términos específicos, asegúrate de saber cuántas maletas (si llevas) te permiten registrar sin costo, cuántas puedes llevar contigo y su peso y dimensiones. Para evitar que te cobren mucho, planea llevar tus propios alimentos, empaca tan ligero y apretado como puedas y, a menos que tu vuelo implique algunas conexiones complicadas y horrendas, intenta reservarlo por ti mismo en línea a través de la página web de la aerolínea o a través de alguno de los sitios principales de reservaciones como Travelocity, Expedia u Orbitz.

Una página web que hace un buen trabajo para registrar los cargos adicionales es SeatGuru. Además de proporcionar mapas de asientos, el sitio también compila los últimos datos relacionados con equipaje permitido y las restricciones, además de muchas de las tarifas que podrían cobrarte.

Reglas incomprensibles de tarifas

Las reglas que gobiernan las tarifas aéreas pueden hacer parecer sencillo al código fiscal. Algunas tarifas aplican sólo si haces tu reservación al menos con veintiún días de antelación; otras exigen que compres el boleto dentro de determinado lapso después de hacer la reservación; otras más te obligan a que el vuelo sea durante un sábado por la noche. Algunas te permiten cambiar tu vuelo, pero no cancelarlo por completo; otras permiten cancelaciones, pero a cambio de una cuota de penalización.

Además de ser complicadas y a menudo difíciles de entender, las reglas también cambian con frecuencia. Entonces, antes de comprar un boleto de avión asegúrate de formular las siguientes preguntas:

- ¿Existe alguna penalización si necesito cambiar la hora o la fecha de mi vuelo?

- ¿Qué sucede si necesito cancelar mi viaje de manera definitiva?

- Si la tarifa no es reembolsable, ¿puedo solicitar otro viaje en otra fecha?

- Si decido no utilizarlo, ¿puedo transferir mi boleto a otra persona?

Como norma, entre más barato sea el boleto, más probable es que sea restringido; lo cual significa que, mientras menos dinero pagues, más probable es que estés atado a un vuelo específico. Si no es probable que tus planes cambien, está bien. Sin embargo, si necesitas flexibilidad, prepárate para pagar por ello.

Pagar con cheque y comprar con demasiada anticipación

Si pagas tu boleto con un cheque o con dinero en efectivo, no serás muy afortunado en caso de que algo esté mal con tu vuelo; como, por ejemplo, si la aerolínea se declara en bancarrota y cesa sus operaciones. Por otra parte, la compra de tu boleto con tarjeta de crédito te protege, dado que las empresas de tarjetas de crédito no te obligarán a pagar por un servicio que no recibiste.

Existe un detalle en esta circunstancia. La mayoría de las empresas de tarjetas de crédito cancelarán un cargo en disputa si presentas una queja en un lapso de sesenta días a partir del momento en el cual aparece en tu factura. Lo que esto significa es que si compras un boleto de avión con seis meses de anticipación y después la aerolínea quiebra el día anterior a tu vuelo, lástima por ti. Entonces, no compres boletos de avión con tanta anticipación. Resérvalos si tienes que hacerlo, pero intenta evitar pagarlos hasta que llegues a la ventana de los sesenta días. Si te

> Si algo está mal con tu vuelo, la compra de tu boleto con tarjeta de crédito te protege.

preocupa asegurar una tarifa baja, revisa en una página web como Farecast o FareCompare para obtener alguna indicación sobre la probabilidad de que las tarifas de la ruta que planeas viajar aumenten o disminuyan en un futuro cercano.

Qué hacer si algo sale mal

En general, si tienes cualquier tipo de problema con una línea aérea, debes registrar tu queja lo antes posible; en términos ideales, dales la oportunidad de resolver tu problema al instante. Si estás en un vuelo y encuentras una mosca en tu jugo de naranja, no esperes hasta llegar a casa para presentar una queja: llama al asistente de vuelo de inmediato y solicita una nueva bebida. Si estás en el aeropuerto, debes preguntar por el representante de atención al cliente de la aerolínea o un gerente con la autoridad necesaria para manejar tu problema.

Si no puedes resolver el problema al momento, comienza a tomar notas. Escribe toda la información pertinente que te ayude a describir con precisión lo que sucedió: nombres de los empleados de la línea aérea involucrados, hora y fecha del incidente, número de vuelo, aeropuerto, lo que sucedió con exactitud y la información de contacto de cualquier testigo. También deberás conservar todos los recibos de cualquier gasto adicional (como estancias en hotel, alquileres de autos o comidas) en los cuales incurriste como consecuencia del problema.

En términos generales, lo más recomendable es presentar una queja en forma de carta o mensaje por correo electrónico al director de relaciones con clientes de la aerolínea. Por lo regular, puedes encontrar el nombre y la dirección del director si entras a la página web de la aerolínea y buscas "consumer relations". También puedes entrar **www.airlinecomplaints.org** y hacer clic en "airline contacts".

A pesar de que presentar tu queja vía teléfono podría parecer más fácil y conveniente, siempre es mejor poner las cosas por escrito. De esa manera nunca habrá duda alguna acerca de quién dijo qué o cuándo. Tu carta debe ser clara respecto de quién o qué causó tu problema y lo que tú considerarías una solución razonable. Incluye fotocopias de todos los documentos relevantes (pases de abordar, recibos de equipaje, etc.). Y siempre conserva una copia para tus expedientes.

Si tu texto es profesional y conciso es probable que la línea aérea haga su mejor esfuerzo por complacerte.

Si no obtienes satisfacción alguna de la aerolínea, deberás presentar una queja ante la Aviation Consumer Protection Division del Department of Transportation (DOT, por sus siglas en inglés). Ellos no son mediadores en disputas individuales, pero mantienen controladas a las aerolíneas al llevar un registro de todas las quejas que reciben y emiten reportes públicos que comparan el desempeño de las diferentes líneas aéreas en términos de la satisfacción de los clientes. Puedes presentar una queja ante el DOT en **airconsumer.ost.dot.gov/escomplaint/es.cfm** o puedes escribir a:

Aviation Consumer Protection Division, C-75
U.S. Department of Transportation
1200 New Jersey Ave., SE
Washington, DC 20590

Las quejas presentadas ante el DOT deben incluir una descripción concisa de tu problema, incluyendo tu nombre, información de contacto, aerolínea, fecha y número del vuelo, ciudades de origen y de destino de tu viaje y copias de todos los boletos.

Las quejas relacionadas con la seguridad de la línea aérea deberán enviarse a la Federal Aviation Administration. Puedes llamar por teléfono al número 866-TELL-FAA (866-835-5322) o escribir a:

Federal Aviation Administration
Consumer Hotline. AOA-20
800 Independence Avenue, SW
Washington, DC 20591

Si tienes una queja relacionada con la seguridad de la aviación, debes contactar a la Transportation Security Administration por teléfono a su Contact Center (866-289-9673) o por correo electrónico a la dirección **tsa-contact-center@dhs.gov**.

Pasos de acción para luchar por tu dinero

☐ Investiga y navega en la red para encontrar ofertas verdaderas.

☐ Ahorra dinero adicional con el uso de aeropuertos y aerolíneas poco comunes.

☐ Protégete de no ser eliminado de un vuelo: asegura pronto tu asignación de asiento.

☐ Siempre paga tus boletos con tarjeta de crédito, nunca con dinero en efectivo, cheque o tarjeta de débito.

☐ Asegúrate de conocer las reglas relacionadas con el registro de equipaje y otros servicios que ya no son gratuitos.

Hoteles

Hospedarse en un hotel en estos días puede ser muy parecido a viajar con una línea aérea: el servicio es indiferente, las instalaciones no siempre son tan adecuadas y, si no eres cuidadoso, te sorprenderán con todo tipo de cargos inesperados, algunos de los cuales no son menos que abrumadores. A un sujeto a quien conozco le cobraron $16 sólo por sacar una botella de agua del minibar de la habitación de un hotel y después devolverla a su lugar. Resultó que el hotel registraba los consumos del minibar con sensores electrónicos y, cuando mi amigo movió la botella, el minibar lo catalogó como una compra. Y ni hablar de los cargos por el servicio de Internet y los $200 por llamadas telefónicas.

A diferencia de las líneas aéreas, la productividad de la industria hotelera es sólida. Produjo un impresionante monto neto antes de impuestos de $28 mil millones sobre utilidades totales de $139 mil millones en el año 2007. Entonces, en realidad no existe excusa alguna para su hábito de robar a los viajeros. Y no te equivoques con esto: los hoteles siempre buscan sacar ventaja en todo lo que pueden. De acuerdo con un estudio realizado por Corporate Logding Consultants, el cual negocia tarifas de hotel para miles de empresas, entre "errores" de facturación y tarifas ocultas, los hoteles por rutina les cobran a los viajeros de negocios hasta $500 millones de sobra al año. Otro estudio realizado por American Express descubrió que los sistemas de reservaciones de hoteles cotizaron tarifas erróneas más de la mitad de las veces, y los "errores" siempre fueron a favor del hotel.

Como dijo un consultor de viajes al *USA Today* hace poco tiempo: "Esos errores no ocurren de manera ocasional, ocurren de manera regular". Así es como debes impedir que eso te suceda.

Cómo luchar por tu dinero

Para todos los viajes que realizan los estadounidenses, más de una tercera parte de todas las habitaciones de hotel se quedan vacías cada noche. Como resultado, la mayoría de los hoteles te ofrecerá un buen trato, si tú lo solicitas. En una encuesta realizada en el año 2007, *Consumer Reports* descubrió que 70 por ciento de los viajeros que solicitaron un mejor acuerdo tuvieron éxito al obtener una reducción de tarifa o una mejor habitación. Éste fue el caso incluso en los hoteles más costosos. Entonces, no dudes en alzar la voz y preguntar porque es probable que tu intento valga la pena.

Yo soy fiel a esa norma. El hecho es que muchos hoteles son como lotes de autos usados. Hace poco tiempo, me presenté frente al módulo de recepción en un hotel en Las Vegas a negociar con el recepcionista, quien iba y venía con su jefe en una oficina trasera. ¿Valió la pena? Terminé por obtener un penthouse de 2.500 pies cuadrados por $500 la noche. (La habitación regular que me ofrecieron en un principio estaba cotizada en $395). Entonces, sí, ¡valió la pena!

Obtengo una mejor habitación casi en todos los hoteles donde me registro con sólo negociar en la recepción y solicitarla. He hecho lo anterior desde que tenía 18 años, cuando me hospedé en un hotel con mis padres y obtuve una habitación mejor que la de ellos. Confía en mí: sí funciona.

Y cada vez que llames para hacer una reservación de hotel, asegúrate de decirle al empleado que quieres la tarifa más baja que pueda darte. Muchos hoteles le ofrecerán su tarifa de descuento "corporativa" a cualquier persona que la solicite, tanto si viajas por negocios como si no es así o incluso si no trabajas para una empresa.

Reserva con anticipación y luego reserva de nuevo de último minuto

Dado que muchos hoteles ofrecen tarifas de descuento por reservaciones anticipadas, por lo general es buena idea hacer tus reservaciones con tanta antelación como te sea posible. Sin embargo, los hoteles a veces también bajan sus precios al último minuto en un esfuerzo por llenar sus vacantes. Entonces, puedes llamar de nuevo uno o dos días antes de tu viaje para averiguar si puedes conseguir una tarifa aún mejor. En la mayoría de los casos podrás cancelar tu reservación original y obtener una nueva tarifa más baja sin tener que pagar ningún tipo de penalización.

Asegúrate de saber qué reservaste

Como con las líneas aéreas, puedes obtener todo tipo de buenos acuerdos con hoteles al reservar en línea a través de sitios de viajes como Expedia (**www.expedia.com**), Hotwire (**www.hotwire.com**), Kayak (**www.kayak .com**), Orbitz (**www.orbitz.com**), Priceline (**www.priceline.com**), SideStep (**www.sidestep.com**) y Travelocity (**www.travelocity.com**). No obstante, en especial si utilizas un sitio menos conocido, deberás asegurarte de que la habitación que reservaste existe en realidad.

La hija de un amigo mío, una estudiante universitaria llamada Ellen, aprendió la lección de la peor manera hace poco tiempo. Mientras cursaba un semestre en Europa, Ellen se organizó para reunirse con tres amigas en Dublín por unos días. El lugar donde ella quería hospedarse estaba lleno, así que navegó en la red durante un rato hasta encontrar un sitio de viajes de apariencia vistosa que decía especializarse en hostales para estudiantes. Ellen lo usó para reservar una habitación con cuatro camas para ella y sus amigas en un hostal llamado The Shining, y utilizó su tarjeta de crédito para pagar un depósito de 10 por ciento. Sin embargo, cuando la joven llegó a Dublín, resultó que The Shining no tenía ninguna reservación para ellas, tampoco contaba con habitaciones de cuatro camas ni tenía registro alguno del depósito de 10 por ciento de Ellen.

Existe una estrategia sencilla para protegerte contra este tipo de desastres o incluso para el menos grave, pero igualmente molesto problema de llegar a un hotel y descubrir que no es tan agradable como lo parecía en las fotografías. Cada vez que planees hospedarte en un hotel donde nunca antes hayas estado, busca en la red un sitio de reseñas basadas en la experiencia de los viajeros, como Boo.com, Gusto.com, IgoUgo.com o TripAdvisor.com para averiguar lo que los viajeros que han estado allí tienen que decir sobre el lugar. Incluso, puedes publicar preguntas en los pizarrones de mensajes.

Sin importar adónde viajes y si hiciste tus reservaciones a través de un intermediario o con el hotel de manera directa, siempre llama al hotel por teléfono para confirmar tu reservación unos cuantos días antes del inicio de tu viaje. Confirma que la tarifa por habitación que te cotizó el agente de reservaciones es la tarifa que te cobrarán.

Si se presenta un problema, no te alejes del módulo de recepción hasta que se resuelva

Incluso si reservas a través de canales legítimos y tienes una reservación confirmada, no es poco común llegar al módulo de recepción y que te informen que no hay habitaciones disponibles. Una vez más, como en las aerolíneas, los hoteles a veces sobrevenden de manera deliberada. Por desgracia, a diferencia de los pasajeros de las aerolíneas, los huéspedes de los hoteles no cuentan con una ley federal que los proteja en caso de que sean rechazados.

La mayoría de los abogados concuerdan en que es una violación al contrato si te han garantizado una reservación con una tarjeta de crédito y el recepcionista te informa que el hotel no tiene una habitación para ti. Para asegurarte de que nadie cuestione la validez de tu solicitud, siempre debes viajar con copias de todos los mensajes por correo electrónico y cartas que hayas recibido del hotel o de la agencia de viajes en los cuales te confirmen tu reservación.

En tales casos, la política en la mayoría de los hoteles principales es buscarte otra habitación en un lugar similar de las cercanías, y si la habitación de allá es más costosa que la que tú reservaste, reembolsarte la diferencia. Por lo general, el hotel que te ha rechazado pagará tu primera noche en el otro hotel, te proporcionará transporte hasta allí y te dará servicio telefónico gratuito para que puedas llamar a tus familiares y socios de negocios para informarles sobre el cambio. Si el hotel no te ofrece ninguna de estas compensaciones, que no te avergüence el hecho de solicitarlas.

> Por lo general, el hotel que te ha rechazado pagará tu primera noche en el otro hotel.

Sobre todo, no te alejes del módulo de recepción hasta que tu situación haya sido resuelta a tu satisfacción. Es probable que los empleados de la recepción te pidan que te hagas a un lado para registrar a otros huéspedes o para responder a las preguntas de alguien más. No les permitas que te hagan a un lado. Hasta que no te atiendan, tienes que convertirte en una molestia que necesita atención inmediata. Si el recepcionista te dice que no hay nada que pueda hacer, solicita hablar con el director general o el gerente en turno, con el fin de tener la oportunidad de tratar con una persona que cuente con la autoridad para asistirte. Sin embargo, ten presente que el hecho de alzar la voz o de pronunciar palabras groseras no te llevará a ningún lado. Lo más probable es que los empleados de la recepción no hayan sido quienes causaron tu problema, pero, si eres tan educado como persistente, pueden ser quienes lo resuelvan.

Cuidado con esos cargos asombrosos

En la actualidad, la mayoría de los hoteles te cobran por casi cualquier comodidad que te ofrecen. Algunas son evidentes y fáciles de evitar; sin embargo, los hoteles son cada vez más hábiles y el monto puede ser considerable. En general, los abusos en los hoteles sacaron $1,8 mil millones de los bolsillos de los viajeros en el año 2008. Entre los cargos más asombrosos se incluyen:

Minibares. Con sus latas de Coca-Cola de $8 y sus bolsas de nueces variadas de $12, los minibares de los hoteles han robado a los viajeros desde que aparecieron por primera vez a principios de los años setenta. En estos días están peor que nunca, gracias a los dispositivos electrónicos modernos. Como descubrió mi amigo aquél de la botella de agua de $16, muchos minibares han sido equipados con sensores. Entonces, si alguna vez mueves una botella de bebida o una golosina, el minibar envía una señal a la recepción de que deben cobrarte por ello.

Tarifas de *resorts*. Muchos hoteles cobran "tarifas de *resorts*" de $15 a $25 diarios por instalaciones como gimnasios o canchas de tenis que quizá nunca utilices. Por lo general, no hay manera de evitarlas excepto preguntar, cuando haces tu reservación, si la tarifa diaria lo cubre todo. Las propinas obligatorias pueden ser otra "tarifa de *resort*" que tú desconozcas; por tanto, pregunta antes de dar propinas (de otra manera darás propinas dobles).

Servicio a cuartos. ¿Cuándo una hamburguesa con queso y unas papas fritas valen una propina de $30? Cuando te las lleva a tu habitación un mesero de servicio a cuartos en la mayoría de los grandes hoteles. Enfrentémoslo: si eres un viajero de negocios y llegas tarde a tu hotel, lo más probable es que ordenar comida a tu habitación sea tu única manera de conseguir algo para comer. No obstante, debes prestar atención al factor de la propina doble o triple. La mayoría de las facturas de servicio a cuartos incluyen tanto un cargo por entrega como una gratificación, pero cuando te entregan la factura, hay un renglón en blanco que dice "propina". Si anotas allí una propina, sobre la tarifa por entrega y la gratificación que ya fueron incluidas, podrías terminar por pagar tanto dinero por las tarifas de servicio como el que pagaste por los alimentos.

Llamadas telefónicas. Las tarifas que los hoteles cobran por utilizar sus teléfonos son nada menos que sorprendentes. Lo que en realidad atormenta mi mente no es que los hoteles acostumbren cobrarte cinco veces lo que cobra la compañía telefónica por las llamadas o que incluso te cobren por llamar a un número telefónico gratuito. No, lo que aún me resulta difícil creer es que algunos hoteles te cobrarán hasta más de $7 por levantar el auricular, ¡sin importar si realizas la llamada o no! Por tanto, a menos que se trate de una emergencia, nunca utilices el teléfono de un hotel. Realiza todas tus llamadas desde tu teléfono celular o desde un teléfono público.

Vale la pena el paseo en elevador

Llamada local de dos minutos desde tu habitación, Waldorf Astoria:	$3,90
Costo desde un teléfono público en la recepción:	$0,25
Tú ahorras:	**$3,65**

Conexiones a Internet. Casi todos los hoteles decentes le dan mucha importancia a anunciar la disponibilidad de conexiones de Internet de banda ancha. Sin embargo, la mayoría de ellos te cobrarán un ojo de la cara por el servicio, con frecuencia hasta $14,95 por día. (Puedes evitar este cargo si utilizas un lugar público cercano. Existen numerosos directorios en línea como **www.jiwire.com**, **www.wififreespot.com** y **www.wi-fihotspotlist.com**, los cuales pueden señalarte el más cercano).

Estacionamiento. En particular en las zonas urbanas, el estacionamiento del hotel es otro gran atraco. El estacionamiento del hotel puede ser conveniente, pero a una tarifa de entre $20 y $50 por noche es probable que sea el lugar de estacionamiento más caro de la ciudad. Por lo general, te convendrá más buscar un lote municipal en las cercanías.

Revisa tu factura con atención

Con todos estos cargos adicionales y las tarifas especiales, no es sorprendente que las facturas de hoteles estén llenas de errores. Entonces, cuando hagas tu registro de salida, asegúrate de revisar tu factura con atención. Yo nunca dejo un hotel sin solicitar una impresión de la factura y revisarla renglón por renglón.

Lo primero y más importante que hago es asegurarme de que el precio de la habitación coincide con lo que me cotizaron. (Créeme, con frecuencia no es así). Enseguida reviso cada uno de los cargos contra mis recibos para asegurarme de que el restaurante, el servicio a cuartos, el bar, la alberca y lo que se te ocurra coincida con lo que firmé. ¿Alquilé una película? ¿Por qué aparecen dos cargos por alquiler de películas si sé que sólo alquilé una?

Casi nunca salgo de un hotel sin encontrar un error en mi factura a su

Casi nunca salgo de un hotel sin encontrar un error en mi factura a su favor.

favor y siempre solicito que lo corrijan; es decir, que lo acrediten a mi favor, antes de registrar mi salida. La moraleja aquí es muy sencilla: ¡revisa tu factura, verifícala y rectifícala! Cuando registras tu salida es el momento adecuado para reclamar, con educación, si encuentras un cargo que no reconoces. Mientras más tiempo esperes para solicitar la corrección de una factura, menos probable es que tengas éxito, razón por la cual debes pensarlo dos veces antes de aprovechar la opción de "registro de salida *express*" que muchos hoteles ofrecen ahora. El registro de salida *express* puede ser grandioso cuando tienes prisa por abordar un avión, pero cuando lo haces así, es posible que no veas la factura del hotel hasta después de varios días o semanas. Para entonces, quizá sea demasiado tarde para presentar una disputa, si es que puedes recordar cuáles son los cargos correctos y cuáles no lo son.

Qué hacer si algo sale mal

Si tienes un problema con tu factura, o cualquier otro problema, para el caso, y el empleado del módulo de recepción no puede resolverlo a tu satisfacción, discútelo con el gerente en turno. Si esto no te lleva a ningún lado, paga la factura con tu tarjeta de crédito y después disputa el cargo con la empresa de tarjetas de crédito cuando llegue tu siguiente estado de cuenta. (Para conocer más detalles sobre cómo hacerlo, consulta la sección "Tarjetas de crédito" en la página 99).

En general, cualquier problema que no puedas resolver con el gerente del hotel deberá presentarse a la atención del dueño del hotel, que en la mayoría de los casos será una cadena nacional que cuenta con un departamento de relaciones con clientes que aparece listado en su página web. La mayoría de las cadenas suele proteger mucho la reputación de la empresa; por tanto, a menos de que tu queja sea completamente irracional, es probable que intenten compensarte, aunque sólo sea con cupones que cubran parte del costo de una futura estancia en una de sus propiedades. El hecho de que desees utilizar los cupones o no dependerá de cómo haya sido tu experiencia con ellos.

En el caso de un trato muy malo, también deberás presentar una queja ante el Better Business Bureau de tu localidad (**www.bbb.org**), la oficina de protección al consumidor de tu estado (la cual con frecuencia forma parte de la oficina del fiscal general del estado) y la Federal Trade Commission (a través de su formato de quejas en línea en **www.FTCComplaintAssistant .gov**).

Pasos de acción para luchar por tu dinero

☐ Negocia una mejor tarifa.

☐ Reserva en línea las mejores ofertas, pero siempre confirma tu reservación y cotiza con el hotel de manera directa.

☐ Si tu hotel está sobrevendido o ha perdido tu reservación, averigua lo que te ofrecen como solución. Si no te ofrecen nada, pregunta.

☐ Ten presente que los hoteles agregan cargos adicionales obligatorios a la tarifa de la habitación por casi todos los servicios. Pregunta, si no estás seguro, con el fin de calcular el costo real de tu estancia.

☐ Revisa tu factura renglón a renglón y solicita la corrección de todos los errores que encuentres antes de registrar tu salida.

Paquetes de viajes

En 1999, la Federal Trade Commission y veintiún autoridades de las fuerzas de la ley estatales y federales realizaron la "Operación Trip Trap"; es decir, una serie de acciones punitivas contra veinticinco empresas corruptas de viajes que engañaban a los clientes con paquetes de viajes confusos o falsos. Los engaños eran todos clásicos. Los estafadores prometían a los clientes alojamientos "lujosos" que resultaban ser cuartuchos infestados de alimañas. Les decían a las personas que habían ganado viajes gratuitos y después les cobraban toda clase de tarifas ocultas. También les cobraban productos y servicios que nunca recibieron.

La limpieza generó muchos encabezados. Muchas de las empresas terminaron por reembolsar miles de dólares a las víctimas. A alrededor de una docena de timadores se les prohibió continuar trabajando en el negocio de los viajes. Y la industria continuó con sus funciones normales.

De hecho, una década después, todo lo que ha cambiado en lo que se refiere a las estafas en los viajes es que, en lugar de enviar tarjetas postales a las víctimas, los estafadores ahora les envían mensajes por correo electrónico.

Entonces, si planeas unas vacaciones, no bajes la guardia. De las 3.900 industrias cuyas quejas recibe el Better Business Bureau de Estados Unidos, la industria de los viajes ocupa de manera consistente los rangos entre las veinticinco más importantes. En general, dice el BBB, las estafas en las vacaciones les cuestan a los clientes más de $10 mil millones por año.

Cómo luchar por tu dinero

Una vigilancia más estrecha del U.S. Postal Service puede haber provocado que los estafadores dudaran en utilizar el correo regular para reclutar víctimas. No obstante, Internet no está sujeto a regulaciones gubernamentales y los sitios electrónicos falsos y los mensajes bien diseñados por correo electrónico que ofrecen paquetes de viajes y *tours* demasiado buenos para ser verdad continúan en su labor de atrapar cazadores incautos de ofertas. Así es como debes evitar que te estafen.

Sé cuidadoso con los pagos anticipados

Los timadores están bien enterados de que la mayoría de las principales empresas de tarjetas de crédito les otorgan sólo sesenta días a los clientes para disputar un cargo. Como resultado, una vez que te han convencido de pagar por unas vacaciones "de ensueño", se tomarán su tiempo para proporcionarte una confirmación por escrito de tu reservación. Cuando por fin la recibes, sin falta, después de que ha terminado el periodo de sesenta días para presentar una disputa, encontrarás un precio distinto al acordado vía teléfono o en línea, así como una lista de cargos adicionales obligatorios sobre los cuales nunca antes te habían advertido. Y cuando intentas cancelar, te dirán que es demasiado tarde, si es que alguien se toma la molestia de responder a tus quejas.

Por tanto, sé cauteloso con las ofertas que te obligan a pagar con más de sesenta días de antelación. Si no tienes otro remedio, no pagues más que un depósito. Sé escéptico en particular con cualquier operador turístico que te diga que tienes que comprar ya tus boletos porque la oferta sólo es válida el día de hoy. Si te convencen de hacer un depósito, insiste en que te envíen un número de confirmación junto con una confirmación inmediata por escrito de los términos, incluso con cuánta anticipación puedes cancelar tus reser-

Que no te engañen

Visita el sitio de ejemplo que la FTC publica en la dirección **wemarket4u .net/eztrvltrip/index.html** para hacerte una idea de la apariencia de una página web fraudulenta de viajes.

vaciones y recibir un reembolso total. Si esto no sucede, envía una carta certificada para cancelar tu viaje y exigir un reembolso. Asegúrate de hacerlo antes de la fecha límite de los sesenta días para que puedas disputar el cargo si el operador se niega a devolverte tu dinero.

Nunca pagues con cheque

Un operador turístico que insista en que pagues con cheque y se niegue a aceptar tarjetas de crédito o PayPal es un operador turístico al cual debes evitar. Una vez que elaboras un cheque, tu dinero ha desaparecido. Y ten presente que no obtienes protección por compras con tarjetas de crédito cuando pagas un producto o servicio con uno de esos cheques de adelantos de dinero en efectivo con bajas tasas de interés que a veces llegan incluidos en los estados de cuenta de tu tarjeta de crédito.

Formula preguntas si pagas por adelantado

Proponte investigar qué sucede con el dinero que pagaste por adelantado. ¿Se conserva en custodia en alguna parte? ¿Cuál es el nombre del banco? Si la agencia de viajes está afiliada a la United States Tour Operators Association (USTOA, por sus siglas en inglés), estarás protegido por un bono de $1 millón que todos los miembros del USTOA están obligados a depositar. Si la agencia no está afiliada, antes de entregar cualquier cantidad de dinero solicita al operador turístico algunas referencias; en términos ideales, nombres y números telefónicos de clientes anteriores, así como agentes de viajes que hayan programado viajes con ellos, y verifícalos.

Confirma tus reservaciones

Para asegurarte de no haber sido estafado, confirma con las líneas aéreas y los hoteles que el operador turístico dice haber reservado para tu viaje. ¿Hay una reservación confirmada a tu nombre? Si no es así, exige una explicación al operador turístico y, si no te parece convincente, cancela. Pregunta en el departamento de ventas del hotel si conocen al operador turístico y el tipo de reputación que tiene. Asegúrate de recibir copias de cancelación de cada proveedor y las políticas de reembolsos.

Pregunta en el departamento de ventas del hotel si conocen al operador turístico y el tipo de reputación que tiene.

Sé cuidadoso con las tarjetas falsas de identificación de agentes de viajes

Una de las estafas más despiadadas relacionadas con los viajes son las que se conocen como "fábricas de tarjetas", las cuales venden tarjetas falsas de identificación de "agentes de viajes". Se supone que estas tarjetas le otorgan a su propietario el derecho a todos los descuentos, ascensos y otras gratificaciones que las aerolíneas y los hoteles por lo regular ofrecen a los verdaderos agentes de viajes, y no son baratas. Por lo general, cuestan alrededor de $500 aunque casi nunca cuestan más, porque $500 es el límite que pone en acción a las leyes federales y estatales aplicables. De hecho, no tienen valor.

Lo que la mayoría de los agentes de viajes tiene es una credencial de identificación emitida por la International Airlines Travel Agency Network (IATAN). La credencial de identificación de la IATAN es la única forma de identificación que la mayoría de las aerolíneas y otros proveedores turísticos aceptarán para ofrecer descuentos y boletos gratuitos. En los años noventa era relativamente fácil conseguir una de estas credenciales, pero la industria se ha hecho más estricta en años recientes. Como ha señalado el legendario gurú de los viajes, Arthur Frommer: "Mucho más que una credencial de identificación se necesita ahora para que la gente sea candidata a recibir descuentos en sus viajes. Y las empresas que te quitan $400 ó $500 por una credencial, sin ofrecer instrucción real o sin operar una cadena de agencias activas al menudeo, son timadores".

Sé escéptico con cualquier persona que ofrezca venderte una tarjeta que te permita "viajar como un agente de viajes" cuando tu único "cliente" eres tú mismo.

Como deja muy claro la misma IATAN, con el fin de obtener una credencial de identificación de la IATAN necesitas cumplir con una serie de criterios estrictos, entre los cuales se incluyen trabajar al menos veinte horas por semana en ventas de viajes y ganar al menos $5.000 al año en salario y comisiones. Por tanto, sé escéptico con cualquier persona que ofrezca venderte una tarjeta que te permita "viajar como un agente de viajes" cuando tu único "cliente" eres tú mismo. Si calificas para una credencial de la IATAN, la tarifa anual es de sólo $30. Si no calificas, no importa cuánto dinero pagues: no puedes conseguir credenciales reales de agencia de viajes si no eres un verdadero agente de viajes.

Que no te convenzan esos viajes "gratuitos" de tiempo compartido

Una de las estafas más comunes relacionadas con paquetes de viajes es el ofrecimiento constante de "vacaciones gratis" de los promotores de tiempos compartidos. A primera vista, estos acuerdos parecen grandiosos. Para obtener lo que se describe como un viaje gratuito a destinos turísticos como Orlando o Cancún, todo lo que tienes que hacer es aceptar tomar asiento y ver una presentación de ventas de sesenta a noventa minutos de duración del destino turístico que intentan promover. El problema es que la mayoría de estas ofertas no incluyen transporte, los hospedajes que ofrecen pueden ser inciertos y esas presentaciones de sesenta minutos a menudo se convierten en torturas de todo el día en las cuales eres acosado por un equipo de vendedores de alta presión que no aceptan un "no, gracias" como respuesta. Entonces, a pesar de que es verdad que no estás obligado a comprar nada cuando aceptas una de estas ofertas, en general terminas por pagar un precio real por lo que se suponía que era un viaje "gratuito".

Los paquetes de viajes legítimos sí existen

Si buscas un paquete vacacional, te recomiendo realizar algunas búsquedas comparativas en las principales páginas web de viajes, como **www.expedia .com**, **www.Travelocity.com**, **www.orbitz.com**, **www.priceline.com**, **www .sidestep.com** y **www.kayak.com**. Haz clic en "Vacation Packages" para averiguar cuáles son las ofertas especiales que se anuncian. Para escapadas de último minuto, visita la página web **www.lastminute.com**.

Qué hacer si algo sale mal

Cuando luches por recuperar tu dinero, lo primero que debes hacer es intentar resolver el problema con el proveedor, tanto si es un hotel como si se trata de una línea aérea o una agencia de alquiler de autos. Explica con exactitud lo que sucedió, por qué no estás satisfecho y lo que quieres que se haga para rectificar la situación.

A medida que avanzas en el proceso de presentación de la queja, conserva copias de todos los recibos, mensajes por correo electrónico, cartas y notas de conversaciones telefónicas pertinentes junto con una descripción de quién dijo qué y cuándo. Envía copias de tu información de confirmación y documentos de viaje a todas las partes involucradas, pero nunca envíes los originales.

Si lo anterior no resuelve el problema, debes disputar los cargos a través de tu empresa de tarjetas de crédito. Además, debes quejarte ante el Better Business Bureau (**www.bbb.org**). En el transcurso de dos días después de que presentas una queja ante la oficina del BBB en tu localidad, el grupo enviará tu disputa al proveedor y le concederá catorce días para responder.

También deberás presentar una queja ante la FTC así como ante cualquier asociación profesional a la cual pertenezca la agencia de viajes que te atendió, como la USTOA (**www.ustoa.com**) o la American Society of Travel Agents (**www.asta.org**).

Puedes presentar una inconformidad ante la FTC a través de una llamada al número telefónico gratuito de su Centro de atención al cliente (877) 382-4357 o a través de su formato de quejas en línea en **www.FTCComplaint Assistant.gov**.

Puedes contactar a la USTOA por teléfono al número (212) 599-6599 o por carta a la siguiente dirección:

United States Tour Operators Association
275 Madison Avenue
Suite 2014
New York, NY 10016

Puedes contactar a la American Society of Travel Agents por teléfono en (703) 706-0387, por correo electrónico en **consumeraffairs@asta.org** o por correo regular en:

ASTA
Consumer Affairs Department
1101 King Street
Alexandria, VA 22314

Pasos de acción para luchar por tu dinero

☐ Que no te convenzan las ofertas de vacaciones de operadores de telemercadeo o de correos electrónicos masivos.

☐ Si te presionan para que tomes una decisión, sólo di que no. Lo más probable es que se trate de una estafa.

☐ Solicita todos los términos y condiciones por escrito, incluso restricciones de fechas y políticas de cancelación.

☐ Confirma las reservaciones con los hoteles, las líneas aéreas y las agencias de alquiler de autos de manera directa.

☐ Utiliza una tarjeta de crédito para pagar, nunca paques con dinero en efectivo o con cheque.

Conclusión

Has llegado al final de este libro, pero tu LUCHA POR TU DINERO apenas comienza.

Ahora has leído más acerca del gasto inteligente que lo que la mayoría de las personas leerá en toda su vida. Como resultado, ahora posees la capacidad de tener más control sobre tu vida financiera que la mayoría de la gente jamás tendrá.

Como dije en la introducción, tú mereces tener el control sobre tu dinero y que no te roben, pero como ya hemos visto, la batalla para proteger el dinero que tanto trabajo te ha costado ganar es una batalla que tienes que luchar cada día. Y esta batalla por tu dinero no terminará en un futuro cercano. En cualquier caso, lo más probable es que se vuelva cada vez más difícil.

La buena noticia es que ahora eres más sabio en términos financieros y la sabiduría te hace fuerte. Ya no tienes que ser una víctima de las circunstancias ni de las estafas legales perpetradas por las grandes empresas que se empeñan en separarte de tu salario. Ahora te has convertido en un conocedor que sabe cuáles son los trucos que juegan las empresas. Ya sabes cómo leer los documentos antes de firmar cualquier cosa, cómo calcular el costo real de lo que te ofrecen y cómo negociar para obtener un mejor acuerdo.

Vive para tu vida

Mientras agrego los detalles finales a este libro en el verano del año 2008, el mundo atraviesa una de las épocas financieras más difíciles desde la Gran Depresión.

Para cuando leas este texto, esta crisis habrá sido resuelta. No hay duda alguna de que otras más se presentarán. El hecho es que las crisis financieras forman parte de la vida y son una parte de la historia. Y también es predecible cómo nos enfrentamos a ellas. Muchos de nosotros nos quejamos de lo injusto que es todo y culpamos a los políticos (muchos de los cuales merecen ser culpados), mientras los medios noticiosos saltan de arriba abajo en busca de héroes y corderos como si cubrieran un evento deportivo.

Lo más importante que puedo decirte como tu asesor financiero y defensor es lo siguiente: a fin de cuentas, la única persona que controla tu vida financiera eres TÚ. Ésta es una verdad que puedes sentir en tu corazón. Ésta es la razón por la cual es tan crucial que hagas uso del conocimiento y las herramientas que este libro te proporciona.

Tú eres la única persona con la mejor posibilidad de ayudarte a ti mismo y a tu familia en lo que se refiere a tu dinero. No depende del partido político que ocupe la Casa Blanca ni de cuál líder le diga qué a quién. No depende de las nuevas reglas y regulaciones para "protegernos". En última instancia, depende de TI y de lo que TÚ hagas para protegerte a ti mismo.

El hecho de que las grandes empresas no tengan reparo alguno en hacer lo que puedan hacer para separarte de tu dinero no tiene que significar tu desgracia. Ahora eres demasiado inteligente como para permitir que otros se aprovechen de ti. Este libro ha cubierto tu vida financiera entera, desde automóviles hasta impuestos y mucho más. Cierto es que existen más temas por cubrir y cierto es que existirán más juegos por jugar con nosotros, pero confío en que si utilizas la información que has obtenido de este libro para LUCHAR POR TU DINERO, nadie podrá aprovecharse de ti en términos financieros.

Recuerda lo siguiente: nadie puede controlar nuestro futuro si no se lo permitimos.

Escribí este libro para brindarte los conocimientos y las ventajas que millones de personas no tienen en lo que se refiere a su dinero. Ahora, por favor, úsalo y compártelo. Te felicito por tu deseo de vivir y acabar rico a través de *Lucha por tu dinero*.

Si este libro te ha tocado, te ha inspirado y te ha motivado a entrar en acción, por favor permítenos saberlo. En verdad amo y vivo a la espera de escuchar a mis lectores. Cada día despierto para leer sus mensajes por correo electrónico y sus cartas. Son sus éxitos y sus desafíos los que nos motivan, a mí y a mi equipo, a hacer lo que hacemos cada día. Ustedes nos inspiran con sus éxitos y nos obligan a trabajar con más empeño cuando nos enteramos de sus dificultades. Puedes escribirme en inglés a la dirección electrónica **success@finishrich.com**.

Hasta que volvamos a encontrarnos, disfruta tu viaje y hazlo placentero.

Tu amigo,
David Bach

Apéndice:
Lucha por tu dinero: un conjunto de herramientas

Carta de queja a una aerolínea

[inserta la fecha]

Servicio al cliente
[inserta el nombre de la aerolínea]
[inserta la dirección] [Nota: La dirección apropiada por lo regular puedes encontrarla en la página web de la aerolínea. Si no es así, llama a la aerolínea para averiguar adónde deberán enviarse las quejas relacionadas con el servicio al cliente].

Estimado [inserta el nombre del contacto]:

Le escribo para reportarle un incidente que ocurrió durante [inserta la información del vuelo y la fecha]. Siempre he sido un cliente fiel de [inserta el nombre de la aerolínea], pero este incidente reciente, que implicó [breve descripción del problema], no me ha dejado otra opción que presentar una queja formal y solicitar que ustedes [inserta lo que deseas; por ejemplo, me otorguen un 50 por ciento de descuento en mi siguiente vuelo] como compensación por el trato deficiente del cual fui objeto.

Lo que sucedió fue lo siguiente. [Describe el incidente con tanta claridad y concisión como sea posible. No te lamentes ni utilices lenguaje ofensivo. En lugar de ello, relata la historia de manera lógica y metódica sin olvidar mencionar por qué debes recibir una compensación].

En vista de lo sucedido, considero que es justo que ustedes [declara de manera específica y clara el tipo de compensación que quieres].

Le agradeceré contactarme para confirmar que mi solicitud será atendida. Mi número telefónico para horas hábiles es [inserta el número telefónico con código de área] y mi dirección de correo electrónico es [inserta tu dirección de correo electrónico]. Si no recibo respuesta de ustedes antes del [inserta fecha], reportaré este incidente a la Aviation Consumer Protection Division del Department of Transportation, la FAA y el Better Business Bureau.

Sinceramente,

[tu nombre]
[tu dirección]

Adjuntos: [Elabora una lista de los documentos adjuntos; por ejemplo, tu boleto de avión, y proporciona copias de esos documentos de apoyo].

Fuente: www.executivetravelmagazine.com.

Carta general de queja por un producto defectuoso o un servicio inadecuado

[inserta la fecha]

[inserta el nombre de la persona de contacto (si lo tienes)]
[inserta el cargo (si lo tienes)]
[inserta el nombre de la empresa]
División de quejas de clientes (si no tienes un contacto específico)
[inserta la dirección]

Estimado [inserta el nombre del contacto]:

El pasado [inscrta la fecha], compré [o envié a reparar] un [inserta el nombre del producto con el número de serie o modelo o el servicio realizado]. Realicé la compra en [inserta el lugar, la fecha y otros detalles importantes de la transacción].

Por desgracia, su producto [o servicio] no ha funcionado bien [o el servicio fue inadecuado]. En lugar de [describe lo que debió suceder], el producto [explica lo que sucedió].

Para resolver este problema, agradecería que ustedes [inserta la acción específica que deseas]. Adjunto a la presente encontrará copias de mis registros [recibos, garantías, cheques cobrados, contratos, números de modelo y de serie y cualesquiera documentos adicionales].

Espero su respuesta y una solución a mi problema a más tardar el [inserta fecha]. Si no recibo comunicación de su parte para entonces, buscaré la asistencia de una agencia de protección al consumidor o del Better Business Bureau. Le agradeceré contactarme en la dirección que aparece más abajo o por teléfono al [inserta los números telefónicos de tu casa u oficina con códigos de área].

Sinceramente,

[inserta tu nombre]
[inserta tu dirección]

Adjuntos: [Elabora una lista de los documentos adjuntos y proporciona copias de esos documentos de apoyo].

Carta referente a la ley Lemon sobre automóviles nuevos

[inserta la fecha]

[inserta el nombre del fabricante]
[inserta la dirección]
POR CORREO CERTIFICADO
ACUSE DE RECIBO SOLICITADO

Estimado [inserta el nombre del contacto, si lo tienes]:

Le escribo para notificarle los problemas que he experimentado con mi [inserta el año, el modelo, las características y el número de identificación vehicular (VIN) del auto] en relación con [cita la ley Lemon de tu estado].

Compré mi automóvil en [inserta el nombre del distribuidor] en [inserta la fecha de compra]. Alrededor de [inserta cantidad de tiempo] después de la compra comencé a tener problemas con [inserta la descripción del problema]. Llevé mi auto al distribuidor [inserta las fechas de los intentos de reparación] para corregir este problema, pero el distribuidor no ha podido resolverlo. Hasta el momento, mi automóvil ha estado fuera de servicio durante [inserta el número] días y el distribuidor ha intentado resolver el problema [inserta el número] veces. Adjunto a la presente encontrará copias de las órdenes de reparación que documentan los intentos del distribuidor de reparar mi automóvil.

Este problema afecta tanto el uso como el valor de mi automóvil de manera sustancial. Por tanto, a menos que ustedes puedan solucionar el problema en un lapso de treinta días a partir de la recepción de esta carta, les solicito que [recompren o sustituyan] mi vehículo bajo las provisiones de [la ley Lemon de tu estado].

Les agradeceré contactarme en la dirección que aparece más adelante o por teléfono al [inserta el número con código de área] para acordar una fecha y hora conveniente para ambas partes para que ustedes inspeccionen mi automóvil y realicen las reparaciones necesarias.

Sinceramente,

[inserta tu nombre]
[inserta tu dirección]

Adjuntos: [Elabora una lista de los documentos adjuntos y proporciona copias de esos documentos de apoyo].

Fuente: www.oag.state.md.us

Cargos erróneos en tarjetas de crédito

[inserta la fecha]

[inserta el nombre del acreedor]
Quejas de facturación
[inserta dirección]

Estimado [inserta el nombre del contacto, si lo tienes]:

Le escribo para disputar un error de facturación por la cantidad de [inserta el monto] en mi cuenta. La cantidad es incorrecta porque [describe el problema]. Solicito que el error sea corregido, que cualquier cargo financiero y de otra especie relacionados con la cantidad en disputa sean acreditados de igual manera y que me envíen un estado de cuenta correcto.

Adjunto a la presente encontrará copias de [utiliza esta frase para describir cualquier información adjunta, como recibos de compra y registros de pagos] que apoyan mi posición. Le agradeceré investigar este asunto y corregir el error de facturación tan pronto sea posible.

Le agradeceré contactarme en la dirección que aparece más abajo en un plazo de trienta días, según establece la Fair Credit Billing Act.

Sinceramente,

[inserta tu nombre]
[inserta tu dirección]

Adjuntos: [Elabora una lista de los documentos adjuntos y proporciona copias de esos documentos de apoyo].

Fuente: www.FTC.gov

Carta para corregir errores en reportes de crédito

[inserta la fecha]

[inserta el nombre de la agencia de crédito]
[inserta la dirección]

REF: Solicitud para corregir errores en el reporte de crédito número [inserta el número de expediente en tu reporte de crédito].

Estimado [inserta el nombre]:

Al revisar el reporte de crédito que ustedes me enviaron el pasado [inserta la fecha], he detectado los siguientes errores:

1. [Describe el primer error; por ejemplo: "Ustedes establecen que mi fecha de nacimiento es el 1 de enero de 1900"].

Este dato es incorrecto. La información correcta es: [sé muy específico aquí y acompáñalo con una prueba, si la tienes; por ejemplo, "como muestra la copia adjunta de mi acta de nacimiento, mi fecha de nacimiento es el 2 de julio de 1963"].

2. [Describe el segundo error; por ejemplo, "Ustedes señalan que tengo un cargo en una cuenta activa con Sears"].

Esto es incorrecto. La información correcta es: [sé muy específico aquí y acompáñalo con una prueba, si la tienes; por ejemplo: "Yo cancelé esta cuenta el 15 de marzo del año 2001. Por favor, consulte la copia adjunta de la carta que envié a Sears donde solicito que se cancele la cuenta"].

3. [Describe el tercer error; por ejemplo: "Ustedes señalan que he realizado dos pagos retrasados a mi hipoteca con Bank of America"].

Esto es incorrecto. La información correcta es: [sé muy específico aquí y acompáñalo con una prueba, si la tienes; por ejemplo: "He realizado todos los pagos de mi hipoteca a tiempo. Por favor, consulte la copia adjunta del último estado de cuenta de mi hipoteca así como la copia de la carta de Bank of America que confirma este hecho"].

De acuerdo con la Fair Credit Reporting Act, ustedes están obligados a responder a mi solicitud en un lapso de treinta días. Mi información de contacto es: [inserta tu dirección postal y tu número telefónico].

Sinceramente,

[inserta tu nombre]

Disputa de un rechazo de reembolso

[inserta la fecha]

[inserta el nombre de la empresa]
ATENCIÓN: Departamento de procesamiento de reembolsos
[inserta la dirección]

REF: No recepción de reembolso en fecha ofrecida

Estimado [inserta el nombre]:

Compré un [inserta los detalles del producto] el pasado [inserta la fecha] en [inserta el nombre de la tienda] en [inserta la ciudad y el estado]. Mi decisión de comprar dicho producto se basó en su oferta de reembolsar por correo la cantidad de [inserta la cantidad en dólares] ("oferta"). Mi compra del producto constituyó mi aceptación ("aceptación") de su oferta, lo cual creó un contrato de obligaciones forzoso entre ambas partes.

Yo he cumplido mis obligaciones especificadas por el contrato. Pagué el precio total de compra y después procedí a llenar el formulario de reembolso proporcionado por ustedes. Incluí toda la información solicitada para procesar mi reembolso, pero hasta el día de hoy no he recibido un cheque por la cantidad de [inserta el monto en dólares].

Con todo respeto, solicito que procese el pago y me lo envíe a la dirección indicada en un lapso de treinta días. He adjuntado de nuevo toda la información que ya envié para su conveniencia.

De no recibir el pago total para el día [inserta la fecha a 30 días del envío], iniciaré un proceso legal en su contra y presentaré reportes de queja ante la Federal Trade Commission, los fiscales generales del estado de [inserta tu estado] y del estado de [inserta el estado de la empresa], así como ante diversas publicaciones de defensa al consumidor seleccionadas y ante departamentos locales y estatales de asuntos del consumidor.

Enviaré copias de esta carta a esas agencias y organizaciones para motivar el cumplimiento por parte de ustedes. También llenaré un reporte en Consumer Affairs.com para que sea incluido en su página web.

Agradezco su pronta atención y resolución a este asunto.

Sinceramente,

[inserta tu nombre]

cc: Federal Trade Commission
600 Pennsylvania Avenue, NW
Washington, DC 20580

Honorable (nombre del fiscal general)
Fiscal General, Estado de (estado)
(dirección)

Honorable (nombre del fiscal general)
Fiscal General, Estado de (estado)
(dirección)

ConsumerAffairs.com
11400 West Olympic Boulevard
Suite 200
Los Ángeles, CA 90064

Fuente: www.consumeraffairs.com

Fuentes

Introducción

En una sola semana de este mes (octubre del año 2008), el mercado de valores de Estados Unidos cayó más de 18 por ciento: Tim Paradis, "Stocks end wild session mixed, Dow falls 128", *Associated Press,* 10 de octubre de 2008, **biz.yahoo.com/ap/081010/wall_street.html.**

Mientras, al mismo tiempo, los precios de los bienes raíces en muchas ciudades a lo largo del país disminuyeron 20 por ciento o más desde su apogeo en los años 2005 y 2006: Rex Nutting, "Home prices falling faster in July, Case-Shiller says", *MarketWatch,* 30 de septiembre de 2008, **www.marketwatch.com/news/story/ home-prices-falling-faster-july/story.aspx?guid=%7BFA9E2E3B-97CB-4E29-9E73- 9A52A3DF220A%7D.**

En el año 2008, mientras alrededor de 25 por ciento de la población (cerca de 72 millones de personas en total) retrasó o no utilizó servicios médicos porque no podía pagar las cuentas: Aliza Marcus, "Medical Bills Burden 72 Million Working-Age Adults in U.S.", *Bloomberg,* 20 de agosto de 2008, **www.bloomberg,com/apps/ news?pid=20601124&refer=home&sid=abot1XN3T0J0.**

Las veinte compañías aseguradoras más grandes registraron utilidades totales que exceden los $17 mil millones. (El año anterior, el director general de CIGNA Corp., la quinta compañía de seguros más grande, obtuvo ganancias personales por más de $24 millones.): GoogleFinance, **finance.google.com/ finance?catid=52935503;** "2007 Executive Compensation at Publicly Traded Managed Care Firms" *Health Plan Week,* 12 de mayo de 2008, **www.aishealth.com/ManagedCare/CompanyIntel/ ExecComp.html.**

Los fraudes del telemercadeo nos cuestan un estimado de $40 mil millones al año: U.S. Postal Inspection Service, "Want to Get Rich Quick? It could cost you plenty", **postalinspectors.uspis.gov/radDocs/ consumer/dial4dol.htm.**

Comprar un auto nuevo

Los estadounidenses aún compran alrededor de 14 millones de autos, minivans, SUV´s y camionetas pickup nuevos cada año: Mark Glover. "Annual Auto Sales Continue Fall", *Sacramento Bee,* junio de 2008, **press. leasetrader.com/archive/2008/06/27/Auto-experts-see-annual-new-car-sales.aspx.**

Sólo las extensiones de garantía producen $5 mil millones por año, tres cuartas partes de los cuales son utilidades: Common Rights Law Blog: **ohiolemonlaw.blogspot.com/2007/05/extended-warranty-ripoffs .html.**

Los autos nuevos tienen el rango más alto de depreciación durante el primer año después de rodar para salir del lote del distribuidor; por lo regular, pierden entre 25 y 30 por ciento de su valor: Philip Reed, "Drive a (Nearly) New Car for (Almost) Free!" Edmunds.com, **www.edmunds.com/advice/strategies/ articles/77147/article.html.**

Existen alrededor de 21.000 distribuidores de autos nuevos en Estados Unidos: National Automobile Dealers Association, "Annual Contributions of the United State's New Vehicle Dealers", **www.nada.org/NR/ rdonlyres/E51CEDC3-E39D-4C70-AD75-3ACCB5685251/0/StateeconomiesAnnualContributions .pdf.**

El precio de factura de un auto no es el costo verdadero del distribuidor dado que por lo general incluye lo que se conoce como restricción; ésta es una tarifa (por lo regular entre 2 y 4 por ciento del PMSF) que la mayoría de los fabricantes de autos paga a sus distribuidores cada vez que venden un auto: Edmunds.com, Buyer Tips/Dealer Holdback, **www.edmunds.com/advice/incentives/holdback/index.html.**

Costos del VW Jetta 2009: PNSF, costos de factura y de distribuidor de Edmunds.com, agosto de 2008, **www.edmunds.com.**

Más de una cuarta parte de las utilidades de un distribuidor de autos proviene de lo que ellos llaman F&S; es decir, financiamiento y seguros: AutoExec.com. "F&I Service Contracts", mayo de 2007, **www.nada.org/ NR/rdonlyres/03470866-3B06-49A7-8412-1749A3C11CE1/0/NADA_DATA_2007_FI_service_ Contracts.pdf.**

Los fabricantes de autos invierten miles de millones de dólares al año en publicidad diseñada para: Comunicado de prensa de TNS, 25 de marzo de 2008, **www.tnsglobal.com/news/newsB1FAE5AC1091484 FA02D8B7F4F7EDDAD.aspx**; comunicado de prensa de TNS, 24 de septiembre de 2008, **www .businesswire.com/portal/site/google/?ndmViewId=news_view&newsId=20080924005132& newsLang=en**.

A pesar de que la mayoría de los automóviles nuevos ya cuentan con una garantía por corrosión de seis años/100.000 millas, muchos distribuidores intentarán venderte un tratamiento anticorrosión de $800 que a ellos les cuesta $40: Doug Newcomb, "Dealer Options to Avoid" MSN Autos, **editorial.autos.msn.com/ article.aspx?cp-documentid=476382**.

Costo del "Paquete de protección de vestiduras" del distribuidor: $300: Edmunds.com, discusiones de clientes, **www.edmunds.com/dealerships/Chevrolet/Ohio/SenecaCounty/OldFort.html**.

Más compradores de autos nuevos que nunca antes (más de un tercio en nuestros días, comparado con sólo uno de cada cinco a finales de los años noventa) ceden a la presión de comprar contratos de servicio extendido: "Extender Car Warranties-Don´t be a Pushover", *Consumer Reports,* 17 de marzo de 2008, **blogs.consumerreports.org/cars/2008/03/ex-car-warranty.html**.

El precio de estos planes es, en promedio, $1.000, mientras los costos totales de reparación que absorben son, por lo regular, de sólo $250 más o menos: Comunicado de prensa de Consumers Union, 21 de marzo de 2003, **www.consumersunion.org/finance/extendwarr-pr.htm**.

Comprar un auto usado

Los estadounidenses compraron 41,4 millones de autos usados en el 2007; dos terceras partes de ellos de distribuidores (en oposición a las negociaciones entre particulares): Bureau of Transportation Statistics, **www .bts.gov/publications/national_transportation_statistics/html/table_01_17.html**.

Un promedio de ganancias de alrededor de $300 por vehículo, lo cual suma un total de $8,3 mil millones: John O'Dell, "Used-Car Profit Engine", *Los Angeles Times,* 14 de noviembre de 2004, **articles.latimes .com/2004/nov/14/business/fi-auction14**.

El hecho es que, fácilmente, los autos más modernos te darán 200.000 millas o más: Herb Weisbaum, "What´s the Life Expectancy of My Car?", MSNBC, 28 de marzo de 2006, **www.msnbc.msn.com/id/12040753/**.

Craigslist anuncia alrededor de 3 millones de autos usados cada mes. Por su parte, eBay recibe a 11 millones de visitantes al mes y vende alrededor de $18 mil millones en autos y productos relacionados por año: Jim Kneiszel, "Going Once, Going Twice", Edmunds.com, **www.edmunds.com/advice/selling/articles/74786/article.html**.

Los autos de alquiler se encuentran entre los vehículos mejor conservados en las calles en la actualidad: **www.edmunds.com/46537/article.html**; Robbie Woliver, "Drive a Bargain with a Former Rental Car", Bankrate.com, 18 de marzo de 2003, **www.bankrate.com/brm/news/auto/20000126.asp**.

El odómetro de uno de cada diez autos usados que se venden en la actualidad ha sido retrasado. De acuerdo con las cifras del gobierno de Estados Unidos, esta práctica ilegal les cuesta más de mil millones de dólares a los compradores de autos al año en precios inflados: Ralph Vartabedian, "Making Inroads Against Threat of Odometer Fraud", *Los Angeles Times,* 17 de julio de 2002, **articles.latimes.com/2002/jul/17/autos/ hy-wheels17**.

Alrededor de 10 por ciento de los autos y camiones de Louisiana y Mississippi; es decir, 571.000 vehículos en total, fueron arruinados por el huracán Katrina en agosto de 2005: "Water Damaged Katrina Cars Hit the Market", *Consumer Affairs,* 1 de febrero de 2006, **www.consumeraffairs.com/news04/2006/02/ flood_cars.html**.

Leasing de autos

Los distribuidores de autos ganan, en promedio, el doble de utilidades por un leasing que por una venta convencional: CarInfo.com, "Auto Leasing Secrets", **www.carinfo.com/autoleasing.html**.

Dado que casi 25 por ciento de los autos nuevos (y más de 85 por ciento de algunos modelos de lujo) son arrendados en lugar de comprados, estamos hablando de mucho dinero; alrededor de $10 mil millones por año en utilidades adicionales, de acuerdo con algunos estimados: Bureau of Transportation Statistics, **www**

.bts.gov/publications/national_transportation_statistics/html/table/01_17.html; investigación de la CNW, Retail Automotive Survey, 16 de junio de 2008; "Drive an Expensive Import? You Probably Lease It", *Business Week*, 26 de agosto de 2008.

Dado que un Honda por lo regular se deprecia 40 por ciento en tres años, el auto valdrá sólo alrededor de $15.000 cuando termine el plazo del leasing: James R. Healey, "Driving Off the Lot: Watch Out for the Cliff", *USA Today*, 8 de octubre de 2004, **www.usatoday.com/money/perfi/basics/ 2004-10-08-mym-autos_x.htm**.

En términos básicos, 58,5 centavos por cada milla que conducen relacionada con negocios: Internal Revenue Service, **www.irs.gov/taxpros/article/0,,id=156624,00.html**.

En el primero o segundo año, el leasing *por lo regular te cuesta menos; a partir del tercer año, la balanza comienza a inclinarse a favor de la compra:* "Comparing Auto Financing Options", *Consumer Reports*, abril de 2008, **www.consumerreports.org/cro/money/credit-loan/auto-lease-or-buy-4-08/overview/ auto-lease-or-buy-ov-htm**.

Alquiler de autos

Juntas producen más de $20 mil millones al año: **www.carrentalexpress.com/theproof.htm ;NauCarrental.com**, 24 de abril de 2008, **naucarrental.com/article.cfm/id/284920**.

Costos de alquiler de un Ford Taurus y accesorios en el aeropuerto O'Hare de Chicago: Hertz Car Rental, agosto de 2008, **www.hertz.com**.

Ahorra 25 por ciento con tu credencial de Costco en National, Alamo y Avis; o 20 por ciento en Hertz y Budget: Costco Travel, **www.costcotravel.com/#11_rentalCars**.

Ahorra 20 por ciento con tu credencial de miembro de AAA en autos de clase premium en Hertz o 15 por ciento en clases desde económica hasta mayor: American Automobile Association, **www.AAA.com**.

El aeropuerto intercontinental George Bush de Houston tenía los cargos más sorprendentes y sus impuestos incrementaban el costo del alquiler en más de 66 por ciento: Comunicado de prensa de Travelocity, 29 de marzo del 2005, **http://www.news.travelocity.com/phoenix.zhtml?c=75787&p=irolnewsArticle&ID =689486**.

Comparación de alquiler de un Chevy Impala entre Minneapolis/St. Paul y Maplewood, MN: Tarifas de alquiler de **www.avis.com** en septiembre de 2008. Tarifas de taxi de **www.msairport.com**. Las tarifas de transporte en taxi se miden con base en una tarifa de $1,90 por milla en septiembre de 2008, además de un banderazo de $2,75 que se suma a la tarifa final medida. Los cálculos están basados en un traslado de 17 millas desde el aeropuerto MSP hasta Maplewood, MN.

Casi la tercera parte de todos los clientes que alquilen autos lo contratan y pagan hasta $40 al día por una cobertura que la mayoría de ellos no necesita: "Should You Say Yes to a Car Rental Insurance? It depends", *USA Today*, 14 de diciembre de 2007, **www.usatoday.com/money/perfi/insurance/ 2007-12-10-car-rental-insurance_N.htm**.

En Hertz pagarás $7 más por alquilar un Toyota Prius que por una Ford Explorer. ¡Pero obtienes más del doble de millaje por la gasolina!: alquiler Car Rental, septiembre de 2008, **www.hertz.com**.

Costo de alquiler semanal por un GPS: $59,75: Hertz Car Rental, Aeropuerto Internacional JFK, Nueva York, septiembre de 2008, **www.hertz.com**.

Reparaciones de auto

Los talleres mecánicos ocupan los primeros lugares entre las diez industrias que reciben más quejas en el Better Business Bureau: Better Business Bureau, **us.bbb.org/WWWRoot/SitePage.aspx?site=113&id= ec2f39d2-b948-4f54-9959-01130dde2f61**.

Obligó a Sears a pagar $46 millones por compensaciones después de ser demandado por clientes a quienes se les vendieron reparaciones y servicios innecesarios en los años noventa: Ted Orme, "Keeping Your Car Like New", Kiplinger's New Cars and Trucks, 1999, **findarticles.com/p/articles/ mi_m0BUZ/is_1999_Annual/ai_56203073/pg_2**.

Cuentas bancarias

Existen más sucursales bancarias en Estados Unidos que cines o centros comerciales; es decir, más de 91.000 en el conteo más reciente: Federal Deposit Insurance Corporation, **www.fdic.gov/bank/statistical/stats/ 2008jun/industry.html**.

En general, existen más de 8.400 bancos distintos con más de $10 mil millones en activos y más de un billón en capital: American Bankers Association, **www.aba.com/Press+Room/banking_overview.htm**.

Entre el año 2000 y el 2006, el monto total de cargos que los bancos estadounidenses recabaron de clientes de cuentas corrientes y de ahorros ascendió de $24 mil millones a $36 mil millones; es decir, un sorprendente incremento de 50 por ciento en sólo seis años: David Ellis, "Americans in the Dark Over Bank Fees", CNNMoney.com, 3 de marzo de 2008, **money.cnn.com/2008/03/03/news/companies/bank_fees/index.htm**.

Los investigadores de la GAO no pudieron obtener respuestas completas en más de 20 por ciento de las sucursales que visitaron: Comunicado de prensa de Carolyn B. Maloney, "New GAO Report Finds Bank Fees Rising, Banks Failing to Provide Consumers with Info on Fees", 3 de marzo de 2008, **maloney.house. gov/index.php?option=content&task=view&is=1579&Itemid=61**.

La Federal Deposit Insurance Corp., la cual asegura a los depositantes contra fracasos bancarios, cuenta con una "lista precautoria" de 117 instituciones consideradas como particularmente riesgosas: "FDIC Troubled Banks Rise to 117, Most in Five Years", CNBC, Reuters, 26 de agosto de 2008, **www.cnbc.com/ id/26408785**.

Se llama Federal Deposit Insurance Corporation y asegura depósitos por un valor de $4,2 billones en 8.451 bancos y asociaciones de ahorros: "Then and Now: Changes Since the FDIC´s Creation in 1933", FDIC Consumer News, invierno 2007/2008, **www.fdic.gov/CONSUMERS/consumer/news/cnwin0708/the-nandnow.html**.

En agosto de 2008, la FDIC sólo contaba con $45 mil millones en su fondo de seguro al depósito; es decir, sólo un poco más de 1 por ciento de esos $4,2 billones en depósitos que se supone que debe proteger: Comunicado de prensa de la FDIC, "Insured Bank and Thrift Earnings Fell $5.0 Billion in Second Quarter", 26 de agosto de 2008, **www.fdic.gov/news/news/press/2008/pr08070.html**.

Una tarifa de transferencia que puede costar desde $5 (que es lo que cobra Chase): Jessica Dickler, "Raw Deal: Overdraft Protection", CNNMoney.com, 20 de agosto de 2008, **money.cnn.com/2008/08/12/pf/ raw_deal_overdraft/index.htm**.

Lo que la mayoría de los principales bancos hace es procesarlos por tamaño; es decir, comienzan con la cantidad más grande de dólares hasta la más pequeña: Kathy Chu, "Banks' Check-Clearing Policies Could Leave You with Overdrafts", *USA Today*, 20 de noviembre de 2006, **www.usatoday.com/money/industries/ banking/2006-11-19-bank-usat_x.htm**.

Si tienes tu cuenta en BofA pero haces un retiro en, digamos, un cajero automático de Chase, la transacción te costará $5: $3 a Chase por utilizar uno de sus cajeros y $2 a BofA por no utilizar uno de los suyos. En total, los bancos estadounidenses recaudaron $4,4 mil millones en tarifas por uso de cajeros automáticos en el 2007: CNNMoney.com, 26 de septiembre de 2007, **money.cnn.com/2007/09/17/pf/raw_deals_atm/ index.htm**.

Cargos bancarios erróneos y fraudulentos: "Answers about Bank Errors", Comptroller of the Currency Administrator of National Banks, **www.helpwithmybank.gov/faqs/banking_errors .html#top**.

Tarjetas de débito

En el año 2006, utilizamos tarjetas de débito, las cuales hacen retiros de una fuente existente de fondos como una cuenta corriente, con una frecuencia 20 por ciento mayor que las tarjetas de crédito; es decir, 26 mil millones de veces en total. Y los números se han incrementado de manera estable y continua. Las compras con tarjeta de débito ahora suman un total de un billón al año, lo cual equivale a dos terceras partes del volumen de todas las transacciones de Visa y a la mitad del volumen en dólares de Visa: "Debit-card Smarts", *Kiplinger´s Personal Finance,* agosto de 2007; "The Dark Secrets of Debit", *Consumer Reports,* septiembre de 2007, **www.consumerreports.org/cro/money/credit-loan/debit-cards/ the-dark-secrets-of-debit-9-07/overview/the-dark-secrets-of-debit-ov.htm**.

En particular, las tarjetas de débito son populares entre personas jóvenes de entre dieciocho y veinticinco años, quienes las usan en lugar del efectivo incluso para compras menores. (Alrededor de 60 por ciento de las tran-

sacciones con tarjeta de débito son por menos de $25.): "Debit-card Smarts", *Kiplinger´s Personal Finance,* agosto de 2007.

De acuerdo con cálculos realizados por Consumer Reports, ¡una tarifa típica por sobregiro en una compra con tarjeta de débito se traduce en una tasa de interés anual que excede 1.000 por ciento!: "The Dark Secrets of Debit", *Consumer Reports,* septiembre de 2007, **www.consumerreports.org/cro/money/credit-loan/ debit-cards/the-dark-secrets-of-debit-9-07/overview/the-dark-secrets-of-debit-ov.htm.**

De acuerdo con el Center for Responsible Lending, en promedio, ¡la transacción típica con tarjeta de crédito que produce una tarifa por sobregiro de $34 es por una compra de $20!: Consumer Federation of America, **www.consumerfed.org/pdfs/DOD_MLA_comments.pdf.**

Como sugirió Wachovia Bank en una promoción de correo directo: "para TODAS tus compras cotidianas": "Debit rewards: More glitter than gold", *Consumer Reports:* **www.consumerreports .org/cro/money/credit-loan/debit-cards/the-dark-secrets-of-debit-9-07/debit-rewards/ the-dark-secrets-of-debit-debit-rewards.htm.**

Sólo las tarifas por sobregiro que generan les producen cerca de $9 mil millones al año a los bancos: Consumer Reports, septiembre de 2007, **www.consumerreports.irg/cro/money/credit-loan/debit-cards/ the-dark-secrets-of-debit-9-07/overview/the-dark-secrets-of-debit-ov.htm.**

Truth in Lending Act (Regulación Z): FDIC, **www.fdic.gov/regulations/laws/rules/6500-1400.html.**

Electronic Funds Transfer Act (Regulación E): FDIC, **www.fdic.gov/regulations/laws/rules/6500-3100 .html.**

El año pasado, el Wall Street Journal publicó un artículo acerca de un fraude a tarjetas de débito que cada vez es más común: Joseph Pereira, "Thieves Are Using Skimmers to Target Debit Card Readers", *Wall Street Journal,* 18 de marzo de 2007, **findarticles.com/p/articles/mi_qn4188/is_/ai_n18741385.**

Como señaló un experto en Consumer Reports: "Las tarjetas de débito pueden ser adecuadas para comprar una taza de café, pero no tan buenas para alquiler autos o para pagar facturas de hoteles, donde una suspensión puede bloquear cientos de dólares": "The Dark Secrets of Debit", *Consumer Reports,* septiembre de 2007, **www.consumerreports.org/cro/money/credit-loan/debit-cards/ the-dark-secrets-of-debit-9-07/overview/the-dark-secrets-of-debit-ov.htm.**

Tarjetas de crédito

Mientras escribo esto en el verano del 2008, alrededor de 53 millones de hogares estadounidenses tienen una deuda de casi un billón con tarjetas de crédito: Tim Westrich, "Problems with Plastic: Credit Card Debt Hits Record High", 18 de abril de 2008, **www.americanprogress.org/issues/2008/04/ plastic_problems.html**; CardTrak.com **www.cardtrak.com/press/2007.05.31.**

Sólo en el año 2007, esos cargos por intereses sumaron $116 mil millones y las tarifas agregaron $23 mil millones más a los cofres de la industria: "Can Credit Card Companies Afford Customers Who Don´t Carry a Balance?" *Newsday,* 18 de enero de 2008, **www.newsday.com/news/columnists/ny-bzbrenner 0120,0,2241008.column.**

Las empresas de tarjetas de crédito envían alrededor de 6 mil millones de solicitudes de este tipo por año: Tim Westrich, "Problems with Plastic: Credit Card Debt Hits Record High", 18 de abril de 2008, **www .americanprogress.org/issues/2008/04/plastic_problems.html.**

Más de una tercera parte de los bancos que emiten tarjetas de crédito en Estados Unidos hace algo aún peor. Ellos practican lo que se conoce como facturación de doble ciclo: Comunicado de prensa del senador Carl Levin, 3 de noviembre de 2006, **levin.senate.gov/newsroom/release.cfm?id=265688.**

Muchos emisores de tarjetas de crédito tienen una hora de cierre diaria, que con frecuencia son las tres de la tarde, en horario regular del Este, después de la cual no acreditarán tu pago ese día. Y muchos no procesan pagos realizados en días feriados o en fines de semana, sino hasta el siguiente día hábil: Jennifer Wheary y Tamara Draut, "Who Pays? The Winners and Losers of Credit Card Deregulation", Demos.org, **www .demos-usa.org/pubs/whopays_web.pdf.**

Información relacionada con derechos de facturación: Federal Trade Commision, **www.ftc.gov/os/ statutes/fcb/fcb.pdf**; **www.ftc.gov/bcp/edu/pubs/consumer/credit/cre16.shtm.**

Sólo puedes invocar este derecho si lo que compraste costó más de $50 o si el establecimiento se encuentra en un perímetro de 100 millas a partir de tu domicilio: Licy Lazaroni, "The Basics: How to Dispute a Credit

Card Purchase", Bankrate.com, **moneycentral.msn.com/content/Banking/creditcardsmarts/P79885 .asp.**

Calificaciones crediticias

En el año 2008, la calificación FICO media en Estados Unidos fue de 723, lo cual significa que la mitad de los estadounidenses obtuvo calificaciones más altas que ese número y la otra mitad obtuvo calificaciones más bajas: My FICO, **www.myfico.com.**

Si resulta que tú tienes razón, la agencia de crédito deberá corregir o borrar la información errónea en un lapso de treinta días: Equifax, **www.equifax.com/answers/correct-credit-report-errors/en_cp.**

Préstamos

Entonces hizo lo que hacen más o menos 19 millones de estadounidenses cada año: "Credit Unions Seek Payday Loan Consumers", NPR, 15 de octubre de 2007, **www.npr.org/templates/story/story. php?storyId=15276522.**

Con más de 25.000 establecimientos alrededor del país, es decir, más que Starbucks y McDonald´s combinados, los prestamistas afirman que ayudan a las personas asalariadas en problemas al proporcionarles alrededor de $40 mil millones al año en préstamos a corto plazo: "Financial Quicksand", Center for Responsible Lending, 30 de noviembre de 2006, **www.responsiblelending.org/pdfs/ rr012-Financial_Quicksand-1106.pdf.**

Por lo general con tasas anuales que llegan hasta 400 por ciento y, a veces, hasta más de 1.000 por ciento: Michelle Singletary, "Extend 'Payday Loan' Protections to All Borrowers", *Washington Post,* 12 de octubre de 2006, **www.washingtonpost.com/wp-yn/content/article/2006/10/11/AR2006101101453.html.**

Los prestamistas cobran alrededor de $17,50 por cada $100 que tú solicitas... considera que algunos de estos sujetos cobran hasta $30 por un préstamo de $100: "Beware Payday Loans", About.com, **financialplan .about.com/od/creditanddebt/a/PaydayLoan.htm.**

Robo de identidad

En el año 2007, el robo de identidad fue la queja número uno en la Federal Trade Commission por octavo año consecutivo: Comunicado de prensa de la Federal Trade Commission, 3 de febrero de 2008, **www.ftc.gov/ opa/2008/02/fraud.shtm.**

Se trata de una epidemia que afecta a casi 10 millones de estadounidenses que sufren el robo de su identidad cada año a un costo de cerca de $50 mil millones: George John, "Prevent Identity Theft: Know the Facts", 3 de marzo de 2008, **article.abc-directory.com/article/3926**; Federal Trade Commission, **www.ftc.gov/ bcp/edu/microsites/idtheft/consumers/about-identity-theft.html.**

Cada año, Javelin Strategy & Research publica su Reporte de encuesta de fraudes de identidad, del cual se dice que es el estudio más extenso y actualizado sobre fraudes de identidad en Estados Unidos: "2008 Identity Fraud Survey Report", Javelin Strategy and Research, febrero de 2008, **www.idsafety.net/803.R_2008% 20Identity%20Fraud%20Survey%20Report_Consumer%20Version.pdf.**

Una trampa llamada "vishing" es aún menos sofisticada y de más baja tecnología; no obstante, se ha incrementado de 3 por ciento de los casos de robo de identidad en el 2006 a 40 por ciento en 2007: "2008 Identity Fraud Survey Report", Javelin Strategy and Research, febrero de 2008. **www.idsafety.net/803.R_2008% 20Identity%20Fraud%20Survey%20Report_Consumer%20Version.pdf.**

Hace poco, el Washington Post publicó un artículo acerca de los teléfonos celulares; en específico, los "teléfonos inteligentes" como la Palm Treo y la Blackberry, que me abrió los ojos: Ellen Nakashima, "Used Cell Phones Hold Trove of Secrets That Can Be Hard to Erase", *The Wall Street Journal,* 21 de octubre de 2006, **www .washingtonpost.com/wp-dyn/content/article/2006/10/20/AR2006102001647_pf.html.**

Existen alrededor de 24 millones de clientes que se suscriben al monitoreo de crédito a través de servicios como los que ofrecen Equifax, Experian o TransUnion, y pagan entre $60 y $180 al año por la paz mental que pueden ofrecer: "2008 Identity Fraud Survey Report", Javelin Strategy and Research, febrero de 2008, **www .idsafety.net/803.R_2008%20Identity%20Fraud%20Survey%20Report_Consumer%20Version .pdf.**

Divorcio

La mujer promedio experimenta un descenso de 45 por ciento en su nivel de vida después de vivir un divorcio: Kay Bell, "Gather Documents and Know Assets to Keep From Losing Money in Divorce", Divorce 360, **www.divorce360.com/articles/56/financial-tips-for-women.aspx**.

El hombre promedio experimenta una mejoría de 15 por ciento en su nivel de vida: Nathan Dawson, "Rebuilding Your Finances After Divorce", 101 Family Matters, **101familymatters.com/7/ rebuilding-your-finances-after-divorce/**.

A largo plazo, la información gubernamental de Estados Unidos demuestra que un divorcio reduce la capacidad del hombre promedio de ganarse la vida hasta en 40 por ciento menos en comparación con su contraparte casada: Mark A. Fine & John H. Harvey, *Handbook of Divorce and Relationship Dissolution,* Routledge (2005), p. 393.

Por lo general, los jueces no revocan acuerdos sobre propiedades a menos que puedas comprobar que el acuerdo fue injusto o que tu ex cometió fraude (como ocultar activos) durante las negociaciones: Jeanne M. Hammer, Family Lawyer, **traversecityfamilylaw.com/Pages/Property.htm**.

Seguros de vida

Los estadounidenses cuentan con más de $20 billones en cobertura de seguros de vida: "Life Insurance Basics", Insure.com, 9 de febrero de 2008, **www.insure.com/articles/lifeinsurance/basics.html**.

De acuerdo con las estadísticas más recientes, alrededor de 60 por ciento de las pólizas vendidas en Estados Unidos son permanentes y cerca de 40 por ciento son temporales: "2007 Life Insurers Fact Book", American Council of Life Insurers, 25 de octubre de 2007, **www.acli.com/ACLI/Tools/Industry+Facts/Life+ Insurers+Fact+Book/GR07-079.htm**.

Un artículo reciente de Smart Money expuso a Metropolitan Life por cobrarles a sus asegurados unas tarifas equivalentes al 15 ó 10 por ciento de la prima anual sólo por el privilegio de realizar pagos mensuales (en lugar de realizar un pago anual): "Ten Ways to Save on Life Insurance", *Smart Money,* septiembre de 2000, **www.smartmoney.com/personal-finance/insurance/ 10-ways-to-save-on-life-insurance-8010/?page=all**.

Ahora son 50 por ciento más baratas de lo que fueron hace una década: Alan Lavine, "Term Insurance Premiums Falling", InsuranceNewsNet.com, 19 de agosto de 2008, **www.insurancenewsnet.com/article .asp?a=top_lh&id=97487**.

Planificación de bienes

Si mueres en el año 2009, tus herederos no tendrán que pagar impuestos sobre los primeros $3,5 millones de tus bienes. Si mueres en el año 2010, tus herederos no tendrán que pagar impuestos, sin importar cuál sea el valor de tu legado. Pero si mueres en el año 2011, ellos tendrán que pagar impuestos estatales sobre cualquier cantidad que exceda $1 millón: "Will You Owe Estate Taxes?", Smart Money, 9 de enero de 2007, **www.smartmoney.com/tax/homefamily/index.cfm?story=estatetax**; "Estate Tax in the United States"; Wikipedia, **en.wikipedia.org/wiki/Estate_tax_in_the_United_States**.

Puedes donar $1 millón a quien quieras durante el transcurso de tu vida sin tener que pagar ningún impuesto por obsequio, y si donas menos de $12.000 en cualquier otro año, no contará para el millón total: Internal Revenue Service. **www.irs.gov/business/small/article/0,,id=108139,00.html**.

Ahorros para la universidad

Para el año 2024, se espera que el costo para obtener un título universitario sea más del doble de lo que costaba en el 2007, y en el 2007 era todo menos barato: "2007–2008 College costs: Keep Rising Prices in Perspective", College Board, **collegeboard.com/parents/csearch/know-the-options/21385.html**; "Huge Gap Between Costs, What Families Save; Tax Deferred College Savings Plans Underused", Business Wire, 30 de abril de 2001, **findarticles.com/p/articles/mi_m0EIN/is_/ai_73818312**.

Estos planes son muy populares. A principios del año 2008, los padres de estudiantes universitarios habían invertido más de $130 mil millones en ellos, y se espera que los números continúen en crecimiento: College Savings Plans Network, **www.collegesavings.org/didYouKnow.aspx**.

Seguros médicos

Los 47 millones de estadounidenses (incluso más de 8 millones de niños) que no cuentan con una cobertura: "US health insurance costs rise nearly twice as fast as pay: survey", AFP, 12 de septiembre de 2007, **afp.google.com/article/AleqM5gKHT300579Mudwlh8Qt4k51BBLQ.**

Los 260 millones que pagan mucho dinero por pólizas que con frecuencia resultan ser estafas: La población actual de Estados Unidos es de 305 millones, de acuerdo con **www.census.gov/population/www/po-plocjus.html.** Menos los 47 millones que no cuentan con seguro médico resulta en 260 millones.

Con un gasto total en seguros médicos de alrededor de $3 billones por año en Estados Unidos, y con los costos que continúan en incremento a casi tres veces la tasa de inflación: "U.S. Health-Care Costs to Top $4 Trillion by 2016", Forbes, 21 de febrero de 2007, **www.forbes.com/forbeslife/health/feeds/hscout/2007/02/21/hscount602078.html.**

Cada vez que un individuo tramitaba una reclamación, el procedimiento regular en la Blue Cross en California era revisar los registros médicos de dicha persona en busca de cualquier error o imprecisión que pudieran ser utilizados como excusa para cancelar su póliza. Fue necesaria una demanda grupal de más o menos 6.000 clientes para lograr que Blue Cross cambiara sus prácticas y accediera a rescindir pólizas sólo si los errores eran intencionales: "Blue Cross Reaches Deal in Lawsuit over Policy Cancellations", Medical News Today, 16 de mayo de 2007, **www.medicalnewstoday.com/articles/70902.php.**

Si tú formas parte de los 180 millones de estadounidenses que obtienen cobertura de salud a través de un empleador: "Health Insurance in the United States", Wikipedia, **en.wikipedia.org/wiki/Health_insurance# Health_insurance_in_the_United_States.**

La contribución nominal promedio para una cobertura familiar ascendió a $278 mensuales en el año 2007: "Health Insurance Costs", National Coalition of Health Care, **www.nchn.org/facts/costs.shtml.**

Sólo 60 por ciento de las empresas ofrece coberturas de salud a sus empleados, y este número disminuye cada día: "Health Insurance in the United States", Wikipedia, **en.wikipedia.org/wiki/Health_insurance# Health_insurance_in_the_United_States.**

Todos los detalles y reglas de las HSA: Internal Revenue Service, **www.irs.gov/publications/p969/index .html.**

Employers Mutual, American Benefit Plan y TGR han robado millones de dólares a clientes incautos: Julie Appleby, "More Patients Get Stuck With the Bills", USA Today, 1 de mayo de 2002, **www.fldfs.com/ Consumer/unlicenced_entities/ue_clips/5-01-02morepatients.html.**

De acuerdo con las estadísticas gubernamentales, en un periodo de dos años alrededor de 144 aseguradoras de salud falsas siguieron este patrón y dejaron a más de 200.000 clientes atrapados por al menos $252 millones en reclamaciones no pagadas: "Private Health Insurance: Unauthorized or Bogus Entities Have Exploited Employers and Individuals Seeking Affordable Coverage", U.S. Government Accountability Office, 3 de marzo de 2004, **www.gao.gov/products/GAO-04-512T.**

Facturas de hospital

En el año 2007, los estadounidenses, tanto los asegurados como los no asegurados, gastamos $275 mil millones de nuestros bolsillos en médicos y en hospitales: C. Eugene Steuerle y Randall R. Bovbjerg, "Health and Budget Reform as Handmaidens", Health Affairs, **content.healthaffairs.org/cgi/content/abstract/27/3/633.**

Cada año, alrededor de 700.000 familias se ven obligadas a declararse en bancarrota debido a los costos médicos, mientras otros 80 millones de estadounidenses luchan con facturas médicas que no pueden pagar: Maggie Fox, "Half of Bankruptcy Due to Medical Bills-U.S. Study", Reuters, 2 de febrero de 2005, **www.common dreams.org/headlines05/0202-08.htm**; Amanda Gardner, "79 Million Americans Struggle to Pay Medical Bills", Washington Post, 20 de agosto de 2008, **www.washingtonpost.com/wp-dyn/content/ article/2008/08/20/AR2008082001109.html.**

Es raro que esta cirugía de rutina más una estancia típica de dos días le cueste al hospital más de $5.000. Si estás cubierto por Medicare, el hospital aceptará alrededor de $4.700 por atenderte. Un HMO le cobrará a tu plan de seguros entre $7.000 y $8.000, mientras Blue Cross Blue Shield pagará entre $9.000 y $10.000: Nora Johnson, defensora de facturación médica. Entrevista con la investigadora Diana Dawson de FFYM, junio del 2008.

Puedes esperar que te cobren entre $30.000 y $35.000 por la misma apendicectomía; es decir, más de seis veces lo que hubiera pagado Medicare: Entrevista de Johnson, junio de 2008.

Los expertos dicen que 90 por ciento de las facturas de hospitales contienen errores: U.S. Securities and Exchange Commission, **www.sec.gov/comments/s7-11-06/s71106-5.pdf.**

Por lo regular a los pacientes quirúrgicos se les cobran alrededor de $70 el minuto por el uso del quirófano: Entrevista de Johnson, junio de 2008.

Se tiene noticia de hospitales que han cobrado a los pacientes hasta $70 u $80 por una bolsa de suero intravenoso que en realidad no cuesta más de diez centavos. A una mujer no asegurada de setenta y tantos años, quien cayó y se fracturó el fémur, le cobraron $201.000 por una estancia de diecinueve días en un hospital de Nueva Jersey. Entre otras cosas, el hospital le facturó alrededor de $6.000 por una caja de guantes desechables de látex no esterilizado que podrías comprar en Staples por $7,99. Otro hospital le cobró a un niño $57.50 por lo que la factura describía como "artefacto de apoyo para la tos". En realidad, se trataba de un barato osito de peluche: Entrevista de Johnson, junio de 2008.

Los límites de ingresos para la atención de beneficencia a menudo son más altos de lo que la gente cree; de hecho, alcanzan hasta 400 por ciento de las guías del salario mínimo federal: Kaiser Permanente, **members. kaiserpermanente.org/kpweb/pdf/feature/092communityinvolve/policy_financial.pdf.**

Tampoco asumas que el personal del hospital conoce esa cifra. Un estudio reciente: "Options for Avoiding and Managing Medical Debt", National Endowment for Financial Education, 2006, **healthinsuranceinfo.net/managing-medical-bills/Avoid_and_Manage_Medical_Debt.pdf.**

Más de 4.200 hospitales de la nación se han comprometido a sujetarse a esos principios: American Hospital Association, **www.aha.org/aha_app/issues/BCC/index.jsp.**

Membresías en gimnasios

La industria de los gimnasios obtiene utilidades cercanas a los $20 mil millones por año. Tampoco es sorprendente que el Better Business Bureau reporte que las quejas sobre los gimnasios casi se han duplicado en años recientes: Jackie Crosby, "Pumping Up the Fitness Franchises", *StarTribune,* 19 de julio de 2008, **www .startribune.com/business/25627784.html?page=3&c=y**; "Joining a Gym? Complaints to BBB reveal how to get fit while avoiding the pitfalls", Better Business Bureau, 27 de diciembre de 2008, **us.bbb.org/ WWWRoot/SitePage.aspx?site=113&id=1869d6a9-82aa-49a1-8419-40a8251fa916&art=2709.**

Entre los más o menos 30.000 gimnasios en Estados Unidos en la actualidad: International Health, Racquet and Sportsclub Association, **cms.ihrsa.org/index.cfm?fuseaction=Page.viewPage&pageId=19547& nodeID=15.**

Una cuarta parte de todas las quejas por facturación que recibe relacionadas con gimnasios proviene de personas que reportaban retiros de sus cuentas corrientes aún después de creer que sus contratos habían expirado o de haberlos cancelado: "Joining a Gym? Complaints to BBB reveal how to get fit while avoiding the pitfalls", Better Business Bureau, 28 de diciembre de 2008, **us.bbb.org/WWWRoot/SitePage.aspx?site= 113&id=1869d6a9-82aa-49a1-8419-40a8251fa916&art=2709.**

Comprar una casa

Existen alrededor de 3,2 millones de agentes inmobiliarios en Estados Unidos; es decir, casi 60 por ciento más que sólo tres años atrás: The Association of Real Estate License Law Officials, **www.arello.org/ Common_Area/default.cfm.**

Sólo seis estados (Colorado, Kansas, Maryland, Oklahoma, Texas y Vermont) prohíben a los agentes representar a ambas partes en una transacción: Aaron Cahall, "Real estate double agents represent buyer and seller", Columbia News Service, 8 de mayo de 2007, **jscms.jrn.columbia.edu/cns/2007-05-08/cahall-doubleagents.**

Hace algunos años, investigadores estatales en Massachussets realizaron visitas encubiertas a cuarenta y cinco agencias inmobiliarias para averiguar si éstas entregaban a los nuevos clientes un formulario de declaración de agencia dual, requerido por la ley. Ninguna de ellas lo hizo: Tina Cassidy y Karen Curran, "Realtors Breaking State´s Disclosure Laws", *Boston Globe,* 29 de marzo de 1997, **www.realtyplan.com/homes/ press/theotherguys.htm.**

Sólo en el estado de Nueva York, un esquema de porcentajes opera en las cuatro compañías aseguradoras de títulos más grandes de la nación y les cuesta cientos de millones de dólares a los compradores de casas, de acuerdo con una instancia antimonopolio emitida en el año 2008: John R. Wilke, "Scrutinity Tightens for Title Insurers", *Denver Post,* 12 de febrero de 2008, **www.denverpost.com/ci_8239825?source_rss**.

Cargos similares en California condujeron a los reguladores del estado a multar a las mismas cuatro empresas, las cuales en conjunto controlan más de 90 por ciento del negocio de seguros de título, con $49 millones en fianzas y penalizaciones: "The title insurance toll", *Los Angeles Times,* 10 de febrero de 2008, **articles .latimes.com/2008/feb/10/business/fi-title10**.

En California, el seguro de título para una casa que vale $500.000 te costará entre $1.200 y $2.000. El Iowa, la cobertura para una casa de $500.000 cuesta sólo $110: "The Title Insurance Toll", *Los Angeles Times,* 10 de febrero de 2008, **articles.latimes.com/2008/feb/10/business/fi-title10**.

Hipotecas para casas

A finales del año 2007, los retrasos en el pago de hipotecas eran estratosféricos, los precios del mercado inmobiliario se tambaleaban, los bancos registraban pérdidas de cerca de un billón de dólares y alrededor de 6 millones de estadounidenses estaban en riesgo inminente de perder sus hogares por desalojos: Anna Bahney, "Housing Rescue Bill May Fall Short; Who Benefits?", *USA Today,* 28 de julio de 2008, **www.usatoday .com/money/economy/housing/2008-07-26-housing-bailout-bill_N.htm**.

... que es el estándar de las hipotecas a treinta años mientras escribo esto: Bankrate.com, **www.bankrate .com/brm/rate/mtg_home.asp**.

Noventa por ciento de los individuos que tramitaron refinanciamientos sobre hipotecas ya eran propietarios inmobiliario: Maura Reynolds, "Refinancing Spurred Subprime Crisis", *Los Angeles Times,* 5 de julio de 2008. **latimes.com/business/la-fi-refi5-2008jul05,0,7891725.story**.

Las primas anuales por lo regular representan 0,5 por ciento del préstamo durante los primeros años (por tanto, el costo para una hipoteca de $300.000 sería de $1.500 por año): Mortgage QnA, **www .mortgageqna.com/mortgage-insurance/private-mortgage-insurance-pmi-rates.html**.

Por ley, en todas las hipotecas contratadas en o después del 29 de julio de 2009, tienes el derecho de solicitar que tu PMI sea cancelado una vez que la proporción entre la hipoteca y el valor descienda a 80 por ciento con base en el valor original de la propiedad. Más aún, tu acreedor está obligado a cancelar en automático tu PMI cuando alcances 78 por ciento, siempre y cuando cuentes con un buen registro de pagos y no tengas una segunda hipoteca o préstamo en el cual tu casa sea la garantía: Federal Trade Commission, **www.ftc.gov/ bcp/conline/pubs/alerts/pmialrt.shtm**.

Construcción y remodelación de casas

De acuerdo con una encuesta en el año 2007 de la Consumer Federation of America, de treinta y nueve agencias de protección al consumidor en veinticinco estados, las quejas por mejoras en el hogar y con situaciones relacionadas con contratistas son el segundo problema más importante de los consumidores en Estados Unidos y la categoría con crecimiento más veloz: "2007 Consumer Complaint Survey Report", Consumer Federation of America, 30 de julio de 2008, **www.consumerfed.org/pdfs/07_complaint_report.pdf**.

Sólo en California, el Contractors State License Board investiga más de 20.000 quejas cada año sobre contratistas: Jane Hulse, "Digging: You're Job", *Los Angeles Times,* 13 de julio de 2008, **articles.latimes. com/2008/jul/13/realestate/re-contractor13**.

A pesar de los riesgos, más de 100.000 estadounidenses construyen casas cada año y millones más emprenden proyectos de remodelación: "New Privately Owned Housing Units Started in the United States by Purpose and Design", U.S.Census Bureau, **www.census.gov/const/www/quarterly_starts_completions.pdf**.

Dado que gastamos un total de más de $300 mil millones por año en reparaciones domésticas y proyectos de remodelación, más otros $50 mil millones más o menos en construcción de casas sobre diseño: Construction Spending, agosto de 2008, U.S. Census Bureau, **www.census.gov/constructionspending**.

Una de las mayores protecciones con que cuentan los propietarios de viviendas es que un subcontratista o proveedor no puede demandar un embargo mecánico si no ha tramitado una notificación de intención cuando comenzó a trabajar: Leon A. Frechette, "Lien Laws", AskToolTalk.com, **www.asktooltalk.com/articles/ construction/contractor/lien.php**; Paul Peterson, "Mechanics Lien Issues", American Bar Association, **www.abanet.org/rppr/meetings_cle/2005/fall/PauPeterson.pdf**.

Oportunidades de negocios en el hogar

De acuerdo con las más recientes estadísticas gubernamentales, más de 2,4 millones de estadounidenses son engañados cada año por supuestos empleadores que les prometen salarios por trabajar en casa que nunca se materializan: "Consumer Fraud in the United States", Federal Trade Commission, octubre de 2007, **www .ftc.gov/opa/2007/10/fraud.pdf.**

De hecho, en el año 2007, miles de personas alrededor del país respondieron a un anuncio clasificado que decía que podían ganar al menos $17,50 por sobre y contar con un ingreso semanal garantizado de hasta $1.400. Todo lo que tenías que hacer para comenzar era pagar $45 por concepto de tarifa de registro. Para cuando las autoridades federales lo atraparon, el hombre de Florida que había publicado el anuncio había estafado a más de 25.000 personas por más de $1,2 millones: Noticia oficial de la Federal Trade Commission, "Work-at-Home Marketer Settles FTC Changes in Envelope Stuffing Scheme", 28 de abril de 2008, **www. ftc.gov/opa/2008/04/workathome.shtm.**

Planes 401(k)

... hasta agosto de 2008, el trabajador retirado promedio en este país recibía un cheque mensual de Seguro Social por sólo $1.086.10, los cuales suman $13.033,20 al año: U.S. Social Security Administration, **www.ssa .gov/policy/docs/quickfast/stat_snapshot/.**

... estas grandes empresas de servicios financieros son capaces de ganar más de $150 mil millones al año con nuestras cuentas 401(k). Esto es más de 3 por ciento de todo el dinero que hemos invertido en ellas, ¡lo cual significa que los participantes de los planes 401(k) tienen que ganar más de 3 por ciento al año sólo para quedar a mano!: 1 de febrero de 2008, entrevista de radio en *Marketplace Money* con Matthew Hutchenson, **marketplace.publicradio.org/display/web/2008/02/01/avoiding_ hidden_401k_fees/.**

Hasta marzo de 2008, alrededor de 55 millones de trabajadores estadounidenses habían invertido más de $4,3 billones en planes de contribución definida como el 401(k) y sus primos. Para el 2015, los expertos predicen que tendremos invertido alrededor del doble de dinero: "The U.S. Retirement Market, First Quarter 2008", Investment Company Institute, **www.ici.org/latest/retmlkt_update.pdf;** Dave Carpenter, "Study: Defined Contribution Plans Quickly Changing", *USA Today,* 26 de junio de 2008, **www.usatoday.com/ money/economy/2008-06-26-2592203825_x.htm.**

La mayoría de la gente que contrata planes 401(k) contribuye con alrededor de 4 por ciento de sus ingresos: **finance.yahoo.com/expert/article/millionaire/46383.**

A partir de 2009, el IRS te permite depositar hasta $16.500 por año en un plan 401(k). Si tienes más de cincuenta años, puedes contribuir hasta con $22.000 al año. En el año 2010 y en adelante, los límites serán ajustados cada año de acuerdo con la inflación: Internal Revenue Service, 401(k) Resource Guide, **www.irs. gov/retirement/participant/article/0,,id=151786,00.html.**

Esto es genial dado que el índice de participación de las empresas que cuentan con suscripción automática es casi el doble en comparación con las empresas que no la tienen: Andrew Balls, "The Path of Least Resistance in 401(k) Plans", National Bureau of Economic Research, **www.nber.org/digest/apr02/w8651.html.**

Más de 80 por ciento de todos los planes 401(k) los ofrecen como opción y hasta mediados del año 2008 acumularon más de $204 mil millones en activos; es decir, casi 100 por ciento más de lo que acumularon en el 2006: Emily Brandon, "Questions to Ask About Your Target Date Fund", U.S. News and World Report, 8 de septiembre de 2008, **www.usnews.com/articles/business/retirement/2008/09/08/ questions-to-ask-about-your-targt-date-fund.html;** Lauren Young, "Target Date Funds Hit Their Stride", BusinessWeek, 3 de julio de 2008, **www.businessweek.com/magazine/content/08_28/ b4092054950813.htm.**

... que algunos expertos creen que para el año 2013 representarán 75 por ciento de todos los activos de los planes 401(k): New York Times, 6 de abril del 2008, **www.nytimes.com/2008/04/06/business/mutfund/ 06target.html?scp=1&sq=target+date+fund&st=nyt.**

Hasta el verano del año 2008 existían alrededor de 40 empresas que ofrecían más de 250 fondos de fecha meta individuales entre los cuales elegir, y nuevos fondos entran al mercado casi cada tercer día: Daren Fonda, "Target Date Funds that Hit tha Mark" *SmartMoney,* 17 de enero de 2008, **www.smartmoney.com/ investing/mutual-funds/Target-Date-Funds-That-Hit-the-Mark-22420/.**

De acuerdo con un cálculo que realizó Vanguard para el New York Times, una persona de treinta y cinco años con $20.000 en su cuenta 401(k) que toma y luego devuelve dos préstamos durante los siguientes quince años, *terminará a los sesenta y cinco años con alrededor de $38.000 menos que otra persona que nunca ha solicitado un préstamo:* Ron Lieber, "When Credit Gets Tight, a 401(k) Loan Becomes Tempting", *New York Times,* 5 de abril de 2008, **www.nytimes,com/2008/07/05/business/yourmoney/05money.html?_r=1&acp =1&sq=401(k)%20borrowing%20Vanguard&st=cse&oref=slogin.**

Como dijo un regulador del gobierno a Bloomberg News: "Esto es muy parecido a una práctica predatoria de préstamo": Ron Lieber, "When Credit Gets Tight, a 401(k) Loan Becomes Tempting", *New York Times,* 5 de abril de 2008, **www.nytimes.com/2008/07/05/business/yourmoney/05money.html?partner= rssnyt&emc=rss.**

De acuerdo con los expertos, cuando te percatas de estas tarifas y otros cargos ocultos, el plan 401(k) promedio en realidad les cuesta a los participantes entre 3 y 3,5 por ciento de lo que han invertido cada año. En algunos casos, estos costos alcanzan 5 por ciento: 1 de febrero de 2008, entrevista de radio en *Marketplace Money* con Matthew Hutchenson,**marketplacve.publicradio.org/display/web/2008/02/01/ avoiding_hidden_401k_fees/.**

En los años 2006 y 2008, los trabajadores de determinadas corporaciones gigantes (incluso Wal-Mart, Boeing, Deere y General Dynamics) demandaron a sus empleadores por perjudicarlos con opciones de inversión innecesariamente costosas. Lo que las corporaciones hicieron fue darles a los participantes de los planes 401(k) la opción de sólo fondos mutuos de "menudeo", los cuales cobran tarifas por administración relativamente altas, en lugar de los fondos institucionales de precios más bajos que están disponibles para los clientes grandes: Corey Himrod, "401(k) Update: Walmart Strikes Back Against 401(k) Lawsuit", WalmartWatch.com, 23 de julio de 2008, **walmartwatch.com/blog/archives/401k_update_wal_mart_strikes_back_against_401k_lawsuit/.**

La demanda contra Walmart dice que las prácticas de la empresa costaron a sus empleados $60 millones en seis años: Corey Himrod, "401(k) Update: Walmart Strikes Back Against 401(k) Lawsuit", WalmartWatch. com, 23 de julio de 2008, **walmartwatch.com/blog/archives/401k_update_wal_mart_strikes _back_against_401k_lawsuit/.**

A pesar de que el número de empresas que ofrecen la suscripción automática está en aumento, alrededor de 60 por ciento de los empleadores aún solicitan a los trabajadores que se suscriban por sí mismos: Emily Brandon, "A 401(k) Automatic Enrollment Snapshot", U.S. News and World Report blog, 29 de julio de 2008, **www .usnews.com/blogs/planning-to-retire/2008/7/29/a-401k-automatic-enrollment-snapshot.html.**

Cuando la empresa volaba alto a finales de los años noventa, la mayoría de ellos había cargado sus cuentas 401(k) con acciones de Enron. Después, en el año 2001, Enron se derrumbó y les costó sus empleos y casi 60 por ciento de sus activos para la jubilación: Patrick J. Purcell, "The Enron Bankruptcy and Employer Stock in Retirement Plans", Reporte de CRS para el Congreso, 22 de enero de 2002, **www.appwp.org/ documents/rs_21115.pdf.**

Alrededor de 7.000 empleados del gigante caído de Wall Street, Bear Stearns, sufrieron el mismo destino en el año 2008 al perder tanto sus empleos como una gran porción de sus ahorros de vida cuando el valor de las acciones de su empresa descendió de casi $170 por acción a menos de $10: Bear Stearns, Wikipedia, **en.wikipedia.org/wiki/Bear_Stearns.**

Y mira lo que le sucedió a Lehman Brothers, cuyas acciones descendieron de $82 por unidad en el verano del 2007 a cero un año más tarde: Lehman Brothers, Wikipedia, **en.wikipedia.org/wiki/Lehman_Bros.**

Cuentas IRA

Para la mayoría de nosotros, el equivalente a casi $13.000 por año: U.S. Social Security Administration, **www.ssa.gov/policy/docs/quickfacts/stat_snapshot/.**

Siempre y cuando tu ingreso bruto conjunto sea menor a $159.000, tu contribución es deducible por completo: Publicación 590 (2007), Individual Retirement Arrangements, Internal Revenue Service, **www.irs.gov/ publications/p590/index.html.**

El límite de ingresos es $110.000 si eres soltero o $160.000 si estás casado y solicitas un reembolso conjunto de impuestos: Publicación 590 (2007), Individual Retirement Arrangements, Internal Revenue Service, **www .irs.gov/publications/p590/index.html.**

En el año 2008, el máximo era $5.000 por año más $1.000 adicionales de contribución "catch-up" para personas de cincuenta años o más. En el año 2010 y en adelante, los límites se elevarán conforme a la inflación en *incrementos de $500:* Publicación 590 (2007), Individual Retirement Arrangements, Internal Revenue Service, **www.irs.gov/publications/p590/index.html.**

Las encuestas demuestran que un poco más de la mitad de los individuos pertenecientes a la generación de la posguerra, esa generación gigante que en la actualidad se aproxima a la jubilación, no planea renunciar a su empleo cuando cumpla sesenta y cinco años. De hecho, tres de cada cuatro jubilados aún realizan alguna especie de trabajo: Stephen Ohlemacher, "Many Baby Boomers Plan to Retire Late", CBS News, 12 de junio de 2007, **www.cbsnews.com/stories/2007/06/12/national/main2917476.shtml.**

Excepciones de penalizaciones en las IRA: Publicación 590 (2007), Individual Retirement Arrangements, Internal Revenue Service, **www.irs.gov/publications/p590/index.html.**

Planes de pensiones

Cuatro de cada cinco trabajadores gubernamentales aún están cubiertos por ellas... uno de cada cinco trabajadores del sector privado tiene derecho a una pensión: National Compensation Survey, publicado por el U.S. Department of Labor, agosto de 2007.

Cuarenta y cuatro millones de trabajadores estadounidenses están cubiertos por 30.000 planes de beneficios definidos y respaldados por un total de más de $6 billones en activos: U.S. Department of Labor, **www .dol.gov/_sec/media/reports/annual2007/SG4.pdf:** "The U.S: Retirement Market, First Quarter 2008", Investment Company Institute, **www.ici.org/stats/latest/retmrkt_update.pdf.**

Cuatro de cada cinco pensiones estatales carecen de fondos; una de cada cinco tiene menos de 70 por ciento de los activos que necesitaría: "2007 Wilshire Report on State Retirement Systems: Funding Levels and Asset Allocation", Wilshire Associates, 5 de marzo de 2007, **www.wilshire.com/BusinessUnits/Consulting/ Investment/2007_State_Retirement_Funding_Report.pdf.**

Sesenta y nueve por ciento de las mujeres casadas elige el pago de vida individual, mientras 72 por ciento de los hombres elige la opción del pago conjunto: Urban Institute Study, "Single Life vs Joint and Survivor Pension Payout Options: How Do Married Retirees Choose", 1 de septiembre de 2003, **www.urban.org/publications/410877.html.**

A partir del año 2009, todos los planes privados están obligados a enviar a los participantes una notificación anual de fondos que enlista sus activos y responsabilidades, el estado de sus fondos durante los últimos tres años y cómo se invierten sus activos: Pension Rights Center, **www.pensionrights.com/policy/legislation/ ppa_2006/pension_funding_notices.html.**

los pilotos de aerolíneas vieron reducirse sus beneficios hasta en 75 por ciento cuando Delta, United, U.S. Airways y Aloha Airlines cancelaron sus planes de pensiones: Kelly Yamanouchi, "Grounded Life Wasn´t for Pilot", *Denver Post,* 5 de junio de 2007, **www.denverpost.com/obituaries/ci_606148'source=bb;** Dale Russakoff, "Human Toll of a Pension Default", *Washington Post,* 13 de junio de 2005, **www .washingtonpost.com/wp-dyn/content/article/2005/06/12/AR2005061201367.html.**

El máximo beneficio de la PBGC para planes que finalizaron en el año 2008 fueron $51.750 para aquellos empleados que se retiraron a los sesenta y cinco años, y $23.288 para los trabajadores retirados a los cincuenta y cinco años: "PBGC Announces Maximum Insurance Benefit for 2008", comunicado de prensa de la Pension Benefit Guaranty Corporation, 30 de octubre de 2007, **www.pbgc.gov/media/news-archive/news -releases/2007/pr08-07.html.**

Hasta el año 2007, las obligaciones a largo plazo de la PBGC excedieron sus activos por alrededor de $14 mil millones: Amy Schatz, "Pension Benefit Guaranty to Diversify Portfolio", *The Wall Street Journal,* 18 de febrero de 2008, **online.wsj.com/article/SB120338429118775777.html.**

Seguro Social

En el año 2008, pagó $608 mil millones en beneficios; es decir, casi 21 por ciento del presupuesto federal total y más de 4 por ciento del producto interno bruto de la nación. A pesar de que el beneficio promedio sólo equivale a un poco más de $13.000 por año, es suficiente para mantener a un estimado de 40 por ciento de todos los estadounidenses de sesenta y cinco años y mayores quienes, de otra manera, se encontrarían en problemas para no caer en la pobreza: Wikipedia, **http://en.wikipedia.org/wiki/Social_Security_(United _States)#cite_note-4.**

Para el año 2017, el Seguro Social pagará más dinero en beneficios de jubilación que lo que cobra en impuestos por nóminas; lo cual significa que tendrá que comenzar a drenar sus reservas con el fin de cumplir con sus obligaciones. Más aún, para el año 2041, dicen los expertos, esas reservas se habrán agotado y, a menos que encuentre nuevas fuentes de ingresos, el sistema sólo tendrá dinero para pagar a los jubilados tres cuartas partes de lo que ahora les paga: Social Security Administration, "Status of the Social Security and Medicare Programs: A Summary of the 2008 Annual Reports", **www.ssa.gov/OACT/TRSUM/index.html**.

... la mayoría de la gente que solicita beneficios de Seguro Social por discapacidad es rechazada de inicio: Barbara Basler, "Backlog of Claims Leaves Social Security Recipients Waiting", AARP Bulletin Today, noviembre de 2007, **http://bulletin.aarp.org/yourmoney/socialsecurity/articles/sick_of_waiting.html**.

... las reclamaciones por discapacidad se han duplicado desde el año 2001 y la Social Security Administration está ahogada entre montañas de casos. Como resultado, la mayoría de las solicitudes iniciales por discapacidad son rechazadas por rutina: Barbara Basler, "Backlog of Claims Leaves Social Security Recipients Waiting", AARP *Bulletin Today,* noviembre de 2007, **bulletin.aarp.org/yourmoney/socialsecurity/articles/sick_of_waiting.html**.

Pensiones

De acuerdo con una encuesta realizada por AARP Financial...: "When it comes to financial jargon, Americans are Befiddled", AARP Financial Inc., 17 de abril de 2008, **www.aarp.org/aarp/presscenter/pressrelease/articles/when_it_comes_to_financial_jargon_americans_are_befuddled.html**.

Las compañías de seguros les pagan comisiones de hasta 15 por ciento del monto de cada pensión que venden: Pat Curry, "Why Annuities Sales Have Skyrocketed", Bankrate.com, **www.bankrate.com/brm/news/investing/20010807a.asp**.

Compras y subastas en línea

Los engaños en las ventas por Internet, en especial aquellos relacionados con las subastas en línea, se encuentran entre la categoría de mayor aumento de quejas de clientes: Comunicado de prensa de la Consumer Federation of America, "Survey Identifies America´s Top Consumer Complaints", 30 de julio de 2008, **www.consumerfed.org/pdfs/07_complaint_release.pdf**.

Alrededor de la mitad de las quejas acerca de las compras en línea incluye problemas relacionados con subastas por Internet: Comunicado de prensa del Internet Crime Complaint Center, "Reported Dollar Loss From Internet Crime Reaches All Time High", 3 de abril de 2008, **www.ic3.gov/media/2008/080403.aspx**.

Conoce tus derechos. Puedes encontrar las regulaciones federales en: Federal Trade Commission, "Selling on the Internet: Prompt Delivery Rules", **www.ftc.gov/bcp/edu/pubs/business/alerts/alt051.shtm**.

En junio del año 2008, una corte francesa ordenó a eBay pagar una multa de $63 millones por permitir que en su sitio se vendieran imitaciones de bolsas de Louis Vuitton, ropa de Christian Dior y perfumes de Guerlain, Kenzo y Givenchy. Las marcas de lujo como Hermès y Rolex ganaron casos similares contra eBay en años previos: "Court fines eBay over fake goods", BBC News, 30 de junio de 2008, **news.bbc.co.uk/2/hi/business/7481241.stm**.

Planes de protección / extensiones de garantía

Los estadounidenses compran más de 100 millones de planes de protección y extensiones de garantía cada año y gastan un total de más de $9 mil millones anuales: Leslie Pepper, "Should You Buy an Extended Guarranty?", *Parade,* 10 de febrero de 2008, **www.parade.com/articles/editions/2008/edition_02-10-2008/Extended_Warranty**.

Por lo regular, un minorista se queda con al menos la mitad del precio de compra, y a menudo con más, de cada extensión de garantía que vende: "Why You Don´t Need an Extended Guarranty", *Consumer Reports,* noviembre de 2007, **www.consumerreports.org/cro/money/news/november-2006/why-you-dont-need-an-extended-warranty-11-06/overview/extended-warranty-11-06.htm**.

Los expertos estiman que por cada 100 garantías vendidas por aparatos electrónicos, sólo 15 personas presentan una queja: Leslie Pepper, "Should You Buy an Extended Guarranty?", *Parade,* 10 de febrero de 2008, **www.parade.com/articles/editions/2008/edition_02-10-2008/Extended_Warranty**

De acuerdo con *Los Angeles Times*, la extensión de garantía de Amazon.com enlista treinta y cinco casos en los cuales la protección no aplica, incluso "televisores de plasma utilizados en niveles de altitud superiores a los 6.000 pies sobre el nivel del mar": Michelle Quinn, "Extended warranty firm touts quick fix", *Los Angeles Times*, 17 de diciembre de 2007, **www.latimes.com/business/la-fi-warranties-17dec17,1,7648303 .story?coll=la-headlines-business**.

En el año 2007, una empresa de Ohio llamada *Ultimate Warranty se declaró en bancarrota y dejó a alrededor de 140.000 clientes, quienes habían pagado más de $45 millones por extensiones de garantía, con contratos que no valían el papel en el cual fueron impresos:* Alina Tugend, "For Extended Car Warranties, Resist the Showroom Pitch", *New York Times*, 12 de agosto de 2008, **www.nytimes.com/2008/08/02/business/ yourmoney/02shortcuts.html?pagewanted=print**.

Apple ofrece soporte técnico de primer nivel para sus Mac, pero es gratuito sólo durante los primeros noventa días. Después, la empresa cobra $49 por cada llamada telefónica; a menos de que compres su garantía Apple-Care por tres años, en cuyo caso puedes realizar tantas llamadas telefónicas a soporte técnico como gustes sin cargos adicionales: Apple Inc., **www.apple.com/support/programs/**.

Tarjetas de regalo

En el año 2007, alrededor de 200 millones de estadounidenses gastaron casi $97 mil millones en tarjetas de regalo, pero los destinatarios de esas tarjetas las usaron para realizar compras cuyo valor se aproxima a los $89 mil millones: "Why let unused gift cards go to waste?", *Associated Press*, 20 de diciembre de 2007, **www .msnbc.msn.com/id/22348233/**.

Veintinueve estados han aprobado leyes que imponen restricciones sobre las tarjetas de regalo: National Conference of State Legislators, **www.ncsl.org/programs/banking/GiftCardsandCerts.htm**.

Las tarjetas de regalo de Starbucks no son válidas en muchas tiendas de Starbucks en aeropuertos, supermercados y librerías: "Watch for These Gotchas", *Consumer Reports*, diciembre de 2007, **www.consumerre-ports org/cro/money/shopping/shopping-tips/gift-card-pitfalls-12-07/watch-for-these-gotchas/ gift-card-pitfalls-watch-for-these-gotchas.htm**.

... si compras una tarjeta de regalo en línea con la marca Visa y emitida por un banco estadounidense, te cobrarán $6,95 por el envío... pero después pagarás 50 centavos por llamada y un dólar si insistes en hablar con un ser humano... Después de seis meses, si no has utilizado la tarjeta, entra en vigor una tarifa que se conoce como letargo: "2007 Gift Card Study Comparison Chart", Bankrate.com, **www.bankrate.com/brm/ news/cc/20071112_gift_card_results_a1.asp?caret=2**.

Cuando Sharper Image se declaró en bancarrota en el año 2008, dejó de aceptar sus tarjetas de regalo y dejó a los clientes con un estimado de $25 millones en plásticos que de pronto quedaron sin valor: Marty Orgel, "Not worth the plastic they're printed on", *MarketWatch*, 3 de marzo de 2008, **www.marketwatch.com/news/ story/bankruptcies-often-leave-consumers-holding/story.aspx?guid=DCBBEN36-F293-4EDF -B2DC-1F515E91A746**.

Crate & Barrel y Starbucks no sustituyen una tarjeta robada o perdida a menos que haya sido registrada: "Watch for These Gotchas", *Consumer Reports*, diciembre de 2007, **www.consumerreports.org/cro/ money/shopping/shopping-tips/gift-card-pitfalls-12-07/watch-for-these-gotchas/gift-card -pitfalls-watch-for-these-gotchas.htm**.

Ofertas de reembolso

Como escribió el senador de Nueva York Charles Schumer en una carta a la Federal Trade Commission varias Navidades atrás: "Los [r]eembolsos infaliblemente producen miles de millones de dólares en utilidades excesivas a las empresas que los ofrecen, pero cuando se trata de ahorrarles diez centavos a los consumidores, como dicen hacer los reembolsos, decepcionan al consumidor con más frecuencia que lo contrario": Comunicado de prensa de Schumer, 2 de enero de 2006, **www.senate.gov/~schumer/Schumer Website/pressroom/press_releases/2006/PR01.Rebate.010205.html**.

De acuerdo con los expertos, una oferta atractiva de reembolso puede incrementar las ventas de un producto hasta 500 por ciento. Por tanto, cada año las empresas ofrecen alrededor de 400 millones de éstas por un valor de más o menos $8 mil millones en productos que pueden ser desde autos hasta teléfonos celulares, programas computacionales o alimentos: Kimberly Palmer, "Why Shoppers Love to Hate Rebates", *U.S. News & World Report*, 18 de enero de 2008, **www.usnews.com/articles/business/your-money/2008/01/18/**

why-shoppers-love-to-hate-rebates.html; "States make grab for unclaimed rebates", Minneapolis Star-Tribune, 31 de mayo de 2008, **www.startribune.com/business/19379034.html?page=2&c=y.**

Declaración de impuestos

Gastamos más de $11 mil millones en ellas cada año: 2008 Barnes Reports publicados por la U.S. Tax Preparation Services Industry, **www.barnesreports.com/Tax%20Preparation%20Services-Definition .pdf.**

Seis de cada diez contribuyentes contratan a alguien que les ayude a llenar los formularios y a calcular lo que deben, mientras millones más confían en programas de computación como TurboTax: Janet Paskin, "10 Things Your Tax Preparer Won't Tell You", *Smart Money,* 19 de febrero de 2008, **www.smartmoney.com/ spending/ripoffs/10-things-your-tax-preparer-wont-tell-you.22581/.**

Sólo dos estados, California y Oregon, exigen que los contadores fiscales cuenten con licencia: Janet Paskin, "10 Things Your Tax Preparer Won't Tell You", *Smart Money,* 19 de febrero de 2008, **www.smartmoney .com/spending/ripoffs/10-things-your-tax-preparer-wont-tell-you.22581/.**

En una investigación del año 2006, la Government Accountability Office envió a sus empleados a diecinueve oficinas de cadenas distintas a solicitar la declaración de impuestos de una pareja imaginaria. De acuerdo con el reporte, "casi todos los reembolsos preparados para nosotros estaban incorrectos en algún grado": Janet Paskin, "10 Things Your Tax Preparer Won't Tell You", *Smart Money,* 19 de febrero de 2008, **www.smart money.com/spending/ripoffs/10-things-your-tax-preparer-wont-tell-you.22581/;** Albert B. Crenshaw, "Some Tax Preparers Don't Add Up", *Washington Post,* 6 de abril de 2006, **www.washingtonpost .com/wp-dyn/content/article/2006/04/04/AR2006040401863.html.**

Una tarifa total de más o menos $200 por un reembolso detallado en H&R Block: "Should You Do Your Own Taxes This Year?, *Consumer Reports,* enero de 2008, **www.consumerreports.org/cro/money/ news/2006/02/should-you-do-your-own-taxes-this-year-206/overview/.**

Préstamos anticipados sobre reembolso

Quizás ésa sea la razón por la cual nueve millones de nosotros los contratamos cada año: "Many Taxpayers Who Obtain Refund Anticipation Loans Could Benefit From Free Tax Preparation Services", U.S. Department of the Treasury, 29 de agosto de 2008, **www.ustreas.gov/tigta/auditreports/2008reports/ 200840170fr.pdf.**

Ellos generan más de mil millones de dólares al año al proporcionar estos préstamos casi exentos de riesgos: Herb Weisman, "In a hurry to get your refund? Beware", MSNBC, 7 de febrero de 2008, **www.msnbc .msn.com/id/23036078/.**

Una tasa porcentual anual de hasta 1.200 por ciento: Herb Weisman, "In a hurry to get your refund? Beware", MSNBC, 7 de febrero de 2008, **www.msnbc.msn.com/id/23036078/.**

Además de cobrarte la tasa de interés anual de 36 por ciento sobre tu RAL, también te cobran una tarifa por activación de $29,95 y la tarifa de $20 por procesamiento de cheques: H&R Block, **www.hrblock.com/ taxes/pdf/2008_RAL_pricing.tool.pfd.**

Donaciones a obras de caridad

De acuerdo con una investigación de Los Angeles Times: Doug Smith y Charles Piller, "The Give and Take for Charity", *Los Angeles Times,* 6 de julio de 2008, **articles.latimes.com/2008/jul/06/local/me-charity6.**

Las obras de caridad en Estados Unidos recolectan más de $300 mil millones por año en donativos: Tim J. Mueller, "Donating Your money Do's and Dont's", *USA Today,* 7 de octubre de 2008, **www.usatoday .com/news/nation/charity/2008-10-07-donation-dodont_N.htm?loc=interstitialskip.**

Televisión por cable y satélite

Algunos expertos calculan que los consumidores gastamos hasta $6 mil millones por año más de lo que deberíamos gastar: Michelle N. Hankins, "The Bundles and Ties that Bind: Debating Cable a la Carte", *Billing World and OSS Magazine,* 1 de septiembre de 2004, **www.billingworld.com/articles/feature/ The-Bundles-and-Ties-that-Bind-Debating.html.**

Las tarifas del servicio de televisión por cable casi se han duplicado desde que el Congreso eliminó las regulaciones al respecto a mediados de los años noventa: "FCC Report Recommends More Cable Choices", ConsumerAffairs.com, 30 de abril de 2007, **www.consumeraffairs.com/news04/2007/04/cable_choice .html**.

Quince millones de hogares estadounidenses aún reciben la señal de televisión a la antigua: con una antena aérea: Doug Lung, "FCC: 14 Percent of Viewers Depend on Off-Air TV Signals", *TV Technology*, 30 de noviembre de 2007, **www.tvtechnology.com/article/18732**.

Sesenta y cinco millones de televisores domésticos del total de 110 millones reciben servicio de televisión por cable, mientras alrededor de 30 millones de hogares están suscritos a uno de los dos servicios DBS (direct satellite broadcast) de la nación, DirecTV y EcoStar´s Dish Network: Danny King, "Dish Subscribers Dip as Sales Meet Expectations", TVWeek, 4 de agosto de 2008, **www.tvweek.com/news/2008/08/ dish_subscribers_dip_as_sales.php**.

Las redes de fibra óptica construidas en su mayor parte por Verizon y AT&T, han captado alrededor de medio millón de suscriptores: Danny King, "Dish Subscribers Dip as Sales Meet Expectations", *TVWeek*, 4 de agosto de 2008, **www.tvweek.com/news/2008/08/dish_subscribers_dip_as_sales.php**.

Más de 98 por ciento de todas las comunidades con instalaciones para recibir servicios de televisión por cable son atendidas por un solo proveedor: "Business Review Letter Request by The National Cable Television Cooperative, Inc.", U.S. Department of Justice Antitrust Division, 17 de octubre de 2003, **www.usdoj .gov/atr/public/busreview/201379.htm**.

Planes de telefonía celular

Ahora existen 3,3 mil millones de teléfonos celulares: Wikipedia, "Mobile Phones", **en.wikipedia.org/wiki/ Mobile_phone**.

Existen más de 262 millones de suscriptores a la telefonía inalámbrica en Estados Unidos; es decir, 86 por ciento de la población, que habla a través de sus teléfonos celulares un promedio de veintitrés minutos al día: "CTIA. The Wireless Association Releases Latest Wireless Industry Survey Results", **www.ctia.org/ media/press/body.cfm/prid/1772**; CTIA-The Wireless Association, "Mid-Year 2008 Top-Line Survey Results", **files.ctia.org/pdf/CTIA_Survey_Mid_Year_2008_Graphics.pdf**.

En general, los estadounidenses invierten cerca de $150 mil millones al año en servicios de telefonía inalámbrica. La factura promedio cobra $48,54 por mes: "CTIA. The Wireless Association Releases Latest Wireless Industry Survey Results", **www.ctia.org/media/press/body.cfm/prid/1772**.

Algunos expertos estiman que el usuario promedio de un teléfono celular desperdicia 40 por ciento de los minutos de su plan: TracPoint Wireless, **tracpointwireless.com/Minuteguard.html**.

La población de teléfonos celulares creció alrededor de 700 por ciento entre los años 1995 y 2007: CTIA-The Wireless Association, "Mid-Year 2008 Top-Line Survey Results", **files.ctia.org/pdf/CTIA_Survey_Mid _Year_2008_Graphics.pdf**.

Por ejemplo, el plan básico nacional de T-Mobile te ofrece 1.000 minutos por $49,95 mensuales y su plan regional te ofrece 3.000 minutos por el mismo precio, Aunque las llamadas desde fuera de la región o a un número telefónico externo a la misma te costarán 49 centavos por minuto. De igual manera, por $39,99 puedes contratar un plan nacional de Alltel que incluye 500 minutos o uno regional que te ofrece 700 minutos: T-Mobile, **www.t-mobile.com**; Alltel, **www.alltel.com**.

Como consecuencia de una serie de demandas masivas contra varios de los principales proveedores, todos éstos comenzaron a prorratear sus tarifas; lo cual significa que, mientras más avanzado está el periodo del contrato, menor es la tarifa: "Cell Phone Plans", *Consumer Search*, **www.consumersearch.com/www.electronics/ cell-phone-plans/review.html**.

Reportaje de televisión acerca de teléfonos celulares perdidos y robados: CBS 5 reportaje de Consumer Watch por Jeanette Pavini, **cbs5.com/**.

Servicio telefónico residencial

Cantidad de suscriptores a teléfonos fijos en Estados Unidos: Laura M. Holson, "Phone Giants Fight to Keep Subscribers", *New York Times*, 23 de julio de 2008, **www.nytimes.com/2008/07/23/technology/ 23phone.html**.

Cuatro de cada cinco clientes de telefonía residencial eligen a la compañía local establecida: Kim Leonard, "Customer Loyalty on the Line for Local Phone Companies", *Pittsburgh Tribune*, 6 de febrero de 2005, **www.pittsburghlive.com/x/pittsburghtrib/s_300303.html**.

Las empresas como Lingo, Packet8, VoIP.com y Vonage ofrecen servicio de llamadas locales y de larga distancia ilimitadas por alrededor de $25 al mes: "Residential VoIP Comparison", MyVoipProvider.com, **www.myvoipprovider.com/Residential_VoIP_Comparison.**

Con Skype puedes realizar llamadas ilimitadas a cualquier parte de Estados Unidos y Canadá por sólo $2,95 al mes. Más aún, por $9,95 al mes puedes hacer llamadas ilimitadas a treinticuatro países, incluso la mayor parte de Europa, Australia, Nueva Zelanda, Chile, China, Japón y Corea: **www.skype.com**.

Vonage y Packet8 también ofrecen un servicio similar, pero cobran hasta $25 al mes por éste: Vonage, **www.vonage.com**; Packet8, **www.packet8.net**.

Planes de servicio en paquete

Para el año 2010 cerca de uno de cada tres hogares estadounidenses se suscribirá al menos a un servicio triple y un número creciente de nosotros tendremos un servicio cuádruple, el cual añade el servicio de telefonía celular en la mezcla. En general se espera que los estadounidenses gastemos alrededor de $120 mil millones al año en paquetes de servicios para entonces: "U.S. Bundled Services Revenue to Surge en 2010", Park Associates, 2 de febrero de 2006, **findarticles.com/p/articles/mi_m0EIN/is_2006_Feb_2/ai_n26746675.**

Algunas empresas, como WOW y Time Warner, han ofrecido garantías de precios para clientes dispuestos a firmar contratos a largo plazo (por lo regular de veinticuatro meses cuando menos): Marla Matzer Rose, "'Bundled Services Not Always a Deal", *Columbus Dispatch*, 3 de agosto de 2008, **www.dispatch.com/live/content/business/stories/2008/08/03/buck_telcom.ART_ART_08-03-08_D1_D1ATE7C.html?sid=101.**

Viajes aéreos

Alrededor de 212 millones de personas viajaron con aerolíneas estadounidenses domésticas en el verano del año 2008: Dan Caterinicchia, "Summer 2008: Fewer Fliers, but Packed Planes", *Associated Press*, 13 de mayo de 2008, **www.aviation.com/travel/080513-ap-summer-2008-traffic.html**.

Alrededor de 30 por ciento de los vuelos domésticos en Estados Unidos llegaron con retraso en el año 2008: "Nearly 1 in 3 domestic flights late in February", *Associated Press*, 3 de abril de 2008, **www.msnbc.msn.com/id/23938695/**.

El precio del combustible para vehículos de transporte aéreo (casi se duplicó entre los años 2007 y 2008): "Jet Fuel Costs Changing Way Airlines Work", CBS News, 19 de marzo de 2008, **www.cbsnews.com/stories/2008/03/19/eveningnews/main3952729.shtml**.

Las tarifas aéreas han aumentado 20 por ciento en 2008 y se espera que aumenten 40 por ciento más para el año 2012: "Summer Airfares Up 20 percent", Farecast, 28 de mayo de 2008, **farecast.live.com/blog/2008/05/summer-airfares-up-20/**.

Sólo las nuevas tarifas por registro de equipaje les cuestan a los viajeros mil millones de dólares por año: Micheline Manyard, "The Catch Phrase of 'à La Carte' as Airlines Push Additional Fees", *New York Times*, 19 de junio de 2008, **www.nytimes.com/2008/06/19/business/19air.html?scp=67&sq=airline+fees&st=nyt**.

Hoteles

Produjo un impresionante monto neto antes de impuestos de $28 mil millones sobre utilidades totales de $139 mil millones en el año 2007: "2007 At-a-Glance Statistical Figures", American Hotel & Lodging Association, **www.ahla.com/content.aspx?id=23744**.

Más de una tercera parte de todas las habitaciones de hotel se quedan vacías cada noche: "Weekly U.S. Lodging Performance for the week ending 11 October 2008", Smith Travel Research, **www.hotelnewsresource.com/article35163.html**.

Algunos hoteles te cobrarán hasta más de $7 por levantar el auricular, ¡sin importar si realizas la llamada!: Dan Schlossberg, "Consumer Revolt Against Hotel Surcharges: Some Hotels Levy Phone Charges Even If

You Don't Make Any Calls", ConsumerAffairs.com, 22 de octubre de 2006, **www.consumeraffairs,com/news04/2006/10/travel_hotel_phones.html**.

Paquetes de viajes

En 1999, la Federal Trade Commission y veintiún autoridades de las fuerzas de la ley estatales y federales realizaron la "Operación Trip Trap": Comunicado de prensa de la Federal Trade Commission, "FTC Helps Consumers Avoid The 'Trip Trap'", 3 de agosto de 1999, **www.ftc.gov/opa/1999/08/triptrap.shtm**.

De las 3.900 industrias cuyas quejas recibe el Better Business Bureau de Estados Unidos, la industria de los viajes ocupa de manera consistente los rangos entre las veinticinco más importantes: "BBB Warns Vacationers: Travel-Related Fraud is on the Rise", Better Business Bureau, 15 de mayo del 2007, **us.bbb.org/WWWRoot/SitePage.aspx?site=113&id=1869d6a9-82aa-49a1-8419-40a8251fa916&art=709**.

Agradecimientos

En primer lugar, y el más importante, quiero agradecerles a ustedes, los lectores de este libro y de mis libros anteriores. Cuando comencé a escribir en 1997, nunca imaginé el viaje que comenzaría al ayudarlos a responder sus preguntas y atender su necesidad de una mayor educación financiera. Les agradezco desde el fondo de mi corazón por confiar en mí, por sus cartas y sus mensajes por correo electrónico de motivación y agradecimiento, y por el don del propósito que todos ustedes me han dado.

Todos mis libros, que hasta el momento suman diez en la serie Finish-Rich, con más de 7 millones de ejemplares impresos, han sido proyectos de amor. Mi misión siempre ha sido promover la preparación financiera y, en muchos sentidos, este libro es el pináculo de una década de trabajo. De ninguna manera hubiera podido hacerlo solo y estoy agradecido con las cientos de personas que me han ayudado a hacer lo que hacemos a lo largo de los años.

Lucha por tu dinero involucró al equipo más grande de individuos dedicados que jamás hemos formado para poner lo mejor de lo que sabemos en un libro que pueda ayudarlos. Como resultado, hay muchas, muchas personas a quienes agradecer.

Quiero comenzar por reconocer una vez más a mi abuela, Rose Bach. Ella me inspiró a escribir el primer libro de la serie FinishRich, *Las mujeres inteligentes acaban ricas,* y ahora, una década después, mientras agrego los detalles finales a este libro, sólo quiero decirle una vez más a mi abuela cuánto la extraño y la amo, y que sé que me observa y me anima desde el cielo. Tú fuiste la verdadera inspiración detrás de *Lucha por tu dinero;* dado que creciste en la era de la Gran Depresión, tú fuiste quien me enseñó que "el dinero en efectivo es el rey, los ahorros son de oro y no existe tal cosa como el precio fijo".

A Allan Mayer, después de una década de trabajar juntos, éste en verdad fue el libro más desafiante hasta la fecha. Gracias por tu confianza, tus aportes y tu compromiso con este proyecto. Eres un profesional consumado y me siento honrado por haber trabajado contigo durante tantos años. La nuestra ha sido una sociedad fabulosa, por la cual me siento muy agradecido.

A Liz Dougherty, éste es ahora el octavo libro desde el año 2002 en el cual hemos trabajado juntos. Simplemente no puedo agradecerte lo suficiente por tu compromiso en éste. No sólo lo organizaste todo y a tiempo, sino, lo más importante, también hiciste de este libro lo mejor que pudo ser con tu guía y amor. Eres la mejor y agradezco a los ángeles cada día por haberte traído a mi vida.

Al equipo de investigadores en quienes nos apoyamos para obtener conocimientos y experiencias, ¡gracias! En particular me gustaría destacar a Dan
Carney (por todos los temas relacionados con automóviles, incluso compra
de autos, venta de autos, *leasing* de autos, alquiler de autos y reparaciones de
autos), Diana Dawson (viajes aéreos, seguros médicos, negocios en el hogar,
hoteles, facturas de hospitales y paquetes de viajes), Phuong Cat Le (cuentas
bancarias, tarjetas de crédito, calificaciones crediticias, tarjetas de débito,
robo de identidad, compras en línea, préstamos y préstamos anticipados
sobre reembolsos), Marilyn Lewis (compra y venta de casas, construcción y
remodelación de casas e hipotecas sobre bienes raíces), Kara McGuire (donaciones a obras de caridad, ahorros para la universidad, divorcios, tarjetas
de regalo, membresías en gimnasios, seguros de vida, reembolsos y servicios
y programas de computación para declaraciones de impuestos), y Helen
Huntley (planes 401(k), pensiones, planificación de bienes y Seguro Social).

A mi equipo en Doubleday Broadway Publishing Group, este libro ha
contado con su emoción y atención desde el primer día en que lo presenta-
mos. Gracias por creer siempre en mí, en mis misiones y en mis sueños. Me
siento muy afortunado por haber permanecido con una sola empresa edito-
rial durante toda mi carrera, y me emociona sobremanera el hecho de coro-
nar una década de éxitos con ustedes con el lanzamiento de *Lucha por tu
dinero*. A Kris Puopolo, tus maravillosas manos editoras recorrieron este
manuscrito desde el principio hasta el fin y este libro no sería lo que es sin
tus brillantes aportes. David Drake, todos los días despierto y me siento afortunado y bendecido por haber logrado que promuevas mis libros y mis
misiones durante una década. Eres lo mejor de lo mejor; con tu retroalimentación, tus ideas creativas y tu pasión me haces mejor con cada libro. A Steve
Rubin, Michael Palgon, Catherine Pollock, Stephanie Bowen, Rebecca Hol-
land, Chris Fortunato y el resto del equipo de Broadway, gracias. Gracias
también a Jean Traina por el diseño de la portada y a Ralph Fowler por el
diseño del libro.

A mis agentes literarios Suzanne Gluck y Jay Mandel en la William Morris
Agency, ustedes han favorecido a este proyecto desde el primer día en que lo
visualicé. Gracias por dar inicio a este libro de manera tan exitosa y por guiar
su desarrollo.

A Stephen Breimer, mi abogado y confidente; tú siempre estás allí para
apoyarme y siempre estoy agradecido por ello. De muchas maneras has sido
como un padre para mí durante mi carrera como escritor y ha sido un placer
y una delicia trabajar contigo.

A Elisa Garafano, gracias por administrarme a diario en lo que ha sido un
año realmente emocionante y ocupado. Estoy muy agradecido contigo por
estar siempre tan comprometida conmigo y con todo lo que hago. Tus apor-

tes a este libro fueron invaluables y tu constante entusiasmo me ha impulsado a continuar en los días difíciles. ¡Gracias!

A mi hijo Jack Bach, por iluminar mi vida y hacer cada día especial y significativo. Decirte que te amo no le hace justicia a cuánto te amo, pero quiero que sepas que eres lo más importante que me ha sucedido en la vida y simplemente te amo más que "a todo el universo". A Michelle, siempre te amaré y estoy mucho más que agradecido por el hijo que tú trajiste a nuestra vida.

Para finalizar, a mi familia: mi mamá Bobbi y mi papá Marty, gracias a los dos por su amor y apoyo constantes. Yo no estaría aquí ni haría lo que hago sin su amor y motivación. Y a mi hermana Emily, estoy muy orgulloso de ti; gracias por todo lo que haces como mi pequeña hermana.

David Bach
Nueva York, octubre de 2008.

Glosario

American Academy of Actuaries: Academia americana de actuarios

American Association of Residential Mortgage Regulators: Asociación americana de reguladores de hipotecas residenciales

American Automobile Association: Asociación americana del automóvil

American Automobile Association's Car Buying Service: Servicio de compra de autos de la Asociación americana de automóvil

American Banker's Association: Asociación americana de banqueros

American Bar Association: Asociación americana de abogados

American Hospital Association: Asociación americana de hospitales

American Institute of Architects: Instituto americano de arquitectos

American Institute of Certified Public Accountants: Instituto americano de contadores públicos

American Society of Home Inspectors: Sociedad americana de inspectores caseros

American Society of Travel Agents: Sociedad americana de agentes de viajes

Armed Forces Tax Council: Consejo de impuestos de las fuerzas armadas

Association of Community Organizations for Reform Now: Asociación de organizaciones comunitarias para la reforma ahora

Association of Divorce Financial Planners: Asociación de asesores financieros de divorcio

Association of Real Estate License Law Officials: Asociación de funcionarios de licencias inmobiliarias

Better Business Bureau: Oficina de mejores negocios

Bureau of Automotive Repair: Oficina de reparaciones automotrices

Bureau of Consumer Credit Protection: Oficina de protección al consumidor

Census Bureau: Oficina del Censo

Center for Responsible Lending: Centro para el crédito responsable

CNW Marketing Research: Investigación de mercados CNW

Coalition Against Insurance Fraud: Coalición contra el fraude de seguros

College Board: Junta universitaria

Community Financial Services Association of America: Asociación americana de servicios financieros

Conference of State Bank Supervisors: Conferencia de supervisores estatales de bancos

Consumer Action: Consumidores en acción

Consumer Credit Counseling Service: Servicio de asesoría crediticia al consumidor

Consumer Federation of America: Federación americana del consumidor

Consumer Reports National Research Center: Centro nacional de investigación de Informes del consumidor

Consumers' Checkbook´s CarBargains: Gangas de automoviles de Consumers' Checkbook

Contractors State License Board: Junta de licencias estatales de contratistas

Department of Corporations: Departamento de corporaciones

Department of Financial Institutions: Departamento de instituciones financieras

Department of Motor Vehicles: Departamento de vehículos de motor

Department of Regulatory Agencies: Departamento de agencias reguladoras

Department of Transportation: Departamento de transporte

Department of Transportation's Aviation Consumer Protection Division: División de protección al consumidor de aviación del Departamento de transportación

Electronic Funds Transfer Act: Acta de transferencia de fondos electrónicos

Fair and Accurate Credit Transactions Act: Acta de operaciones de crédito justas y exactas

Fair Credit Billing Act: Acta de facturación justa del crédito

FDIC Electronic Customer Assistance Form: Forma electrónica de ayuda al cliente de la Corporación federal de seguro de depósitos

Federal Bureau of Investigation: Oficina federal de investigaciones

Federal Communications Commission: Comisión federal de comunicaciones

Federal Deposit Insurance Corporation: Corporación federal de seguro de depósitos

Federal Education Tax Credit: Crédito fiscal federal para la educación

Federal Emergency Management Agency: Agencia federal para el manejo de emergencias

Federal Fair Credit Reporting Act: Acta federal de información de crédito justo

Federal Government Accountability Office: Oficina de responsabilidades del gobierno federal

Federal Housing Administration: Administración federal de vivienda

Federal Income Tax Assistance: Ayuda con los impuestos federales

Federal Insurance Contributions Act: Acta federal sobre contribuciones sociales

Federal Reserve Board: Junta de la reserva federal

Federal Reserve Consumer Help: Ayuda al consumidor de la reserva federal

Federal Trade Commission: Comisión federal de comercio

Federal Trade Commission Consumer Response Center: Centro de respuesta al consumidor de la Comisión federal de comercio

Financial Industry Regulatory Authority: Autoridad reguladora de la industria financiera

Finish Rich: Termina rico

Florida Department of Financial Services: Departamento de servicios financieros de la Florida

General Accounting Office: Oficina general de contabilidad

Health Insurance Portability and Accountability Act: Acta de portabilidad y responsabilidad de seguro médico

Homeownership Preservation Foundation: Fundación para la preserva de la vivienda

Independent 529 Plan: Plan independiente 529

Institute for Divorce Financial Analysts: Instituto de analistas financieros de divorcio

Internal Revenue Service: Servicio interno de impuestos

Internal Revenue Service Office of Professional Responsibility: Oficina de responsabilidad profesional del Servicio de impuestos internos

International Health, Racquet, and Sportsclub Association: Asociación internacional de salud, raqueta y clubes deportivos

International Airlines Travel Agency Network: Red de aerolíneas internacionales y agentes de viajes

Internet Crime Complaint Center: Centro de quejas de crimen por Internet

Legal Aid Society of Orange Country, California: Sociedad de ayuda legal del condado de Orange, California

Legal Services Corporation: Corporación de los servicios legales

Lemon Law America: Ley Lemon de América

Life and Health Insurance Foundation for Education: Fundación educativa de seguros de vida y salud

LIMRA International: LIMRA Internacional

Metropolitan Life: Seguros de vida Metropolitan

Mortgage Bankers Association's Foreclosure Prevention Resource Center: Centro de recursos para la prevención de ejecución hipotecaria de la Asociación de banqueros hipotecarios

National Association for Consumer Advocates: Asociación nacional de partidarios del consumidor

National Association of Attorneys General: Asociación nacional de procuradores generales

National Association of Certified Home Inspectors: Asociación nacional de inspectores residenciales certificados

National Association of Enrolled Agents: Asociación nacional de agentes registrados

National Association of Homebuilders: Asociación nacional de constructores de viviendas

National Association of Insurance Commissioners: Asociación nacional de comisionados de seguros

National Association of Realtors: Asociación nacional de agentes inmobiliarios

National Association of Regulatory Utility Commissioners: Asociación nacional de comisionados reguladores de servicios públicos

National Association of the Remodeling Industry: Asociación nacional de la industria de la remodelación

National Association of Securities Dealers: Asociación nacional de agentes de bolsa

National Association of Tax Professionals: Asociación nacional de profesionales de impuesto

National Conference of State Legislators: Conferencia nacional de legisladores estatales

National Consumers League: Liga nacional del consumidores

National Credit Union Administration: Administración nacional de uniones de crédito

National Foundation for Credit Counseling: Fundación nacional de asesoramiento crediticio

National Fraud Information Center: Centro nacional de información contra fraude

National Health Law Program: Programa nacional de legislación de salud

National Institute for Automotive Service Excellence: Instituto nacional para la excelencia en el servicio automobilario

National Institute of Certified College Planners: Instituto nacional de planificadores universitarios certificados

National Retail Federation: Federación nacional de comerciantes

National Society of Accountants: Sociedad nacional de contadores

National White Collar Crime Center: Centro nacional de delitos de "cuello blanco"

North American Securities Administrators Association: Asociación norteamericana de administradores de bolsa

Office of the Comptroller of the Currency: Oficina del interventor de la moneda

Office of Thrift Supervision: Oficina de supervisión del ahorro

Pension Benefit Guaranty Corp.: Corporación de garantía de beneficios de pensión

Pension Protection Act: Acta de protección de pensión

Pension Rights Center: Centro de derechos sobre pensiones

Pension Rights Project: Proyecto de derechos sobre pensiones

Promotional Marketing Association: Asociación de *marketing* promocional

Public Utility Commission: Comisión de empresas de servicios públicos

Real Estate Settlement Procedures Act: Acta de los procedimientos de establecimiento de las propiedades inmobiliarias

Securities and Exchange Commission: Comisión de valores y bolsa

Social Security Administration: Administración del seguro social

Supplemental Security Income: Ingreso de seguridad suplemental

Tax Counseling for the Elderly: Programa de asesoramiento sobre impuestos para personas mayores

Transportation Security Administration: Administración de seguridad en el transporte

Triple Advantage^{SM} Credit Monitoring: Supervision de crédito Triple Advantage^{SM} (Triple ventaja)

Truth in Lending Act: Acta de verdad en mercados de préstamos

United States Tour Operators Association: Asociación de operadores de turismo de EE.UU.

U.S. Department of Housing and Urban Development: Departamento de vivienda y de desarrollo urbano de EE.UU.

U.S. Department of Labor: Departamento del trabajo de EE.UU.

U.S. Department of Labor Employee Benefits Security Administration: Administración de seguridad de beneficios al empleado del Departamento del trabajo de EE.UU.

U.S. Postal Inspection Service: Servicio de inspección postal de EE.UU.

U.S. Public Interest Research Group: Grupo de investigación del interés público de EE.UU.

Washington State Insurance Commissioner: Comisionado de seguros del estado de Washington

Wise Giving Alliance: Alianza para la donación sabia

Women's Institute for Financial Education: Instituto de educación financiera para mujeres

TAMBIÉN DE DAVID BACH

"¡El Millonario Automático *te da, paso a paso, todo lo que necesitas para asegurar tu futuro financiero! Cuando lo haces al estilo de David Bach es imposible fracasar*".
—Jean Chatzky, editora financiera del programa *Today* en NBC

EL MILLONARIO AUTOMÁTICO
Un plan poderoso y sencillo para vivir y acabar rico

¿Quiéres vivir rico y jubilarte aún más rico? ¿Lo bastante rico como para hacer lo que quieras cuando quieras? ¿Lo bastante rico como para tener un impacto positivo y ayudar a los demás? Si la respuesta es "sí", deja entonces lo que estás haciendo y abre este libro. *El Millonario Automático* comienza con la impactante historia de una típica pareja estadounidense —él es administrador de bajo nivel y ella, esteticista— cuyo ingreso combinado nunca sobrepasa los $55.000 al año, aunque se las arreglan para ser propietarios de dos viviendas libres de deudas, pagar los gastos de la universidad de sus hijos y retirarse a los 55 años con ahorros de más de un millón de dólares. A través de su historia conocerás el hecho sorprendente de que ¡aún hay manera de hacerse rico con un presupuesto! Tienes que tener un plan que te pague a ti primero y que sea totalmente automático, un plan que automáticamente asegure tu futuro y pague por tu presente. Lo que distingue a *El Millonario Automático* es que no necesitas ganar mucho dinero, no necesitas un presupuesto, no necesitas fuerza de voluntad y puedes establecer el plan en una hora. El método fácil de Bach para asegurar que tu vida financiera sea automática trabaja mientras duermes. Todo lo que tienes que hacer es seguir este programa de un sólo paso hacia la seguridad financiera... ¡el resto es automático!

Finanzas Personales/978-0-307-27546-2

*"En vez de ofrecer fórmulas que te dejan atónito,
Bach se basa en el sentido común".* —People

EL MILLONARIO AUTOMÁTICO DUEÑO DE CASA
Cómo acabar rico al comprar la casa de tus sueños

Si todavía no eres dueño de tu propio hogar, *El Millonario Automático Dueño de Casa* te llevará de la mano y te guiará paso a paso para que dejes de ser inquilino y te conviertas en propietario. Y cuando seas dueño —o si ya lo eres— te enseñará cómo usar tu propiedad para crear riqueza. El sencillo método de David Bach conseguirá que tu propia casa te haga rico. *El Millonario Automático Dueño de Casa* te es indispensable. Con él aprenderás que: no necesitas un pago inicial exorbitante para comprar una casa o un apartamento; no es necesario que tu crédito sea excelente; debes comprar incluso si tienes deudas en tus tarjetas de crédito; puedes adquirir una segunda propiedad incluso si todavía estás pagando la primera; puedes hacer tu primera compra de bienes raíces cualquiera que sea la situación del mercado —al alza o a la baja; y que alquilarle tu propia casa a otra persona es más fácil de lo que piensas.

Negocios/Finanzas Personales/978-0-307-27889-0

*"[Es] difícil... escribir un libro de finanzas personales que
el lector entienda fácilmente. Bach lo ha logrado".* —USA Weekend

VINTAGE ESPAÑOL
Disponible en su librería favorita, o visite
www.grupodelectura.com